浙江省高职院校"十四五"重点立项建设教材

高等职业教育法律类专业新形态系列教材

社区矫正执法实务

主　编◎鲍宇科

副主编◎张运鸿

撰稿人◎(以撰写章节先后为序)

鲍宇科　朱晓泉　董浩晴　张运鸿

陈　冲　吴一澜　邢文杰　王　伟

中国政法大学出版社

2025·北京

图书在版编目（CIP）数据

社区矫正执法实务 / 鲍宇科主编. -- 北京 ：中国
政法大学出版社, 2025. 1. -- ISBN 978-7-5764-1890-3

Ⅰ. D926.74

中国国家版本馆 CIP 数据核字第 20254088K3 号

出 版 者　　中国政法大学出版社

地　　址　　北京市海淀区西土城路 25 号

邮　　箱　　fadapress@163.com

网　　址　　http://www.cuplpress.com (网络实名：中国政法大学出版社)

电　　话　　010-58908435(第一编辑部) 58908334(邮购部)

承　　印　　保定市中画美凯印刷有限公司

开　　本　　787mm×1092mm　1/16

印　　张　　20.5

字　　数　　448 千字

版　　次　　2025 年 1 月第 1 版

印　　次　　2025 年 1 月第 1 次印刷

印　　数　　1~4000 册

定　　价　　62.00 元

编写说明

  进入新时代以来，在法治和人权改革的宏观背景下，我国开始正式试点推行社区矫正，后经扩大试点、全面试点以及全面推行，在不到二十年的时间，成功创制了世界上第一部由主权国家制定并统一适用于全国范围的《中华人民共和国社区矫正法》。这不仅标志着我国社区矫正制度进入法治化时代，而且在世界社区矫正法治历史上也具有划时代的创新意义。《中华人民共和国社区矫正法》颁布以后，为了更好地贯彻落实《中华人民共和国社区矫正法》，打造一支"政治坚定、业务过硬、作风优良、结构合理"的专业化、职业化、正规化社区矫正执法工作队伍，亟需一本适合培养社区矫正执法专业人才的教材。为此，《社区矫正执法实务》的编写组将始终牢记"为党育人、为国育才"的初心使命，以"立德树人"为根本任务，会同实务部门合作开发理实一体化的《社区矫正执法实务》教材，共同为我国社区矫正行业培养会监管、懂教育、能帮扶、善矫治的复合型司法专业人才而努力奋斗。

  为了更好地满足司法行政系统对社区矫正专业人才的需求，以顺应新时代、新要求，回应全面深化依法治国，尤其是深入推进司法体制改革的新期盼，本教材以习近平新时代中国特色社会主义思想为指导，按照"在全面学习、全面把握、全面落实上下功夫"的指示，全面准确学习领会党的二十大精神，切实把党的二十大精神贯彻落实到教材建设中。本教材将紧密结合行业需求和职业特点，力争符合司法类专业人才培养目标需求和社区矫正专业标准要求，运用校行合作开发的模式，采取工作过程分析的方法，提炼社区矫正工作岗位所必须具备的知识、技能等要素，并与行业专家共同合作，依照工学结合的理念，完全按照社区矫正执法岗位职责—执法环节（章/实训项目）—典型工作任务（节/实训任务）—核心职业能力—职业技能的实际工作岗位的需要编排教材内容。整个教材的编写以典型案例、执法项目、应用场景为载体，突出培养学生社区矫正执法应用能力，体现课程学习的理论必需性、职业针对性、实践操作性和思政内化性要求。

  教材内容包括基础知识和技能训练两部分。第一部分为基础知识，重点论述社区矫正执法工作概述、社区矫正执法的机构设置、社区矫正执法工作者、社区矫正执法的适用对象四章内容；第二部分为技能训练，包括调查评估、矫正接收、危险评估、监督管理、考核奖惩、矫正解除与终止六个训练项目。每个训练项目包括包括学习目标、知识树、案例导入、基础知识、实训示范、实训案例和拓展学习七个模块。学习目标重在明确要求学生掌握的各个章节（项目）对应的基本知识、专业技能和职业素养。知识树是以结构化的形式展现每个章节的理论框架。案例导入旨在通过案例为学生执行具体任务创设工作情境，以问题方式导入本章节需要掌握的理论和技能。基础知识主要为技能训练提供理论储备。实训示范通过把每个实训项目细分为若干典型任务，并根据每条任务给出具体的操作步骤，为学生提供演练示范，然后进行要点总结，为学生学习掌握实务技能要领提供参考。实训案例要求学生结合案例以运用所学知识完成训练任务的方式掌握实务技能，培养学生举一反三和触类旁通的能力。拓展学习是为满足学生继续深造和终身学习的需要，将相关拓展知识内容以数字化（二维码）的方式在每章结尾处呈现。本教材各章节撰写人员为（以撰写章节先后为序）：

鲍宇科（浙江警官职业学院副教授）：第一章、第五章、第七章

朱晓泉（上城区司法局九堡司法所所长）：第二章

董浩晴（武汉警官职业学院讲师）：第三章

张运鸿（河北政法职业学院系主任教授）：第四章

陈冲（湖南司法警官职业学院讲师）：第六章

吴一澜（安徽警官职业学院副教授）：第八章

邢文杰（山东司法警官职业学院副教授）：第九章

王伟（钱塘区社区矫正管理局局长）：第十章

指导本教材编写的行业专家：

浙江警官职业学院副院长（原浙江省司法厅社区矫正管理局局长）徐祖华

上城区社区矫正管理局局长沈鑫

滨江区社区矫正管理局局长彭继荣

本书的编写出版得到了中国政法大学出版社的鼎力相助，有关工作人员付出了辛勤的劳动，在此谨致谢忱。该教材适用于各司法警官院校高职高专社区矫正专业教学的专业教材使用，也可作为广大社区矫正基层从业者的参考培训教材，并对社区矫正理论和实务研究工作具有一定的参考价值。

由于作者水平和实践经验有限，书中疏漏乃至谬误之处在所难免，敬请各位专家和同行及广大读者批评指正，以便在今后修订时不断加以完善。

编　者
2024 年 2 月

目 录

第一编 社区矫正执法基础知识

第二编　社区矫正执法技能训练

第一编

社区矫正执法基础知识

第一章 社区矫正执法工作概述

学习目标

知识目标：学习社区矫正执法工作的概念、特征、内容与社会价值，深入理解社区矫正执法工作的构成要素，把握社区矫正执法工作的任务和原则，为在社区矫正执法工作中彰显刑事执行的公平正义打好理论基础。

能力目标：具备社区矫正执法工作流程管理能力、社区矫正执法能力、资源整合能力。

思政目标：培养学生怀有法治化、人性化、科学化、经济化、社会化的行刑理念；具备法治理念、法律规范、逻辑思维；激发学生的家国情怀和社会责任感。

学习重点

社区矫正执法工作的内容；社区矫正执法工作的构成要素；社区矫正执法工作的任务和原则。

知识树

```
                                    ┌ 社区矫正执法工作的概念
                                    │ 社区矫正执法工作的特征
                  社区矫正执法概述 ┤
                                    │ 社区矫正执法工作的内容
                                    └ 社区矫正执法工作的社会价值

                                    ┌ 社区矫正执法工作的工作主体
                                    │ 社区矫正执法工作的法律依据
社区矫正执法        社区矫正执法   ┤ 社区矫正执法工作的适用对象
工作概述            工作的构成要素 │ 社区矫正执法工作的执行场所
                                    │ 社区矫正执法工作的矫正目标
                                    └ 社区矫正执法工作的执行方法

                  社区矫正执法工作 ┌ 社区矫正执法工作的任务
                  的任务和原则     └ 社区矫正执法工作的原则
```

第一节　社区矫正执法概述

一、社区矫正执法工作的概念

（一）社区矫正的概念

社区矫正是完善刑事法律体系和刑罚执行、推进国家基层治理体系和治理能力现代化的一项重要制度。二十世纪七八十年代以来，世界各国都在不断进行刑罚执行制度的创新，尝试用最有益的方式处理犯罪和犯罪人，社区矫正就是这样一种刑罚执行方式的探索和实践。从国际社会的发展趋势来看，刑罚制度已经从以监禁刑为主的阶段进入了以非监禁刑为主的阶段。在许多国家，适用社区矫正的人数大大超过监禁人数。比如，英国、美国、加拿大、澳大利亚、德国、法国等西方国家，社区矫正的适用比例均高达70%。即使在东亚国家，深受儒家文化和重刑主义传统影响的日本、韩国、新加坡等国家，社区矫正适用比例也在50%左右。可以说，社区矫正已改变了许多国家以自由刑为中心的刑罚体系结构，在预防重新违法犯罪方面发挥着非常重要的作用。由此，社区矫正成为了国际社会普遍认可的刑事执行措施。

对于我们国家的民众而言，社区矫正可能是一个比较陌生的概念，属于"舶来品"，其产生与发展深受早期启蒙思想家和近代新派教育刑理论的影响。"社区矫正"是由英语"community correction"或者"community-based correction"翻译而来。前者直译为"社区矫治""社区处遇"，后者翻译为"以社区为基础的矫正"。两种概念代表着不同的社区矫正理念与价值追求。前者消极被动，强调的是在社区开展矫正，以别于监狱行刑；后者是积极主动，强调在社区并依托社区开展的矫正。前者以官方为主，后者以官方和民间相结合的方式，甚至以民间为主。20世纪80年代，"社区矫正"一词始译成中文。学者龙学群在翻译美国犯罪学家克莱门斯·巴特勒斯的《罪犯矫正概述》中，论述了"以社区为基础的矫正"，并使用"社区矫正"一词。

2002年8月，上海、北京在全国率先进行社区矫正试点工作。2003年7月，"两高两部"联合印发了《最高人民法院、最高人民检察院、公安部、司法部关于开展社区矫正试点工作的通知》（已失效），确定在北京、上海、天津、江苏、浙江和山东6个省（市）先行开展社区矫正试点工作，拉开了新世纪我国全面开展社区矫正工作的帷幕。同时，将社区矫正的概念界定为："社区矫正是与监禁矫正相对的行刑方式，是指将符合社区矫正条件的罪犯置于社区内，由专门的国家机关在相关社会团体和民间组织以及社会志愿者的协助下，在判决、裁定或决定确定的期限内，矫正其犯罪心理和行为恶习，并促进其顺利回归社会的非监禁刑罚执行活动。"

（二）社区矫正执法工作的概念

2011年2月公布的《中华人民共和国刑法修正案（八）》第2条第2款规定，原第二款作为第三款，修改为"对判处管制的犯罪分子，依法实行社会矫正。"2012年1月"两高两部"联合颁发了《社区矫正实施办法》（已失效），同年3月、10月，全国人大常委会还对《中华人民共和国刑事诉讼法》（简称《刑事诉讼法》）、《中华人民共和国监狱法》（简称《监狱法》）相关条款进行了修正，以理顺其衔接机制。2018年修正后的《刑事诉讼法》第269条规定："对被判处管制、宣告缓刑、假释或者暂予监外执行的罪犯，依法实行社区矫正，由社区矫正机构负责执行。"2019年12月28日，第十三届全国人大常委会第十五次会议通过了《中华人民共和国社区矫正法》（简称《社区矫正法》），自2020年7月1日起施行。其中，第1条规定："为了推进和规范社区矫正工作，保障刑事判决、刑事裁定和暂予监外执行决定的正确执行，提高教育矫正质量，促进社区矫正对象顺利融入社会，预防和减少犯罪，根据宪法，制定本法。"明确将社区矫正界定为刑事执行制度。2020年"两高两部"联合印发《中华人民共和国社区矫正法实施办法》（简称《社会矫正法实施办法》）。据此，社区矫正执法工作是指社区矫正机构为保障刑事判决、刑事裁定和暂予监外执行决定的正确执行，提高教育矫正质量，促进社区矫正对象顺利融入社会，为预防和减少犯罪而履行监督管理、教育帮扶等执法职责的非监禁刑事执行活动。

二、社区矫正执法工作的特征

社区矫正执法工作的特征主要表现在五个方面：

1. 刑事制裁性。社区矫正是对罪行轻微或经过一定刑期的执行后不需要继续在监狱服刑的罪犯实施的非监禁性的刑事执行方式。《社区矫正法》第2条对社区矫正的适用范围作了明确规定："对被判处管制、宣告缓刑、假释和暂予监外执行的罪犯，依法实行社区矫正。对社区矫正对象的监督管理、教育帮扶等活动，适用本法。"由此可见，社区矫正的刑事制裁性体现在两个方面：一方面，社区矫正的对象是罪犯，这就决定了其必须具有惩罚的属性，刑罚惩罚是前提；另一方面，社区矫正进行的监督管理、教育帮扶等活动，是在限制社区矫正对象人身自由基础上进行的，具有刑事制裁性质。因而这类刑事制裁措施必然包含着对犯罪人的惩罚性。

这类工作的开展，必须具有具体的法律规定和明确的法律授权，特别是其中包含的刑事制裁性内容的工作，必须严格依法进行，否则就会侵犯公民的人权。《社区矫正法》的通过，为依法开展社区矫正工作提供了坚实而牢固的法律基础。在我国现行法律的框架内，社区矫正的刑事制裁性是多方面的，突出地表现为：

（1）社区矫正对象要受到执行机关的监督、管理和矫正教育。

（2）社区矫正对象的人身自由和行动受到一定限制。

（3）社区矫正对象的公民权利受到限制。

（4）社区矫正对象必须履行一定的法律义务。

2. 非监禁性。非监禁性是指不将社区矫正的对象收押到监狱等刑罚机构中执行刑罚的特性。社区矫正不再是将执行对象关押在高墙之内，而是将符合一定条件的罪犯放入社会，使其在一个正常社会环境中得到最有效的改过自新，这是区别于监禁刑的最根本的特征。与监狱等封闭性监禁矫正措施不同，社区矫正把那些不需要、不适宜监禁或者不适宜继续监禁的罪犯放在开放社区接受监督教育，使罪犯保持正常的家庭和社会生活，接受有针对性的社区矫正干预和社会支持，避免和减少了监狱人格、交叉感染、再犯率居高不下、犯罪代际传递等社会问题。这种开放式的社区矫正有助于罪犯重新融入社会，有效避免"监狱人格"的形成。

社区矫正对象的非监禁性，意味着适用社区矫正的罪犯的服刑形式具有以下特点：

（1）社区矫正对象不需要与社会隔离，仍然可以居住在自己的家庭中，在一定的范围内过着自由的生活。

（2）社区矫正对象的人身自由可能会受到一定的限制，但是仍然保留着很大的行动自由，享有较大的自由度。

（3）社区矫正对象的工作和日常生活不会受到服刑的很大干扰，基本上还像被处以社区矫正之前那样，从事自己的工作，过着自己的日常生活。

3. 社会参与性。社会参与性是指社区矫正执法工作的完成需要广泛利用社会资源的特性。社区矫正的社会参与性主要体现在两个方面：一方面，社区矫正工作需要社区居民参与。社区矫正的非监禁刑事执行需要对社区矫正对象开展全方位的监管。这种监管工作包括行为上的监督、思想上的改造、生活上的帮助，而社区矫正对象拥有相对的自由。这种情况下，仅仅依靠少数社区矫正机构工作人员无法完成对处于开放空间的社区矫正对象的监管矫正工作，必须充分利用社会资源、依靠社会基层组织、社会组织及社区居民的协助配合社会，依靠社会工作者、矫正对象家属、监护人社会志愿者的参与才能有效落实社区矫正方案。另一方面，社区矫正对象只有通过积极参与所在的社区中的活动，才能得到广大社区居民认同和支持，才能修复社会关系，才能充分融入社区生活中，才能顺利回归社会。

4. 特定性。社区矫正执法的执行主体是社区矫正机构工作人员。《社区矫正法》第10条规定："社区矫正机构应当配备具有法律等专业知识的专门国家工作人员（以下称社区矫正机构工作人员），履行监督管理、教育帮扶等执法职责。"

5. 法定性。社区矫正执法工作的实施必须且只能以人民法院、公安机关、监狱管理机关作出的发生法律效力的判决、裁定和决定为依据，其具体体现为生效的法律文书。

三、社区矫正执法工作的内容

《社区矫正法》第10条规定："社区矫正机构应当配备具有法律等专业知识的专门国家工作人员（以下称社区矫正机构工作人员），履行监督管理、教育帮扶等执法职责。"围绕"监督管理、教育帮扶"两大中心任务，本教材以社区矫正工作流程为主线，确定社区矫正执法的工作的主要内容为调查评估、社区矫正接收、危险评估、监督管理、考核奖惩、社区矫正的解除与终止六个方面。

1. 调查评估是指人民法院、公安机关、监狱管理机关等社区矫正决定机关根据需要，可以委托社区矫正机构或者有关社会组织对被告人或者罪犯的社会危险性和对其所居住社区的影响等情况，出具相应调查评估意见，为委托机关依法判决、裁定、决定社区矫正提供参考的活动。居民委员会、村民委员会等社会组织应当提供协助。调查评估是委托机关拟对被告人（罪犯）做出适用社区矫正决定的重要参考依据之一，关系着司法公正以及被告人（罪犯）、被害人、社区三方权益。

2. 社区矫正接收是指社区矫正机构在规定期限内依法接收社区矫正对象并办理相关手续的活动。在社区矫正决定机关做出适用社区矫正的判决、裁定或决定生效之后，社区矫正对象应当在法定期限内，到确定执行地的县级社区矫正机构报到，社区矫正机构及其工作人员应当依法为其办理社区矫正接收手续。社区矫正接收既包括相关法律文书的交付接收，又包括社区矫正对象的交付接收。

3. 危险评估是指社区矫正机构在判决前、入矫后、解矫前通过对社区矫正对象进行再犯可能性、对社会所造成的危害程度以及社区矫正需要等维度的评估和预测，为干预措施提供参考的活动。危险评估包括再犯危险评估和需要评估两个维度。再犯危险评估是指运用科学的方法预测社区矫正对象再犯可能性以及对社会所造成的危害程度。需要评估是针对社区矫正对象的社区矫正需要和基本生活需求所做的评估和预测。

4. 监督管理是指社区矫正机构根据国家法律、法规、规章以及社区矫正相关规定，对社区矫正对象的社会服刑过程依法进行监督、考察和管理，以保障刑事判决、裁定和决定得到严格执行的具体活动。对社区矫正对象的监督管理是社区矫正工作的核心内容之一，也是顺利进行其他社区矫正工作的重要基础。在社区矫正工作中具有极为重要的地位。根据对开展工作管理工作的实际做法，总结成功经验，从监督管理工作的形式和内容差异性两方面分别进行分类。根据监督管理的工作形式不同可以划分为分类管理和个案管理；根据监管内容和监管侧重点不同，可以划分为日常管理和特殊管理。

5. 考核奖惩是指社区矫正机构按照相关法律、法规、规章及政策规范的规定，对社区矫正对象在接受社区矫正过程中的行为表现，依照法定程序进行考核、奖励、处罚的制度。考核奖惩的主体是社区矫正机构，社区矫正机构也可以委托司法所，由司法所在其职责范围行使一定职权。考核奖惩的对象是正在接受社区矫正的社区矫正对象。考核奖惩的内容是社区矫正对象的行为表现，具体包括社区矫正对象认罪悔罪、遵守法律法规、服从监督管理、接受教育等情况。

6. 社区矫正的解除与终止，是社区矫正工作终结的两种不同的方式。社区矫正解除是指社区矫正对象因社区矫正期满或者被赦免的，社区矫正机构依法办理社区矫正解除手续的制度。社区矫正终止，是指因社区矫正对象被收监或者死亡而提前结束社区矫正的制度。

四、社区矫正执法工作的社会价值

1. 社区矫正执法工作彰显了行刑理念的法治化。所谓法治化，是包括科学立法、严格执法、公正司法、全民守法在内的，一个动态的法的实现过程。社区矫正的实施为轻罪治理提供了非监禁式的制裁措施，平衡了情理和法理的冲突，维护了司法权威。在社区矫正工作中保障行刑理念的法治化，要求执法者依据法律规定，运用法治思维和法治方式处理问题，确保社区矫正工作的合法性、公正性和规范性。社区矫正法治化的目标是保障罪犯的权利，促进罪犯的改造和重新融入社会，维护社会的稳定和安全。

2. 社区矫正执法工作体现了行刑理念的人性化。人性化的行刑理念，就是刑罚人道主义思想。刑罚人道主义思想的核心是对于人的主体性的承认和尊重。刑罚人道主义思想具有以下三重含义：一是保护和尊重罪犯的人格尊严；二是禁止把人当做实现刑罚的目的和工具；三是禁止使用残酷、不人道及蔑视人权的刑罚手段。社区矫正制度的实施符合"把人当人"的质朴理念，社区矫正把符合条件的罪犯不脱离原来的生活社区，在实现刑罚的目的的同时，既满足他们基本的生存需求，也满足了他们的精神层面的社会交往需求。社区矫正充分保障罪犯的人权和尊严，避免对罪犯造成不必要的伤害。在社区矫正过程中，司法行政机关尊重罪犯的人格尊严和合法权益，提供必要的生活和医疗保障，帮助罪犯顺利融入社会。

3. 社区矫正执法工作提升了行刑科学化水平。2019 年 5 月 13 日，美国一项包含了近 11 万罪犯的大型自然实验发现，相比被判缓刑的人，被关进监狱其实并不能降低再次犯罪率。监狱作为关押罪犯的场所，已有数千年历史，一方面是为了惩罚，另一方面也广泛地被寄予了使罪犯出狱之后能"改过自新"的希望。这项自然实验再次证实了"监狱行刑悖论"。所谓监狱行刑悖论是指将罪犯置身于隔离社会、有别于社会的监狱这种行刑机关的环境中度过法定刑期，目的却是使其回归社会后能够适应社会生活，实践证明，监狱的隔离监禁手段并不利于帮助罪犯实现重返社会的目标。社区矫正恰恰是克服监禁矫正弊端的最佳方法，社区矫正以非监禁行刑方式把社会危害小、人身危险程度低的轻罪型罪犯置于社区监管，便于罪犯重新回归社会。同时，司法行政机关运用现代科技手段，建立社区矫正信息化管理系统，采用科学的社区矫正方法和手段对罪犯进行精准管理和帮扶，提高社区矫正工作的效率和准确性，提升了行刑科学化水平。

4. 社区矫正执法工作实现了行刑理念的经济化。随着世界刑罚轻缓化的发展趋势以及我国政治、经济、社会和文化的发展，我国开始实施宽严相济的刑事政策。刑事政策是指刑事权主体（除了国家和政府，还包括各级司法部门），基于刑事社会领域的复杂形势和问题，合理配置各种刑事资源，以取得最佳刑事治理效果的基本策略与方法。社区矫正相对于监狱矫正而言，其运行成本较低，一般不超过监狱运行成本的20%。对一些轻度犯罪人员，用社区矫正代替传统的监禁措施，可以使监狱集中人力、物力和财力矫正罪犯的不良心理和行为，社区矫正可以为国家节省大量的财政资源，实现行刑资源的合理配置，降低行刑成本。

5. 社区矫正执法工作展现了行刑理念的社会化。随着监狱行刑弊端的逐渐展现，人们逐渐认识到，仅靠政府无法实现改造犯罪人的行刑目标。于是，在行刑社会化思潮下，社会力量逐渐介入到刑罚的执行之中。社区矫正工作是一项复杂的系统工程，仅仅靠社区矫正机构是无法顺利开展社区矫正工作的，需要社会力量的参与。社区矫正鼓励相关社会团体和民间组织以及志愿者参与社区矫正工作，发挥社区资源的优势力量。社会组织和个人可以为罪犯提供心理辅导、职业培训、教育资源等方面的帮助，对于促进罪犯的改造和重新融入社会发挥着重要作用。

第二节　社区矫正执法工作的构成要素

社区矫正是一项综合性很强的工作，涉及刑罚执行、社区管理、劳动就业、社会保障和群众工作等各个方面，既应当由社区矫正机构管理和具体实施社区矫正工作，也离不开有关部门的支持和配合，并且还需要其他社会力量共同参与。因此，社区矫正执法工作是指由法定的国家机关及其工作人员在社区中依法依托社区资源和力量开展监督管理和教育帮扶工作，有针对性地消除可能重新犯罪的因素，帮助被判处管制刑、宣告缓刑、裁定假释、决定或者批准暂予监外执行的罪犯成为守法公民的非监禁刑事执行活动。简言之，社区矫正执法工作是社区矫正机构工作人员依法在社区中监管、矫正和帮扶犯罪人的制度。根据上述表述，结合《社区矫正法》及《社区矫正法实施办法》中具有中国特色的社区矫正内涵，我国社区矫正执法工作由工作主体、法律依据、适用对象、执行场所、矫正目标、执行方法六大要素构成。

一、社区矫正执法工作的工作主体

社区矫正执法工作的工作主体是法定执行机关及其法定工作人员。

1. 社区矫正的法定执行机关。社区矫正是一项严肃的刑事执行制度，因此，必须由法定的国家机关及其工作人员依法履行职责和执行任务。《社区矫正法》第 8 条第 1 款规定，国务院司法行政部门主管全国的社区矫正工作。县级以上地方人民政府司法行政部门主管本行政区域内的社区矫正工作。这就正式从法律层面规定了从中央司法部到省市县三级司法局是社区矫正工作的管理机关。第 9 条第 1 款规定，县级以上地方人民政府根据需要设置社区矫正机构，负责社区矫正工作的具体实施……这就将社区矫正试点工作以来由乡镇、街道司法所负责社区矫正的具体执法主体，上提一级到区县社区矫正机构。

由于社区矫正是一项综合性很强的工作，且涉及面较广，单靠一个主管部门难以实现社区矫正的目标和任务，需要多个职能部门共同发挥作用。《社区矫正法》第 8 条第 2 款规定，人民法院、人民检察院、公安机关和其他有关部门依照各自职责，依法做好社区矫正工作。人民检察院依法对社区矫正工作实行法律监督。该条第 3 款规定，地方人民政府根据需要设立社区矫正委员会，负责统筹协调和指导本行政区域内的社区矫正工作。

《社区矫正法》根据《中华人民共和国刑法》（简称《刑法》）、《刑事诉讼法》的规定对社区矫正机构作出具体规定，其性质涵盖了管制刑和暂予监外执行的刑罚执行，属于典型的非监禁性刑罚执行机关；涵盖了缓刑和假释的所附条件考察监督的替刑措施和处遇措施，属于非监禁非刑罚性刑事执行机关。同时因社区矫正的目的和任务所需，还肩负着监督管理和教育帮扶职能，属于对罪犯进行特殊监管的社区矫正机关。所以社区矫正机构是一个综合性的刑事执行机关。

2. 社区矫正的法定工作人员。根据《社区矫正法》第 10 条的规定，社区矫正机构应当配备具有法律等专业知识的专门国家工作人员（以下称社区矫正机构工作人员），履行监督管理、教育帮扶等执法职责。社区矫正机构工作人员，是指具有法律等专业知识，在社区矫正机构中履行监督管理、教育帮扶等执法职责的专门国家机关工作人员。

二、社区矫正执法工作的法律依据

社区矫正执法工作的法律依据是宪法、法律法规和不同层级的规范性文件。

1. 宪法。《社区矫正法》第 1 条规定："……根据宪法，制定本法"。宪法不仅是立法依据，更是执行依据。一切法律、行政法规和地方性法规都必须以宪法为依据，遵循宪法的基本原则，不得同宪法相抵触。尤其是在社区矫正监督管理过程中，除了法律法规明确规定和判决、裁定、决定文书确定的以外，不得擅自增加社区矫正机构及其工作人员的权力和社区矫正对象的义务。

2. 法律法规。首先，与社区矫正工作最密切的应该是《刑法》《刑事诉讼法》《监狱法》和刚颁布的《中华人民共和国民法典》，但目前最主要、最重要、最直接的法律依据是《社区矫正法》。如《刑法》对被判处管制、宣告缓刑、假释的社区矫正对象应当遵守的规定作了明确规定。《刑法》第 38 条第 2 款规定，判处管制，可以根据犯罪情况，同时禁止犯罪分子在执行期间从事特定活动，进入特定区域、场所，接触特定的人。第 39 条作了被判处管制的犯罪分子应当遵守的规定；第 72 条第 3 款规定，宣告缓刑，可以根据犯罪情况，同时禁止犯罪分子在缓刑考验期限内从事特定活动，进入特定区域、场所，接触特定的人。第 75 条规定了被宣告缓刑的犯罪分子应当遵守的规定；第 77 条规定了撤销缓刑，执行原判刑罚的情形；第 84 条规定了被宣告假释的罪犯应当遵守的规定；第 86 条规定了应当撤销假释的情形。《监狱法》第 33 条对撤销假释的程序作了规定。《刑事诉讼法》第 268 规定了暂予监外执行收监的情形；第 269 条规定社区矫正机构负责执行社区矫正。

其次，是《中华人民共和国治安管理处罚法》（简称《治安管理处罚法》）及其相关的《中华人民共和国行政强制法》《中华人民共和国行政处罚法》《中华人民共和国行政复议法》《中华人民共和国行政诉讼法》。如《治安管理处罚法》第 60 条规定了应当对社区矫正对象处以治安拘留和罚款的情形。

最后，是由最高人民法院和最高人民检察院作出的司法解释。司法部和公安部作出的部门规章是社区矫正工作最直接的法律依据，如 2019 年印发的《司法部办公厅关于加快推进全国"智慧矫正"建设的实施意见》和 2020 年公安部《公安机关网上追逃工作规定》。

3. 不同层级的规范性文件。2020 年 6 月公布的《社区矫正法实施办法》是中央层级的规范性文件。从 2003 年社区矫正试点工作以来，一些地方根据本省、直辖市、自治区的实际情况，制定了地方性法规、规章和规范性文件。《社区矫正法》和《社区矫正法实施办法》出台后，全国各地均在结合当地情况，对原来的地方性规范性文件予以修改与完善。北京等 24 个省（区、市）司法厅（局）会同人民法院、人民检察院和公安厅（局）制定出台《社区矫正实施细则》，统一执法标准和程序，细化工作流程，为规范执法提供制度保障。[1]

司法部和公安部作出的部门规章是社区矫正工作最直接的法律依据，如 2019 年公布的《司法部办公厅关于加快推进全国"智慧矫正"建设的实施意见》和 2020 年公布的《公安机关网上追逃工作规定》。2016 年公布的《监狱暂予监外执行程序规定》中明确规定了监狱办理暂予监外执行的要求和程序。

三、社区矫正执法工作的适用对象

社区矫正执法工作的适用对象是被判处管制刑、宣告缓刑、裁定假释、决定或者批准暂予监外执行的罪犯。根据 2011 年 5 月施行的《中华人民共和国刑法修正案（八）》、2018 年修正的《刑事诉讼法》以及 2019 年 12 月 28 日公布的《社区矫正法》规定，基于中国目前社区建设和社区矫正机构及其工作人员的现状，为了保障社区群众的生命财产安全及其承受能力，社区矫正的适用对象为：被判处管制、被宣告缓刑、被裁定假释、被决定暂予监外执行并在社会上服刑的四类罪犯。这四类人员全部是已决犯，不包括未决犯，更不包括刑满释放人员。根据《刑法》第 38 条第 3 款规定，对判处管制的犯罪分子，依法实行社区矫正。根据《刑法》第 76 条规定，对宣告缓刑的犯罪分子，在缓刑考验期内，依法实行社区矫正……依据《刑事诉讼法》第 269 条规定，对判处管制、宣告缓刑、假释或者暂予监外执行的罪犯，依法实行社区矫正，由社区矫正机构负责执行。对这四类人之外的其他人员，不能实行社区矫正。

四、社区矫正执法工作的执行场所

社区矫正执法工作的执行场所是社区。2003 年《最高人民法院、最高人民检察院、公安部、司法部关于开展社区矫正试点工作的通知》（已失效）规定："对罪行较轻、主观恶性较小、社会危害性不大的罪犯或者经过监管改造、确有悔改表现、不致再危害社会的罪犯在社区中进行有针对性管理、教育和改造的工作"。《社区矫正法》根据试点工作的经验和矫正教育罪犯的需要，第 17 条第 2 款明确规定："社区矫正执行地为社区矫正对象的居住地……"第 12 条明确规定："居民委员会、村民委员会依法协助社区矫正机构做好社区矫正工作"，"社区矫正对象的监护人、家庭成员，所在单位或者就读学校应当协助社区矫正机构做好社区矫正工作"。第 6 条第 2 款规定："居民委员会、村民委员会和其他社会组织依法协助社区矫正机构开展工作所需的经费应当按照规定列入社区矫正机构本级政府预算"。

社区作为社区矫正的执行场所具有两大优点：一是有效克服监狱行刑的弊端。将罪犯当人看，让偶犯、初犯、未成年犯、过失犯等有一个悔过自新、重新做人的机会，让长期

---

〔1〕　姜爱东：《关于我国社区矫正工作发展形势与今后的工作任务》，载《社区矫正理论与实践》2022 年第 1 期。

关押于监狱的罪犯有一个提前离开监狱并在正常的社会生活环境中获得真正的再社会化，由监狱人变成社会人的机会。罪犯曾经生活居住的社区具备提供宽容接纳、监督管理和教育帮扶的微观环境。根据社会学解释，社区就是地域性的人类命运共同体。地域性的小社会，通常是由聚集在一定地域中的社会群体（家庭、民族）、社会组织（机关、团体）形成的一个在生活上互相关联的社会实体。现代社区有一整套相对完备的生活服务设施，如商业、服务业、文化教育娱乐等行业的设施，更有公共服务部门提供医疗卫生、社会保障、风险防控、治安保卫、法律事务等方面的产品，从而使社区拥有自己特定的文化、制度、生活方式甚至生产方式，令居民由此产生获得感、安全感和幸福感，并对社区有情感上、心理上的认同感，由此激发社区共同体意识，关心社区成员的生老病死、幸福快乐和对违法犯罪人员的教育矫治及其更生保护。

二是社区为矫正执行提供了社会参与的力量。社区作为聚居在一定地域中相互联系的人的共同体。在社区中，人们通过彼此的交流融通，以维系正常的社区生活秩序，这样的过程就"形成了一套社会参与体系，促进了社区内人们相互间往来与互动，并提高社区的价值整合。"[1] 因此，"社区"是社区矫正的应有之义，是社区矫正预期效果达成的必备要素：一方面要求将罪犯置于社区服刑，以获得更宽泛的社会联系，另一方面要求获得社区资源的介入与支持。社区参与的形式多种多样，居（村）民委员会是《中华人民共和国宪法》（简称《宪法》）规定的群众自治性组织，负责社区范围内综合性事务的管理；此外，社区范围内还活跃着各种各样的社会组织，他们是社区居民自发形成的，服务于社区大众的群众团体组织，起到了连接社区居民与自治组织的桥梁纽带作用，这些社区民间组织的存在为社区居民参与公共事务提供了广阔的平台。

五、社区矫正执法工作的矫正目标

社区矫正执法工作的矫正目标是有针对性地消除可能重新犯罪的因素，帮助社区矫正对象成为守法公民。《社区矫正法》在第 1 条明确规定了社区矫正的矫正目标是"……提高教育矫正质量，促进社区矫正对象顺利融入社会，预防和减少犯罪……"同时，又在第3 条规定了社区矫正工作的目标，"……有针对性地消除社区矫正对象可能重新犯罪的因素，帮助其成为守法公民"。造成罪犯和重新犯罪的原因很多，过去我们的研究重点是宏观的社会原因和个人的心理因素，因此强调社会改造与建设，注重对罪犯的心理矫正。现代犯罪学研究表明，对人的行为起关键致罪作用的是微观的社区环境和个人生活条件，尤其是针对出狱人员而言，其生存与生活是第一位的。解决他们的吃穿住行和就业问题，减少社会歧视和就业困难等，对于预防重新犯罪，能够起到立竿见影的作用。因此，不少专家学者建议将"消除社区矫正对象可能重新犯罪的因素"列入社区矫正工作的目标。但是，导致重新犯罪的因素很多，治理犯罪需要全社会实行综合治理，单靠社区矫正机构及其工作人员的力量是绝对不可能达到目标的，于是增加了"有针对性"的限定词。如何理

---

〔1〕 奚从清、沈赓方主编：《社会学原理》，浙江大学出版社 2001 年版，第 221 页。

解"有针对性地消除社区矫正对象可能重新犯罪的因素，帮助其成为守法公民"呢？立法机关的解释是："社区矫正工作应该围绕着社区矫正目标展开工作，比如有的社区矫正对象没有劳动能力和收入来源，就存在再实施侵财性犯罪的风险，对此，可以协助其根据国家有关规定申请其具备基本的生存能力，预防其再犯罪。社区矫正对象若有酗酒、药物依赖或者实施家庭暴力犯罪的，则可以考虑通过心理疏导、戒瘾治疗、精神治疗等措施，帮助其戒酒、戒瘾，改变恶习，消除其可能重新犯罪的因素，恢复正常的工作和生活，成为守法公民。"[1]

六、社区矫正执法工作的执行方法

社区矫正执法工作的执行方法是依托社区资源和力量进行监督管理和教育帮扶。基于社区矫正是在开放环境进行的，运用社会治理理念开展社区矫正执法工作才能顺利地推进监管管理和教育帮扶工作。社区矫正是推进国家治理体系和治理能力现代化的重要制度，是创新社会治理的重要方面，需要充分调动社会力量，帮助社区矫正对象，顺利融入社会，成为守法公民。《社区矫正法》为此规定了诸多国家鼓励、支持企业事业单位、社会组织、志愿者等社会力量依法参与社区矫正工作的措施。创造性地第一次在刑事法律中规定了政府购买服务，鼓励发展一批专业化的社区矫正社会工作组织。同时，《社区矫正法》在总结吸收社区矫正试点工作以来，全国各地充分依靠基层组织和社会力量开展社区矫正工作经验的基础上，在第 25 条第 1 款中规定了："社区矫正机构应当根据社区矫正对象的情况，为其确定矫正小组，负责落实相应的矫正方案"。根据需要，矫正小组可以由司法所、居民委员会、村民委员会的人员，社区矫正对象的监护人、家庭成员，所在单位或者就读学校的人员以及社会工作者、志愿者等组成。社区矫正对象为女性的，矫正小组中应有女性成员。为了保证社会力量参与社区矫正工作的积极性和可持续性，《社区矫正法》第 6 条规定："各级人民政府应当将社区矫正经费列入本级政府预算。居民委员会，村民委员会和其他社会组织依法协助社区矫正机构开展工作所需的经费应当按照规定列入社区矫正机构本级政府预算"。把矫正小组作为组织动员社会力量参与社区矫正工作的重要抓手，以矫正小组为依托，坚持专精结合，充分利用各种社会资源、动员各种社会力量积极参与到社区矫正工作中来，这既是中国特色社区矫正制度的显著特色，也是新形势下打造共建共治共享社会治理格局的客观需要。

第三节　社区矫正执法工作的任务和原则

一、社区矫正执法工作的任务

社区矫正是完善刑事法律体系和刑罚执行、推进国家治理体系和治理能力现代化的一

---

〔1〕　王爱立主编：《中华人民共和国社区矫正法解读》，中国法制出版社 2020 年版，第 35 页。

项重要制度。做好社区矫正工作首先需要明确其基本任务，如果基本任务不明确易导致工作方向的偏差，则难以正确发挥好刑罚执行的功能，不利于划清社区中相关部门的职责分工，不利于提高工作效率。从《社区矫正法》第1条和第2条的规定来看，社区矫正执法工作的任务有三个方面：一是保障刑事判决、刑事裁定和暂予监外执行决定的正确执行；二是对社区矫正对象的监督管理；三是对社区矫正对象的教育帮扶。据此，社区矫正的任务主要有：

1. 正确执行刑事判决、刑事裁定和暂予监外执行决定。这是社区矫正最重要的任务。《社区矫正法》第1条规定的："……保障刑事判决、刑事裁定和暂予监外执行决定的正确执行……"即对四类社区矫正对象的刑事执行工作，这才是整个《社区矫正法》规定最核心的任务及其内容，此项内在本质任务贯穿整部法律，监督管理和教育帮扶是为其服务的外在形式任务。将符合法定条件的管制、缓刑、假释和暂予监外执行的罪犯放在社区内进行矫正，一个最重要的任务就是完成对他们的刑事判决、刑事裁定和暂予监外执行决定的正确执行，并通过对他们的监督管理和教育帮扶，促进其顺利融入社会，预防和减少犯罪。

由于四类社区矫正对象的刑事执行的内容不同，其性质和任务分别表现在：一是对被判决管制刑和决定或者暂予监外执行的罪犯予以刑罚执行，必须强调惩罚与改造的任务与要求；二是对被判处3年以下有期徒刑及其所附条件的非监禁性替刑措施的执行，必须防止采用刑罚执行的方式，突破刑事法律规定的底线，实行惩罚与改造，而是依法予以监督与考察；三是对于被判处长期监禁刑罚和死缓、无期徒刑因符合条件假释的罪犯予以法定的刑事处遇措施的执行，在严格监管管理的前提下，强调与重视过渡性或者适应性社会帮困扶助，以利于更生康复，重返社会。

2. 监督管理。《社区矫正法》第2条第2款规定了"对社区矫正对象的监督管理、教育帮扶等活动，适用本法"，被立法者解释为社区矫正工作的两大任务。监督管理主要是五项工作：一是监督社区矫正对象遵守法律、行政法规；二是监督履行判决、裁定、暂予监外执行的决定等法律文书确定的义务；三是履行司法行政部门关于报告、会客、外出、迁居、保外就医等监督管理的规定；四是落实针对社区矫正对象的社区矫正方案；五是了解掌握社区矫正对象的活动情况和行为表现等。此五项工作属于执法行为，只能由法定的主体社区矫正机构及其工作人员承担。

3. 教育帮扶。教育帮扶主要有两项工作：一是教育矫正；二是过渡性帮困扶助。具体包括对社区矫正对象开展的系统教育、心理辅导、职业技能培训、就业指导，社会关系修复、解决最低生活保障等教育帮扶活动。此类工作由五大方面的力量担当，即社区矫正机构，教育、人力资源和社会保障、民政机构等部门，有关人民团体，居民委员会、村民委员会，企业事业单位、社会组织、志愿者等社会力量。

二、社区矫正执法工作的原则

社区矫正执法工作的原则，是指在进行社区矫正监督管理和教育帮扶活动中不得违背、必须遵循的思想规范和行为规范。它是社区矫正执法工作所特有并贯穿于社区矫正执法工作自始至终的基本准则。由于社区矫正法律制度的创建是我国刑罚执行制度改革的重要举措，是一项非常严肃的非监禁刑事执行活动，在社区矫正执法工作中政策性强，涉及面广，社会影响大，因此必须遵循统一的原则，以确保社区矫正工作健康开展，达到预期效果。我国《社区矫正法》明确规定了开展社区矫正工作应当依法坚持的五个原则：

（一）坚持党的绝对领导，确保社区矫正工作正确方向的原则

坚持党的领导是《宪法》确定的一项基本原则。近年来，中国共产党相继提出了"依法治国，建设社会主义法治国家"的治国施政理念和"构建社会主义和谐社会"的社会治理目标，确立了指导我国政法工作的社会主义法治理念，明确要求"实施宽严相济的刑事政策，改革未成年人司法制度，积极推行社区矫正"。因此，党的政策和国家法律在本质上是一致的。社区矫正工作必须坚持党的领导，认真贯彻中央关于司法体制和工作机制改革的决策部署，开拓创新与依法规范并重，积极推进社区矫正工作健康开展，确保社区矫正工作的正确方向。在 2020 年 7 月 1 日施行的《社区矫正法实施办法》第 2 条中也明确规定了："社区矫正工作坚持党的绝对领导，实行党委政府统一领导、司法行政机关组织实施、相关部门密切配合、社会力量广泛参与、检察机关法律监督的领导体制和工作机制。"

（二）坚持监督管理与教育帮扶相结合的原则

坚持监督管理与教育帮扶相结合的原则，即要在对社区矫正对象进行依法监督管理的同时，有针对性地开展教育帮扶活动，不能片面强调监督管理而忽视教育帮扶，也不可片面强调教育帮扶而不加强监督管理。《社区矫正法》第 3 条明确规定，"……坚持监督管理与教育帮扶相结合……"第 4 条第 1 款规定："社区矫正对象应当依法接受社区矫正，服从监督管理。"监督管理主要是监督社区矫正对象遵守法律、行政法规，履行判决、裁定、暂予监外执行决定等法律文书确定的义务，履行司法行政部门关于报到、会客、外出、迁居、保外就医等监督管理规定，落实针对社区矫正对象的社区矫正方案，了解掌握社区矫正对象的活动情况和行为表现等。教育帮扶主要是指社区矫正机构，教育、人力资源和社会保障等部门，有关人民团体、居民委员会、村民委员会，以及企事业单位、社会组织、志愿者等社会力量对社区矫正对象开展的教育、心理辅导，职业技能培训、就业指导，社会关系改善等教育帮扶活动。[1]

开展社区矫正工作，主要是根据现有法律的规定，对社区矫正对象进行必要和适度的监督管理，并有针对性地开展教育帮扶，这两项工作是社区矫正工作的核心内容。开展社区矫正工作要做到监督管理和教育帮扶相结合，两者都不可偏废。一般来说，监督管理是教育帮扶的前提和保障，社区矫正对象只有服从监督管理，切实遵守法律、行政法规，履行判决、裁定、暂予监外执行决定等法律文件管理规定，才能顺利地度过社区矫正考验

---

〔1〕　王爱立主编：《中华人民共和国社区矫正法解读》，中国法制出版社 2020 年版，第 19~20 页。

期，最终得以解除社区矫正。而教育帮扶是做好社区矫正工作的核心和重中之重。根据社区矫正对象的需要，开展有针对性的教育、心理辅导，社会关系改善等教育帮扶活动，能够帮助社区矫正对象改善现有状态，增强法治观念，提高道德素质；帮助社区矫正对象依法获得社会救助，获得就业岗位和职业技能培训，可以帮助其解决碰到的困难，恢复正常的工作和生活，顺利融入社会。[1]

社区矫正机构通过监督管理活动，加强了对社区矫正对象的有效管理和控制，防止其再次违法犯罪而危害社会，为构建安全稳定的社区矫正工作环境提供了制度保障，确保了教育帮扶等工作的顺利进行。但若社区矫正工作一味地强调监管和服从，则无法调动社区矫正对象自身的动力，甚至会产生抵触、对抗情绪，大大增加社区矫正工作的阻力。只有通过教育帮扶工作，社区矫正对象才会消除疑虑和偏见，安心接受社区矫正，真心悔过。教育帮扶是实现社区矫正对象再社会化的重要手段。加强教育帮扶工作，会使社区矫正对象逐渐形成符合社会规范的价值体系和行为准则，提高社区矫正对象适应社会生活的能力，最终促使其顺利回归社会，成为守法公民。

（三）坚持专门机关与社会力量相结合的原则

《社区矫正法》第3条规定："社区矫正工作坚持专门机关与社会力量相结合……"坚持专门机关与社会力量相结合的原则，即要依法设立社区矫正委员会和社区矫正机构，在社区矫正委员会统筹协调下充分发挥公检法司和有关部门职责作用，社区矫正机构具体组织实施监督管理工作，同时广泛组织和引导社会各方面力量积极参与教育帮扶活动，两支力量协调配合，共同发挥作用。

1. 专门机关应当依照各自职责，做好社区矫正工作。《社区矫正法》第8条第1款规定："国务院司法行政部门主管全国的社区矫正工作。县级以上地方人民政府司法行政部门主管本行政区域内的社区矫正工作。人民法院、人民检察院、公安机关和其他有关部门依照各自职责，依法做好社区矫正工作。"第9条第1款规定："县级以上地方人民政府根据需要设置社区矫正机构，负责社区矫正工作的具体实施……"第2款规定："司法所根据社区矫正机构的委托，承担社区矫正相关工作。"

这里的专门机关主要是指司法行政部门、人民法院、人民检察院、公安机关和其他有关部门，具体的工作体制和机构设置如下：司法行政部门主管社区矫正工作；人民法院、人民检察院、公安机关和其他有关部门依照各自职责，依法开展社区矫正工作。地方人民政府根据需要分别设立社区矫正委员会和社区矫正机构，社区矫正委员会统筹协调和指导，社区矫正机构组织实施。社区矫正是在开放的社会环境下，在不影响社区矫正对象正常工作、生活的前提下开展的监督管理和教育帮扶活动。社区矫正工作需在各级党委、政府的统一领导下，各个专门机关分工负责、相互支持、协调配合。同时，财政、民政、人社等相关部门以及社会力量的积极支持和广泛参与，才能实现社区矫正的目的。

---

[1] 王爱立主编：《中华人民共和国社区矫正法解读》，中国法制出版社2020年版，第24页。

2. 充分调动社会力量参与社区矫正。《社区矫正法》第 12 条规定："居民委员会、村民委员会依法协助社区矫正机构做好社区矫正工作。社区矫正对象的监护人、家庭成员，所在单位或者就读学校应当协助社区矫正机构做好社区矫正工作。"第 13 条规定："国家鼓励、支持企业事业单位、社会组织、志愿者等社会力量依法参与社区矫正工作。"这些法条明确规定了开展社区矫正工作的国家专门机关和社会力量的范围、人员。第 35 条、第 37 条、第 39 条、第 40 条、第 42 条、第 43 条、第 55 条、第 56 条明确规定了对社区矫正对象开展教育帮扶的社会力量的范围和人员。

社会力量参与社区矫正是推进社区矫正工作的内在要求，社区矫正是以非监禁的方式，在社区监管教育犯罪人，其最大特点和优势就在于可以充分利用社会上的资源，对社区矫正对象进行教育矫正和社会适应性帮扶。本法对调动社会各方面力量参与社区矫正，作了很多规定，如国家鼓励、支持企业事业单位、社会组织、志愿者等社会力量参与社区矫正工作。居民委员会、村民委员会可以引导志愿者和社区群众，利用社区资源，通过多种形式，进行必要的教育帮扶。社区矫正机构可以通过公开择优购买社会服务、项目委托等方式，委托社会组织提供心理辅导、社会关系改善等专业化的帮扶；国家鼓励有经验和资源的社会组织跨地区开展帮扶交流和示范活动。共产主义青年团、妇女联合会、未成年人保护组织和其他有关社会组织协助做好社区矫正工作。必须充分利用社会力量，整合社会资源，依靠群众和社会方方面面的力量和资源参与到社区矫正工作中来。只有将专门机关与社会力量有机结合，才能发挥各自的特长和优势，相互补充，形成整体合力，实现社区矫正工作的目标。

社区矫正是刑事执行体系的一部分，公检法司和有关部门必须依法行使职权，保证国家刑事法律的正确执行，保障社区矫正工作的有序开展。同时，社区矫正工作采取社会化的方式进行，还应当充分调动社会各方面力量积极参与。这既是提高国家治理体系和治理能力现代化水平的必然要求，也是落实党的十九届四中全会精神，打造共建共治共享的社会治理制度的必然要求。

（四）坚持分类管理与个别化矫正相结合的原则

《社区矫正法》第 3 条规定："社区矫正工作……采取分类管理、个别化矫正，有针对性地消除社区矫正对象可能重新犯罪的因素，帮助其成为守法公民。"坚持分类管理与个别化矫正相结合的原则，即要根据四类社区矫正对象适用社区矫正的不同法律依据和社区矫正对象个人的自身情况，采取针对性的社区矫正措施，因人施教，有针对性地消除社区矫正对象可能重新犯罪的因素，帮助其成为守法公民。

分类管理是对不同类型、不同情况的社区矫正对象采取针对性的方法和措施进行管理的活动。具体可按以下步骤进行：第一，根据社区矫正对象人身危险性的不同划分不同的管理等级，采取不同的管理措施；第二，对不同类型的社区矫正对象采取不同的管理措施。分类管理能够增强管理工作的针对性，提高社区矫正管理的效果；第三，也是提高社区矫正质量的重要途径。

分类管理的内容和方式必然要求对社区矫正对象进行个别化矫正。社区矫正对象的犯罪情况、文化基础、家庭情况、周围环境甚至存在的问题和困难千差万别，对其进行社区矫正的难易程度也有所差别，这就要求社区矫正机构根据每个社区矫正对象的不同情况开展有针对性的个别化矫正活动。为取得实效，应对社区矫正对象进行个案评估，全面了解其具体情况，并为其制定恰当的个性化矫正方案，确定适合的个案矫正小组，从而开展有效的个案矫正工作。在社区矫正工作中，采取分类管理和个别化矫正相结合的方法，才能真正做到有的放矢，对症下药，最终取得良好的社区矫正效果，实现社区矫正工作的目标。

（五）坚持依法管理与尊重和保障人权相统一的原则

即要在打击罪犯与保障人权之间做好平衡，在依法对社区矫正对象进行监督管理和教育帮扶，维护刑事执行司法权威的同时，保障社区矫正对象的合法权益不受侵犯，这也是对《宪法》"尊重和保障人权原则"的贯彻落实。《社区矫正法》第4条第2款规定："社区矫正工作应当依法进行，尊重和保障人权。社区矫正对象依法享有的人身权利、财产权利和其他权利不受侵犯，在就业、就学和享受社会保障等方面不受歧视。"

1. "社区矫正工作应当依法进行"，要求社区矫正机构及其工作人员开展社区矫正工作，必须严格履行职责，按照《刑法》《刑事诉讼法》和《社区矫正法》等法律的有关规定进行。

2. "尊重和保障人权"要求社区矫正机构及其工作人员在工作中注重保障社区矫正对象的权利，不得随意侵犯社区矫正对象的合法权益。

社区矫正对象虽然是罪犯，但国家是给予其改过自新的机会的，希望能通过社区矫正，化消极因素为积极因素，促进其顺利融入社会，在社区矫正过程当中应当尊重和保障社区矫正对象的人权。在《社区矫正法》第34条第1款规定："开展社区矫正工作，应当保障社区矫正对象的合法权益。社区矫正的措施和方法应当避免对社区矫正对象的正常工作和生活造成不必要的影响；非依法律规定，不得限制或者变相限制社区矫正对象的人身自由。"第26条第2款规定："社区矫正机构开展实地查访等工作时，应当保护社区矫正对象的身份信息和个人隐私。"第54条第1款规定："社区矫正机构工作人员和其他依法参与社区矫正工作的人员对履行职责过程中获得的未成年人身份信息应当予以保密。"这些规定，都是对"尊重和保障人权"内容的具体化规定。

3. 社区矫正对象依法享有的人身权利、财产权利和其他权利不受侵犯，在就业、就学和享受社会保障等方面不受歧视。这是从社区矫正对象的角度对其合法权益不受侵犯做出的进一步规定。根据《刑法》《刑事诉讼法》和《社区矫正法》等有关法律的规定，社区矫正对象在社区矫正期间，其有的权利是依法受到一定限制的，如报到、会客、外出、迁居、禁止令等监督管理规定等。除这些依法限制的权利外，社区矫正对象依法享有的人身权利、财产权利和其他权利不受侵犯。"在就业、就学和享受社会保障等方面不受歧视"是指社区矫正对象除因犯罪受过刑事处罚，或者因其为社区矫正对象，根据法律规定被剥夺和限制的权利以外，在就业、就学和享受社会保障等方面依法享有和其他公民同等的权利，有关单位和部门不能歧视。依法管理与保障社区矫正对象合法权益很好地平衡了权力和权利的关系，既对执法者的权力的行使进行了必要的约束，又有效保护了社区矫正对象的合法权利。

思考题

1. 什么是社区矫正执法工作？社区矫正执法工作具有哪些特征？
2. 简述社区矫正执法工作的社会价值？
3. 社区矫正执法工作包含哪些构成要素？
4. 社区矫正执法工作的原则是什么？
5. 社区矫正执法工作的任务是什么？

拓展学习

美国缓刑之父

社区矫正的起源与发展

第二章　社区矫正执法的机构设置

学习目标

知识目标：了解社区矫正执法机构的设置；熟悉社区矫正管理机关的界定及其职责；知晓社区矫正相关机构的设置及其职责；掌握社区矫正工作机构中社区矫正机构、司法所以及其他辅助力量的职责。

能力目标：具备推进和规范社区矫正工作的能力，正确执行刑罚的能力；具备整合协调各方资源以提升社区矫正工作效率的能力。

思政目标：具备推进社区矫正执法公开，确保权力规范运行，不断提升执法公信力的职业素养。

学习重点

社区矫正管理机关的界定及其职责；社区矫正相关机构的设置及其职责；社区矫正机构、司法所的职责。

知识树

```
                      ┌社区矫正管理机构┌社区矫正主管机构及其职责
                      │及其职责        └社区矫正委员会的设置及其职责
                      │                ┌人民法院参与社区矫正工作的职责
                      │                │人民检察院参与社区矫正工作的职责
社区矫正执法的 ───────┤社区矫正相关机构│公安机关参与社区矫正工作的职责
机构设置              │及其职责        │监狱管理机关和监狱参与社区矫正工作的职责
                      │                └其他相关机构参与社区矫正工作的职责
                      │                ┌社区矫正机构
                      └社区矫正工作机构│司法所
                       及其职责        └其他辅助社会力量
```

社区矫正自 2003 年试点、2005 年扩大试点、2009 年全国全面试行乃至 2014 年在全国全面推进，社区矫正组织机构的管理体制和工作机制不断完善，为理顺社区矫正组织机构的设置提供丰富的实践基础。2019 年 12 月 28 日《社区矫正法》公布，是社区矫正工作发展史上具有里程碑意义的一件大事。《社区矫正法》作为规范社区矫正制度的第一部专门法律，为社区矫正组织机构的合理设置提供了全面的法律依据，对于推进和规范社区矫正工作、促进社区矫正制度的良性发展具有重要意义。

社区矫正执法的机构设置，是推动社区矫正工作向职业化、专业化方向发展的关键。社区矫正执法的机构设置包括社区矫正管理机构、社区矫正相关机构和社区矫正工作机构。其中，社区矫正管理机构是指对社区矫正工作指导管理职责的国家政府机构[1]；社区矫正相关机构是指协同支持、配合开展社区矫正工作除司法行政部门以外的其他政府职责部门；社区矫正工作机构是指负责社区矫正工作具体实施的机构。

第一节　社区矫正管理机构及其职责

《社区矫正法》全面总结、提炼社区矫正多年来的实践经验和改革成果，聚焦社区矫正工作的管理体制和工作机制问题，于第二章专章规定了社区矫正的组织机构。2020 年 7 月 1 日施行的《社区矫正法》第 8 条明确规定："国务院司法行政部门主管全国的社区矫正工作。县级以上地方人民政府司法行政部门主管本行政区域内的社区矫正工作。人民法院、人民检察院、公安机关和其他有关部门依照各自职责，依法做好社区矫正工作。人民检察院依法对社区矫正工作实行法律监督。地方人民政府根据需要设立社区矫正委员会，负责统筹协调和指导本行政区域内的社区矫正工作。"该法第 8 条、第 9 条规定了司法行政部门主管社区矫正工作；社区矫正委员会负责统筹协调和指导本行政区域内的社区矫正工作；社区矫正机构负责社区矫正工作的具体实施；司法所根据社区矫正机构的委托承担社区矫正相关工作。根据上述规定，司法行政机关是社区矫正工作主管机关，负责指导管理工作；社区矫正委员会是议事协调机构，由法院、检察院、公安、司法行政等相关部门组成，负责统筹协调工作；社区矫正机构是社区矫正的执行机关，负责具体实施社区矫正；司法所是最基层的组织，根据社区矫正机构的委托，协助社区矫正机构监督管理社区矫正对象。据此，社区矫正的工作机构分为：主管机构、统筹协调和指导机构、相关协同机构、具体实施机构几个层次。其中，主管机构、统筹协调和指导机构属于社区矫正管理机构，相关协同机构为社区矫正相关机关，具体实施机构为社区矫正机构。

明确社区矫正的管理机关是司法行政机关，规定国务院司法行政部门主管全国的社区矫正工作，县级以上地方人民政府司法行政部门主管本行政区域内的社区矫正工作。明确

---

[1]　郭健：《我国社区矫正机构论纲》，载《刑法论丛》2011 年第 4 期。

社区矫正工作的主管部门有利于落实工作责任主体，推进社区矫正工作不断深入开展。同时，在总结社区矫正实践中形成的体制机制基础上，规定地方各级人民政府根据需要设立社区矫正委员会，统筹协调和指导本区域内的社区矫正工作，保证了中国共产党的基本路线和基本方针政策在社区矫正工作中贯彻实施，保证了中国共产党始终发挥总揽全局、协调各方的领导核心作用。

一、社区矫正主管机构及其职责

国务院司法行政部门和县级以上地方人民政府司法行政部门为主管机构。《社区矫正法》第8条第1款明确规定："国务院司法行政部门主管全国的社区矫正工作。县级以上地方人民政府司法行政部门主管本行政区域内的社区矫正工作。"该条规定明确社区矫正的管理机关是司法行政机关，规定国务院司法行政部门主管全国的社区矫正工作，县级以上地方人民政府司法行政部门主管本行政区域内的社区矫正工作。明确社区矫正工作的主管部门有利于落实工作责任主体，推进社区矫正工作不断深入开展。同时，社区矫正是一项综合性工作，需要统筹发挥人民法院、人民检察院、公安机关和其他有关部门的职责作用，发挥各部门的合力作用，因此《社区矫正法》规定人民法院、人民检察院、公安机关和其他有关部门依照各自职责，依法做好社区矫正工作，人民检察院依法对社区矫正工作实行法律监督。在总结社区矫正实践中形成的体制机制基础上，规定地方各级人民政府根据需要设立社区矫正委员会，统筹协调和指导本区域内的社区矫正工作，保证了中国共产党的基本路线和基本方针政策在社区矫正工作中贯彻实施，保证了中国共产党始终发挥总揽全局、协调各方的领导核心作用。

1. 国务院司法行政部门主管全国的社区矫正工作。县级以上地方人民政府司法行政部门主管本行政区域内的社区矫正工作。国务院司法行政部门是指司法部，根据司法部的机构设置，内设社区矫正管理局，具体负责指导管理全国的社区矫正工作。司法部作为全国社区矫正工作的主管部门，负有对全国范围内开展社区矫正工作的主管职责。具体职责包括：制定社区矫正工作的方针、政策和规范性文件；拟定社区矫正工作发展规划、管理制度；制定社区矫正对象需要遵守的有关报告、会客、外出、迁居、保外就医等监督管理规定；出台相关政策鼓励、支持社会力量参与社区矫正工作；推进高素质的社区矫正工作队伍建设；支持社区矫正机构提高信息化水平；监督检查社区矫正法律法规和政策的执行情况；指导各地方司法行政部门依法开展社区矫正工作等。

2. 县级以上地方人民政府司法行政部门主要是指省、市、县三级地方人民政府的司法厅、司法局等部门。实践中，有的地方在省、市、县三级司法厅、司法局设社区矫正管理局（处）、科、股等，具体负责指导管理本行政区域内的社区矫正工作。县级以上地方人民政府司法行政部门（司法行政机关）作为本行政区域内的社区矫正主管部门，负责指导管理本行政区域内的社区矫正工作。

根据《社区矫正法实施办法》第4条的规定，司法行政机关依法履行以下职责：（一）主管本行政区域内社区矫正工作；（二）对本行政区域内设置和撤销社区矫正机构提出意见；（三）拟定社区矫正工作发展规划和管理制度，监督检查社区矫正法律法规和政策的执行情况；（四）推动社会力量参与社区矫正工作；（五）指导支持社区矫正机构提高信息化水平；（六）对在社区矫正工作中作出突出贡献的组织、个人，按照国家有关规定给予表彰、奖励；（七）协调推进高素质社区矫正工作队伍建设；（八）其他应当履行的职责。

二、社区矫正委员会的设置及其职责

社区矫正委员会是社区矫正工作的统筹协调和指导机构。在《社区矫正法》中首次写入设立社区矫正委员会，是对我国社区矫正试点经验的总结。建立社区矫正委员会是由社区矫正工作的性质和特点所决定的。开展社区矫正工作，不仅需要在社区的环境下惩罚和监管罪犯，而且需要运用社会的资源开展教育帮扶工作，将刑罚的惩罚犯罪、预防犯罪的功能落到实处。虽然社区矫正机构是执法主体，但是仅靠社区矫正机构自身的力量和资源，难以完成《社区矫正法》赋予社区矫正工作需要完成的任务。由于该项工作涉及面广，因此需要在各级党委和政府的统一领导协调下开展工作，需要公、检、法、司通力协作配合，需要财政、教育、卫生、民政、人力资源和社会保障等多个部门的积极支持，需要社会力量（工会、共青团、妇联、村委会、居委会及社会工作者、志愿者等）的广泛参与。因此，由党委或政府有关负责人牵头组成的社区矫正委员会，有利于加强对社区矫正工作的领导、督促、检查和指导，协调研究解决工作中的困难和问题，确保社区矫正工作的顺利开展。

为了能够协调各方面的力量共同做好社区矫正工作，《社区矫正法》第8条第3款规定"地方人民政府根据需要设立社区矫正委员会……"这里所说的"地方人民政府"是指地方各级人民政府，包括省、市、县、乡镇四级人民政府。"社区矫正委员会"是指由地方人民政府设立的社区矫正议事协调机构，负责统筹和指导本行政区域内的社区矫正工作。实践中，社区矫正委员会成员可以由以下部门和人员组成：本级人民政府或者有关方面负责人；人民法院、人民检察院、公安、司法行政、财政、教育、卫生、民政、人力资源和社会保障等部门。社区矫正委员会还可以根据需要，有工会、共青团、妇联等单位代表，在县、乡镇两级还可以邀请村民委员会、居民委员会或者有关社会组织代表、社会工作者等人员参加。《社区矫正法实施办法》第3条规定："地方人民政府根据需要设立社区矫正委员会，负责统筹协调和指导本行政区域内的社区矫正工作。司法行政机关向社区矫正委员会报告社区矫正工作开展情况，提请社区矫正委员会协调解决社区矫正工作中的问题。"可见，社区矫正是一个系统工程，需要在各级党委政府的统一领导下开展工作，需要人民法院、人民检察院、公安和司法行政机关通力协作配合，需要财政、教育、卫生、民政、人力资源和社会保障等相关部门的积极支持，需要社会力量的广泛参与。

社区矫正委员会负责统筹协调和指导本行政区域内的社区矫正工作，包括加强对社区矫正工作的领导、督促、检查和指导；协调、研究解决社区矫正工作中的困难和问题等。由于社区矫正委员会一般由地方人民政府或有关负责人以及各有关方面的人员参加，能够有效解决各地实际工作中存在的问题，增强相关部门参与社区矫正工作的积极性和执行力度，对于促进社区矫正工作社会化、规范化具有重要意义。从《社区矫正法》2020 年 7 月实施至 2022 年，全国 31 个省（区、市）和新疆生产建设兵团全部成立社区矫正委员会，全国地市级设立的占 96%、县区级占 93%、乡镇级占 43%。[1] 社区矫正委员会相继召开会议，建立完善工作机制，履行统筹协调和指导社区矫正工作职责，对于进一步共担责任、各司其职、齐抓共管，推进《社区矫正法》贯彻实施发挥了积极的作用。实践中，为加强对社区矫正工作的统筹和协调工作，社区矫正委员会一般通过召开联席会议，调研社区矫正工作的有关情况，及时研究解决社区矫正工作中的实际困难和重大难题，确保社区矫正工作的顺利开展。

社区矫正委员会与社区矫正机构的职责要有所区分。社区矫正机构是县级以上人民政府根据需要设置的、承担对社区矫正对象日常管理的专门工作实体，也需要协调和指导本行政区域内的社区矫正工作。这种协调既包括部门与部门之间的（相互制约、相互配合），又包括部门内部的，如果通过协调能够解决的问题，就没有必要再提交委员会来协调。委员会需要协调的是社区矫正机构和司法行政机关难以协调的问题。另外，委员会作为领导层面的协调，更多是从宏观方面协调和指导，因此在工作职责上要防止越俎代庖。[2] 由于委员会的办公室一般设在司法行政机关，因此司法行政机关要发挥好委员会的参谋助手作用。把真正需要委员会解决的问题及时梳理归纳，找出症结，避免把社区矫正机构自身职责范围内的工作也交由委员会讨论，充分发挥委员会的宏观协调和指导作用，从而推动本辖区社区矫正工作的高质量发展。

第二节　社区矫正相关机构及其职责

社区矫正相关机构包括人民法院、人民检察院、公安机关和其他有关部门，这些部门在社区矫正工作中主要起协同配合作用。我们不能忽视其他国家机关在社区矫正工作中的重要职责与作用。从社区矫正本质上属于刑罚执行的性质来讲，我们强调国家的刑罚权应当统一于一个国家机关，以便于合理配置刑罚资源，实现权力的相互分工与平衡制约。但作为一项综合性工作，社区矫正是一项综合性工作，社区矫正工作不是任何一家机关能够单独完成的，需要统筹发挥人民法院、人民检察院、公安机关和其他有关部门的职责作用，发挥各部门的合力作用，而且作为一种行刑社会化方式，社区矫正根基在社区，其最大优势是可以充分发挥社会各方面的力量积极参与其中。因此《社区矫正法》规定人民法院、人民检察院、公安机关和其他有关部门依照各自职责，依法做好社区矫正工作。

---

〔1〕 姜爱东：《关于我国社区矫正工作发展形势与今后的工作任务》，载《社区矫正理论与实践》2022 年第 1 期。
〔2〕 刘强：《依法发挥社区矫正委员会统筹协调指导作用主题笔会》，载《中国司法》2022 年第 6 期。

一、人民法院参与社区矫正工作的职责

人民法院是社区矫正的决定机构，在社区矫正工作中具有不可替代的作用。人民法院是社区矫正的决定机关，是社区矫正的第一道关口，人民法院的判决和裁定是社区矫正权威性的来源。

（一）人民法院参与社区矫正工作的主要职责

人民法院依法做好社区矫正，其主要职责有以下几项：[1]

一是履行审判职责、公正裁判，对符合条件的被告人和罪犯依法适用社区矫正，发挥好关口作用。人民法院在判处管制、宣告缓刑、裁定假释、决定暂予监外执行时，应当按照《刑法》《刑事诉讼法》等法律规定的条件和程序进行。人民法院的裁判将直接影响社区矫正的质量以及社区矫正所要达到的法律效果和社会效果的统一，实践中人民法院应当根据被告人和罪犯的犯罪情节和悔罪表现，把握好社区矫正适用的标准，对适宜进行社区矫正的人员依法决定社区矫正，将不适宜进行社区矫正的人员挡在社区矫正的门外。要避免将有人身危险性、不符合社区矫正条件的罪犯放到社会上，给社区矫正机构的工作带来隐患。人民法院的任务也应当止于"给出公正的裁判"。由于在执行过程中，人民法院仍有可能对执行对象的行为再次作出裁定，还要接受检察机关对于裁判准确与否的检验、监督，为保持中立、不偏不倚，人民法院当与社区矫正对象保持理性的距离。这既是法治社会中司法制度建设的需要，也是社会对司法公正的要求。

二是充分利用审判资源，对社区矫正对象进行教育，使其真诚悔罪，认识到适用社区矫正是对其从宽处理，认识到在社区矫正期间应当履行的法定义务，自觉接受社区矫正机构的监督和管理，如果不遵守规定，则需要承担相应的法律后果；并责令其按时到社区矫正机构报到。如果有条件，可以在宣判时请社区矫正机构工作人员参加，当面将社区矫正对象移交给社区矫正机构，以增加社区矫正的权威性。

三是积极配合社区矫正机构，共同推进社区矫正工作的开展。人民法院应当做好与社区矫正机构、人民检察院、公安机关等有关部门法律文书的交接工作，防止出现脱管和漏管；对于社区矫正对象违反规定，符合撤销缓刑、假释，暂予监外执行收监执行条件的，人民法院应当及时作出撤销缓刑、假释、暂予监外执行收监执行裁定和决定；对于被提请撤销缓刑、假释的社区矫正对象可能逃跑或者可能发生社会危险需要逮捕的，人民法院应当及时作出逮捕决定，通知公安机关执行。

四是人民法院也应当加强对社区矫正适用情况的跟踪了解，及时掌握社区矫正的执行情况，以便于适时调整社区矫正的适用标准以及撤销缓刑、假释的条件。

（二）人民法院履职社区矫正工作的法律规定

根据《社区矫正法实施办法》第3条和第5条的规定，人民法院依法履行以下职责：

（一）拟判处管制、宣告缓刑、决定暂予监外执行的，可以委托社区矫正机构或者有关社

---

〔1〕 参见王爱立等主编：《〈中华人民共和国社区矫正法〉释义》，中国民主法制出版社2020年版，第53-54页。

会组织对被告人或者罪犯的社会危险性和对所居住社区的影响，进行调查评估，提出意见，供决定社区矫正时参考；（二）对执行机关报请假释的，审查执行机关移送的罪犯假释后对所居住社区影响的调查评估意见；（三）核实并确定社区矫正执行地；（四）对被告人或者罪犯依法判处管制、宣告缓刑、裁定假释、决定暂予监外执行；（五）对社区矫正对象进行教育，及时通知并送达法律文书；（六）对符合撤销缓刑、撤销假释或者暂予监外执行收监执行条件的社区矫正对象，作出判决、裁定和决定；（七）对社区矫正机构提请逮捕的，及时作出是否逮捕的决定；（八）根据社区矫正机构提出的减刑建议作出裁定；（九）其他依法应当履行的职责。

（三）亟待人民法院与社区矫正机构共同解决的问题

从社区矫正实践情况看，人民法院与社区矫正机构建立良性互动关系，需要解决以下问题：

1. 建立两者之间的交流平台，加强联系。对于审判辖区社区矫正工作的规模、社区矫正过程中刑事奖惩的评定标准与适量程度，需要审判机关与社区矫正机构经常性的沟通与交流，以确保执法统一，提高执法的效率与效益。特别是承担指导性工作的省级审判机关和司法行政机关有必要建立必要的交流机制，交流情况，商议解决问题，联合出台规范性文件，以解决当地审判与社区矫正工作衔接和配套过程中出现的一些问题，以期更有效地推进本省的社区矫正工作。

2. 人民法院应注意加强案件审理中与相关部门之间的情况通报制度。为了加强法院审理适用非监禁刑案件以及假释案件的指导工作，总结经验，及时发现问题，人民法院应建立审理案件情况通报制度，定期进行案件质量检查，加强与相关部门的情况交流。尤其是对于社区矫正对象减刑及其重新犯罪的案例，应按照通报制度的要求，及时上报省级审判机关和司法行政机关，以利于通过个案研究，总结经验教训，促进社区矫正工作良性发展。

3. 人民法院应加强延伸帮教工作。为配合社区矫正组织从事教育转化工作，人民法院应充分利用审判资源，参与对社区矫正对象的法治教育，开展定期回访考察，将人民法院在延伸帮教、参与社会综合治理工作中的一些行之有效的做法纳入社区矫正工作中。

4. 人民法院应十分重视对社区矫正对象刑事奖惩的适度问题。为强化社区矫正的刑罚执行力度，有效激发社区矫正对象接受矫正的积极性，维护良好的社区矫正秩序，对于表现突出或有重大立功表现的社区矫正对象，人民法院应当依法予以减刑等刑事奖励；对于不接受社区矫正教育，不参与社区矫正的活动，甚至于有违法和重新犯罪等行为的社区矫正对象依法进行刑事惩处措施，如撤销缓刑、撤销假释为收监执行等，以促进社区矫正工作更有成效。

在这方面，需要特别强调指出的是：①在现有的法律框架内，对社区矫正对象的奖惩措施，主要体现在对社区矫正对象日常行为的行政奖惩措施，而非人民法院的刑事奖惩措施。②在适用刑事奖惩措施中要突出刑事处罚,适度控制刑事奖励。理由是对社区矫正对象从严管理才能真正减少危害社会的行为，维护公共安全。而且社区矫正对象放置社区服刑，本身已经体现了宽大。其在社会上服刑一般不离开家庭和工作岗位，人身自由没有失去只是受到了限制，对其刑事惩罚力度与监狱中服刑的罪犯相比有较大的减弱。还有一个重要的原因是《刑法》和相关的司法解释对社区矫正对象的减刑在适用主体上有所限制。根据《刑法》第78条第1款规定："被判处管制……的犯罪分子，在执行期间，如果认真遵守监规，接受教育改造，确有悔改表现的，或者有立功表现的，可以减刑……"自开展社区矫正试点工作以来，一些地方的有关部门在联合制定的一些办法中规定对被暂予监外执行的社区矫正对象也可适用减刑，已经突破相关规定。因此，在审判实践中，对社区矫正刑事奖励措施应当适度控制、防止滥用刑事奖励。刑事奖励的对象一般应限于那些确有悔改表现、在社区矫正过程中真正突出，并具有示范效应的社区矫正对象。这样才既符合刑法规定的本意，也有利于促进社区矫正工作的健康发展。

二、人民检察院参与社区矫正工作的职责

人民检察院参与社区矫正工作，主要任务是开展法律监督，保障社区矫正工作依法、公正进行。社区矫正作为刑罚执行的重要组成部分，应当接受检察机关的法律监督，这是人民检察院履行法律监督职责的重要方面，是中国特色社区矫正制度的重要组成部分。

（一）人民检察院参与社区矫正工作的主要职责

人民检察院依照职责，依法做好社区矫正工作，对社区矫正工作实行法律监督。人民检察院主要履行以下职责：

一是社区矫正工作是否存在违反法律规定的行为，包括社区矫正机构依法应当接收社区矫正对象而拒绝接收的，未按照法律规定的条件和程序使用电子定位装置的情形；公安机关未依法对被撤销缓刑、假释者收监执行，未依法对在逃罪犯实施追捕，对社区矫正对象违反监督管理规定或殴打、威胁、侮辱、骚扰、报复社区矫正机构工作人员未依法作出治安管理处罚等。人民检察院发现社区矫正工作违反法律规定的，应当依法提出纠正意见、检察建议。

二是受理社区矫正对象的申诉、控告和检举。社区矫正对象认为其合法权益受到侵害的，有权向人民检察院申诉、控告和检举，具体包括社区矫正机构工作人员体罚、虐待社区矫正对象；违反法律规定限制或者变相限制社区矫正对象的人身自由以及其他侵害社区矫正对象合法权益的行为。人民检察院接受申诉、控告和检举后，应当及时处理，并将处理结果告知社区矫正对象。

三是配合社区矫正机构等部门做好社区矫正工作。人民检察院应当积极支持社区矫正机构开展社区矫正工作，及时发现和消除社区矫正机构在监督管理和教育帮扶活动中存在的问题和隐患，帮助社区矫正机构做好与人民法院、公安机关等有关部门的交付、衔接等工作。

在实践中，人民检察院在对社区矫正工作实行法律监督时，应当注意方式方法，寓支持于监督之中。人民检察院可以通过与司法行政机关建立一定的工作机制，或者通过有关方面的申诉、控告和检举进行监督。同时，对于发生社区矫正对象脱管、漏管或者社区矫正对象再犯罪等情形，在追究社区矫正机构工作人员和其他依法参与社区矫正工作人员的责任时，应当根据社区矫正对象再犯罪的原因、与社区矫正工作人员履职行为的因果关系、犯罪行为的危害程度、造成的后果等确定有关人员是否有责，以及责任的大小，应当做到实事求是、过罚相当。

（二）人民检察院参与社区矫正工作的法律规定

《社区矫正法实施办法》对人民检察院的职责作用作了具体规定。根据该办法第 6 条，人民检察院依法履行以下职责：（一）对社区矫正决定机关、社区矫正机构或者有关社会组织的调查评估活动实行法律监督；（二）对社区矫正决定机关判处管制、宣告缓刑、裁定假释、决定或者批准暂予监外执行活动实行法律监督；（三）对社区矫正法律文书及社区矫正对象交付执行活动实行法律监督；（四）对监督管理、教育帮扶社区矫正对象的活动实行法律监督；（五）对变更刑事执行、解除矫正和终止矫正的活动实行法律监督；（六）受理申诉、控告和举报，维护社区矫正对象的合法权益；（七）按照刑事诉讼法的规定，在对社区矫正实行法律监督中发现司法工作人员相关职务犯罪，可以立案侦查直接受理的案件；（八）其他依法应当履行的职责。

三、公安机关参与社区矫正工作的职责

根据《社区矫正法》的规定，公安机关是社区矫正工作强制力的保障部门，其在社区矫正中的作用是不可替代的。

（一）公安机关参与社区矫正工作的主要职责

公安机关依照职责，依法做好社区矫正工作。公安机关在社区矫正工作中发挥以下职责：

一是配合社区矫正机构开展日常管理工作。应社区矫正机构的要求，协助查找失去联系的社区矫正对象，对突发事件进行及时处理。如社区矫正对象失去联系，社区矫正机构应当组织查找，公安机关应当予以配合、协助；社区矫正机构发现社区矫正对象正在实施违法行为，制止无效的，应当立即通知公安机关到场处置。

二是对社区矫正对象依法予以治安处罚。社区矫正对象殴打、威胁、侮辱、骚扰、报复社区矫正机构工作人员及其近亲属，或者违反监督管理规定，尚不需要撤销缓刑、缓释、暂予监外执行收监的，公安机关应当视情节，并根据《治安管理处罚法》的规定予以警告、罚款或拘留处罚。

三是对社区矫正对象依法予以逮捕、收监执行。人民法院对于被提请撤销缓刑、假释的社区矫正对象作出逮捕决定的，公安机关应当立即执行；人民法院裁定撤销缓刑、假释，或者决定暂予监外执行收监的，公安机关应当立即将社区矫正对象送交监狱或看守所执行；被裁定撤销缓刑、假释和被决定收监执行的社区矫正对象逃跑的，公安机关应当予以追捕。

四是执行出入境限制措施。根据《中华人民共和国出境入境管理法》的规定，被判处刑罚尚未执行完毕的人员不准出境，对于被判处管制、宣告缓刑、假释和暂予监外执行的社区矫正对象，公安机关应当采取限制其出境的措施。

（二）公安机关参与社区矫正工作的法律规定

《社区矫正法实施办法》对公安机关的职责做了具体的规定。该法第7条规定，公安机关依法履行以下职责：（一）对看守所留所服刑罪犯拟暂予监外执行的，可以委托开展调查评估；（二）对看守所留所服刑罪犯拟暂予监外执行的，核实并确定社区矫正执行地；对符合暂予监外执行条件的，批准暂予监外执行；对符合收监执行条件的，作出收监执行的决定；（三）对看守所留所服刑罪犯批准暂予监外执行的，进行教育，及时通知并送达法律文书；依法将社区矫正对象交付执行；（四）对社区矫正对象予以治安管理处罚；到场处置经社区矫正机构制止无效，正在实施违反监督管理规定或者违反人民法院禁止令等违法行为的社区矫正对象；协助社区矫正机构处置突发事件；（五）协助社区矫正机构查找失去联系的社区矫正对象；执行人民法院作出的逮捕决定；被裁定撤销缓刑、撤销假释和被决定收监执行的社区矫正对象逃跑的，予以追捕；（六）对裁定撤销缓刑、撤销假释，或者对人民法院、公安机关决定暂予监外执行收监的社区矫正对象，送交看守所或者监狱执行；（七）执行限制社区矫正对象出境的措施；（八）其他依法应当履行的职责。

（三）建立社区矫正协作警务制度

社区矫正工作涉及到很多警务，涉及治安、出入境、法制等职责。针对目前在社区矫正工作中警务协作配合，结合实际，形成制度化规定。

1. 联席会议和联络人制度。各县（市、区）公安局法制部门、治安部门、出入境管理三部门确定一名联络人作为联系社区矫正相关工作。每月定时由县级社区矫正中心召集召开联络人会议。市、县两级公安局与司法局每半年要召开一次联席会议。

2. 违法犯罪信息交换制度。定期查询通报社区矫正对象信息，做到行动轨迹动态掌握。各县（市、区）社区矫正机构每季度定时汇总整理本辖区在矫社区矫正对象台账，提交公安机关协助批量查询矫正对象外出、住宿、跨区域动态轨迹等情况，并反馈县（市、区）社区矫正机构，作为县（市、区）社区矫正机构对社区矫正对象的监管依据。司法局社区矫正中心每周将《社区矫正对象违法犯罪信息查询表》通报给当地各县（市、区）公安局法制部门。由各县（市、区）公安局法制部门进行信息比对，如有发现社区矫正对象被行政拘留、收容教育、强制隔离戒毒、采取刑事强制措施等情况，3天内，公安局法制部门前将相关情况书面通报给各县（市、区）司法局社区矫正中心。

3. 社区矫正对象限制出境制度。进一步规范社区矫正对象限制出境报备与出入境证件管理。公安机关对通报备案对象所持有因私出入境证件情况应及时通报社区矫正中心，各县（市、区）司法局要求新入矫社区矫正对象将有效出入境原件限期内交由社区矫正中心统一保管，并签订保管协议。对拒不上交或有其他无法上交情形的，社区矫正中心书面提请出入境证件签发机关予以宣布作废，并将出入境证件宣布作废情况告知当事人。从而彻底堵上社区矫正对象持有效证照外逃的漏洞。

4. 组织查找制度。及时查找反馈失联社区矫正对象行踪，做到"失联对象及时追查"。社区矫正机构发现社区矫正对象失去联系，通过联系本人、家属亲友、走访有关单位和人员仍查找不到的，及时通知公安机关协助查找，公安机关应当协助追查，并及时向社区矫正机构反馈查找情况。

5. 社区矫正对象收监制度。对故意逃避管理、具有重新犯罪苗头倾向的社区矫正对象安排专人实施教育矫治，对排查出来的违反监督管理规定的社区矫正对象，按照监管规定和违规情形及时给予相应处罚。同时，动态调整管理对象等级，加强分类重点管理，最大程度降低监管风险隐患。明确社区矫正对象被撤销缓刑、假释和收监执行的由公安机关负责收监执行，社区矫正对象在逃的，由社区矫正机构书面通知公安机关追捕。

6. 日常工作警务协作制度。建立完善社区矫正信息共享机制，要求基层公安派出所与司法所应建立日常协作机制，定期进行信息交换和工作协作，做到"违法情况实时共享"，公安机关依法实时通报社区矫正对象社区矫正期间被治安管理处罚、被采取的强制措施以及违法犯罪记录等情况，共享社区矫正工作动态信息，实现信息共享，业务协同。公安机关与司法行政机关加强日常警务协作，对社区矫正对象实施治安管理处罚、教育矫正、查找追查、信息查询、列入重点人口管理等工作进一步予以规范。公安局与司法局联合建立社区矫正协作督查机制，每年联合进行社区矫正警务协作督查。

四、监狱管理机关和监狱参与社区矫正工作的职责

社区矫正是监禁刑替代措施，社区矫正中的假释和暂予监外执行制度的适用对象就是监狱中的罪犯。对于缓刑类、假释类和暂予监外执行类社区矫正对象，如果符合法定条件，还可以收监执行。开展社区矫正工作，积极探索完善监狱和社区矫正工作相互衔接、统一协调的刑事执行体制，也是司法行政机关多年努力的改革任务和方向。因此，监狱管理机关和监狱在社区矫正工作中也发挥着重要的作用。

根据《社区矫正法实施办法》第8条，监狱管理机关及监狱依法履行以下职责：（一）对监狱关押罪犯拟提请假释的，应当委托进行调查评估；对监狱关押罪犯拟暂予监外执行的，可以委托进行调查评估；（二）对监狱关押罪犯拟暂予监外执行的，依法核实并确定社区矫正执行地；对符合暂予监外执行条件的，监狱管理机关作出暂予监外执行决定；（三）对监狱关押罪犯批准暂予监外执行的，进行教育，及时通知并送达法律文书；依法将社区矫正对象交付执行；（四）监狱管理机关对暂予监外执行罪犯决定收监执行的，原服刑或者接收其档案的监狱应当立即将罪犯收监执行；（五）其他依法应当履行的职责。

此外，按照司法部统一部署的要求，为深入贯彻落实刑罚执行一体化要求，统筹推进社区矫正工作，监狱管理机关和监狱围绕罪犯改造目标，充分发挥监狱改造优势，积极延伸监狱改造职责，选派监狱警察支持和参与社区矫正工作。组织选派监狱警察参与社区矫正工作，既解决了社区矫正人手不够、教育矫正经验不足、执法规范化水平有待提高等难题，又打通了监狱警察对外交流渠道，鼓励警察更多地接触社会，在指导开展社区矫正工作过程中也掌握了刑满释放、假释、暂予监外执行的罪犯回归社会情况、评估重新犯罪情况，有序反馈，不断提升监狱改造能力。

五、其他相关机构参与社区矫正工作的职责

社区矫正是一项复杂的系统工程，是一项开创性工作，涉及社会方方面面和多个相关职责部门。社区矫正对象是特殊社会群体。他们由于自身的或社会的原因，不适应社会正常生活，存在经济困难、认知障碍、技能缺乏、就业无门等社会融入性困难，各级民政部门、工商部门、税务部门、教育部门、卫生部门等相关机关应当制定相应的政策，建立相应的制度，对社区矫正对象融入社会正常生活给予帮困扶助。为了认真履行刑罚执行职责，加强社区矫正工作，实现对社区矫正对象的监督管理、教育矫正与社会适应性帮扶，需要人民法院、人民检察院、公安机关和司法行政机关通力协作配合，需要财政、教育、卫生、民政、人力资源等部门从不同的角度参与社区矫正工作，这些机关主要为社区矫正对象提供以下救助帮扶的内容：

1. 民政部门。民政部门可以为社区矫正对象提供临时居所、最低生活保障、社会救助等帮扶，为庭特别困难的社区矫正对象开展提供救济帮助工作。同时，民政部门还要解决非政府社区矫正组织和团体成立时的登记注册问题，为完善社区矫正的组织体系开展工作。

2. 人力资源和社会保障部门。人力资源和社会保障部门需要解决社区矫正对象在社会保障、职业技能培训、劳动报酬支付、劳动争议解决等方面的问题。还要可以为社区矫正对象开展职业技能培训、就业指导提供帮助。

3. 卫生部门。卫生部门可以为社区矫正对象开展心理矫治和辅导提供资源，为需要社区矫正对象解决卫生防疫、疾病治疗等方面的问题。

4. 教育部门。教育部门需要解决社区矫正对象的学历教育和其他教育等方面的问题，特别是要解决未成年社区矫正对象和从监狱中释放的符合条件的假释犯的就学、就业等问题。还需要解决对社区矫正对象进行文化教育和职业技能培训中的质量监督等问题。

5. 市场监督管理部门。市场监督管理部门在社区矫正中要从事多方面的工作。例如，为社区矫正对象从事工商活动颁发营业执照，监督他们开展合法的经营活动；为非政府性社区矫正组织和团体开展经营性活动提供证照，对经营活动进行日常监督和年度审核等工作。

除了这些经常性地参与社区矫正相关工作的行政机关之外，还有一些与社区矫正工作的进行有密切关系的行政机关也发挥着重要作用。例如，共青团、妇联等部门可以利用自身资源为未成年人、妇女等提供必要的帮扶；各级编制委员会及其办公室在落实社区矫正机构工作人员编制方面，各级财政部门在给社区矫正拨付经费方面，都发挥着重要的作用。

为了能够协调各方面的力量共同做好社区矫正工作，《社区矫正法》规定，省、市、县、乡镇四级地方人民政府根据需要设立社区矫正委员会。社区矫正委员会可以由以下部门和人员组成：本级人民政府或者党委有关负责人；人民法院、人民检察院、公安机关、司法行政机关、财政、教育、卫生、民政、人力资源和社会保障等部门。社区矫正委员会还可以根据需要，有工会、共青团、妇联等单位代表，在县、乡镇两级还可以邀请村民委员会、居民委员会或者有关社会组织代表、社会工作者等人员参加。社区矫正委员会负责统筹协调和指导本行政区域内的社区矫正工作，具体包括加强对社区矫正工作的领导、督促、检查和指导，协调、研究解决社区矫正工作中的困难和问题等。由于社区矫正委员会一般由地方人民政府或党委有关负责人以及各有关方面的人员参加，能够有效解决各地实际工作中存在的问题，增强相关部门参与社区矫正工作的积极性和执行力度，对于促进社区矫正工作社会化、规范化具有重要意义。实践中，为加强对社区矫正工作的统筹协调和指导工作，社区矫正委员会一般通过召开联席会议调研社区矫正工作的有关情况，及时研究解决社区矫正工作中的实际困难和重大难题，确保社区矫正工作的顺利开展。

第三节　社区矫正机构及其职责

社区矫正机构，包括社区矫正执行机构和其他辅助社会力量。社区矫正执行机构包括社区矫正专门执法机构及其司法所；其他辅助社会力量包括参与社区矫正工作的专业社会组织、群团组织和行业协会等社会资源。

一、社区矫正机构

（一）社区矫正机构的设置

社区矫正机构是指为了保证社区矫正工作的顺利进行，由国家设置的具有法定职责、配备一定数量的专门国家工作人员从事社区矫正工作的机构。社区矫正机构是在司法行政部门设置的独立的执法机构，它是由司法行政部门协调管理的机构，而不是司法行政部门本身。之所以得出这样的结论，主要是因为《社区矫正法》第9条第1款规定："县级以上地方人民政府根据需要设置社区矫正机构，负责社区矫正工作的具体实施。社区矫正机构的设置和撤销，由县级以上地方人民政府司法行政部门提出意见，按照规定的权限和程序审批。"据此规定，司法行政部门不能对自身的设置和撤销提出意见，只能对其内部设立的机构的设置和撤销提出意见，因此，社区矫正机构不是指司法行政部门自身，而是在司法行政部门内设立并受其管理的机构。社区矫正机构是司法行政部门中设立的一个独立的执法部门，是设在其中的一个二级局，其关系相当于省级司法行政部门与省级监狱管理机关之间的关系。

《社区矫正法》第9条规定包含以下两个方面的内容：一是县级以上地方人民政府根据需要设置社区矫正机构，负责社区矫正工作的具体实施。这里所说的"县级以上地方人民政府"，是指县级以上地方各级人民政府，包括省、市、县三级人民政府。"社区矫正机构"，是指负责对被判处管制、宣告缓刑、假释和暂予监外执行的社区矫正对象具体实施社区矫正的机构。"根据需要设置社区矫正机构"，是指县级以上地方各级人民政府可以根据本地区社区矫正工作的实际需要，设立社区矫正机构。根据本款规定，社区矫正机构负责社区矫正工作的具体实施，即对社区矫正对象进行监督管理和教育帮扶工作，包括制定有针对性的矫正方案，确定社区矫正小组落实矫正方案；了解掌握社区矫正对象的活动情况和行为表现；对表现突出的给予表扬，对违反规定的依法予以处理；对社区矫正对象进行法治道德教育；协调有关方面开展职业技能培训、就业指导，组织公益活动等。二是根据本法规定，社区矫正机构可以自行履行监督管理和教育帮扶工作，可以委托司法所承担社区矫正相关工作，也可以组织社会工作者开展社区矫正相关工作，还可以通过购买社会服务或者项目委托社会组织等方式开展教育帮扶工作，社区矫正机构还应依法履行接受委托进行调查评估，提出评估报告的职责。

（二）社区矫正机构的组成

社区矫正机构应当是司法行政部门内设立的具体负责社区矫正工作的部门。对于"社区矫正机构"可以有两种理解：①狭义的社区矫正机构是指县级司法局内设的社区矫正管理局。这是在所有地方都已经存在和运作的社区矫正机构。②广义的社区矫正机构包括两部分：县级司法局内设立的社区矫正管理局和社区矫正中心。本节采用了广义的社区矫正机构概念，社区矫正管理局和社区矫正中心可以是一支队伍两块牌子，这是因为，第一，在社区矫正管理局中，可以使用社会工作者承担一些事务性工作；第二，社区矫正中心的人员可以是事业编制人员，也可以是社会工作者；如果是社会工作者，只要有资金购买社会服务或者岗位就可以使用，而不一定涉及编制。

社区矫正管理局和社区矫正中心合二为一形成了社区矫正专门执法机构，这样的设置有利于进一步加强与社区矫正参与单位，特别是与人民法院、人民检察院、公安机关的工作对接，推动社区矫正各项法定职责任务依法规范履行，充分彰显刑事执行工作的严肃性、统一性和权威性；有利于进一步健全完善社区矫正体制机制，提升司法行政机关指导全省社区矫正工作的能力和水平，推动社区矫正工作法治化、规范化、专业化建设；有利于扩大社区矫正工作的社会影响，促进相关党政机关、社会团体、志愿者等各方面力量深度参与，有效形成工作合力。

1. 社区矫正管理局的主要工作职责。

（1）对社区矫正的综合管理。社区矫正管理局是县级政府中社区矫正工作的综合管理部门，负责管理本辖区内社区矫正工作各个方面的重要事务，特别是其中的政策和制度的制定、人事管理（培训、考核、奖惩和其他管理）、经费管理等事项。与其不同，社区矫正执法大队是一个执行机构，负责对本辖区内社区矫正实务工作的执行。

（2）处理与上级部门的关系。作为传统的行政管理机构的组成部分，县级社区矫正管理局不仅要负责处理与县级司法局的关系，也要负责处理与上级司法行政部门（地市司法局、省级司法厅和司法部）、与上级刑事司法部门等的关系。其中的"上级刑事司法部门"是指上级公安机关、检察机关、审判机关和监狱管理机关（在我国绝大部分地区，只在省级司法行政部门设立监狱管理机关）。

（3）处理与同级部门的关系。作为传统的行政管理机构的组成部分，县级社区矫正管理局也要负责处理与同级部门的关系。这些"同级部门"大体上有两类：第一类是刑事司法部门。包括县级公安机关、检察机关和审判机关。第二类是其他政府部门。包括县级财政、劳动与社会保障、工商行政管理等部门。如果在开展社区矫正工作的过程中涉及到这些部门的业务时，县级社区矫正管理局应当负责协调和处理。

2. 社区矫正中心的设置与职责。实践中，很多社区矫正机构根据司法部文件《社区矫正中心建设规范》的要求，纷纷建立了县（区）社区矫正中心，作为开展社区矫正工作的办公场所，建立落实社区矫正监督管理、教育矫正和社会适应性帮扶工作任务的平台，在该场所集中对社区矫正对象进行报到登记、档案管理、矫正宣告、训诫警告、心理咨询测试、技能培训、电子监控等工作。

（1）社区矫正中心建设的总体要求：①应体现社区矫正刑事执行属性，根据社区矫正工作实际需要合理设置功能区域，突出全局性、统筹性、实战性和指挥性。②应与当地经济和社会发展水平相一致，做到安全可靠、功能齐全、设施完善和经济适用，并符合环保、节能和节地的要求。③应根据管理体制和工作机制需要，统筹兼顾，适度超前，实行一次规划、一次建设；也可根据发展需要一次规划、分期建设。④应借助社会力量，从实际出发，因地制宜，合理确定社区矫正中心的位置和规模，充分利用现有条件，采取新建、改建或扩建等多种方式推进社区矫正中心建设。

（2）社区矫正中心的功能布局：社区矫正中心的总体布局应按照社区矫正工作流程和管理的要求，设综合管理区、监督管理区和教育帮扶区三个主要功能区域，有条件的宜设置大厅、自助矫正室和室外矫正场所；

综合管理区应设工作人员办公室、社区矫正指挥中心和档案资料室，宜设社会联络室、装备室和值班室，各功能室用途如下：①工作人员办公室应用于社区矫正机构工作人员日常办公；②社区矫正指挥中心应用于远程视频督察、应急处置、指挥调度、信息化核查和定位监控等；③档案资料室应用于保管社区矫正执行档案、工作档案和其他文书资料；④社会联络室宜用于相关部门和社会力量参与社区矫正工作；⑤装备室宜用于保管社区矫正机构和执法人员的执法执勤装备；⑥值班室宜用于社区矫正机构工作人员执勤值班，可建设在社区矫正指挥中心旁边。

监督管理区应设报到登记室、信息采集室、宣告室、训诫室、驻检室和警务联络室，各功能室应包括以下用途：①报到登记室用于办理社区矫正对象的接收登记和日常报告；②信息采集室用于采集社区矫正对象的相关信息；③宣告室用于组织开展社区矫正对象的入矫宣告和解矫宣告；④训诫室用于对社区矫正对象进行训诫；⑤驻检室用于人民检察院派驻社区矫正机构开展法律监督；⑥警务联络室用于人民警察参与社区矫正执法工作。

教育帮扶区应设教育培训室和心理辅导室，宜设宣泄室、图书阅览室和技能培训室，各功能室用途如下：①教育培训室应用于组织社区矫正对象开展教育学习培训；②心理辅导室应用于对社区矫正对象开展心理健康教育、心理咨询和心理危机干预；③宣泄室宜用于社区矫正对象排解或释放紧张情绪；④图书阅览室宜用于社区矫正对象阅读学习；⑤技能培训室宜用于为社区矫正对象提供就业指导和技能培训。

大厅主要用于社区矫正宣传咨询和矫务公开等。自助矫正室用途和要求如下：①自助矫正室可24小时对社区矫正对象开放，应用于社区矫正对象自助学习、提交外出申请及外出返回报告、执行地变更申请和信息查询等；②室内应配置自助矫正终端（立式）和视频监控设备；③应通过人脸或指纹识别方式进入自助矫正室；④室内应通过门禁开关打开房门，并具备安全防范措施（例如，紧急报警按钮等）。

（3）社区矫正中心的职责：①全面负责辖区内社区矫正的实务工作；②负责社区矫正对象的接收、入矫宣告和其他入矫教育、监督管理（包括手机定位、奖惩事务）、解矫事务；③负责协调和审批对社区矫正对象的帮困扶助事务；④安排、指导、督促司法所开展社区矫正工作；⑤负责组织社会工作者、聘请社会志愿者等社会力量参与社区矫正工作的事务；⑥社区矫正管理局指派的其他社区矫正工作。

（三）社区矫正机构履职的法律规定

《社区矫正法实施办法》第9条规定了社区矫正机构是县级以上地方人民政府根据需要设置的，负责社区矫正工作具体实施的执行机关。社区矫正机构依法履行以下职责：（一）接受委托进行调查评估，提出评估意见；（二）接收社区矫正对象，核对法律文书、核实身份、办理接收登记，建立档案；（三）组织入矫和解矫宣告，办理入矫和解矫手续；（四）建立矫正小组、组织矫正小组开展工作，制定和落实矫正方案；（五）对社区矫正对象进行监督管理，实施考核奖惩；审批会客、外出、变更执行地等事项；了解掌握社区矫正对象的活动情况和行为表现；组织查找失去联系的社区矫正对象，查找后依情形作出处理；（六）提出治安管理处罚建议，提出减刑、撤销缓刑、撤销假释、收监执行等变更刑事执行建议，依法提请逮捕；（七）对社区矫正对象进行教育帮扶，开展法治道德等教育，协调有关方面开展职业技能培训、就业指导，组织公益活动等事项；（八）向有关机关通报社区矫正对象情况，送达法律文书；（九）对社区矫正工作人员开展管理、监督、培训，落实职业保障；（十）其他依法应当履行的职责。设置和撤销社区矫正机构，由县级以上地方人民政府司法行政部门提出意见，按照规定的权限和程序审批。社区矫正日常工作由县级社区矫正机构具体承担；未设置县级社区矫正机构的，由上一级社区矫正机构具体承担。省、市两级社区矫正机构主要负责监督指导、跨区域执法的组织协调以及与同级社区矫正决定机关对接的案件办理工作。

由于《社区矫正法》明确规定社区矫正机构是社区矫正执行主体，负责对社区矫正对象的监督管理和教育帮扶工作。为了顺利实施《社区矫正法》，确保社区矫正执法主体合格适法，目前，各地正在依法加强社区矫正机构建设。但是，从我国的实际情况来看，基于精简机构编制的政策背景，在建立社区矫正机构的过程中，不可能按照传统的方式层层普遍设置社区矫正机构，社区矫正机构的设置方式由各地根据需要，按照法定程序报批；也不可能为新建的社区矫正机构大量增加人员编制，社区矫正机构的部分人员编制，还需要通过司法行政机关内部挖潜等途径加以解决。

从各地社区矫正机构的设置情况来看，有的地方经编制部门批准，在原有的司法行政机关内设社区矫正管理部门加挂省（市、县）社区矫正管理局或社区矫正总队（支队、大队）牌子，增加少量编制，对外独立开展工作，直接与公安、人民法院、人民检察院等有关部门联系工作。如福建省编办和省司法厅联合发文，采取加挂社区矫正管理局牌子的方式解决执法主体的合法性问题：在福建省司法厅社区矫正管理局加挂福建省社区矫正管理局牌子，在厦门市司法局社区矫正处加挂厦门市社区矫正管理局牌子，在漳浦县司法局社区矫正处加挂漳浦县社区矫正管理局牌子。江苏省在机构改革中明确，在原内设的社区矫正工作局加挂社区矫正总队（支队、大队），对外以省社区矫正总队、市社区矫正支队、县社区矫正大队（大队下设立若干中队）开展工作。湖北、安徽等地则是在司法行政机关内成立直属的社区矫正管理局，对内对外均直接与有关部门和组织联系开展工作。

二、司法所

乡镇（街道）司法所作为司法行政机关的最基层单位，担负着具体组织实施基层司法行政各项业务工作，直接面向广大群众提供法律服务和法律保障的重要职责，是各级司法行政机关服务大局、服务群众、服务社会的重要渠道和前沿阵地，也是社区矫正事业的重要基石，是司法行政机关开展社区矫正工作的主要实践载体和基本力量。司法所职责作用的充分发挥对于创新开展基层社会依法治理具有重要意义。截至 2019 年 9 月，全国共有司法所 40 513 个，工作人员达到 12.8 万人，司法所基本实现了乡镇（街道）全覆盖。[1]

（一）司法所履职社区矫正工作的优势

在社区矫正试点工作中，乡镇（街道）司法所具体承担社区矫正的日常管理工作，具有以下优势：第一，司法所作为司法行政机关的派出机构与监狱管理机关同属于司法行政系统，由司法所承担社区矫正工作，有利于统一国家刑罚执行体制，实现监禁刑与非监禁刑执行活动的顺利衔接，整合刑罚执行资源，提高刑罚执行工作效率。第二，司法所作为最基层的司法行政机关，具有根植基层、贴近实际、贴近群众、熟悉并掌握基层社会情况的优势。司法所承担社区矫正，有利于实现对社区矫正对象的直接监督和管理，确保《刑法》落到实处，便于发挥专门机关与地方政府两个方面的优势，便于利用长期积累的丰富的基层工作经验，走"专群结合"的工作路线，充分发动社区群众，为社区矫正工作迅速开展打开局面，创造良好的工作环境。第三，由司法所作为社区矫正的主导力量，不仅符合刑罚执行活动的要求，而且进一步拓展和加强了司法所的职责，符合全国政法工作会议关于加强"两所一庭"建设的指示精神，能够保障社区矫正工作的真正落实。

（二）司法所履职社区矫正工作存在的问题

1. 执法权力位阶较低。《社区矫正法》第 9 条第 2 款规定："司法所根据社区矫正机

---

〔1〕《全国共有司法所 40513 个基本实现乡镇（街道）全覆盖》，载 https：//news.cnr.cn/native/city/20190909/t20190909_524769698.shtml，最后访问日期：2024 年 9 月 9 日。

构的委托，承担社区矫正相关工作。"根据本款规定，司法所根据社区矫正机构的委托，承担社区矫正相关工作。本款规定包含以下意思：司法所承担社区矫正工作是根据社区矫正机构的委托。"司法所"是在乡镇人民政府或街道办事处内最基层的组织，直接面向广大人民群众开展基层法治工作。从执法性质上而言，监狱执行的是监禁刑，社区矫正机构执行的是非监禁刑，两者应在同一位阶。但是，与监狱机构的权力位阶相比，司法所的位阶实在无法相提并论。实践中，有的司法所挂靠在乡镇街道，还是有的隶属县级司法局，不论怎样，其性质都更倾向于法律服务，执法权应具有的威严和强制力比较稀薄。有的司法所因担心社区矫正对象脱管、信访或闹事而受到行政问责，深陷"以服务换执法"，影响社区矫正执法权力的严肃性、威慑性。

2. 专业化不足。司法所社区矫正专业能力不足是由于其职责过多导致从事社区矫正专业力量分散造成的。根据司法部 2009 年 11 月 26 日公布的《关于加强司法所规范化建设的意见》，司法所主要承担九项职责，除了社区矫正之外，还要履行其他八个方面的职责。全国大多司法所人员配备有限，为数很少的司法所工作人员要承担包括社区矫正、安置帮教、人民调解、普法宣传、社会治安综合治理等九项工作职责，常常应接不暇。同时，由于司法所工作人员很少，也难以从极其有限的工作人员中安排专人专门从事社区矫正工作。

根据有关方面的要求，司法所目前承担以下主要职责：一是负责社区矫正工作，组织开展对社区矫正对象的监督管理和教育帮扶；二是指导管理人民调解工作，参与调解疑难、复杂民间纠纷；三是协调有关部门和单位开展对刑满释放人员的安置帮教工作；四是指导管理基层法律服务工作；五是组织开展法治宣传教育工作；六是组织开展基层依法治理工作，为乡镇人民政府或街道办理处依法行政、依法管理提供法律意见和建议；七是协助基层政府处理社会矛盾纠纷；八是参与社会治安综合治理工作；九是完成乡镇人民政府或街道办事处交办的维护社会稳定的有关工作。由上可见，司法所负有较多的职责，社区矫正是其重要工作任务之一。之所以规定司法所根据委托承担社区矫正相关工作，一是考虑到司法所的性质和职责；二是考虑到目前不同地方司法所的管理体制存在一定差异，如有的司法所属于市（区、县）司法局在乡镇或街道的派出机构，有的属于乡镇或街道的内设机构；三是因为社区矫正机构是法律明确规定的社区矫正执行主体。

（三）司法所履职社区矫正工作的职责

司法所履职社区矫正工作的职责应当是：①在社区矫正机构领导下负责辖区内的社区矫正工作；②负责矫正小组的建设和日常运作；③负责对社区矫正对象的日常管理工作，包括进行日常监督与日常考核、提起奖惩程序等；④负责对社区矫正对象的帮困扶助工作；⑤开展调查评估等工作；⑥开展教育矫正、组织公益活动等工作；⑦社区矫正机构交办的其他事务。

三、其他辅助社会力量

（一）其他辅助社会力量参与社区矫正工作的职责

基于社区矫正工作是一项立足于开放社区的非监禁刑事执行活动，是关乎社会治理的重要系统工程，离不开社会其他辅助社会力量的多方参与。其他辅助社会力量主要包括专业社会组织、群团组织和行业协会等社会力量。其他辅助机构的工作职责：为社区矫正对象提供疏导心理情绪、纠正行为偏差、修复与家庭和社区关系、恢复和发展社会功能、引导就学就业等非执法类项目，计划并执行教育学习、公益活动等社区矫正非执法类活动。

（二）其他辅助社会力量的参与类型

近年来，浙江省深入挖掘各种社会资源，经过多年探索，浙江省各地依托地方资源精心培育社会组织参与社区矫正监管帮扶工作，逐步形成浙江省"关心桥驿站"、宁波市北仑区"红领之家"、台州市玉环县"天宜社工"、嘉兴海宁市"紫薇工作站"和湖州市德清县"晨曦社工"等为代表的特色社会组织、特色服务项目和专业工作室，逐渐向规范化、专业化、职业化方向发展。与此同时，社区矫正工作实务迫切需要各类企事业单位和志愿者资源为社区矫正对象提供教育帮困服务，它们与社会组织一起慢慢演变成契约型参与、组织型参与、志愿型参与和合作型参与四大类社会力量参与资源。[1]

1. 契约型参与。契约型参与是指政府通过购买服务岗位和购买服务项目的方式引导社会组织，社会组织按照购买服务的要求兑现社会服务。截至 2019 年，浙江省共计 219 家社会组织参与社区矫正工作，其中，99 家即 44.7%的社会组织获得政府购买服务的资金支持。[2] 契约型参与优先保障了具备专业资质的社会组织获得资金支持，促进了各类社会组织间良性竞争，有助于社区矫正对象获得更为专业的教育帮扶，真正履行并兑现恢复性司法理念。

浙江省紧跟形势，近两年相继制定出台了《浙江省人民政府办公厅关于政府向社会力量购买服务的实施意见》《浙江省政府购买服务预算管理办法》等政策文件和制度，明确将社区矫正对象教育学习、社区服务、心理矫正、日常帮教、生活帮扶等教育管理活动列入政府向社会购买服务项目清单。政府购买服务政策的推行为社会组织的参与赢得了国家的政策扶持和资金支持，政府通过规范购买服务标准保障一批具备资质和前景的社会组织为社区矫正事业提供专业的社会服务。截至 2019 年底，浙江省共有 11 个地市 85 个县（市、区）向专业社会组织、群团组织和行业协会等社会力量购买社区矫正服务，覆盖率达到 95.67%；有 132 个专业社会组织、91 个社团组织和 37 个行业协会参与社区矫正教育矫正、社会适应性帮扶等工作。2019 年，全省政府购买社区矫正服务资金达 3896.8468 余万元。[3]

2. 组织型参与。组织型参与旨在运用政府机关、群团组织、企事业单位已有社会资源、专业资源、物质资源为社区矫正工作提供帮教帮扶支持。司法行政机关主动与文明

---

〔1〕 鲍宇科、葛白：《社会治理视角下社会力量参与社区矫正问题研究——以浙江省为例》，载《中国司法》2020 年第 11 期。

〔2〕 数据来源：根据浙江省司法厅社区矫正局收集的 2019 年度全省各地市社会力量参与社区矫正状况数据总结整理。

〔3〕 数据来源：根据浙江省司法厅社区矫正局收集的 2019 年度全省各地市社会力量参与社区矫正状况数据总结整理。

办、工会、妇联、共青团、关工委等群团组织结盟，充分运用群团组织的优势资源参与社区矫正的帮困扶助工作；积极引导推动政府机关、企事业单位参与社区矫正工作，为社区矫正对象提供就业岗位、技能培训、临时性过渡安置或者提供公益劳动场所。

3. 志愿型参与。志愿型参与则以志愿的方式无偿为社区矫正对象提供心理咨询、法律服务、就业帮扶等活动。嘉善县的"先锋助矫"活动不带任何强制性，采取自愿的原则发动政府机关、企事业单位的党员同志参与志愿服务；诸暨市农村通过运用乡贤的社会影响力帮扶社区矫正对象。党员志愿者、乡贤志愿者都属于浙江省志愿参与社区矫正成功的典范。

4. 合作型参与。合作型参与包括监护人、家庭成员和企事业单位两种类型的社会参与。其中，监护人、家庭成员的合作型参与方式采用签订《监护人责任书》的形式，以矫正小组成员的身份参与监督社区矫正对象遵纪守法、接受监督管理、参加教育学习、公益活动和社会活动等情况。企事业单位则以合作型参与方式为社区矫正教育矫正工作提供资金、场地、技术培训、就业岗位等各类社会资源。

思考题

1. 在社区矫正执法工作中设置了哪些机构？
2. 社区矫正主管机构的概念是什么？其在社区矫正执法工作中的职责是什么？
3. 社区矫正委员会的性质是什么？其在社区矫正执法工作中的职责是什么？
4. 社区矫正相关机构包括哪些机关？
5. 人民法院在社区矫正执法工作中的职责是什么？
6. 公安机关在社区矫正执法工作中的职责是什么？
7. 社区矫正机构的概念是什么？其职责是什么？
8. 司法所在社区矫正执法工作中的职责是什么？

拓展学习

《浙江省社区矫正机构刑事执行权责清单》

第三章　社区矫正执法工作者

🎯 学习目标

知识目标：知晓社区矫正执法工作者的组成，熟悉专职社区矫正执法工作者的职责及其任职要求；社区矫正社会工作者的职责及其工作原则；村（居）民委员会，社区矫正对象的监护人、家庭成员、所在单位或就读学校，企事业单位、社会组织、志愿者等社会力量各自不同的职责。

能力目标：具备开展社区矫正执法工作的能力；具备开展社区矫正社会工作的能力。

思政目标：养成严格遵守宪法和法律，忠于职守，严守纪律，清正廉洁、公正无私的社区矫正执法职业素养；养成接纳尊重、诚实信用、科学规范、助人自助的社会工作职业素养；具有保密意识、人权保障意识和恢复性司法理念。

📐 学习重点

专职社区矫正执法工作者的职责及其任职要求；社区矫正社会工作者的职责及其基本素质。

🔷 知识树

社区矫正执法工作者
- 专职社区矫正执法工作者
  - 社区矫正机构工作人员的界定及其职责
  - 选派警察的选派及其社区矫正执法任务
  - 专职社区矫正执法工作者的工作纪律
- 社区矫正社会工作者
  - 社区矫正社会工作者的界定
  - 社区矫正社会工作者的职责
  - 社区矫正社会工作者的工作原则
  - 社区矫正社会工作者的培养
- 社区矫正执法工作的补充力量
  - 村（居）民委员会的职责
  - 社会矫正对象的监护人、家庭成员、所在单位或就读学校的职责
  - 企事业单位、社会组织、志愿者的职责

社区矫正本身是一项法律性、政策性、专业性、综合性和社会性极强的非监禁刑事执行工作，完成这项工作既需要精通法律政策，有教育改造罪犯经验的专业执法者，又需要心理学、教育学等多学科背景知识的专业团队和人员支撑，同时也离不开社会志愿者的广泛参与。在社区矫正人才队伍建设方面，以习近平新时代中国特色社会主义思想为指导，全面贯彻党的二十大精神，紧紧围绕提高基层社会治理创新能力，打造一支"政治坚定、能力过硬、作风优良、奋发有为"的专业化、职业化、正规化社区矫正执法工作队伍，为提高社区矫正质量，维护社会和谐稳定，保障人民安居乐业，推进我国现代化建设提供有力支撑。

目前，我国各地普遍建立了以司法行政机关执法工作者为核心、社会工作者为辅助、社会志愿者为补充的社区矫正工作队伍。[1] 其中，社区矫正机构工作人员和选派警察属于专职社区矫正执法工作者，社区矫正社会工作者属于社区矫正执法工作的辅助人员，村（居）民委员会、监护人、企事业单位、社会组织和志愿者等社会力量属于社区矫正执法工作的补充力量。专职社区矫正执法工作者主要负责监管执法工作；社区矫正社会工作者与社会补充力量重点参与协助监督管理和教育帮扶工作。

第一节　专职社区矫正执法工作者

社区矫正是一项严肃的刑事执行工作，对社区矫正对象的监督管理具有刑事惩罚性，必须有一支职业化、专业化、规范化的执法队伍作为组织保障，以体现法律的严肃性和权威性。当前，专职社区矫正执法工作者包括社区矫正机构工作人员和选派警察两类人员。我国社区矫正是在处于国家和社会重大转型时期、社区基础相对薄弱的复杂环境中开始自上而下推行的，涉及刑事执行方面的专门工作，首先应当由社区矫正机构工作人员和选派警察来负责管理是合适和恰当的。

一、社区矫正机构工作人员的界定及其职责

社区矫正机构工作人员成为主管本辖区内社区矫正综合事务的实施主体，是因为我国当前社区自治能力和基础相对薄弱，民间和社会团体或其他福利性公益组织尚不发达。据此，我国的社区矫正事业只能依靠国家行政力量发挥自上而下的制度构建和资源调配优势，在推行社区矫正工作的同时推进社区建设并壮大社会力量。

（一）社区矫正机构工作人员的界定

社区矫正机构工作人员是指在社区矫正机构负责刑事执行工作，即履行监管、教育帮扶等执法职责的专门国家工作人员。社区矫正机构工作人员作为执法者是代表国家行使刑事执行权的人员，他们是社区矫正工作的领导者和组织者，是社区矫正执法职责的主要承

担者，是开展社区矫正工作的核心力量，在社区矫正工作中发挥着举足轻重的作用。实践中，社区矫正机构工作人员既要负责刑事执行职责，又要担负组织、协调社区和社会力量参与社区矫正，联系、统筹和协调政府资源和社区资源开展教育矫正帮扶等工作职责。

社区矫正机构工作人员具有公职人员身份。《中华人民共和国公务员法》第2条第1款规定，本法所称公务员是指依法履行公职、纳入国家行政编制、由国家财政负担工资福利的工作人员。让社区矫正机构工作人员具有国家公务员的身份，可以代表国家执行刑罚，更具有正当性与理性；这种身份有利于树立社区矫正执法工作者在人们心目中的权威性，有利于他们顺利开展刑罚执法工作；具有公务员身份，就可以使他们享受国家公务员的待遇，由国家财政负担他们的工资福利，使他们能够稳定性地从事社区矫正工作，从而可以避免工作人员的频繁流动给社区矫正工作带来的质量不能保证、专业化水平较低等问题。概而言之，社区矫正机构工作人员的公务员身份是顺利开展社区矫正工作的基本保证，具有重要的意义。

（二）社区矫正机构工作人员的职责

社区矫正机构工作人员是在社区矫正工作中承担执法职能的国家工作人员。《社区矫正法》第10条规定："社区矫正机构应当配备具有法律等专业知识的专门国家工作人员（以下称社区矫正机构工作人员），履行监督管理、教育帮扶等执法职责。"据此，社区矫正机构工作人员作为承担执法工作的专门国家工作人员，其执法职责从宏观上来说主要包括两大内容，一是监督管理职责，二是教育帮扶职责。

1. 监督管理职责。社区矫正机构工作人员的监督管理职责主要是指根据《社区矫正法》的规定，对社区矫正对象依法进行监督、考察和管理，保障刑事判决、裁定和暂予监外执行决定的正确执行的刑事执行活动。社区矫正机构工作人员的监督管理重点在于了解掌握社区矫正对象的活动情况和行为表现，在工作中要注意鼓励社区矫正对象自觉遵守各项规定，增强自我管理和自我矫正的自觉性和积极性，同时要注意避免过度强化其罪犯身份而导致自我身份认同方面的偏差和社会交往方面的标签化效应。社区矫正机构工作人员的监督管理职责具体包括以下内容：

（1）调查评估职责。《社区矫正法实施办法》第9条第1款第1项规定了社区矫正机构工作人员应履行的职责，接受委托进行调查评估，提出评估意见。

（2）接收、解除职责。该项职责的工作内容包括接收社区矫正对象，核对法律文书、核实身份、办理接收登记，建立档案；组织入矫和解矫宣告，办理入矫和解矫手续。

（3）分类管理职责。有权要求社区矫正对象定期汇报思想、行为等日常情况，根据社区矫正对象日常监管表现和综合评估给予考核，开展分类管理和分级处遇。

（4）个案矫正职责。建立矫正小组，组织矫正小组开展工作，制定和落实矫正方案。

（5）日常管理审批职责。针对社区矫正对象监管考验期间出现的进入特定区域场所、外出、会客、执行地变更等各类问题须履职进入特定区域场所审批、会客审批、外出审批、行地变更审批、电子定位装置审批等各项职责。进入特定区域场所审批是指依据人民法院禁止令规定，办理社区矫正对象确需要进入需经批准才能进入特定区域或场所的审批制度。会客审批是指社区矫正机构工作人员有权对社区矫正对象进行会客的限制，其目的是使社区矫正对象免受不良因素的干扰，安心接受社区矫正。外出审批是指社区矫正对象虽被限制了人身自由，但在法律允许的范围内，经审批后也可以短期外出。执行地变更审批是指社区矫正对象因工作、居所变化等原因，需要变更执行地的，须经社区矫正机构工作人员审批。电子定位审批的目的是更精准地管理一部分重点监管等级的社区矫正对象，其目的是避免出现脱管、漏管的现象，避免其重新犯罪。

（6）查找职责。对于在监管期间失去联系的社区矫正对象，应当及时通知公安机关，会同公安机关及时查找。

（7）信息化核查职责。随着司法部的"数字法治智慧司法"的发展，为了更好地监督管理社区矫正对象，在社区矫正工作中应充分发挥现代化信息技术手段，了解、掌握社区矫正对象的活动情况和行为表现，通过通讯联络、信息化核查、实地查访等方式核实有关情况。

（8）考核奖惩职责。根据社区矫正对象在社区矫正期间的认罪悔罪、遵守法律法规、服从监督管理、接受教育等表现给予考核，可以独立行使行政奖励和处罚权，对于表现突出的社区矫正对象给予表扬，对违法违规的社区矫正对象行使警告权和训诫权。

（9）提请刑罚执行变更建议职责。对于重新犯罪或者发现判决以前犯罪、严重违反法律法规、监管规定的社区矫正对象，须履职根据收集的证据材料提出治安管理处罚建议，提出减刑、撤销缓刑、撤销假释、收监执行等变更刑罚执行建议，依法提请逮捕建议。

（10）突发事件处置职责。发现社区矫正对象非正常死亡、涉嫌实施犯罪、参与群体性事件的，应当立即与公安机关等有关部门协调联动、妥善处置，并将有关情况及时报告上级社区矫正机构，同时通报执行地人民检察院。

2. 教育帮扶职责。社区矫正机构工作人员的教育帮扶职责主要是指针对社区矫正对象在重新融入社会方面存在的问题和困难，有针对性地帮助其解决问题，以增强其社会适应能力，防止因为这些问题而重新犯罪。其主要的教育帮扶职责为：

（1）对社区矫正对象的教育矫正。社区矫正机构、司法所应当充分利用地方人民政府及其有关部门提供的教育帮扶场所和有关条件，按照因人施教的原则，有针对性地对社区矫正对象开展教育矫正活动。社区矫正机构、司法所应当根据社区矫正对象的矫正阶段、犯罪类型、现实表现等实际情况，对其实施分类教育；应当结合社区矫正对象的个体特征、日常表现等具体情况，进行个别教育；社区矫正机构、司法所根据需要可以采用集中教育、网上培训、实地参观等多种形式开展集体教育；组织社区矫正对象参加法治、道德等方面的教育活动；根据社区矫正对象的心理健康状况，对其开展心理健康教育、实施心理辅导。社区矫正机构、司法所可以通过公开择优购买服务或者委托社会组织执行项目等方式，对社区矫正对象开展教育活动。

（2）对社区矫正对象的适应性帮扶：社区矫正机构调动社区资源，整合社会力量，依法对符合条件的社区矫正对象在生活、就业、就学、医保、法律援助及心理等方面开展救助活动，诸如，职业技能培训、就业指导、帮助完成学业，组织公益活动，申请社会救助、社会保险、法律援助等帮扶活动。适应性帮扶旨在针对社区矫正对象在重新融入社会方面存在问题和困难，有针对性的帮助解决问题，以增强其社会适应能力，防止因为这些问题而重新犯罪。对社区矫正对象开展适应性帮扶，是社区矫正工作的重要举措，也是刑事执行工作的重大变革，不仅有利于帮扶社区矫正对象适应社会，实现再社会化，而且可以预防社区矫正对象重新犯罪，有利于构建和谐社会。

（三）社区矫正机构工作人员的任职要求

社区矫正机构工作人员是公务员身份，其任职资格必须符合公务员法的规定。《中华人民共和国公务员法》第13条规定，公务员应当具备下列条件：（一）具有中华人民共和国国籍；（二）年满十八周岁；（三）拥护中华人民共和国宪法，拥护中国共产党领导和社会主义制度；（四）具有良好的政治素质和道德品行；（五）具有正常履行职责的身体条件和心理素质；（六）具有符合职位要求的文化程度和工作能力；（七）法律规定的其他条件。

除符合公务员的招录条件之外，基于社区矫正机构工作人员是社区矫正工作的主导力量，其还需要至少具备以下条件：①获得大学本科以上学历，具有法律、心理学、教育学、社会学等方面的专业知识；②具有一定的工作经验和管理能力；③社区矫正机构在上岗之前须接受一定期限的专业培训。

二、选派警察的选派及其社区矫正执法任务

试点以来，为了进一步完善监狱工作与社区矫正衔接协作机制，强化社区矫正监管执法力量，创新社区矫正方法措施，推进刑事执行一体化进程，提升社区矫正工作水平，各地司法行政机关通过选派监狱、戒毒民警到社区矫正机构和司法所协助开展社区矫正工作。这些选派抽调来的警察不仅在帮助基层司法所工作人员在社区矫正工作方面发挥了积极的作用，而且在直接管理和教育矫正社区矫正对象方面发挥了不可替代的作用。由警察担任社区矫正执法人员有利于增强社区矫正工作的严肃性和权威性，有利于增强或提高社会各界对社区矫正工作的理解、支持和参与，有利于增强社区矫正执法人员的使命感和责任感。

选派警察的主要任务是协助社区矫正机构负责开展社会危险性较大、体现刑事执行严肃性的工作。具体包括：①参与社区矫正调查评估；②参与社区矫正对象接收、宣告和解除；③参与社区矫正对象教育学习、公益活动、心理矫正、训诫教育、警示教育；④参与调查取证、脱漏管人员追查、收监执行、应急处置；⑤参与刑释人员回访、协助处置狱内罪犯突发疾病保外就医、死亡等案件；⑥协助完成其他社区矫正工作。

三、专职社区矫正执法工作者的工作纪律

社区矫正机构工作人员依法开展社区矫正工作，受法律保护；国家推进高素质的社区矫正工作队伍建设。同时《社区矫正法》对社区矫正机构工作人员履行职责也提出严格要求，明确规定，社区矫正机构工作人员应当严格遵守宪法和法律，忠于职守，严守纪律，清正廉洁；对履行职责过程中获得的未成年人身份信息应当予以保密；并对社区矫正机构工作人员违纪违法行为规定了处罚措施。为实现社区矫正执法水平的法治化、专业化和规范化，专职社区矫正执法工作者必须必须强调工作纪律，厘清社区矫正工作中涉及的权利，树立权责相统一的理念，以此提升社区矫正工作风险防控能力，降低和减少社区矫正工作的执法风险与廉政风险，充分发挥社区矫正工作在社会治理中的更大作用。严明的工作纪律是专职社区矫正执法工作者实现公正文明执法的制度保障，具体内容包括：

1. 严禁玩忽职守，造成社区矫正人员脱离监管。
2. 严禁滥用监管教育措施，侵犯社区矫正人员合法权益。
3. 严禁违反规定办理社区矫正人员调查评估、考核奖惩或执行变更等事项。
4. 严禁隐瞒案情、弄虚作假、知情不报。
5. 严禁泄露工作秘密。
6. 严禁体罚、虐待、侮辱社区矫正人员。
7. 严禁索要、收受社区矫正人员及其亲属财物、接受馈赠宴请或转嫁费用。
8. 严禁利用职务之便从事营利性活动。

第二节　社区矫正社会工作者

社区矫正社会工作者是促进社区矫正社会化、提升社区矫正质量的重要工作力量。一方面在一定程度上解决了司法行政机关人员力量不足的问题；另一方面社区矫正社会工作者以平等身份与社区矫正对象沟通交流，更容易获得其信任，能够很好地发挥其在教育、心理等专业技能，从而更好地帮扶社区矫正对象，有着政府工作人员不可替代的优势。

一、社区矫正社会工作者的界定

社区矫正社会工作者是指具有法律、教育、心理、社会工作等专业知识或者实践经验，在社区矫正机构组织下，从事社区矫正对象教育帮扶等非执法岗位相关辅助工作、具有大专（含）以上文化程度的就业年龄段的、与县（市、区）司法行政机关签订劳动合同的全日制专门工作人员。

社区矫正社会工作者属于辅助社区矫正执法的工作者，简称社区矫正社会工作者。在社区矫正工作队伍中，社区矫正社会工作者是协助社区矫正执法者开展相关工作的人员。社区矫正社会工作者作为司法行政机关社区矫正工作队伍的有机组成部分，纳入司法行政队伍建设规划和管理。

二、社区矫正社会工作者的职责

社区矫正社会工作者的工作内容主要根据社区矫正机构、司法所的具体要求，采取个别谈话、集中教育、上门走访、风险评估、公益活动、职业技能培训、社会适应性帮扶等形式，提供个性化、优质化、多元化的服务，协助社区矫正对象提升获取资源、应对压力的能力，以改善其生活质量，达到心理健康并融入社会。

社区矫正社会工作者在社区矫正机构及其委托的司法所指导管理下，承担下列相关工作职责：

1. 协助开展调查评估、矫正接收、矫正宣告、报告报到、建立矫正小组、制定矫正方案等工作。

2. 协助开展教育学习、个案矫正、心理矫正、公益活动等工作。

3. 协助对社区矫正对象进行监督管理，实施考核奖惩。

4. 协助做好走访了解掌握社区矫正对象的活动情况和行为表现。

5. 协助查找失去联系的社区矫正对象。

6. 协助开展帮助就学、指导就业、组织技能培训、获得社会救助、开展法律援助、改善社会关系等工作。

7. 协助动员组织社会力量开展教育帮扶等工作。

8. 协助做好社区矫正工作台账、社区矫正对象档案和信息化管理等工作。

9. 完成社区矫正机构及其委托的司法所安排的其他工作。

三、社区矫正社会工作者的工作原则

1. 去标签化。社区矫正社会工作者不刻意给社区矫正对象贴上罪犯标签，与社区矫正对象平等互动，有利于与其建立良好的工作关系，促进社区服刑人员顺利融入。

2. 助人自助。社区矫正社会工作者和社区矫正对象应携手共同努力，让社区矫正对象自我进步，增强其独立性，而非增强其依赖性，使其能够在日后遇到类似的生活挫折和困难时，可以独立自主地加以解决，从而达到"自救自助、自主人生"。

3. 接纳且非批判。社区矫正社会工作者对社区矫正对象应采取完全接纳的态度，而非批判的态度。

4. 尊重。社区矫正社会工作者应充分尊重社区矫正对象并保障他们获得基本资源和专业服务的权利。

5. 自决。在合法前提下，社区矫正社会工作者应关注和尊重社区矫正对象的正确选择，尊重其自我选择、自我决定的权力，而不是替他们作决定。

6. 个别化。社区矫正社会工作者应根据社区矫正对象的不同生理、心理特质和生活经验，善于运用不同的手段和方法，协助其解决问题，提升其社会适应能力。

7. 保密。社区矫正社会工作者应尊重社区矫正对象的私隐，在不危及社会及他人的情况下，未经其同意或许可，不得向他人透露涉及社区矫正对象个人身份资料和其他可能危害其权益的个人信息。

8. 社会情境支持。社区矫正社会工作者应关注个人在家庭、社区、社会以及自然环境中的整体性，并正视个人生活的每一方面，通过与社区矫正对象的定期交谈、上门走访等及时了解和掌握社区矫正对象思想和行为动态，并为文化水平较低的社区矫正对象联

系、提供培训、工作机会，帮助其走出困境。

9. 心理陪伴。社区矫正社会工作者秉持人人平等的态度，接纳、尊重、理解社区矫正对象，给予他们精神上的支持和关怀，疏导他们的心理压力和社会压力，陪伴其面对各种困难与挑战。

四、社区矫正社会工作者的培养

从全国来看，因社区矫正专职工作人员不足，急需补充具有专业知识和技能的社区矫正社会工作者参与到社区矫正工作中来，以保证社区矫正工作的顺利开展。以浙江省为例，浙江省社区矫正机构工作人员与全年列管社区矫正对象比例为 1∶123.5，人少事多、力量不足等问题突出。因此急需发展社区矫正工作者这一社会力量，辅助对社区矫正对象进行监督管理、教育帮扶。

1. 社区矫正社会工作者的基本素质。第一，社区矫正社会工作者应具备获得国家颁发的社会工作者职业水平证书或者国家承认的社会工作专业专科及以上学历的资质才可以从事社区矫正工作。

第二，社区矫正社会工作者应当具备的一定的专业素质：①遵守《社会工作者职业道德指引》和司法行政机关的管理制度，热爱社会工作，具有社会责任感和敬业精神；②掌握涉及社区矫正社会工作的法律、法规、政策和犯罪学、心理学等方面的基础知识；③自觉接受社会工作专业继续教育和司法行政部门举办的社区矫正业务培训，不断提高职业素质和专业服务能力；④尊重社区矫正对象的自决权、隐私权、知情权，保护其利益，从内心接纳社区矫正对象；⑤运用专业方法和技巧，帮助解决社区矫正对象的实际问题；⑥与其他专业人士相互尊重、共享信息并有效沟通。

2. 社区矫正社会工作者的培训。应定期开展社区矫正服务的职业培训，提升社区矫正社会工作者的法律知识水平与专业服务能力，促进社区矫正服务队伍的职业化建设。采用分层分类的方式为社区矫正社会工作者开展政策法规、法律知识、业务技能、纪律作风、职业道德、保密制度等教育培训，具体内容分为三个方面：①在法律知识方面。法律知识是社区矫正工作培训中的必备内容，具体包括《社区矫正法》《社区矫正法实施办法》《刑法》《刑事诉讼法》等相关规定。结合司法实践，其培训材料还应包括典型案例，让社会工作者更具体、更直观地了解社区矫正工作的工作流程；②在业务技能方面。应注重对社会工作者的心理学、社会工作、社会学等方面的相关专业知识类与技能类的培训；③在职业道德方面。社会工作者要保持正确的政治方向、传播正能量，应在助人自助的理念下，不断提升自身的政治素质和职业道德素质，对获取的社区矫正对象的基本信息应当予以保密。

各级社区矫正机构应当按照《社区矫正法》的规定，推进高素质的社区矫正工作队伍建设，按照"谁使用、谁管理、谁负责"的原则，严把录用人员培训考核关，用人单位按规定配发统一的工作证件，持证上岗。社区矫正社会工作者应依法取得相关资格认证并由司法行政部门登记在册，未登记或未取得资格认证的相应人员不得参与社区矫正服务。非社会工作专业的社区矫正社会工作者应参加全国社会工作者职业水平考试，服务2年期满未能取得社会工作专业技术人员职业资格证书的，经社区矫正机构审核后一般不予续聘。

第三节　社区矫正执法工作的补充力量

《社区矫正法》的一大亮点就是，鼓励和引导多元社会力量参与社区矫正。社会力量参与社区矫正是社区矫正工作重要的补充力量，是行刑社会化的需要，是创新刑事执行领域社会治理的必然要求，是国家治理体系现代化的重要体现。社会力量参与的主体包括村居、基层组织、监护人和家庭成员、企事业单位、社会组织、志愿者等多支力量。

构建多元社会力量参与社区矫正协同机制（表3-1）[1]，有助于发挥各自优势和特长。该协同机制的建立旨在通过协调整合社会工作者、社会组织、村（居）民委员会、企业、家庭和志愿者等多支社会力量以各司其职、互补合作的方式开展监管帮教服务。村（居）民委员会通过以矫正小组成员的身份加入监管队伍，具体负责走访、帮困、监督等职责。家庭成员为矫正对象提供基本的生存、安全和精神支持，政府通过定期为社区矫正对象家庭成员开设法制学习班，帮助其了解社区矫正法律法规，督促其履行监护责任和义务。企事业单位则以合作型方式为社区矫正提供资金、场地、技术培训、就业岗位等各类社会资源。社会组织主要承担日常管理、教育矫正、困难帮扶等具体事务，为社区矫正工作提供专业化服务。志愿者主要通过公开招募、主动报名的方式为社区矫正对象提供各种社会支持。

表3-1　多元社会力量参与社区矫正协同机制

参与主体	参与方式	职责
村（居）民委员会	组织型参与	协助参与具体事务和监督职责
监护人、家庭成员	合作型参与	提供生存、安全和精神支持，履行监护职责
企事业单位	合作型参与	提供资金、场地、技术培训等各种社会资源
社会组织	契约型参与	承担日常管理、教育帮扶活动
志愿者	志愿型参与	提供各种社会支持

一、村（居）民委员会的职责

（一）村（居）民委员会的界定及作用

村（居）民委员会包括居民委员会、村民委员会，是村民、居民自我管理、自我教育和自我服务的基层群众性自治组织。村（居）民委员会的管理模式是实行民主选举、民主

---

〔1〕　鲍宇科：《社会治理现代化中社会力量参与社区矫正的机制研究》，载《中国监狱学刊》2020年第6期。

决策、民主管理和民主监督。《社区矫正法》第12条第1款规定，居民委员会、村民委员会依法协助社区矫正机构做好社区矫正工作。社区矫正工作离不开村（居）民委员会，他们在社区矫正工作中发挥着重要的作用。作为基层群众性自治组织，村（居）民委员会与群众联系紧密，应发挥其贴近社区矫正对象日常工作、生活的优势，及时反映社区矫正对象的思想动态和行为表现等，应积极协助基层人民政府和司法所开展工作，这些为社区矫正对象开展社区矫正工作提供了优越便利的条件，更能客观、公正、实事求是地反映社区矫正对象的各方面情况等。村（居）民委员会为社区矫正对象提供有针对性的教育帮扶，使社区矫正工作接地气、聚人气，夯实群众基础。因此，在社区矫正工作中，村（居）民委员会在促进社区矫正对象融入社会、回归社会方面发挥着重要的积极作用。

（二）村（居）民委员会的职责

村（居）民委员会依法参与协助社区矫正工作，需要履行以下职责：

1. 依法协助社区矫正机构开展监督考察和教育帮扶工作。村（居）民委员会按照社区矫正机构的要求监督考察、教育帮扶社区矫正对象。对社区矫正对象监督、考察、教育时应当依法进行，尊重和保障社区矫正对象的合法权益，不能歧视社区矫正对象，也不宜在所在社区大肆宣扬社区矫正对象的身份，给社区矫正对象的正常工作和生活造成困扰；对社区矫正对象的帮扶也应当根据社区矫正对象的特殊困难和个人意愿，不宜违反法律规定过度干预社区矫正对象正常的工作和生活。

2. 协助社区矫正机构或有关组织进行调查评估。《社区矫正法》第18条规定："社区矫正决定机关根据需要，可以委托社区矫正机构或者有关社会组织对被告人或者罪犯的社会危险性和对所居住社区的影响，进行调查评估，提出意见，供决定社区矫正时参考。居民委员会、村民委员会等组织应当提供必要的协助。"《社区矫正法实施办法》第14条第1款规定："社区矫正机构、有关社会组织接受委托后，应当对被告人或者罪犯的居所情况、家庭和社会关系、犯罪行为的后果和影响、居住地村（居）民委员会和被害人意见、拟禁止的事项、社会危险性、对所居住社区的影响等情况进行调查了解，形成调查评估意见，与相关材料一起提交委托机关。调查评估时，相关单位、部门、村（居）民委员会等组织、个人应当依法为调查评估提供必要的协助。"据此，村（居）民委员会应当协助社区矫正机构或有关组织做好调查评估的工作，应如实告知社区矫正机构或有关组织关于被告人或罪犯的基本情况、一贯表现、家庭和社会关系等内容。

3. 参与矫正小组工作。其主要职责是：按照矫正方案协助社区矫正机构开展个案矫正工作；督促社区矫正对象遵纪守法，遵守社区矫正的相关规定，参与对社区矫正对象的考核评议和教育活动；对社区矫正对象定期走访谈话，了解其思想、工作和生活情况，及时向社区矫正机构报告；协助对社区矫正对象进行帮扶；依法协助做好社区矫正其他工作。

4. 引导志愿者和社区群众参与到社区矫正工作中。根据《社区矫正法》第38条规定，居民委员会、村民委员会可以引导志愿者和社区群众，利用社区资源，采取多种形式，对有特殊困难的社区矫正对象进行必要的教育帮扶。

二、社区矫正对象的监护人、家庭成员、所在单位或就读学校的职责

（一）监护人、家庭成员、所在单位或就读学校的界定

社区矫正对象的监护人，是指对未成年社区矫正对象的人身、财产及其他一切合法权益负有监督和保护责任的人。根据《中华人民共和国民法典》第 27 条的规定，父母是未成年子女的监护人。未成年人的父母已经死亡或者没有监护能力的，由下列有监护能力的人按顺序担任监护人：（一）祖父母、外祖父母；（二）兄、姐；（三）其他愿意担任监护人的个人或者组织，但是须经未成年人住所地的居民委员会、村民委员会或者民政部门同意。

社区矫正对象的家庭成员，是指在同一家庭共同生活的成员，如夫妻、父母、子女、兄弟姐妹等。家庭是社会的细胞，在社区矫正工作中，家庭扮演着重要的角色，在家庭成员中，父母担任着第一角色，家庭教育是启蒙教育、日常教育和终身教育。对社区矫正对象来说，非常需要得到家庭的认可、接纳、关心和爱护。监护人、家庭成员有义务对社区矫正对象的健康成长和良性发展提供良好的教育和帮助，也有责任协助社区矫正机构帮助其消除再犯罪的因素。

社区矫正对象"所在单位或者就读学校"主要是指社区矫正对象在工作的单位或者就读的学校。为了促进社区矫正对象能够顺利融入社会，社区矫正对象的工作单位和就读学校有责任和义务协助社区矫正机构做好监督管理和教育帮扶工作。

（二）监护人、家庭成员、所在单位或就读学校的职责

根据《社区矫正法》第 25 条、第 39 条、第 51 条、第 53 条、第 55 条的相关规定，社区矫正对象的监护人、家庭成员，所在单位或者就读学校的人员的职责是：

1. 社区矫正对象的矫正小组成员，可以由监护人、家庭成员，所在单位或者就读学校的人员等组成。

2. 社区矫正对象的监护人、家庭成员，所在单位或者就读学校应当协助社区矫正机构做好对社区矫正对象的教育。

3. 社区矫正对象在社区矫正期间死亡的，其监护人、家庭成员应当及时向社区矫正机构报告。

4. 未成年社区矫正对象的监护人应当履行监护责任，承担抚养、管教等义务。

5. 未成年社区矫正对象的监护人应当依法保证其按时入学接受并完成义务教育。

三、企事业单位、社会组织、志愿者的职责

（一）企事业单位、社会组织、志愿者的界定

1. 企事业单位，即企业单位及事业单位的界定。企业单位是以盈利为目的独立核算的法人或非法人单位，包含国企和私企。按照所有制形式，国企一般又分为全民所有制企业和公司制企业，与全民所有制企业相对应还有集体所有制企业这一特殊形式。事业单位则是指由政府利用国有资产设立的，从事教育、科技、文化、卫生等活动的社会服务组织。它们接受政府领导，是表现为组织或机构的法人实体。总的来说，企事业单位在社会

经济活动中扮演着重要的角色，是社会经济发展的重要支柱。企事业单位以合作型方式为社区矫正提供资金、场地、技术培训、就业岗位等各类社会资源。为建立企业参与社区矫正社会服务长效机制，引导和鼓励企业通过捐赠物资、提供工作岗位、开展技能培训和专业服务等方式帮助社区矫正对象融入社会，政府需要为积极参与社区矫正社会服务的企业及时提供优惠政策和减税政策。

2. 社会组织的界定。社区矫正社会组织是指在民政部门注册登记、拥有一定数量的专业社工，根据政府购买服务需要，能够承担社区矫正教育帮扶工作的专业性社会组织。社会组织是属于具有非营利性特征的社会群体，社会组织分为社会团体、民办非企业单位和基金会三种类型。社会组织的工作内容是根据社区矫正机构、司法所的具体要求，采取个别谈话、集中教育、上门走访、危险评估、公益活动、职业技能培训、社会适应性帮扶等形式，提供个性化、优质化、多元化的服务，协助社区服刑人员提升获取资源、应对压力的能力，以改善其生活质量，达到心理健康并融入社会。

3. 志愿者的界定及其作用。志愿者，是指具有一定专业技能，在社区矫正机构组织下，自愿为社区矫正工作开展提供无偿服务的社会人员。其主要的人员构成包括专家学者、高校师生、企事业单位人员、律师、离退休人员、社区居民等热心参与社区矫正工作的人员。社区矫正志愿者具有自愿性、兼职性、差异性和非官方性的特点，这些特点使其与社区矫正对象更容易交流与沟通。志愿者的差异性，有利于适应不同社区矫正对象的不同需要，拓宽和加深帮教活动的广度和深度。志愿者主要通过公开招募、主动报名的方式为社区矫正对象提供各种社会支持。志愿者参与社区矫正工作，一是，一定程度上缓解了司法行政机关缺乏人手、日常监管工作量大等问题；二是，可以充分发挥社区矫正志愿者的差异性，利用他们各自所具有的优势，安排他们从事擅长的社区矫正工作，取得更好效果。

（二）企事业单位、社会组织、志愿者的职责

1. 参与协助社区矫正机构做好监督管理和教育帮扶工作。为了促进社区矫正对象能够顺利融入社会，国家鼓励、支持社会力量依法参与社区矫正工作，且社会力量有义务也有责任协助做好社区正工作。《社区矫正法》第40条规定："社区矫正机构可以通过公开择优购买社区矫正社会工作服务或者其他社会服务，为社区矫正对象在教育、心理辅导、职业技能培训、社会关系改善等方面提供必要的帮扶。社区矫正机构也可以通过项目委托社会组织等方式开展上述帮扶活动。国家鼓励有经验和资源的社会组织跨地区开展帮扶交流和示范活动。"第41条规定："国家鼓励企业事业单位、社会组织为社区矫正对象提供就业岗位和职业技能培训。招用符合条件的社区矫正对象的企业，按照规定享受国家优惠政策。"

2. 社会组织可参与调查评估。《社区矫正法》第18条规定："社区矫正决定机关根据需要，可以委托社区矫正机构或者有关社会组织对被告人或者罪犯的社会危险性和对所居住社区的影响，进行调查评估，提出意见，供决定社区矫正时参考……"

3. 志愿者可以担任矫正小组成员。《社区矫正法》第 25 条第 2 款规定："根据需要矫正小组可以由……志愿者等组成……"

4. 对未成年社区矫正对象提供必要的帮扶。《社区矫正法》第 56 条规定："共产主义青年团、妇女联合会、未成年人保护组织应当依法协助社区矫正机构做好未成年人社区矫正工作。国家鼓励其他未成年人相关社会组织参与未成年人社区矫正工作，依法给予政策支持。"

5. 为社会组织参与社区矫正工作提供财政保障。《社区矫正法》第 6 条第 2 款规定："居民委员会、村民委员会和其他社会组织依法协助社区矫正机构开展工作所需的经费应当按照规定列入社区矫正机构本级政府预算。"

思考题

1. 社区矫正执法工作者由哪些不同性质的人员组成？

2. 什么是社区矫正机构工作人员？其在社区矫正工作中担负哪些职责？

3. 什么是社区矫正社会工作者？其在社区矫正工作中担负哪些职责？

4. 社区矫正工作为什么要抽调监狱、戒毒警察？他们在社区矫正工作者担负哪些职责？

5. 如果以后你有幸成为一名社区矫正机构工作人员，你认为应具备哪些基本素质？

6. 大学期间，你会利用假期以志愿者身份参与帮扶社区矫正对象吗？如果曾以志愿者身份加入过，请谈谈你的志愿者实践经历和感悟。

拓展学习

《社会组织参与社区矫正的服务标准指南》[1]

域外社区矫正工作者的身份[2]

---

〔1〕《社会组织参与社区矫正的服务标准指南》由宁波市北仑区司法局、浙江理工大学法政学院共同开发制定。

〔2〕颜九红：《专职专业社区矫正执法官之提倡》，载《北京政法职业学院学报》2019 年第 4 期。

第四章　社区矫正执法的适用对象

学习目标

　　知识目标：了解社区矫正执法的适用对象的类型；掌握管制、缓刑、假释和暂予监外执行的概念、适用条件和期限；理解对管制犯、缓刑犯、假释犯和暂予监外执行犯实施社区矫正的意义。

　　能力目标：掌握对管制犯、缓刑犯、假释犯和暂予监外执行犯的处理程序。

　　思政目标：在非监禁刑事执行工作中秉承刑罚谦抑思想、人道主义精神、恢复性司法理念、区别对待的刑事政策，注重对社区矫正对象的教育、感化、挽救。

学习重点

　　管制、缓刑、假释和暂予监外执行的概念、适用条件；对管制犯、缓刑犯、假释犯和暂予监外执行犯的处理程序。

知识树

社区矫正执法的适用对象
- 管制犯
  - 管制的概念
  - 管制的适用对象
  - 管制的期限
  - 管制的执行
  - 对管制犯实施社区矫正的意义
- 缓刑犯
  - 缓刑的概念
  - 缓刑的适用条件
  - 缓刑的考验期限与对缓刑犯的考察
  - 对缓刑犯的处理
  - 对缓刑犯实施社区矫正的意义

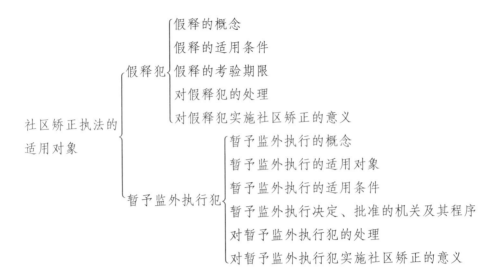

第一节　管制犯

一、管制的概念

管制是指犯罪情节轻微，社会危害不大，必须进行惩处，而又无需关押，但限制其一定自由，依法实行社区矫正的刑罚执行制度。

管制是我国刑罚的五种主刑中唯一不剥夺犯罪分子自由的开放性刑种，是我国刑罚体系中最轻的主刑，主要有以下特征：

1. 对犯罪人不予关押，不剥夺其人身自由。被判处管制的犯罪人在服刑期间，不羁押在监狱、看守所等执行场所中，仍留在原工作单位或居住地，也不离开自己的家庭，不中断与社会的正常交往。对犯罪人不实行关押，是管制与拘役、有期徒刑等剥夺自由刑的重要区别；

2. 限制犯罪人一定的自由。管制虽然不剥夺犯罪人的自由，但作为一种刑罚方法，当然应当具有惩罚的属性。管制的惩罚性就表现在必须在公安机关的管束和人民群众的监督下进行劳动改造，其自由受到一定程度的限制。限制犯罪人自由主要表现在限制犯罪人的政治自由、外出经商、迁居且需要遵守法律、行政法规，服从监督；未经执行机关批准，不得行使言论、出版、集会等，此外，对于被宣告禁止令的犯罪分子，禁止其在执行期间从事特定活动，进入特定区域、场所，接触特定的人。

3. 对管制犯的劳动报酬不得进行限制，被判管制的罪犯可以自谋生计，在劳动中与普通公民同工同酬。

4. 被判处管制刑的犯罪人应依法实行社区矫正。社区矫正是我国的一项重要法律制度，是将犯罪分子置于社区内，由专门的国家机关在相关人民团体、社会组织和社会志愿者的协助下，在判决、裁定或决定确定的期限内，矫正其犯罪心理和行为恶习，促进其顺利回归社会的刑罚执行活动。社区矫正是深化司法体制改革和社会体制改革的重要内容，是法治中国建设的重要方面。

二、管制的适用对象

管制适用于犯罪行为较轻，且虽然实施了犯罪行为，但根据其犯罪的事实、性质、情节、后果、对社会的危害程度以及认罪悔罪的态度，不予关押也不至再对社会造成损害的犯罪人。管制犯是指犯罪情节轻微，社会危害不大，必须进行惩处，而又无需关押的犯罪分子。具体而言，适用对象包括以下情况：

1. 犯罪分子罪行轻微。管制在我国立法中的适用范围相对较广，《刑法》有四分之一左右的罪名则可以适用管制，具体主要集中于妨害社会管理秩序罪等罪中，这些犯罪的共同特点即罪行性质不重且不具有较大的社会危害性。

2. 犯罪分子人身危害性较小。管制并不剥夺犯罪人的人身自由，而是在一定程度上限制人身自由，因此，适用管制的犯罪分子则为人身危险性较小者，若人身危险性较大，管制将难以达到预防犯罪的目的。

三、管制的期限

按照《刑法》第 38 条第 1 款的规定："管制的期限，为三个月以上二年以下。"第 69 条第 1 款规定："判决宣告以前一人犯数罪的……但是管制最高不能超过三年……"第 41 条规定："管制的刑期，从判决执行之日起计算；判决执行以前先行羁押的，羁押一日折抵刑期二日。"

管制作为一种限制人身自由的刑罚，这一期限既反映了管制作为轻刑的特点，又不失作为刑罚的必要惩罚作用。管制刑期的上限虽然比拘役长，但由于管制只是限制人身自由，而拘役是剥夺人身自由，这样看来，管制仍轻于拘役。管制的刑期，从判决执行之日起计算，判决执行以前先行羁押的，羁押一日折抵刑期二日。所谓"判决执行之日"，是指法院签发执行通知书之日。之所以规定羁押一日折抵刑期二日，是因为判决执行以前的"先行羁押"也是剥夺人身自由，而管制只是限制人身自由。判处管制，可以根据犯罪情况，同时禁止犯罪分子在执行期间从事特定活动，进入特定区域、场所，接触特定的人。对判处管制的犯罪分子，依法实行社区矫正。

四、管制的执行

根据《刑法》第 39 条第 1 款规定，被判处管制的犯罪分子，在执行期间，应当遵守下列规定：（一）遵守法律、行政法规，服从监督；（二）未经执行机关批准，不得行使言论、出版、集会、结社、游行、示威自由的权利；（三）按照执行机关规定报告自己的活动情况；（四）遵守执行机关关于会客的规定；（五）离开所居住的市、县或者迁居，应当报经执行机关批准。

此外，根据《刑法》第 38 条第 2 款规定，判处管制，可以根据犯罪情况，同时禁止犯罪分子在执行期间从事特定活动，进入特定区域、场所，接触特定的人。《刑法》第 38 条第 4 款进一步规定："违反第二款规定的禁止令的，由公安机关依照《治安管理处罚法》

的规定处罚。"管制的减刑条件，根据《刑法》第78条的规定，被判处管制、拘役、有期徒刑、无期徒刑的犯罪分子，在执行期间，如果认真遵守监规，接受教育改造，确有悔改表现的，或者有立功表现的，可以减刑；有下列重大立功表现之一的，应当减刑：（一）阻止他人重大犯罪活动的；（二）检举监狱内外重大犯罪活动，经查证属实的；（三）有发明创造或者重大技术革新的；（四）在日常生产、生活中舍己救人的；（五）在抗御自然灾害或者排除重大事故中，有突出表现的；（六）对国家和社会有其他重大贡献的。减刑以后实际执行的刑期不能少于下列期限：（一）判处管制、拘役、有期徒刑的，不能少于原判刑期的二分之一；（二）判处无期徒刑的，不能少于十三年；（三）人民法院依照本法第五十条第二款规定限制减刑的死刑缓期执行的犯罪分子，缓期执行期满后依法减为无期徒刑的，不能少于二十五年，缓期执行期满后依法减为二十五年有期徒刑的，不能少于二十年。

五、对管制犯实施社区矫正的意义

管制刑作为一种刑罚方法，是我国的一个创造，也是适应我国具体情况而建立的，在我国刑罚体系中起到了衔接剥夺自由的刑罚方法与其他不剥夺自由的刑罚方法的作用，使得刑罚体系更加完善。管制刑是具有中国特色的主刑轻刑，对其实行社区矫正，宏观而言，既符合了刑罚就近原则和罪刑相当原则，也符合了区别对待的刑事政策；不仅符合我国行刑的目的，而且更符合了行刑社会化原则的发展方向；微观而言，这样不仅避免给受刑人的劳动、工作和家庭造成严重阻碍，而且尽可能的调动了社会力量参与对犯罪分子的社会改造中，有助于犯罪人的再社会化，即以后更好的回归和融入社会生活。

第二节 缓刑犯

一、缓刑的概念

缓刑是指对判处拘役、三年以下有期徒刑的犯罪分子，根据其犯罪情节和悔罪表现，认为暂时不执行原判刑罚，确实不致再危害社会的，规定一定的考验期，如果在缓刑考验期限内，依法实行社区矫正，没有发生撤销缓刑的法定事由，缓刑考验期满，原判的刑罚就不再执行的刑罚制度。在我国，缓刑则为刑罚的暂缓执行，即对原判刑罚附条件不执行的一种刑罚量刑制度，而非一种独立的刑种。缓刑作为刑罚适用于裁量制度的重要内容之一，宣告缓刑最主要的特征即以一定的刑罚为先决条件，即不能脱离原判刑罚而独立存在，因此，判处刑罚，同时宣告暂缓执行，但是又在一定时期内保持执行相关刑罚的可能性。

二、缓刑的适用条件

根据《刑法》第72条规定，缓刑的适用条件分为对象条件、实质条件、排除条件及特殊规定。

1. 对象条件。缓刑适用于被判处拘役、三年以下有期徒刑的犯罪分子。这表明缓刑只适用于罪行较轻、社会危害较小的犯罪分子。若针对被判处超过三年有期徒刑的犯罪分子，由于他们的罪行较重，社会危害性较大，因此不适宜将其放回社会中执行。

2. 实质条件。适用缓刑应当做到具体情况具体分析，即根据犯罪分子的犯罪情节、悔罪表现等，并且认为只有其没有再犯罪危险的情况下，才能适用缓刑。对此，《刑法》第72条第1款规定了四项内容，即①犯罪情节较轻；②有悔罪表现；③没有再犯罪的危险；④宣告缓刑对所居住社区没有重大不良影响。具体来说，"犯罪情节较轻"，是指犯罪分子的犯罪情节不恶劣；"有悔罪表现"，是指犯罪分子对于其犯罪行为真诚悔悟并有悔改的意愿，例如，道歉、赔偿等；"没有再犯罪的危险"，是指对犯罪分子没有再犯罪的可能；"宣告缓刑对所居住社区没有重大不良影响"，是指对犯罪分子置于社会中不会影响所居住的社区的安全，妨碍社区秩序和稳定等。在司法实务中，法官应当综合考虑案件事实以及相关基本情况，从而进一步得出是否宣告缓刑的结论。

3. 排除条件。缓刑不可适用于累犯和犯罪集团的首要分子。这类犯罪分子具有较强的主观恶性，屡教不改，其社会危害性较之初犯等更大，是我国重点的打击对象，又由于其人身危险性是评价犯罪分子的主要标准，因而不能适用。

4. 特殊规定。法官对于是否适用缓刑仍然享有自由裁量权，但对于不满18周岁的人、怀孕的妇女和已满75周岁的人，并且同时符合上述条件的，应当宣告缓刑。这样的规定不仅大力发扬了我国的人道主义精神，而且更好地保护了特殊群体的利益。

三、缓刑的考验期限与对缓刑犯的考察

缓刑考验期，是指对被宣告缓刑的犯罪分子进行考察的一定期限。我国设立考验期的目的，在于考察被缓刑人是否接受改造。《刑法》第73条规定："拘役的缓刑考验期限为原判刑期以上一年以下，但是不能少于二个月。有期徒刑的缓刑考验期限为原判刑期以上五年以下，但是不能少于一年。缓刑考验期限，从判决确定之日起计算。"此外，判决确定以前先行羁押的，不能折抵考验期限，这是因为规定缓刑的考验期限就是为了考察犯罪分子的表现，如果折抵，则会导致考验期较短，失去考验产生的意义。据法律，缓刑考验期的长短应当适中，并且应当以原判刑罚刑期的长短为前提，一般不能短于原判刑期。

所谓"判决确定之日"，即判决发生法律效力之日。一审判决后，被告人未上诉，人民检察院也未提出抗诉的，从判决之日起经过10日生效，即为判决确定之日（死刑判决除外）。对于上诉或者抗诉的案件，二审判决宣告之日即为判决确定之日。判决以前先行羁押的时间，不能折抵缓刑考验期限。一审判决缓刑的案件，人民法院应当对被适用缓刑而正被羁押的被告人变更强制措施，或者取保候审，或者监视居住，等待上诉、抗诉期限届满或者二审判决生效后，再交付执行。如果二审判决变更了一审判决，对被告人判处拘役、有期徒刑而不宣告缓刑的，即应根据二审判决书将犯罪分子予以收押。

就具体考察内容而言，根据《刑法》第75条规定，主要为以下几点：①遵守法律、行政法规，服从监督；②按照考察机关的规定报告自己的活动情况；③遵守考察机关关于会客的规定；④离开所居住的市、县或者迁居，应当报经考察机关批准。《刑法》第76条规定："对宣告缓刑的犯罪分子，在缓刑考验期限内，依法实行社区矫正，如果没有本法第七十七条规定的情形，缓刑考验期满，原判的刑罚就不再执行，并公开予以宣告。"此外，根据《刑法》第72条第2款、第3款规定，宣告缓刑时，可以根据犯罪情况，同时禁止犯罪分子在缓刑考察期限内从事特定活动，进入特定区域、场所，接触特定的人；缓刑的法律效力不及于附加刑。被宣告缓刑的犯罪分子如果被判附加刑的，附加刑仍须执行。

四、对缓刑犯的处理

（一）缓刑考验期满，原判刑罚不再执行

缓刑考验期满，认为原判刑罚执行完毕。依据《刑法》第76条规定："对宣告缓刑的犯罪分子，在缓刑考验期限内，依法实行社区矫正，如果没有本法第七十七条规定的情形，缓刑考验期满，原判的刑罚就不再执行，并公开予以宣告。"在缓刑考验期限内，未犯新罪，也没有发现判决宣告之前的漏罪，并且没有严重违反禁止令的，缓刑考验期满，原判刑罚不再执行，并公开宣告。要注意，这里的"原判刑罚不再执行"，是指原有罪判决宣告仍然有效，原判刑罚也没有错误，只是符合了法定条件就不再执行，而并非原判刑罚执行完毕。

（二）撤销缓刑，收监执行

根据《刑法》第77条第1款的规定："被宣告缓刑的犯罪分子，在缓刑考验期限内犯新罪或者发现判决宣告以前还有其他罪没有判决的，应当撤销缓刑，对新犯的罪或者新发现的罪作出判决，把前罪和后罪所判处的刑罚，依照本法第六十九条的规定，决定执行的刑罚。"

（1）撤销缓刑，实行数罪并罚。在缓刑考验期内犯新罪的，应当撤销缓刑，对新犯的罪作出判决，把前罪和后罪所判处的刑罚，依照《刑法》第69条的规定并罚。

（2）撤销缓刑，实行数罪并罚。在缓刑考验期内发现漏罪的，应当撤销缓刑，对新发现的罪作出判决，把前罪和后罪所判处的刑罚，依照《刑法》第69条的规定并罚。

（3）撤销缓刑，执行原判刑罚。在缓刑考验期内违反法律、行政法规以及相关规定等，或者严重违反禁止令的，应撤销缓刑，执行原判刑罚。

被宣告缓刑的犯罪分子违反禁止令尚不属情节严重的，由负责执行禁止令的社区矫正机构所在地的公安机关依照《治安管理处罚法》第60条的规定处罚。

这里应当注意的是，缓刑的效力只及于主刑。《刑法》第72条第3款规定，被宣告缓刑的犯罪分子，如果被判处附加刑，附加刑仍须执行。

五、对缓刑犯实施社区矫正的意义

缓刑是我国重要刑罚制度之一，根据惩罚与教育改造相结合的刑事政策而确立，缓刑的适用，既表明了国家对犯罪分子及其犯罪行为否定的评价，同时又体现了对犯罪分子一定的宽大政策，即宽严相济，不仅在一定程度上给予了犯罪分子悔过自新的机会，而且充分体现了我国刑法的人道主义精神。具体意义有以下几点；

第一，有助于避免短期自由刑的弊端。监狱的封闭性，虽然实现了刑罚惩罚的功能，

但是往往带来的副作用是罪犯人格的"监狱化"。刑罚执行完毕以后，由于长期脱离了社会生活，往往变得与社会格格不入。实践证明，罪犯刑满释放回归社会后，又重新犯罪的原因之一，就是社会生活的不适应。犯罪分子在不被关押、由特定机关予以考察的过程中，会自觉地检点行为、改恶从善，这样就会避免若被实际执行短期自由刑而带来的与社会隔绝、重返社会困难等弊端，并能以较为经济化的方法实现刑罚的惩罚与教育改造功能。

第二，有助于促进罪犯再社会化。被宣告缓刑的犯罪分子不脱离社会，并且可以继续从事原有的工作，这样不仅避免了给其本人和家庭带来的不利影响，而且不致因犯罪而影响和逃避履行自身所背负的社会义务，这样的方式除了会使其深深感受到法律的威严，也会使其在一定程度上体会到法律的宽容，从而更为自愿的完成自身改造任务。社区矫正作为监禁刑的主要替代措施，对罪行轻微，人身危险性小、不需要监禁或不需要继续监禁的罪犯进行教育矫正，将极大地促进罪犯再社会化，促进罪犯早日融入社会。

第三，有助于实现刑罚目的。刑罚最主要的目的之一，即预防犯罪人重新犯罪。在以自律为主的社会生活中，暂缓执行刑罚有利于促使犯罪分子在法律威严的映射下，自觉约束自己的行为，从而获得刑罚特殊预防的效果。自身规范改造较之将其收押于监禁场所内执行刑罚的他律预防，相对更为科学。

第三节　假释犯

一、假释的概念

《刑法》第81条中所规定的假释，指的是对于被判处有期徒刑或者无期徒刑的犯罪分子，在执行一定的刑期后，因其认真遵守监规、接受教育改造，确有悔改表现，不致再危害社会，而附条件地将其提前释放的刑罚执行制度。简单地说，假释就是有条件地将罪犯提前释放，规定一定的考验期，暂时离开监狱，被裁定假释的犯罪分子，在考验期内，没有犯新罪、未发现漏罪、没有违反法律、行政法规或者国务院有关部门有关假释的监督管理规定，便认为原判刑罚执行完毕。

假释的概念包含以下三层含义，首先，可以看出假释是特定条件下的提前释放，是以执行一定期限的刑罚为前提。其次，根据假释犯罪人在服刑期间是否有悔罪表现来决定是否对其进行假释。如果犯罪人有悔罪的表现，说明犯罪人的人身危险性已经消除。这样的情况下，继续执行剩余的刑罚便已经没有必要。最后，假释也必须以受害人在考验期的表现为条件，也就是说犯罪人要在假释考验期内未发生撤销假释的法定事由，因此假释，虽然是犯罪分子进行了释放，但与一般情况下的刑满释放是完全不同的。

二、假释的适用条件

《刑法》第81条第1款规定："被判处有期徒刑的犯罪分子，执行原判刑期二分之一以上，被判处无期徒刑的犯罪分子，实际执行十三年以上，如果认真遵守监规，接受教育改造，确有悔改表现，没有再犯罪的危险的，可以假释。如果有特殊情况，经最高人民法院核准，可以不受上述执行刑期的限制。"根据《刑法》的规定，适用假释需具备以下条件：

（一）对象条件

假释只适用于被判处有期徒刑或无期徒刑的犯罪分子，并不是所有的罪犯都可以适用假释。假释是对犯罪分子有条件地释放，可见对于死刑也当然不适用假释，当然对于死刑缓期二年执行的罪犯也不能直接适用假释，只有在死缓减为无期徒刑时，才具备假释的条件。

（二）实质条件

假释的实质条件是犯罪分子认真遵守监规、接受教育改造，确有悔罪表现，没有再犯罪的危险。这里所说的悔罪表现，主要包括四个方面：认真悔罪；认真遵守法律法规及监规，接受教育改造；积极参加思想文化、职业技术教育；积极参加劳动努力完成劳动任务。关于"没有再犯罪的危险"，我国2017年施行的《最高人民法院关于办理减刑、假释案件具体应用法律的规定》第22条的相关规定对其进行了解释："……除符合刑法第八十一条规定的情形外，还应当根据犯罪的具体情节、原判刑罚情况，在刑罚执行中的一贯表现，罪犯的年龄、身体状况、性格特征，假释后的生活来源以及监管条件等因素综合考虑。"《刑法》第81条第3款还规定："对犯罪分子决定假释时，应当考虑其假释后对所居住社区的影响。"假释后对所居住社区有不利影响以及不具备监管条件的，是不能适用假释的。

优先适用假释的情形。根据2017年施行的《最高人民法院关于办理减刑、假释案件具体应用法律的规定》第26条的规定，对下列罪犯适用假释时可以依法从宽掌握：（一）过失犯罪的罪犯、中止犯罪的罪犯、被胁迫参加犯罪的罪犯；（二）因防卫过当或者紧急避险过当而被判处有期徒刑以上刑罚的罪犯；（三）犯罪时未满十八周岁的罪犯；（四）基本丧失劳动能力、生活难以自理，假释后生活确有着落的老年罪犯、患严重疾病罪犯或者身体残疾罪犯；（五）服刑期间改造表现特别突出的罪犯；（六）具有其他可以从宽假释情形的罪犯。罪犯既符合法定减刑条件，又符合法定假释条件的，可以优先适用假释。

（三）时间条件

假释只适用于已经执行一部分刑罚的犯罪分子、被判处有期徒刑或者无期徒刑的罪犯，必须执行一部分刑罚，才能适用假释。其主要原因是只有执行一定期间的刑罚，才能比较准确地判断犯罪分子是否认真遵守监规，接受教育改造，确有悔改表现，不致再危害社会，以保证假释的效果。当然根据《刑法》第81条第1款规定："被判处有期徒刑的犯罪分子，执行原判刑期二分之一以上，被判处无期徒刑的犯罪分子，实际执行十三年以上，如果认真遵守监规，接受教育改造，确有悔改表现，没有再犯罪的危险的，可以假释。如果有特殊情况，经最高人民法院核准，可以不受上述刑期的限制。"这里是对时间条件的一个例外，其特殊情况主要是指有国家政治、国防、外交等方面特殊需要的情况。

（四）程序条件

根据《刑法》第79条规定，对于犯罪分子的减刑，由执行机关向中级以上人民法院提出减刑建议书。人民法院应当组成合议庭进行审理，对确有悔改或者立功事实的，裁定予以减刑。非经法定程序不得减刑。《监狱法》第 32 条规定："被判处无期徒刑、有期徒刑的罪犯，符合法律规定的假释条件的，由监狱根据考核结果向人民法院提出假释建议，人民法院应当自收到假释建议书之日起一个月内予以审核裁定；案情复杂或者情况特殊的，可以延长一个月。假释裁定的副本应当抄送人民检察院。"第 33 条第 1 款规定："人民法院裁定假释的，监狱应当按期假释并发给假释证明书。"

（五）限制条件

《刑法》同时对假释的适用对象进行了限制性规定。《刑法》第 81 条第 2 款的规定，2017 年施行的《最高人民法院关于办理减刑、假释案件具体应用法律的规定》第 23 条、第 25 条、第 27 条、第 28 条的规定，罪犯假释的限制条件包括：

1. 重大犯罪的罪犯不得假释。《刑法》第 81 条第 2 款的规定，对累犯以及因故意杀人、强奸、抢劫、绑架、放火、爆炸、投放危险物质或者有组织的暴力性犯罪被判处十年以上有期徒刑、无期徒刑的犯罪分子，不得假释。2017 年施行的《最高人民法院关于办理减刑、假释案件具体应用法律的规定》第 25 条规定："对累犯以及因故意杀人、强奸、抢劫、绑架、放火、爆炸、投放危险物质或者有组织的暴力性犯罪被判处十年以上有期徒刑、无期徒刑的罪犯，不得假释。因前款情形和犯罪被判处死刑缓期执行的罪犯，被减为无期徒刑、有期徒刑后，也不得假释。"

2. 重大犯罪的罪犯在假释时服刑时间的限制。2017 年施行的《最高人民法院关于办理减刑、假释案件具体应用法律的规定》第 23 条第 2 款、第 3 款规定："被判处无期徒刑的罪犯假释时，刑法中关于实际执行刑期不得少于十三年的时间，应当从判决生效之日起计算。判决生效以前先行羁押的时间不予折抵。被判处死刑缓期执行的罪犯减为无期徒刑或者有期徒刑后，实际执行十五年以上，方可假释，该实际执行时间应当从死刑缓期执行期满之日起计算。死刑缓期执行期间不包括在内，判决确定以前先行羁押的时间不予折抵。"

3. 对服刑罪犯履行财产性判项的限制。2017 年施行的《最高人民法院关于办理减刑、假释案件具体应用法律的规定》第 27 条规定："对于生效裁判中有财产性判项，罪犯确有履行能力而不履行或者不全部履行的，不予假释。"

4. 对服刑罪犯假释的间隔时间限制。2017 年施行的《最高人民法院关于办理减刑、假释案件具体应用法律的规定》第 28 条规定："罪犯减刑后又假释的，间隔时间不得少于一年；对一次减去一年以上有期徒刑后，决定假释的，间隔时间不得少于一年六个月。罪犯减刑后余刑不足二年，决定假释的，可以适当缩短间隔时间。"

5. 法定概念限制。2017 年施行的《最高人民法院关于办理减刑、假释案件具体应用法律的规定》第 39 条第 1 款、第 2 款、第 3 款规定，本规定所称"老年罪犯"，是指报请减刑、假释时年满六十五周岁的罪犯。本规定所称"患严重疾病罪犯"，是指因患有重病，久治不愈，而不能正常生活、学习、劳动的罪犯。本规定所称"身体残疾罪犯"，是指因身体有肢体或者器官残缺、功能不全或者丧失功能，而基本丧失生活、学习、劳动能力的罪犯，但是罪犯犯罪后自伤致残的除外。这样，对这三类罪犯在适用范围上进行了限制。

三、假释的考验期限

假释是对正在服刑改造的犯罪分子附条件地予以提前释放，这种提前释放并不意味着刑罚执行完毕，为此，《刑法》第83条规定："有期徒刑的假释考验期限，为没有执行完毕的刑期；无期徒刑的假释考验期限为十年。假释考验期限，从假释之日起计算。"例如，对于被判处十五年有期徒刑的犯罪分子，在原判刑罚执行十年之后，由于确有悔改表现，不致再危害社会而决定对其适用假释，其假释的考验期限，就是原判决十五年有期徒刑尚未执行完毕的五年刑期。可见，《刑法》对有期徒刑的假释考验期只是作了一个原则性的规定。原判刑罚为有期徒刑的犯罪分子在宣告假释时，其假释的考验期限的长短因其剩余刑期的长短而不同。而对于无期徒刑的考验假释期限作了明确的规定。被判处无期徒刑的犯罪分子，对其适用了假释，其假释的考验期限为十年。也就是说，原判刑罚为无期徒刑的犯罪分子在宣告假释时，其假释考验期限是固定的，即十年。确定罪犯被假释时，还应考虑以下因素：

1. 有期徒刑的假释。根据2017年施行的《最高人民法院关于办理减刑、假释案件具体应用法律的规定》第23条第1款的规定，被判处有期徒刑的罪犯假释时，执行原判刑期二分之一的时间，应当从判决执行之日起计算，判决执行以前先行羁押的，羁押一日折抵刑期一日。

2. 无期徒刑的假释。根据2017年施行的《最高人民法院关于办理减刑、假释案件具体应用法律的规定》第23条第2款规定，被判处无期徒刑的罪犯假释时，刑法中关于实际执行刑期不得少于十三年的时间，应当从判决生效之日起计算。判决生效以前先行羁押的时间不予折抵。

3. 死刑缓期执行的假释。根据2017年施行的《最高人民法院关于办理减刑、假释案件具体应用法律的规定》第23条第3款的规定，被判处死刑缓期执行的罪犯减为无期徒刑或者有期徒刑后，实际执行十五年以上，方可假释，该实际执行时间应当从死刑缓期执行期满之日起计算。死刑缓期执行期间不包括在内，判决确定以前先行羁押的时间不予折抵。

四、对假释犯的处理

（一）假释考验期满，认为原判刑罚执行完毕

《刑法》第85条规定，对假释的犯罪分子，在假释考验期限内，依法实行社区矫正，如果没有本法第八十六条规定的情形，假释考验期满，就认为原判刑罚已经执行完毕，并公开予以宣告。

（二）撤销假释，收监执行

假释是一种附条件地提前释放的刑罚制度，假释犯如果在假释的考验期内，不符合条件要求，那么就要对其撤销假释。《刑法》第86条对撤销假释作了具体规定：

1. 被假释的罪犯，在假释考验期内又犯新罪。依照《刑法》第86条第1款的规定："被假释的犯罪分子，在假释考验期限内犯新罪，应当撤销假释，依照本法第七十一条的

规定实行数罪并罚。"假释犯在假释考验期间再犯新罪，说明其并没有真正悔罪，其人身危害性并没有消除，也就不具备"没有再犯罪的危险"的假释实质条件，当然应当撤销假释。至于在假释期满之后才发现假释犯在假释考验期内犯有新罪，只要没有超过追诉时效期限，仍然撤销假释，将前罪没有执行的刑罚与新罪所判的刑罚，按照数罪并罚的规定，决定应当判处的刑罚。

2. 发现漏罪。《刑法》第86条第2款规定："在假释考验期限内，发现被假释的犯罪分子在判决宣告以前还有其他罪没有判决的，应当撤销假释，依照本法第七十条的规定实行数罪并罚。"罪犯有意隐瞒自己的罪行，说明其并未有悔改表现，也说明其人身危害性并没有消失，当然应该撤销假释。

3. 罪犯在假释考验期内有违法行为，也应撤销假释。《刑法》第86条第3款规定："被假释的犯罪分子，在假释考验期限内，有违反法律、行政法规或者国务院有关部门关于假释的监督管理规定的行为，尚未构成新的犯罪的，应当依照法定程序撤销假释，收监执行未执行完毕的刑罚。"《监狱法》第33条第2款规定："对被假释的罪犯，依法实行社区矫正，由社区矫正机构负责执行。被假释的罪犯，在假释考验期限内有违反法律、行政法规或者国务院有关部门关于假释的监督管理规定的行为，尚未构成新的犯罪的，社区矫正机构应当向人民法院提出撤销假释的建议，人民法院应当自收到撤销假释建议书之日起一个月内予以审核裁定。人民法院裁定撤销假释的，由公安机关将罪犯送交监狱收监。"

五、对假释犯施行社区矫正的意义

假释犯是指在监狱执行一定刑期后，剩余刑期在监外执行的罪犯。《刑法》第85条已明文规定将假释犯纳入社区矫正体系。"对假释的犯罪分子，在假释考验期限内，依法实行社区矫正，如果没有本法第八十六条规定的情形，假释考验期满，就认为原判刑罚已经执行完毕，并公开予以宣告。"具有以下实践意义：

1. 明确了对假释犯的监督考察机构。公安机关对假释犯进行监督考察之所以存在诸多问题，其中一个关键的因素，就是混淆了公安机关的法定职能，导致其职能不清，不能有效地将监督考察工作落到实处。反之，如果将公安机关对假释犯的监督考察职能分离出来，赋予社区矫正机构来行使，就实现了专门机关的职能明晰化，使权利义务达到有机和谐的统一，社区矫正机构就能充分有效地利用自身的资源全面地监督考察假释犯。

2. 明确假释犯的再社会化的方向。假释犯在经历了或短或长的监禁后，与社会隔离，社会进程被迫中断。假释犯重回社会后必然要重新接受的再社会化。而以罪犯复归社会为最终目的的社区矫正为假释犯的再社会化提供了机会。在社区矫正机构中，社区矫正机构对假释犯进行教育、监督和考察，从而使监督考察的内容更加全面，假释犯更容易被社区所认可，使其再社会化成为可能。

3. 可以扩大刑事执行中假释使用的数量。在司法实践中由于法律本身存在着漏洞及法条之间的不周密性，使监狱机关不愿意也不敢去使用假释制度。这样一来，不仅导致假释这种具有社会积极意义上的刑罚制度发挥不了应有的作用，还造成大量司法资源的浪费，与我国的特殊预防理论相悖，也更加不利于我国宽严相济的刑事政策的发展。社区矫正制度进入刑罚执行体系后，就克服了以往假释执行中的弊端，加快了刑罚社会化进程。监狱机关可以克服顾虑，放下包袱，适用假释制度，优化监狱资源，促进假释犯的社会化和社会适应能力，真正体现假释这一刑罚执行制度的优越性。

第四节　暂予监外执行犯

一、暂予监外执行的概念

暂予监外执行是指对于对被判处无期徒刑、有期徒刑或者拘役的罪犯，由于符合法定情形，决定暂不收监或者收监以后又决定改为暂时监外服刑，由社区矫正机构负责执行的刑罚执行制度。《刑事诉讼法》第265条至第269条对暂予监外执行做了详细而系统的规定。根据《刑事诉讼法》的规定，暂予监外执行包括两种：一是在交付执行前，由人民法院决定的暂予监外执行；二是在交付执行后，由省级以上监狱管理机关或者设区的市一级以上公安机关批准的暂予监外执行。暂予监外执行是一项重要的刑罚执行制度。这一制度的设立体现了中国惩罚罪犯与改造罪犯相结合和人道主义的刑事政策，有利于对罪犯的教育、感化、挽救。

二、暂予监外执行的适用对象

根据《刑事诉讼法》第265条第1款的规定，暂予监外执行的对象是被判处有期徒刑或者拘役的罪犯。这里的"有期徒刑"包含两种情形：第一种情形为被判处有期徒刑；第二种情形为被判处无期徒刑后又从无期徒刑减为有期徒刑的情形。对于被判处无期徒刑的罪犯而言，由于其所犯的罪具有严重的社会危害性，对于此情形的暂予监外执行的适用作出了明确的限制。即根据《刑事诉讼法》的规定，被判处无期徒刑的罪犯，只有怀孕或者正在哺乳的妇女，可以暂予监外执行。这一规定体现了人道主义的行刑原则。

三、暂予监外执行的适用条件

根据《刑事诉讼法》第265条及最高人民法院、最高人民检察院、公安部、司法部、国家卫生和计划生育委员会（已撤销）联合制定了《暂予监外执行规定》的规定，适用暂予监外执行的条件有以下几种：

1. 有严重疾病需要保外就医的。对于罪犯确有严重疾病，需要保外就医的，由省级人民政府指定的医院诊断并开具证明文件。对于适用保外就医可能有社会危险性的罪犯，或者自伤自残的罪犯，不得保外就医。其中"严重疾病"是指按照医学界通行的标准所界定的病情严重程度、继续监禁服刑难以维系其生命或将对其身体健康带来不可逆转的重大损害的疾病。这里的"严重疾病"指的是患有《暂予监外执行规定》中所附属《保外就医严重疾病范围》的严重急病，不宜在监狱或者其他执行机关监内执行的。"省级人民政府指定的医院"是指省级人民政府事先指定对罪犯是否符合保外就医条件进行诊断并出具证明的医院，并非针对某一具体罪犯临时指定的医院。受指定的医院应当按照规定的诊断程序对受检罪犯进行检查，认为其患有符合需要保外就医的严重疾病的，应予开具相关证明。

2. 怀孕或者正在哺乳自己婴儿的妇女。这一规定是对怀孕的妇女和哺乳期婴儿的保护。我国立法以刑罚执行变更的方式来保障女犯罪人的健康权、女犯罪人的生育权和无辜婴儿的健康权。这既是人道主义的要求，也是刑法谦抑性的人文关怀。"怀孕的妇女"是依照《暂予监外执行规定》第9条第1款的规定，对罪犯的病情诊断或者妊娠检查，应当委托省级人民政府指定的医院进行。医院出具的病情诊断或者检查证明文件，应当由两名具有副高以上专业技术职称的医师共同作出，经主管业务院长审核签名，加盖公章，并附化验单、影像学资料和病历等有关医疗文书复印件。"哺乳婴儿"指的是一般自分娩之日起，到婴儿一周岁以前，即按婴儿出生后一年计算。只要该罪犯不致危害社会，原则上都可以对其决定暂予监外执行。对于被判处无期徒刑的罪犯如果是怀孕或者正在哺乳自己婴儿的妇女，也可以暂予监外执行。

3. 生活不能自理，适用暂予监外执行不致危害社会的。"生活不能自理"是指罪犯由于老、弱、病、残等原因需要他人照顾才能生活的，对这些罪犯决定暂予监外执行，体现了人道主义精神，既有利于罪犯矫正，也不致给执行机关带来麻烦。《监狱法》第25条规定："对于被判处无期徒刑、有期徒刑在监内服刑的罪犯，符合刑事诉讼法规定的监外执行条件的，可以暂予监外执行。"依照《暂予监外执行规定》第9条第1款、第2款的规定，对罪犯的病情诊断或者妊娠检查，应当委托省级人民政府指定的医院进行。医院出具的病情诊断或者检查证明文件，应当由两名具有副高以上专业技术职称的医师共同作出，经主管业务院长审核签名，加盖公章，并附化验单、影像学资料和病历等有关医疗文书复印件。对罪犯生活不能自理情况的鉴别，由监狱、看守所组织有医疗专业人员参加的鉴别小组进行。鉴别意见由组织鉴别的监狱、看守所出具，参与鉴别的人员应当签名，监狱、看守所的负责人应当签名并加盖公章。

只要具备以上三种情形之一的，对罪犯就可以决定暂予监外执行。

《刑事诉讼法》第265条第2款是关于对那些被判处无期徒刑的罪犯可以暂予监外执行的规定。根据本款规定，由于被判处无期徒刑的罪犯所犯罪行一般较之被判处有期徒刑或拘役的罪犯更为严重，可能导致的社会危害性更大，因此本款规定属于正在哺乳自己婴儿的妇女的情形下，才可适用暂予监外执行。同样，本款规定的也是"可以"暂予监外执行。

《刑事诉讼法》第265条第3款是关于不得保外就医的两种情形的规定。对于适用保外就医可能有社会危险性的罪犯，或者自伤自残的罪犯，不得保外就医。其中"可能有社会危险性"，包括可能重新犯罪或者有打击报复等严重违法犯罪行为。"自伤自残"指的是罪犯为逃避服刑，故意伤残自己肢体、吞食异物等情形。

四、暂予监外执行决定、批准的机关及其程序

（一）决定或批准暂予监外执行的机关

《刑事诉讼法》第265条第5款规定："在交付执行前，暂予监外执行由交付执行的人民法院决定；在交付执行后，暂予监外执行由监狱或者看守所提出书面意见，报省级以上监狱管理机关或者设区的市一级以上公安机关批准。"从该规定可以看出，暂予监外执行决定的做出有两种情况：一种是在交付执行之前，由人民法院决定的监外执行。另一种是在交付执行之后，监狱或者看守所对服刑的罪犯出现上述情况的，依照法定程序提出书面意见，报省一级的监狱管理机关或者设区的市一级公安局批准。因此，有权作出暂予监外执行决定或批准的是人民法院、省级以上监狱管理机关和市级以上公安机关。

（二）暂予监外执行的程序

《刑事诉讼法》第265条第5款是关于暂予监外执行的决定或批准机关，以决定或批准程序的规定。根据本款规定：在交付执行前，由人民法院在判处刑罚的同时决定暂予监外执行。在交付执行后，暂予监外执行由执行机关提出书面材料和意见，在监外执行的报省级以上监狱管理机关批准，在看守所执行的报设区的市一级以上公安机关批准。《暂予监外执行规定》第2条规定："对罪犯适用暂予监外执行，分别由下列机关决定或者批准：（一）在交付执行前，由人民法院决定；（二）在监狱服刑的，由监狱审查同意后提请省级以上监狱管理机关批准；（三）在看守所服刑的，由看守所审查同意后提请设区的市一级以上公安机关批准。对有关职务犯罪罪犯适用暂予监外执行，还应当依照有关规定逐案报请备案审查。"

应当指出，对于不符合暂予监外执行条件的罪犯，并非不予治疗或照顾，对于有疾病的罪犯应当在监狱等执行机关设置的医院进行治疗，病情复杂严重的，可以聘请专家前往诊治，对其饮食起居也应给予适当的照顾。

五、对暂予监外执行犯的处理

（一）暂予监外执行完毕的程序

暂予监外执行期间刑期届满。暂予监外执行是《刑事诉讼法》规定的对符合条件的罪犯，出于人道主义考虑在监外执行刑罚的措施，没有独立的期限。在有监外执行期间，罪犯被判处的刑期届满的，属于刑罚执行完毕的情形。

被裁定暂予监外执行的社区矫正对象，其矫正的期限与暂予监外执行的期限相同，人民法院决定的，其矫正期从暂予监外执行决定生效之日起计算；公安机关、监狱管理机关决定的，其矫正期从出监所之日起计算，刑期届满的，由监狱、看守所依法为其办理刑满释放手续。

如果没有终止暂予监外执行情形的行为的，在刑期届满时，认为原判刑罚已经执行完毕，暂予监外执行犯应当在矫正期满前30日由本人作出书面总结，由社区矫正机构出具考核鉴定材料，依法定程序解除社区矫正。

（二）暂予监外执行终止的程序

1. 收监执行的程序。《刑事诉讼法》第268条第1款规定："对暂予监外执行的罪犯，有下列情形之一的，应当及时收监：（一）发现不符合暂予监外执行条件的；（二）严重违反有关暂予监外执行监督管理规定的；（三）暂予监外执行的情形消失后，罪犯刑期未满的。"此款规定明确了对暂予监外执行的罪犯应予及时收监的三种情形，具体包括：第一，发现不符合暂予监外执行条件的。即原决定暂予监外执行的人民法院、原批准暂予监外执行的监狱管理机关和公安机关，或者负有法律监督职责的人民检察院，发现原来作出的适用暂予监外执行的决定不当，存在不符合本法第 265 条所规定的暂予监外执行条件的情况，应当终止对罪犯的暂予监外执行，按照本条第 2 款及相关法律规定予以收监。第二，严重违反有关暂予监外执行监督管理规定的。"严重违反有关暂予监外执行监督管理规定"的行为，指的是被暂予监外执行罪犯从事相关法律规范及司法解释中规定的禁止性行为，如不遵守社区矫正机构的监督管理，或者擅自离开居住地外出经商，且达到严重程度的行为。第三，暂予监外执行的情形消失后，罪犯刑期未满的。如果被暂予监外执行的情形消失，如罪犯身体恢复健康，规定的婴儿哺乳期已满，且刑期未满的，应当及时收监。

在社区矫正中，根据不同的法定事由终止暂予监外执行，收监执行刑罚。根据《社区矫正法实施办法》第 49 条规定："暂予监外执行的社区矫正对象有下列情形之一的，由执行地县级社区矫正机构提出收监执行建议：（一）不符合暂予监外执行条件的；（二）未经社区矫正机构批准擅自离开居住的市、县，经警告拒不改正，或者拒不报告行踪，脱离监管的；（三）因违反监督管理规定受到治安管理处罚，仍不改正的；（四）受到社区矫正机构两次警告的；（五）保外就医期间不按规定提交病情复查情况，经警告拒不改正的；（六）暂予监外执行的情形消失后，刑期未满的；（七）保证人丧失保证条件或者因不履行义务被取消保证人资格，不能在规定期限内提出新的保证人的；（八）其他违反有关法律、行政法规和监督管理规定，情节严重的情形。社区矫正机构一般向执行地社区矫正决定机关提出收监执行建议。如果原社区矫正决定机关与执行地县级社区矫正机构在同一省、自治区、直辖市的，可以向原社区矫正决定机关提出建议。社区矫正机构的收监执行建议书和决定机关的决定书，应当同时抄送执行地县级人民检察院。"人民法院一经作出收监执行决定书，立即生效。自罪犯被收监执行刑罚之日起，社区矫正终止。

2. 犯新罪或发现漏罪的程序。暂予监外执行犯因犯新罪或发现漏罪被追究刑事责任的，自羁押之日起，社区矫正自动终止。

3. 死亡的程序。暂予监外执行犯在社区矫正期间死亡的，自死亡之日起，社区矫正终止。

对于不符合暂予监外执行的罪犯通过贿赂等手段被暂予监外执行的，在监外执行的期间不计入执行刑期。罪犯在监外执行期间脱逃的，脱逃的期间不计入刑期。基于此，暂予监外执行罪犯的收监处理，是对监外执行方式的终止，使其失去了自由的，对于通过贿赂手段被暂予监外执行的刑期以及监外执行期间脱逃的刑期的不予计算，实则是一种惩罚。

六、对暂予监外执行犯实行社区矫正的意义

对暂予监外执行犯实行社区矫正的意义主要有以下两个方面：

1. 实现了执行和审批的无缝对接。无论是人民法院决定暂予监外执行的社区矫正对象，还是监狱管理机关或其他刑罚执行机关决定暂予监外执行的社区矫正对象，其交付有

明确的对象，有固定的监督管理机构，避免了当前实践中存在的审批机关和执行机关在工作中相互推诿的现象。

2. 实现了暂予监外执行的规范化管理。由社区矫正机构按照法定程序对暂予监外执行的社区矫正对象进行矫正教育、监督管理以及帮助，将使对暂予监外执行社区对象的执行有效化、具体化，克服了长期以来对暂予监外执行社区矫正对象的管理失控状态。随着社区矫正工作法治的不断健全和完善，暂予监外执行的社区矫正对象的管理以及监督都会朝着有利方向发展。

思考题

1. 什么是管制？管制犯具有哪些特征？
2. 管制犯在监管期间需要遵守哪些规定？
3. 什么是缓刑？缓刑的适用条件有哪些？
4. 缓刑犯的处理程序分为几种情况？具体如何操作？
5. 对缓刑犯实施社区矫正的意义是什么？
6. 什么是假释？假释的适用条件有哪些？
7. 假释犯的处理程序分为几种情况？具体如何操作？
8. 什么是暂予监外执行？暂予监外执行的适用条件有哪些？
9. 暂予监外执行犯的处理程序分为几种情况？具体如何操作？

拓展学习

《浙江省社区矫正对象信用评价管理办法（试行）》

《撤销缓刑审查的程序和实体路径探讨》[1]

缓刑 ≠ 无刑！缓刑越线，必将自吞苦果

---

[1] 吴晓蓉著：《撤销缓刑审查的程序和实体路径探讨》，载 https://www.chinacourt.org/article/detail/2021/02/id/5795511.shtml，最后访问日期：2024 年 4 月 15 日。

第二编

社区矫正执法技能训练

第五章　调查评估

🎯 学习目标

知识目标：掌握调查评估的概念、作用及其法律依据，知晓调查评估的历史沿革及其分类等基础知识。

技能目标：熟悉调查评估工作流程，学习掌握正确处置调查评估启动、调查评估计划，调查评估笔录、调查评估报告以及审核评议等工作的操作程序和具体实施要求。

素质目标：具备程序公正、过程公正和结果公正的调查评估执法意识，养成审慎严谨、科学规范、公平公正的调查评估职业素养。

学习重点

调查评估笔录的制作；调查评估报告的撰写；调查评估意见书的制作。

知识树

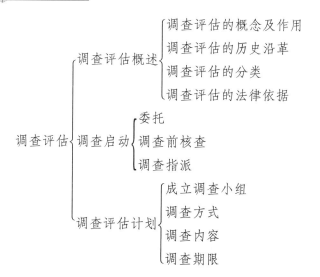

案例 5-1

蔡某，男，1987年7月9日出生，J省T市人，汉族，大专文化，原置鼎房地产开发有限公司销售员，户籍所在地T市Y街道。

2020年5月至2021年3月间，被告人蔡某在J省T市注册"亚博体育"网络赌博平台代理账号，通过微信向他人发送上述网络赌博平台App下载链接，发展居住在J省T市的徐某（另案处理）等下线赌客共7人参赌牟利，下线赌资累计人民币130万余元。2020年12月17日，被告人蔡某在J省T市B区××中心A座20楼被公安人员抓获归案，公安人员从其处缴获手机、银行卡、手提电脑等一批。归案后，被告人蔡某如实供述了上述犯罪事实。

某法院就此出具调查评估委托函，委托某社区矫正机构针对蔡某开展调查评估，要求出具调查评估意见书。接到调查评估委托任务后，按照《社区矫正法》及《社区矫正法实施办法》等法律规定，组织司法所对拟适用社区矫正对象蔡某的居所情况、家庭和社会关系、一贯表现、犯罪行为的后果和影响、居住地村民委员意见等进行调查了解。调查人员走访了蔡某居住地村委会干部、派出所管片民警、亲属等人员，并制作了调查笔录，收集整理了蔡某的相关资料：①蔡某的妻子（傅某），今年29岁，在××网络科技有限公司；父亲（蔡某某），在T市××派出所上班，母亲（蔡某某）在家；女儿（蔡某某），今年3岁，家庭内部关系和谐稳定。②蔡某在××大厦××网络有限公司上班，做电商，家庭主要经济来源稳定。③蔡某主要进出场所是家里和公司，平时上班，下班后在家里带小孩子玩，不存在不良的社会交往。④蔡某对自己的犯罪行为感到后悔，觉得自己对不起家人，表示今后不会再犯类似错误。⑤蔡某的家人也愿意帮助蔡某重新做人，做好监护工作，蔡某所在的社区邻居表示同意蔡某在社区服刑。社区矫正机构根据司法所提交的相关证明材料，综合考量蔡某的家庭关系、经济收入、居住地情况、社会交往、人格特质、监管条件、悔罪表现等因素，形成关于蔡某的调查评估意见是"建议对蔡某适用非监禁刑（同意缓刑）"。

根据（2021）云3××3刑初××号刑事判决，法院判决蔡某有期徒刑一年二个月，缓刑一年八个月，并处罚金人民币40 000元。原判已发生法律效力并交付执行，缓刑考验期自2021年5月30日起至2023年1月29日止。

调查评估工作的最终目标是形成对社区居民、被害人、被告人或罪犯而言都"公平正义、科学合理的调查评估意见"，为社区矫正决定机关的判决和裁定提供科学合理的参考。如何开展调查评估工作？什么样的调查评估结论是科学合理的？依据是什么？本章将通过调查评估的启动、调查评估计划、调查评估笔录和调查评估报告等流程为你提供解决问题的思路和方法。

第一节　调查评估概述

一、调查评估的概念及作用

（一）调查评估的概念

调查评估是指人民法院、公安机关、监狱管理机关等社区矫正决定机关根据需要，可以委托社区矫正机构或者有关社会组织对被告人或者罪犯的社会危险性和对其所居住社区的影响等情况，出具相应调查评估意见，为委托机关依法判决、裁定、决定社区矫正时提供参考的活动。居民委员会、村民委员会等社会组织应当提供的协助。调查评估是委托机关拟对被告人（罪犯）做出适用社区矫正决定的重要参考依据之一，关系着司法公正以及被告人（罪犯）、被害人、社区三方权益。调查评估工作受重视程度应与其实际使用价值相匹配，因此调查评估应当努力做到全面、准确、专业，才能成为委托机关具有极高价值的参考依据。

社区矫正调查评估源于"两高两部"2009年制定的《最高人民法院、最高人民检察院、公安部、司法部关于在全国试行社区矫正工作的意见》（已失效）。该意见要求"人民法院要依法充分适用非监禁刑罚和非监禁刑罚执行措施，对依法可能适用非监禁刑罚的被告人，在审理中可以委托司法行政机关进行审前社会调查"。2019年12月28日第十三届全国人民代表大会常务委员会第十五次会议通过《社区矫正法》，第18条规定："社区矫正决定机关根据需要，可以委托社区矫正机构或者有关社会组织对被告人或者罪犯的社会危险性和对所居住社区的影响，进行调查评估，提出意见，供决定社区矫正时参考……"根据《社区矫正法》和配套的《社区矫正法实施办法》，确定了社区矫正决定机关是调查评估的委托机关，社区矫正机构和有关社会组织是调查评估工作的执行主体，被调查评估的对象只有人民法院审理期间的被告人和需要暂予监外执行的罪犯。

（二）调查评估的作用

习近平总书记在党的二十大报告中明确提出："深化司法体制综合配套改革，全面准确落实司法责任制，加快建设公正高效权威的社会主义司法制度，努力让人民群众在每一个司法案件中感受到公平正义。"因此，为深入贯彻实施党的二十大精神，调查评估工作只有遵循主体合法、程序合法、手段合法、形式合法的基本原则，才能为决定机关的公正判决提供了科学合理的参考依据，才能体现程序正义，维护司法公信力。调查评估体现的是刑事实证学派菲利的犯罪三因素论和刑罚个别化理论，具体到实践上具有三大重要作用。

1. 为社区矫正决定机关提供决策参考，把好社区矫正入口关。社区矫正机构或司法所通过开展社会调查评估，为委托机关出具书面社会调查评估意见书，使委托机关能够具体了解犯罪人的人身危险性、家庭关系、被害人谅解情况以及是否能够及时被社区重新接纳，进而更为准确地判断其社会危险性和对所居住社区的影响，为是否适用社区矫正提供判决参考，把好社区矫正的"入门"关卡，有效阻止不适宜社区矫正的人员在社区服刑，降低社区矫正的适用风险，减少社会不稳定因素。同时通过第三人（受委托的社区矫正机构或有关社会组织）的客观评价，可以为判决、裁定以及决定的科学性、合理性保驾护航，在一定程度上限制法官的自由裁量权，更有利于使判决裁定结果被人民群众所信服。

2. 保障社区矫正工作有效开展。通过建立调查评估制度，有助于推进社区矫正工作的科学化进程，在把好入口关同时，能够促进社区矫正治理效率的提高。调查评估有助于增进社区矫正机构对拟适用社区矫正对象的了解，为日后适用社区矫正、进行分类管理提供参考和依据。对于拟适用社区矫正对象而言，调查评估可以在一定程度上帮助社区矫正对象了解社区矫正的适用条件和相关管理规定，增加社区矫正监管规定的服从程度，明确在刑意识，增强了解社区矫正的非监禁刑事执行的社会价值，使其更加珍惜监外执行的机会。

3. 保护公民权利和社区稳定。监禁刑实质上会对罪犯家庭造成破坏，对拟适用社区矫正的被告人（罪犯）进行全面的社会调查评估，从保护公民权利来说，可以帮助被告人（罪犯）维持相对稳定的家庭关系，也是对被告人（罪犯）其他家庭成员的保护；对维护社区稳定来说，由于社区矫正对象具有相当大的自由，一方面只能接纳预期不会对社区其他公民人身财产安全造成损害的社区矫正对象，另一方面也可以促进其修复受损的社会关系。

二、调查评估的历史沿革

一般认为，调查评估制度始于19世纪40年代的美国缓刑资格调查制度。当时的调查主要针对能否对犯罪人适用缓刑问题。美国是调查制度的"开山鼻祖"，其雏形可追溯到1840年，由"现代缓刑之父"约翰·奥古斯图斯（John Augustus）最先提出。后来伴随着美国缓刑制度的建立和发展，与之配套的缓刑资格调查也得到不断完善，到1930年，缓刑资格调查才逐渐演变成为量刑提供"量刑前调查报告"（presentence investigation report，PSI），[1]缓刑资格调查演变成为整个量刑提供判决前的调查报告，从而形成了现代意义上的适用前调查制度（英美国家称 the pre-sentence report）。美国创立的这一制度，于1950年在海牙召开的第12届国际刑法及监狱会议上被积极倡导，后来为许多国家所仿效。关于适用前

---

〔1〕 严格来说，PSI 这个缩写词表面之意是 presentence investigation（量刑前调查），但是，在大多数英文文献中，这个缩写词也用来指 presentence investigation report（量刑前调查报告）。

社会调查，英美国家的一般具体活动是：在资料收集阶段，缓刑官首先要与被定罪的罪犯进行交谈。此外，还应与所有的可能了解犯罪人情况的人，包括犯罪人的家庭成员、朋友、老师、办案警察、检察官、辩护律师、被害人及其家庭成员、雇主等进行面谈；要尽可能到所有可能保存有犯罪人信息的机构中查阅相关资料。在一些案件中，缓刑官还应该到犯罪案件发生的地方，现场了解与犯罪案件发生有关的情况。例如，到交通肇事的现场了解有关情况等[1]。

我国的调查评估制度肇始于未成年人刑事案件。在未成年人量刑前调查制度方面，1985 年联合国通过的《联合国少年司法最低限度标准规则》（即《北京规则》）明确规定了对未成年人犯罪审前调查的必要，并以此作为判决和量刑的基础。我国关于未成年人刑事案件社会调查制度的法律支撑也较为完善[2]，其中，2001 年公布施行的《最高人民法院关于审理未成年人刑事案件的若干规定》第 21 条规定："开庭审理前，控辩双方可以分别就未成年被告人性格特点、家庭情况、社会交往、成长经历以及实施被指控的犯罪前后的表现等情况进行调查，并制作书面材料提交合议庭。必要时，人民法院也可以委托有关社会团体组织就上述情况进行调查或者自行进行调查。"2018 年修正的《刑事诉讼法》第 279 条规定："公安机关、人民检察院、人民法院办理未成年人刑事案件，根据情况可以对未成年犯罪嫌疑人、被告人的成长经历、犯罪原因、监护教育等情况进行调查。"2012 年公布的《最高人民法院关于适用〈中华人民共和国刑事诉讼法〉的解释》（已失效）第 476 条第 1 款[3]也都明确规定了未成年人刑事案件社会调查制度。

我国于 2003 年提出并开始试点审前社会调查，2009 年公布施行的《最高人民法院、最高人民检察院、公安部、司法部关于在全国试行社区矫正工作的意见》（已失效）不仅将社区矫正推广至全国试行，而且提出了社区矫正案件中的调查报告制度。[4] 2011 年公布施行的《中华人民共和国刑法修正案（八）》对缓刑的适用条件进行修改，增加规定了"没有再犯罪的危险"和"宣告缓刑对所居住社区没有重大不良影响"，虽然没有直接使用调查评估这个概念，但明确地将"对所居住社区没有重大不良影响"作为适用缓刑的参考要素；其实就是要求对拟适用缓刑的被告人进行社区矫正调查评估。[5] 2012 年，最高人民法院、最高人民检察院、公安部、司法部印发的《社区矫正实施办法》（已失效）第

---

〔1〕　吴宗宪：《社区矫正比较研究》，中国人民大学出版社 2011 年版，第 105 页。

〔2〕　1995 年公布施行的《公安机关办理未成年人违法犯罪案件的规定》（已失效）第 10 条、2001 年公布施行的《最高人民法院关于审理未成年人刑事案件的若干规定》（已失效）第 21 条、2013 年修订的《人民检察院办理未成年人刑事案件的规定》第 22 条第 4 款、2010 年公布施行的《中央综治委预防青少年违法犯罪工作领导小组、最高人民法院、最高人民检察院等关于进一步建立和完善办理未成年人刑事案件配套工作体系的若干意见》、2012 年修正的《刑事诉讼法》第 268 条。

〔3〕　第 476 条第 1 款规定："对人民检察院移送的关于未成年被告人性格特点、家庭情况、社会交往、成长经历、犯罪原因、犯罪前后的表现、监护教育等情况的调查报告……"

〔4〕　该《意见》规定："人民法院要依法充分适用非监禁刑罚和非监禁刑罚执行措施，对依法可能适用非监禁刑罚的被告人，在审理中可以委托司法行政机关进行审前社会调查，并将有关法律文书及时抄送司法行政机关。"

〔5〕　王书剑：《社区矫正调查评估研究报告——兼与未成年人刑事案件社会调查报告比较》，载《预防青少年犯罪研究》2020 年第 6 期。

4 条对调查评估制度作出更加明确具体的规定。《社区矫正法》第 18 条明确规定了社区矫正调查评估制度。

《社区矫正法》以及《社区矫正法实施办法》规定了适用社区矫正的刑罚范围，但未能详细规定适用的具体条件，故而这方面内容需要寻找《刑法》《刑事诉讼法》的相关内容。根据规定，缓刑、假释的适用需要满足"没有再犯罪的危险"之条件。相应地，在司法解释中设定了"没有再犯危险"的衡量标准。如《最高人民法院关于办理减刑、假释案件具体应用法律若干问题的规定》（已失效）第 15 条规定："办理假释案件，判断'没有再犯罪的危险'，除符合刑法第八十一条规定的情形外，还应根据犯罪的具体情节、原判刑罚情况，在刑罚执行中的一贯表现，罪犯的年龄、身体状况、性格特征，假释后生活来源以及监管条件等因素综合考虑。"

三、调查评估的分类

调查评估是国际上通行的一项重要的社区矫正工作制度，能够充分体现有关部门拟适用社区矫正制度时的审慎态度，为决定机关依法适用社区矫正提供重要的参考依据，有利于提前预判并降低社会风险，也是把好入口关、保证社区矫正质量和秩序的关键。根据委托机关的不同，可以把调查评估分为三种类型[1]：

1. 量刑前调查评估，是指审判机关为了作出恰当地判决和裁定事先委托犯罪嫌疑人居住地的社区矫正机构或者有关社会组织开展调查，并给出调查评估参考意见的工作。量刑前调查评估主要针对管制、缓刑的被告人进行调查评估，因此此类调查评估通常发生于法院对被告人做出审判之前，故也可称为审前调查评估。

2. 决定前调查评估，是指审判机关、公安机关和监狱管理机关为了做出恰当的暂予监外执行的决定，事先委托犯罪嫌疑人居住地的社区矫正机构或者有关社会组织开展调查，并给出调查评估参考意见的工作。

3. 假释前调查评估，是指审判机关和监狱管理机关为了做出恰当的假释决定，事先委托犯罪嫌疑人居住地的社区矫正机构或者有关社会组织开展调查，并给出调查评估参考意见的工作。

决定前调查评估和假释前调查评估主要针对在实际刑罚执行过程中具备适用社区矫正的条件的罪犯进行的调查评估，也可统称为审后调查评估。

四、调查评估的法律依据

关于调查评估工作的法律依据在《刑法》《刑事诉讼法》中规定了管制、缓刑、假释和暂予监外执行的适用条件，在此基础上《社区矫正法》和《社区矫正法实施办法》明确了调查评估工作的执行要求和具体操作程序，基于调查评估工作涉及人民法院、公安机关和监狱等多个部门，在《关于规范量刑程序若干问题的意见》《关于适用认罪认罚从宽制度的指导意见》等文件中均对调查评估工作提出了相应的要求。为了便于学习、查阅和

---

〔1〕 吴宗宪：《中国社区矫正规范化研究》，北京师范大学出版社 2021 年版，第 105 页。

参考，特此把相关条文置于本章节末尾处。

拓展学习

调查评估流程图[1]

第二节　调查启动

一、委托

（一）调查评估的委托机关

调查评估的委托机关包括依法拟判处管制、宣告缓刑、裁定假释、决定暂予监外执行的人民法院、依法拟暂予监外执行的公安机关、对监狱关押罪犯拟假释和拟暂予监外执行的监狱管理机关以及监狱。人民法院、公安机关、监狱管理机关以及监狱如果认为被告人或者服刑的罪犯符合适用社区矫正的条件，有适用社区矫正执行刑罚的可能性，就可以出具委托调查函给县级社区矫正机构，请求对被告人或者服刑的罪犯是否适用社区矫正进行社区矫正适用前的社会调查评估。如某市某区人民法院认为被告人可能适用社区矫正措施时，可以委托所在区社区矫正机构对被告人进行社区矫正适用前的社会调查评估，该区人民法院出具委托函，启动审前调查程序。由社区矫正机构对被告人的日常表现，实施的犯罪行为、造成的危害结果，是否有补救措施进行调查，进一步得出是否适用社区矫正的建议性结论。

根据《社区矫正法》第 17 条第 4 款、第 18 条的规定，委托主体为社区矫正的决定机关，而社区矫正决定机关是指依法判处管制、宣告缓刑、裁定假释、决定暂予监外执行的人民法院和依法批准暂予监外执行的监狱管理机关、公安机关。《社区矫正法实施办法》第 6 条关于检察机关的职责中，亦未列明检察机关具有委托调查评估的职责。按照上述规定，检察机关不是社区矫正决定机关，即不属于调查评估的委托主体。从基层社区矫正实务来看，目前除了人民法院、公安机关、监狱管理机关等社区矫正决定机关具有委托资格以外，人民检察院也委托社区矫正机构对拟适用社区矫正的犯罪嫌疑人、被告人、罪犯的社会危险性和对所居住社区的影响进行调查。从现行有效的各类文件看，司法系统对《社

---

〔1〕　资料源于北京市房山区司法局编制的内部资料《房山区社区矫正执法办案流程指南》。

区矫正法》中委托调查评估的"社区矫正决定机关"进行了扩大（类推），将人民检察院纳入了委托主体的范围。2020年11月6日，《关于规范量刑程序若干问题的意见》第3条第1款规定："对于可能判处管制、缓刑的案件，侦查机关、人民检察院、人民法院可以委托社区矫正机构或者有关社会组织进行调查评估，提出意见，供判处管制、缓刑时参考。"该文件明确了人民检察院可以委托调查评估。

附件5-1

社区矫正调查评估委托函

_____县（市、区）社区矫正机构：

根据《中华人民共和国社区矫正法》《中华人民共和国社区矫正法实施办法》和《浙江省社区矫正调查评估办法（试行）》等规定，现委托你机构对（被告人/罪犯）_____进行社区矫正调查评估。

特此函告。

（盖章）

年　月　日

（二）委托调查评估的适用范围

《社区矫正法》第18条规定："社区矫正决定机关根据需要，可以委托……进行调查评估……"该规定说明决定机关对其社会性和对所居住社区的影响做出较为明确的判断的案件可以不委托社区矫正机构，这样做可以节省刑事司法资源，提高调查评估质量。但是，为了维护社区稳定，保护社区居民的基本权益不受侵犯，符合下列情形之一的，委托机关应当委托执行地社区矫正机构进行调查评估：[1]

1. 拟对罪犯提请假释的。

2. 拟对港澳台籍、外国籍或者国籍不明的被告人适用宣告缓刑的。

3. 拟对未成年被告人适用判处管制、宣告缓刑的。

4. 拟对有犯罪前科或者对曾因违反社区矫正监督管理规定被收监执行的对象决定暂予监外执行的。

5. 犯罪类型属于危害国家安全，涉恐、涉黑、涉恶、涉毒、涉邪教的。

---

〔1〕《浙江省社区矫正调查评估办法（试行）》第4条规定了第1种、第2种、第3种、第4种、第7种等需要委托调查评估的情形；第5种、第6种情形来自于北京市高级人民法院、北京市人民检察院、北京市公安局、北京市司法局联合制定的《关于贯彻落实〈中华人民共和国社区矫正法实施办法〉的实施细则》的规定，属于对第7种"其他应当委托进行调查评估的情形"的补充。

6. 对应当承担刑事责任的精神病人拟判处管制、宣告缓刑或者暂予监外执行的。[1]

7. 其他应当委托进行调查评估的情形。

居住地与户籍地均在同一县（市、区）且可能被判处管制或者拘役并宣告缓刑的，以及拟决定或者批准暂予监外执行的对象因病情严重必须立即保外就医的，可以不进行社区矫正调查评估。

二、调查前核查

（一）登记备案

社区矫正机构应建立调查评估案件登记备案制度，收到调查评估委托函后及时登记，标明签收日期、委托机关、委托内容、联系方式、联系人、办理期限，并根据后续工作进程相应注明调查人员、调查方式、评估意见、办结日期等，建立统一规范的调查评估案件登记台账。

（二）核对委托调查材料

社区矫正机构应当认真审查核对委托调查材料，发现调查材料缺项的，应当及时通知委托机关在三个工作日内补齐。因被告人或者罪犯的姓名、居住地不真实、身份不明等原因，无法进行调查评估的，应当及时向委托机关说明情况。

委托调查材料应包括：

1. 调查评估委托函。调查评估委托函应当包括被告人、罪犯及其家属或者监护人、保证人等有关人员的姓名、住址、联系方式、案由以及委托机关的联系人、联系方式等内容；

2. 人民法院委托时，应当附带起诉书或者自诉状；

3. 看守所、监狱委托时，应当附带判决书、裁定书、执行通知书、减刑裁定书复印件以及罪犯在服刑期间表现情况材料；

4. 涉及暂予监外执行调查评估案件的，委托机关还应当附有省级人民政府指定医院出具的罪犯病情诊断、妊娠检查或者生活不能自理的鉴别意见等有关材料复印件；

5. 拟适用社区矫正的被告人、罪犯的身份证或者户口簿、《××省居住证》、户籍证明复印件以及其本人自有或者他人提供的固定居所、固定生活来源的相关证明材料。

三、调查指派

社区矫正机构、有关社会组织接到人民法院、人民检察院、公安机关、监狱的委托调查函以后，应立即组织专业的社区矫正工作人员、社区矫正协理员、司法社工、社区矫正志愿者等组成社区矫正适用前的社会调查评估组，按照回避原则以及双人办案原则，对被

---

[1] 《关于贯彻落实〈中华人民共和国社区矫正法实施办法〉的实施细则》第15条第2款列举了六种需要开展调查评估的情形："具有下列情形之一的，北京市的人民法院、人民检察院、公安机关或者监狱应当委托社区矫正机构进行调查评估：（一）犯罪嫌疑人、被告人或者罪犯为港澳台、外国籍或国籍不明的（二）犯罪嫌疑人、被告人或者罪犯所涉犯罪属于危害国家安全，或者涉恐、涉黑、涉恶、涉毒、涉邪教的；（三）对应当承担刑事责任的精神病人拟判处管制、宣告缓刑或者暂予监外执行的；（四）犯罪嫌疑人、被告人或者罪犯有犯罪前科的；（五）拟对罪犯提请假释的；（六）犯罪嫌疑人、被告人或者罪犯在社区矫正期间因违法违规被收监执行或者因重新犯罪被判刑，拟再次适用社区矫正的。"

告人或者罪犯开展社区矫正适用前的社会调查评估。

实践中，调查评估工作由社区矫正机构或司法所承办。社区矫正机构在一体化平台接收或收到委托机关法律文书等材料后通过浙江省社区矫正综合管理平台将委托调查材料指派给承办司法所。收到委托函后，社区矫正机构、有关社会组织应当指派两名工作人员（可会同司法所工作人员）到被告人、罪犯居住地进行调查。

社区矫正机构、有关社会组织应当自收到调查评估委托函及所附材料之日起十个工作日内完成调查评估，提交评估意见。对于适用刑事案件速裁程序的，应当在五个工作日内完成调查评估，提交评估意见。评估意见同时抄送执行地县级人民检察院。

需要延长调查评估时限的，社区矫正机构、有关社会组织应当与委托机关协商，并在协商确定的期限内完成调查评估。因被告人或者罪犯的姓名、居住地不真实、身份不明等原因，社区矫正机构、有关社会组织无法进行调查评估的，应当及时向委托机关说明情况。司法所接受指派调查任务后，应及时登记备案，按照规定时间完成调查工作。

第三节　调查评估计划

调查评估计划包括组建调查小组、根据委托机构提供的委托材料选择合理的调查方式、确定调查对象的范围和调查内容，在规定的期限内有目的、有计划地收集相关资料，并为完成调查评估报告提供事实清楚、证据真实充分的证明资料。

调查评估方案

附件 5-2

×××社区矫正机构关于对×××
进行社区矫正适用前调查评估的调查方案

本局受××人民法院（监狱、公安管理机关人民检察院）的委托，对××一案进行社区矫正适用前的调查评估工作。本局接到委托函后，立即开展工作，迅速制定了调查方案。本方案主要包括以下内容：

一、组建调查小组，其中组长一人，成员1~2人。

二、制定调查计划

1.确定调查内容。

（1）个人基本情况（姓名、性别、年龄、民族、职业、受教育程度、健康状况、婚姻状况、经济收入、人格特点等）。

（2）被告人的一贯表现。

（3）被告人的社会关系（亲戚、朋友等，尤其要注意与何人交往）。

（4）被告人的犯罪情况（犯罪的原因、性质、犯罪手段、犯罪后果、犯罪后的表现等）。

（5）被告人的家庭状况（经济状况、与家人的关系、家庭结构—大家庭、核心家庭还是单亲家庭）。

（6）社区环境及社区居民的态度。

（7）被害人的态度。

（8）社区矫正的条件。

2. 确定调查的方法。访谈法或问卷法。

3. 确定调查对象（家人、同学、同事、朋友、邻居、社区居民、被害人、本人、村（居）委会）。

4. 调查地点。当事人所在地或司法所。

5. 调查时间。3~4 个工作日内完成。

三、撰写调查评估报告

1. 内容。调查完毕后，撰写调查评估报告，并根据委托函的要求，提出是否适用非监禁刑的建议。

2. 完成时间。一般案件 10 个工作日内完成；速裁案件 5 个工作日完成。

一、成立调查小组

社区矫正机构、有关社会组织应当及时组织或指导司法所成立调查小组，调查小组应由 2 名以上工作人员组成，其中至少 1 名公务员，其他人员也须是社区矫正工作人员。调查小组的人员，包括承担社区矫正任务的专职矫正工作人员和具有心理学、教育学等方面的专业人员，同时还有按照基层社区矫正机构在当地社区招募的司法社工和社区矫正志愿者。小组组成人员应具有较高专业水平，有较为丰富的社会经验，有能够胜任这项工作的身体条件。

调查小组人员有下列情形之一的，应当回避：

1. 是本案当事人或者当事人近亲属的；

2. 本人或者本人的近亲属和本案有利害关系的；

3. 担任过本案的证人、鉴定人、辩护人、诉讼代理人、法律援助工作者的；

4. 与本案当事人有其他关系，可能影响社会调查客观公正的。

二、调查方式

调查人员可以采取走访、谈话、查阅资料等方式向有关单位或人员调查了解情况。调查时，应当出示工作证件；向单位调查时，出示调查评估委托函及介绍信。

1. 访谈法，是指调查工作者为了保证获取信息的可靠性、准确性和针对性，强调直接接触、实地考察的访谈法为主。访谈法具体分为个别约谈、走访和座谈三种方式：

（1）个别约谈是指调查人员根据事先拟定的结构化问卷一对一个别约谈被告人（或

罪犯）本人、家属（监护人）、被害人等关键人物，采用现场录音和制作调查评估笔录的方式收集证据，访谈是交互式的，访谈者可以根据被调查者的回答变化问题，从多维视角了解被告人（或罪犯）是否符合社区矫正监管条件。

（2）走访是通过近距离观察和当面会谈的方式，直接走访告人（或罪犯）本人、其家属、同学、同事、邻居，及其所、户籍或居住地派出所等相关单位来获取被告人的居所情况、家庭和社会关系、犯罪事实等一手调查资料，由此掌握被告人（或罪犯）是否具备社区矫正监管条件。

（3）座谈是指调查人员把被告人所在村（居）委会、单位、学校的社区干部、同事、同学等相关人员召集在一起，采用座谈的方式集中收集被告人的基本情况、过往经历、性格特征等资料。

2. 问卷法，通过发放调查问卷而取得信息一种方法。包括设问式和表格式。在调查评估工作中为了精准评估被告人的人身危险性，需要被告人填写人身危险评估量表、性格特质量表、心理健康自评量表、社会评价量表等问卷，评估方通过问卷以量化方式评估被告人的人身危险性程度。

3. 文献法，是指调查工作者在走访之前，事先通过核查、收集和阅读决定机关提供的各种历史的和现实的资料，从中摘取与调查有关的关键内容，如被告人的姓名、住址、联系方式、案由、起诉书、自诉状、判决书、裁定书、执行通知书、减刑裁定书复印件以及罪犯在服刑期间表现情况材料等内容，为后续形成结构化的访谈资料和调查评估建议提供背景资料和建议依据。

三、调查内容

社区矫正机构或有关社会组织接受委托后，应当对被告人或者罪犯的居所情况、家庭和社会关系、犯罪行为的后果和影响、居住地村（居）民委员会和被害人意见、拟禁止的事项、社会危险性、对所居住社区的影响等情况进行调查了解，形成调查评估意见，与相关材料一起提交委托机关。

（一）被告人或者罪犯的个人及居所情况

1. 被告人（或罪犯）的个人情况。个人情况包括犯罪年龄、籍贯、民族、受教育程度、健康状况、家庭环境、成长经历、居住状态、婚姻状况、工作现状、经济收入、兴趣嗜好等。这些情况往往会对行为人的性格形成和行为习得有很大影响，从而影响到行为人在特定的环境中是否做出犯罪的选择，以及再犯可能性的大小。

2. 被告人或者罪犯的居所情况。对拟适用社区矫正的被告人、罪犯，委托调查评估机关（以下简称委托机关）应当核实其居住地；在多个地方居住的，可以确定其经常居住地为执行地。[1]

被告人、罪犯的居住地是指其实际居住的县（市、区）。被告人、罪犯居住地或者经

---

〔1〕《浙江省社区矫正调查评估办法（试行）》第3条第1款。

常居住地应当同时具备下列条件：

（1）有其本人所有、承租或者他人、有关单位提供已经居住或者能够连续居住 6 个月（含）以上的固定居所，社区矫正执行期限少于 6 个月的除外。

（2）有固定生活来源，或者他人、有关单位为其提供的生活保障。

（3）拟适用社区矫正的被告人、罪犯系未成年人的，其监护人须符合上述条件。

（4）外省籍被告人、罪犯符合上述规定的，参照适用上述规定；但其明确要求回原籍接受社区矫正的可予准许。

（5）对没有居住地，居住地、经常居住地无法确定或者不适宜执行社区矫正的，委托机关应当及时会商有关社区矫正机构，根据有利于社区矫正对象接受矫正、更好地融入社会的原则，确定社区矫正执行地。被确定为执行地的社区矫正机构应当及时接收。

（6）被告人、罪犯及其家庭成员或者亲属等应当如实提供其居住、户籍等情况，并提供必要的证明材料。

（二）家庭和社会关系

家庭和社会关系，调查被告人（或罪犯）的家庭成员情况，社会交往情况，主要社会关系，未成年对象情况（对家人的态度、父母是否离异、父母监护情况）等。

1. 家庭成员基本情况。家庭成员基本情况包括家庭成员的构成、家庭财产状况、父母工作或者生活现状、婚姻生活状况、子女生活现状情况，家庭成员对犯罪人的态度等。

首先，家庭成员的生活状况包括是否有固定的收入和固定的居所。没有固定收入是导致犯罪的重要因素。从 2018 年至 2020 年这三年间，浙江省在册社区矫正对象再犯罪的数量共计 163 起，再犯罪率不超过 0.1%、持续低于 0.2% 的全国平均水平，虽然比例很低，但这些社区矫正对象再犯罪所带来的后果不容忽视。通过分析研判这 163 起社区矫正对象再犯罪案件，发现再犯罪的社区矫正对象以男性居多，集中于中青年阶段；低学历为主；基本处于无业或无固定工作且低收入状态。[1] 由此说明，不少人之所以会走上重新犯罪道路，一个重要的原因是他们回到社会后，生活无着，外出找工作难度相当大，会有很长一段时间没有经济来源，他们的家庭经济无力保障他们失业期间的基本生活。因此，家庭生活状况特别是家庭经济条件是否能够对犯罪人今后的服刑生活在经济上予以保障，也是进行家庭情况调查时必须要考虑的一个重要因素。[2]

其次，家庭成员之间的关系是否融洽是影响被告人能否适用社区矫正的重要因素。当被告人和家庭成员关系融洽时，愿意接纳、帮助和监护被告人时，被告人就可以在家庭中健康地生活下去，一定程度上可以抵御不良行为的侵扰，对未成年人来说，尤其如此。相反，如果家庭成员拒绝、排斥被告人或犯罪人，如对于拟决定假释或暂予监外执行的罪犯，或者因为其有严重疾病、生活不能自理，或者因的犯罪性质、犯罪行为，其家庭成员

〔1〕 率永利、彭磊：《近三年浙江省社区矫正对象再犯罪情况研究分析报告》，载《中国司法》2021 年第 1 期。

〔2〕 胡承浩：《中国社区矫正发展的路径选择——基于中外社区矫正实证考察视角》，华中科技大学 2008 年博士学位论文。

不愿意重新接受犯罪人的提前回归社会。也有部分被告人、犯罪人与家庭矛盾较为尖锐，甚至正是因为家庭矛盾而导致其犯罪，这种情况下则不宜将这样的犯罪人留在社区中，至少不宜留在该家庭生活的社区中。

最后，家庭成员的不道德行为、犯罪行为等，往往会成为其他家庭成员仿效的对象，对其他成员的心理和行为，都会产生很大的犯因性作用。在一些特殊的情况下，家庭成员的不道德行为，甚至有可能直接促成其成员的犯罪行为。因此，如果被告人家庭中已有成员犯过罪，或者家庭本身就是一个行为不良家庭，家庭没有正当的社会道德观念，则将该被告人、罪犯放在社区进行矫正应谨慎。只有当被告人以前生活的家庭是一个正常健康的家庭，且被告人是因为家庭以外的因素而犯罪，被告人家庭今后可能对犯罪人接受社区矫正产生良好的帮助，应是选择对犯罪人开展社区矫正的重要因素。

2. 社会交往情况。被告人（或罪犯）日常来往的对象是否基于工作关系、亲情关系或者友情关系而进行的交往对于被告人而言非常重要。因为被告人（或罪犯）的日常来往如果仅限于同事关系、朋友关系、亲戚关系或者同学关系，这种基于血缘关系和业缘关系的来往属于良性的社会交往，满足了被告人的归属、安全和社交需求，有助于被告人顺利回归社会。如果被告人（或罪犯）的社会交往对象较为复杂，都是些三教九流、闲杂人员等，由于交往对象互之间相不了解，导致不良交往的概率较高，重新犯罪的几率自然会增加。被告人与一些没有固定的收入、生活作息不规律、居无定所的社会人员交往，容易走上犯罪歧途。

3. 被告人（或罪犯）的主要社会关系。

（1）被告人（或罪犯）学习所在学校的老师同学。基于学校生活时间比较长，被告人（或罪犯）的老师和同学能够较为客观、全面地了解被告人（或罪犯）在校的学习情况、行为习惯、性格特征和兴趣爱好。因此，被告人（或罪犯）学习所在学校的老师同学应成为了解被告人（或罪犯）有无社会危险性的重要调查对象。加上老师和同学与被告人（或罪犯）往往没有利益之争，倾听被告人（或罪犯）老师和同学对被告人（或罪犯）的评价往往接近被告人（或罪犯）个性品格的客观真实。

（2）被告人（或罪犯）工作单位的同事。被告人（或罪犯）的同事与被告人（或罪犯）有着多年的工作关系，对被告人（或罪犯）的性格、人品、工作能力有着非常清晰的了解。并且同事往往与被告人（或罪犯）在一定程度上存在工作关系或者是竞争关系，因此对被告人（或罪犯）同事的调查是对其老师同学的调查不可替代的，因为同事对其的看法相比老师同学距离案发时间更近，所以，这种调查更接近目前被告人（或罪犯）的真实品格。

（3）被告人（或罪犯）同一社区的邻里关系。与被告人（或罪犯）生活在同一社区，对其日常起居、行为轨迹、交往人员有一定的了解，通过对被告人（或罪犯）生活在同一社区居民的了解，可以全面了解生活中的被告人（或罪犯）的行为习惯、为人处世的特点。被告人（或罪犯）与邻里的关系、邻里对其的评价以及邻里是否愿意接受其在社区服刑，是关系到被告人（或罪犯）是否具备社区矫正的重要条件。

（4）被告人（或罪犯）交往密切的朋友。俗话说，物以类聚，人以群分。与被告人（或罪犯）交往密切的朋友，往往与被告人（或罪犯）具有大体相似的脾气性格、具有相同和基本相同的价值取向，通过对与其交往密切朋友的调查，可以从中窥见被告人（或罪犯）的大体性格或者性格的一部分，从而判断被告人（或罪犯）是否具有一定的社会危险性，是否适合适用社区矫正措施，从而为法院或者其他决定机关做出正确判断奠定良好的基础。

4. 未成年对象情况（对家人的态度、父母是否离异、父母监护情况）。调查未成年对象的家庭情况是否属于破裂家庭，是否存在不良的养育方式，其家庭成员是否有犯罪记录，才能确定其父母是否具备监护人资格。出生于父母离异、分居或者长期吵架的破裂家庭的未成年对象从小受到心灵创伤，有的甚至遭到歧视和虐待，得不到家庭应有的温暖，一旦受到外界"温暖"，就会受宠若惊，不加分辨地接受，很容易受到坏人的引诱和欺骗，最后走向犯罪道路；出生于权威型家庭的未成年，因为受到监护人过多的命令和批评而产生轻微的不良行为，情绪容易激动；出生于独裁型家庭的未成年，会表现出社会攻击性，如欺负和殴打兄弟姐妹、经常发脾气；出生于忽视型家庭的未成年，会因为家长的放纵产生说谎、多动、纵火、偷窃的不良行为。不具备监护人资格的家长无法监督、教育和帮助未成年重新回归正常生活。家庭对一个人的成长过程有非常大的影响，特别是未成年犯罪人，往往与父母离婚、感情不和、家庭和学校疏于管教、自身成长环境不佳等综合因素有关。这些促成未成年犯罪人走向违法犯罪的家庭因素，应是调查的重点。

（三）个性特点，包括身体状况、性格特征、爱好特长等

身体状况是指被告人（或罪犯）身体处于健康状态还是一般状态，是否有重大疾病，是否具备生活自理能力。身体健康、具备生活自理能力的被告人（或罪犯）适合社区矫正，有重大疾病的被告人（或罪犯）会因为无力担负治疗费用、缺乏家庭支持增加重新犯罪的可能。

性格特征是指人对现实的稳定态度以及与之相适应的习惯了的行为方式。可以从四个方了解被告人（或罪犯）的性格特征：①性格的态度特征，是人如何对待和处理社会各方面的关系的性格特征。包括被告人（或罪犯）对待和处理社会、集体和他人的态度和行为；个人对待工作、学习和劳动的态度和行为；个人对待自己的态度和行为。比如，有的被告人（或罪犯）对集体的态度和行为表现为热爱集体和积极参加集体活动，有的对集体漠不关心；有的对他人和气、善于与人相处、助人为乐，有的对他人虚伪冷酷、阿谀奉承、态度傲慢。②性格的意义特征，是指人对自己的行动自觉调节的方式和水平上的性格特征。如被告人（或罪犯）是独立自律还是盲目被动、自由散漫的，是主动、有自制力的还是被动缺乏自觉能力的，是果敢的还是优柔寡断，是有恒心的还是易变的。③性格具有理智特征，是指在感知觉、记忆、思维、想象、注意等认识方面表现出来的性格特征。如有的观察主动细致、有的观察被动粗线条；有的记性持久精确，有的迅速遗忘；有的思维

独立有主见、有的依附他人；有的人注意力集中，专注度较高，有的注意力涣散。④性格具有情绪特征，有的情绪稳定，有的容易冲动鲁莽。总之，良好的性格表现为热情友善、宽容大度、认真勤劳、真诚和蔼；不好的性格表现为冷漠冷酷、虚伪、说谎、自私、狭隘、敌意、嫉妒、马虎、懒惰、任性、忧郁。

爱好特长主要调查被告人（或罪犯）是否存在赌博、网瘾、吸毒、滥交等不良爱好，这些不良爱好更容易导致他们重新犯罪，给社区带来不良的社会影响，因此不适合在社区服刑。

（四）被告人（或罪犯）犯罪前的一贯表现

被告人（或罪犯）的一贯表现，包括工作学习表现，遵纪守法情况，是否有不良嗜好、行为恶习等。

1. 上学期间的表现。在学习期间，被告人（或罪犯）在学校是否遵守学校的校规校纪，是否尊敬老师，团结同学，热爱学校和班级集体，是否爱护公物，与同学关系是否融洽，是反映被告人（或罪犯）一贯表现的重要方面，在一定程度上反映了被告人（或罪犯）的心理状况和行为发展轨迹。这对未成年人或者正在上学的青少年被告人（或罪犯），尤其具有参考价值。

2. 工作表现。如果被告人（或罪犯）在捕前有工作，则应该调查被告人（或罪犯）在工作单位的工作状况，包括工作态度是否积极，是否有较强的上进心，是否遵守工作纪律，取得过什么样的工作成绩，工作能力如何，工作单位的领导和同事对其工作情况的评价，与同事关系是否融洽等等，以作为是否适用社区矫正的参考性条件。

3. 遵纪守法情况。考察被告人（或罪犯）的一贯表现，还应到被告人（或罪犯）所在的基层公安机关了解其是否有违法犯罪的记录。如果有违法犯罪的记录，要看被告人（或罪犯）的违法犯罪是什么样性质的违法犯罪行为，主观心理态度上是故意还是过失，违法犯罪造成的危害结果如何。前次违法犯罪行为以后，行为人的表现与对周围人的生活态度、在工作中的态度如何，等等。

4. 是否具有不良嗜好，行为恶习等。不良嗜好，行为恶习主要包括是否有吸毒、酗酒、赌博、早恋、网瘾、夜不归宿等不良表现，是否接触不良阅读物、光碟、网站等，是否同具有不良表现的人进行交往；是否有纹身现象，是否有暴力倾向，以及是否存在妄想、偏执等心理异常甚至是疾病。通过对这些不良嗜好和行为恶习的调查，以便作为被告人（或罪犯）是否适用社区矫正的参考因素。

当然，针对行为人的一贯表现可否作为对被告人（或罪犯）量刑参考的依据，也有不同意见。有人认为，"一贯表现"可以成为量刑参考的话，那么被告人为了争取轻判或者罪犯为了早日出狱，就完全有可能通过各种手段对司法所、居委会人员或者监狱人民警察等人员施加影响，在法庭上、假释或者暂予监外执行时为其出具"一贯表现良好"的证明，从而加重司法腐败现象。这种担心并非多余。将被告人（或罪犯）的"一贯表现"列为量刑或者适用社区矫正时的参考因素，也不能仅仅听从有关单位和人员的一面之词。

至少，要有较多与被告人（或罪犯）有过接触的邻居、同事、一同改造的罪犯等人共同出面作证，才有说服力。因此，在调查一贯表现时，应讲求客观、真实、全面，兼听则明，偏信则暗，不能只听一两个人的片面之词。

（五）被告人（罪犯）的犯罪情况和悔罪表现调查

犯罪情况和悔罪表现，包括犯罪原因，主观恶性，是否有犯罪前科，认罪悔罪态度，不良心理及行为转化情况等。犯罪的原因、犯罪的性质、犯罪的动机和犯罪手段、方法，平日与被害人的关系，因犯罪对被害人情感和物质上的影响，犯罪人的悔罪态度，过去的违法犯罪史等。犯罪所造成的社会影响如何？犯罪采用了什么样的手段？是共同犯罪还是单独犯罪？是偶然犯罪还是二次以上的犯罪？是有预谋犯罪还是临时起意的犯罪？通过对这些情况的调查分析，可以判断出一个犯罪分子的危害程度大小、犯罪恶习有多深或者过失的程度大小。另外，与犯罪相关的其他因素中，还有一个重要方面，即犯罪后的表现也非常值得我们重视。犯罪人犯罪后，在现实中会有各种各样的表现。有些犯罪人会因为完成了犯罪而获得满足感，对所犯罪行满不在乎，甚至还有些沾沾自喜，洋洋得意；有些犯罪人会因为由于一时糊涂酿成大错而后悔不已，自责甚至有自首、立功行为，并积极寻求弥补措施；有些犯罪人对犯罪行为及造成的危害后果毫无悔改之意，并不认为自己的行为给社会造成了多严重的危害；有些犯罪人会主动承认自己的过错而自觉赔偿被害人；有些犯罪人会对犯罪行为无理抵赖，绝不认罪；有些犯罪人则对犯罪坦白交待，认罪服判。我们只有在适用社区矫正措施前的调查中掌握了犯罪人这些犯罪后的表现，才能知道，就犯罪人自身而言，社区矫正是否适合于他。因为社区矫正只适用于罪行相对轻微的犯罪人，所以对犯罪本身的调查必不可少，当然这不是要求调查人员要像侦查机关那样去查明所有犯罪事实，而是重点查明影响行为人犯罪的各种主客观原因，对那些生理异常、有暴力倾向、自控能力差以致违法犯罪成瘾、有仇恨社会倾向、有很大可能会继续危害社会的人，是不适合社区矫正的。

（六）居住地村（居）民委员会和被害人意见

被告人（或罪犯）犯罪行为对被害人的身体和心理造成的伤害，犯罪行为再犯风险系数，能否获得被害人谅解，决定了是否适用社区矫正。一般而言，被害人对加害人都会有仇视愤恨心理，但仇视愤恨又会有程度上的差异。比如过失犯罪，或者一些刑事自诉案件，加害人与受害人之间经过教育调解，并就损失进行赔偿，容易达成和解，双方能够从此相安无事。而一些故意犯罪，特别是使用残忍手段的暴力犯罪，由于加害与受害的矛盾激化，受害人与加害人则不易达成谅解。对被害人来说，除非对被告人实施监禁，否则一时难以平衡心态。如李某因强奸罪被人民法院判处有期徒刑一年六个月，虽然该犯系初犯，但依据《刑法》第236条第1款规定，以暴力、胁迫或者其他手段强奸妇女的，处三年以上十年以下有期徒刑。该案结合犯罪情节，强奸行为给被害人造成严重伤害，强奸罪的罪名较重，会对社会产生不良影响，调查评估意见为不适用非监禁刑，法院未判决缓刑。这里还要考虑到犯罪行为的直接受害人的数量因素。如果受害人多的话，则表明该社区会有众多的被害人反对该被告人（或罪犯），若在这种情况下，仍将该被告人（或罪犯）放在社区进行矫正，则不仅会遭到众多人的反对，也会人为地增加该被告人（或罪犯）今后融入社区的难度，造成该被告人（或罪犯）接受矫正的人际环境压力。所以，被害人是否愿意接受被告人（或罪犯）到社区服刑，也是社会调查评估必须考虑的一个重要因素。

被告人（或罪犯）的犯罪后果对社会公众的负面影响程度的大小，决定了居住地村（居）民委员会是否愿意接纳被告人（或罪犯）回到本社区服刑，是否愿意履行监督管理、教育的职责，决定了是否适用社区矫正。社区公众对被告人（罪犯）持接受还是拒绝的态度，取决于被告人（或罪犯）的犯罪性质，诸如危险驾驶罪属于过失类犯罪，这类犯罪类型与社区成员的基本利益无关，甚至容易得到他人同情，则社区公众对这样的被告人（罪犯）常会持无所谓的态度；如果是开设赌场罪、盗窃罪、强奸罪、非法经营罪等侵犯财产罪和侵犯公民人身权利，被告人（或犯罪）的不良行为对社区公众从整体到个体的利益都构成了威胁，产生了严重的不良社会影响，社区公众往往拒绝这样的被告人（罪犯）在其生活的社区进行矫正。如王某因非法吸收公众存款罪被人民法院判处有期徒刑一年六个月，没有被判缓刑是因为集资有1500万元没有兑付，他所在的公司总共有2000多万元没有兑付。虽然该犯把集资所获的提成利润90多万元在案发后全部退赔，但P2P这样非法集资的经济犯罪对社会公众的负面影响较大，所以根据现有《刑法》规定，未判缓刑是适当的。为保证社区的安全，根据《社区矫正法实施办法》的规定，对被告人（罪犯）开展社会调查评估时必须了解其所在的社区环境和社区公众的态度，以便决定是否具备社区矫正的条件。

（七）监管条件（监护人的履职能力）

被告人（或罪犯）的监护人是否具备履职能力，应当根据监护人的身体健康状况、经济条件、监管意愿以及与被监护人在生活上的联系状况等因素确定，也就是能否完成对被告人（或罪犯）的监督管理、教育等任务。如果不能履行，则被告人（或罪犯）就不具备社区矫正的条件。

（八）拟禁止的事项

对被告人（或罪犯）在开展社会调查评估时也应该对拟禁止的事项一并进行调查了解，并将意见提交给法院，作为是否适用社区矫正时拟禁止事项的参考。根据《刑法》的规定，拟禁止的事项指的是禁止令的相关情况。

《刑法》第38条第2款规定："判处管制，可以根据犯罪情况，同时禁止犯罪分子在执行期间从事特定活动，进入特定区域、场所，接触特定的人。"《刑法》第72条第2款规定："宣告缓刑，可以根据犯罪情况，同时禁止犯罪分子在缓刑考验期限内从事特定活动，进入特定区域、场所，接触特定的人。"《刑法》中明确禁止令的适用对象是判处管制、宣告缓刑的犯罪分子。禁止令的决定机关是人民法院。禁止令的使用根据是犯罪人的犯罪情况。禁止令的适用目的是促进犯罪分子教育矫正，有效维护社会秩序。禁止令的内容是在管制执行期间，缓刑考验期限内，禁止从事特定活动，禁止进入特定区域、场所，禁止接触特定人。

根据最高人民法院、最高人民检察院、公安部、司法部于 2011 年 4 月公布的《关于对判处管制、宣告缓刑的犯罪分子适用禁止令有关问题的规定（试行）》，其中的具体规定如下：

1. 禁止从事特定活动，是指人民法院可以根据犯罪情况，禁止判处管制、宣告缓刑的犯罪分子在管制执行期间、缓刑考验期限内从事以下一项或者几项活动。

（1）个人为进行违法犯罪活动而设立公司、企业、事业单位或者在设立公司、企业、事业单位后以实施犯罪为主要活动的，禁止设立公司、企业、事业单位。

（2）实施证券犯罪、贷款犯罪、票据犯罪、信用卡犯罪等金融犯罪的，禁止从事证券交易、申领贷款、使用票据或者申领、使用信用卡等金融活动。

（3）利用从事特定生产经营活动实施犯罪的，禁止从事相关生产经营活动。

（4）附带民事赔偿义务未履行完毕，违法所得未追缴、退赔到位，或者罚金尚未足额缴纳的，禁止从事高消费活动。

（5）其他确有必要禁止从事的活动。

2. 禁止进入特定区域、场所，是指人民法院可以根据犯罪情况，禁止判处管制、宣告缓刑的犯罪分子在管制执行期间、缓刑考验期限内进入以下一类或者几类区域、场所。

（1）禁止进入夜总会、酒吧、迪厅、网吧等娱乐场所。

（2）未经执行机关批准，禁止进入举办大型群众性活动的场所。

（3）禁止进入中小学校区、幼儿园园区及周边地区，确因本人就学、居住等原因，经执行机关批准的除外。

（4）其他确有必要禁止进入的区域、场所。

3. 禁止接触特定人，是指人民法院可以根据犯罪情况，禁止判处管制、宣告缓刑的犯罪分子在管制执行期间、缓刑考验期限内接触以下一类或者几类人员。

（1）未经对方同意，禁止接触被害人及其法定代理人、近亲属。

（2）未经对方同意，禁止接触证人及其法定代理人、近亲属。

（3）未经对方同意，禁止接触控告人、批评人、举报人及其法定代理人、近亲属。

（4）禁止接触同案犯。

（5）禁止接触其他可能遭受其侵害、滋扰的人或者可能诱发其再次危害社会的人。

禁止令的期限，既可以与管制执行、缓刑考验的期限相同，也可以短于管制执行、缓刑考验的期限，但判处管制的，禁止令的期限不得少于三个月，宣告缓刑的，禁止令的期限不得少于二个月。

四、调查期限

（一）本地调查

社区矫正机构应当自收到《调查评估委托函》及所附材料之日起十个工作日内完成调

查评估工作，提交评估意见。对于适用刑事案件速裁程序的，社区矫正机构应当在五个工作日内完成调查评估工作，提交评估意见。评估意见同时抄送执行地县级人民检察院。需要延长调查评估时限的，社区矫正机构应当与委托机关协商，并在协商确定的期限内完成调查评估工作。

（二）跨区域调查

调查过程中，如需跨市、县（市、区）调查的，可采取实地调查或者委托调查方式进行。

1. 实地调查时，由执行地市、县（市、区）社区矫正机构负责沟通协调实地调查所涉及的相关事宜。

2. 委托调查时，由执行地社区矫正机构出具《委托调查函》并附调查清单，委托调查事项所在地社区矫正机构进行。受委托的社区矫正机构收到《委托调查函》后，适用刑事速裁程序的案件应当在三个工作日内、其他案件在五个工作日内完成调查并书面反馈委托方。

第四节　调查评估笔录

一、调查评估笔录的概念及作用

（一）调查评估笔录的概念

调查评估笔录是指社区矫正执法人员根据相关决定机关的委托，对当事人和其他相关人员就其家庭和社会关系、个性特点、犯罪情况和悔罪表现、社会反响、监管条件、其他违法犯罪记录以及拟禁止的事项进行正面查询，并把询问过程及其内容以问答形式加以制作的一种书面记录。调查评估笔录是收集证据、查清事实的一种重要的调查方法，是调查评估建议的重要参考依据之一。

调查评估笔录，又称询问笔录，鉴于该调查评估笔录的内容既包括证人证言和被害人陈述，还包括犯罪嫌疑人和被告人的供述和悔罪表现；调查评估笔录的主体是社区矫正机构公职人员。因此，调查评估工作中的调查评估笔录应该定性为询问笔录。

它在调查评估中起到不可忽略和替代的作用。因此做好调查评估笔录，是每个社区矫正执法人员必须掌握的基本功，也是对执法人员的起码要求。

（二）调查评估笔录的作用

笔录忠实地记载了调查过程中的实际情况，能够证明某一事实的客观存在，因此具有一定的作用。

1. 调查评估笔录记录了调查人员开展走访活动情况的整个工作过程，是调查人员依法进行活动的依据。

2. 调查评估笔录是制作其他法律文书的重要依据。《调查评估报告》《调查评估意见书》的制作都必须以可靠的事实和证据为依据，而调查评估笔录正是这些材料的固定形式，依据这些笔录，制作相应的文书。

3. 调查评估笔录是重要的证据材料，笔录经合法制作，有关人员签名盖章或捺指印后，即具有法定证据效力。笔录完成立卷归档后，这些证据对掌握分析被告人（或罪犯）是否适用社区矫正，是具有相当实用价值的参考资料。

二、调查评估笔录的文本格式

为保证调查评估笔录工作的制度化和规范化，当前已经设计出四类专门用于询问拟适用社区矫正被告人或被害人、村干部或社区干部、家属及保证人或监护人、被告人单位（学校）的调查评估笔录样本。这五种类型的样本分别针对不同的被调查对象，所设计的问题各有侧重点，有效提高调查评估笔录的质量。

（一）首部

调查评估笔录在首部设置有固定的格式，包括调查时间、调查地点、调查人、记录人，并包括被调查人的基本情况，可在取证之前查明，也可在取证时问本人，主要包括：被谈话人的姓名、性别、年龄、民族、工作单位、职业、职务、现在住址、电话。首部的制作或填写要做到记录清楚明确，以待日后备查。

（二）正文

主体是正文的主要内容。主要以"问"和"答"的方式记载讯问的全过程。包括调查人员提出的问题和被调查人的回答，问话的内容和被询问人的回答内容包括被询问人的家庭关系、犯罪事实、经济条件、悔罪态度、社会交往等情况。

1. 在开始调查问话时，应当亮明调查人员的身份并出示证件和调查评估委托函，要告知调查的依据及大致内容、申请回避情形和权利、核对调查评估笔录的权利、配合调查和如实反映的义务；要向被调查人说明有关政策、规定，告知其参与被调查的权利和义务，动员其如实陈述问题并指明若故意作伪证或隐匿证据要负纪律责任和法律责任。这些情况也应记入笔录。

2. 记录调查评估笔录内容要采用问答式。调查评估笔录不能仅记一方的谈话内容，应把调查人的提问和被调查人的回答都如实记载下来。记录方式一般采用"某某问"和"某某答"的形式，也可简用"？"和"："的形式代替，但整份谈话笔录要前后一致。保证笔录内容的真实完整是制作笔录的根本要求。调查评估笔录是客观真实情况的记录，是给出科学合理的调查评估意见的重要依据之一。真实性是笔录的生命。所以，在制作笔录时，都必须将访谈内容的全过程客观、真实地记录下来，反映出来。应尽量记原话，即使记不下来原话，也要使记录的内容不失原意；在真实的基础上还需要做到完整，把需要记录的内容完整地记录下来，不能任意取舍，更不能有头无尾，也绝不能丢三落四。

3. 制作调查评估笔录时，应记清问题发生的过程和主要情节，包括家庭基本情况、居住地情况、经济收入、性格特征、兴趣爱好、被害人赔偿情况、悔罪态度等内容。如果被调查人否定，要把原因或依据记录下来，把证据确实下来。被调查人声明记不清、记不准的情节，笔录中也应如实反映。特别是居住地情况、被害人赔偿情况、悔罪表现，应当尽量记得详细具体，力求按原话记载。

4. 调查评估笔录的内容主要围绕以下方面开展：

（1）居所情况，在本辖区是否有固定的居所。

（2）家庭和社会关系，包括家庭成员情况、家庭经济状况，共同生活的家庭成员的接纳态度，社会交往和主要社会关系、监护人或者保证人具保情况等。

（3）现实表现，包括工作学习表现、遵纪守法情况、是否有不良嗜好、行为恶习等。

（4）犯罪情况和悔罪表现，包括犯罪原因、主观恶性、是否有犯罪前科、认罪悔罪态度等。

（5）社会反响，包括被告人、罪犯的工作单位、就读学校、村（居）基层组织以及被害人或者其亲属对其犯罪行为和适用社区矫正的意见态度等。

（6）其他违法犯罪记录核查，向辖区公安派出所了解核查相关情况。

（7）拟禁止的事项。

（8）需要调查评估的其他事项。

5. 随着调查评估笔录的信息化，调查笔录的文本内容以电子版形式保存，因此要求在调查评估笔录签字时字迹要清楚，不要潦草。

6. 谈话结束，最后依照惯例要问被调查人两个问题，即"以上说的都是事实吗？""我们做了谈话笔录，看一下有什么需要修改补充的，如没有，请签字。"并将调查评估笔录给被调查人核对。没有阅读能力的给他宣读。如果被调查人认为有漏记或错记的，要当面补充或修改，并在修改处摁指印，笔录中改动部分也要摁指印，以证明是被调查人本人所记或经本人允许，而非调查方自行修改。调查对象拒不签字的，应注明不签字的原因，有其他人在场的，还应请他们签名证明。

（三）结尾部分：尾部主要包括被调查人签字、摁指印和注明日期

调查评估笔录结束时，记录员将记录交给被调查人核对，对于没有阅读能力的被调查人，应当向他宣读。被调查人核对笔录无误后，被调查人要在紧接正文的下一行写明"以上笔录我看过（或向我宣读过），和我说的一样（相符）"。并签名或摁指印，签上日期。如笔录不止一页，应由被调查人逐页签名或摁指印。

附件 5-3

调查评估笔录

（用于询问拟适用社区矫正被告人）

共　　　页

调查时间：_____年____月____日____时____分至_____年____月____日____时____分

调查地点：_____

调查人姓名：_____单位_____司法局_____司法所

调查人姓名：_____单位_____司法局_____司法所

记录人：_____

被调查人姓名：_____曾用名_____性别_____婚否_____

出生年月_____国籍或民族_____籍贯_____

文化程度_____身份证（护照）号码_____

工作单位（职业、职务）_____

户籍地址_____

经常居住地址_____

案由_____

问：我们是_____司法局_____司法所的工作人员（出示证件）证件号_____，依据《中华人民共和国社区矫正法》《中华人民共和国社区矫正法实施办法》等相关规定，受_____ 法院的委托，依法对你的个人表现、现实状况和社会背景等情况进行调查，你应当如实回答我们的询问并协助调查，不得提供虚假证言，不得伪造、隐匿、毁灭证据，否则将承担法律责任。你有权被询问的事项自行提供书面材料，有权核对调查笔录，对记载有误或遗漏之处，可提出更正或补充意见，如所回答的问题涉及国家或商业秘密，我们将予以保密。本调查内容，我们会如实反馈给委托法院，并将作为你是否适用社区矫正的依据，以上内容你是否已听清楚？

答：_____

问：你对本次调查的工作人员需不需要提出回避申请？

答：_____

问：你的家庭基本情况如何？（家庭成员的关系、姓名、年龄、职业、住址、经济状况、联系方式等）

答：_____

问：你的居住地和户籍地不一致，居住地的房东是谁？打算居住多长时间？和谁居住在一起？

答：_____

问：你目前从事什么职业？经济收入如何？

答：_____

问：你的家庭关系如何？

答：_____

问：你家人/亲友对你涉嫌犯罪有何评价？

答：_____

问：你的家庭经济状况如何？

答：_____

问：你身体状况怎么样？有没有什么疾病或病史？

答：_____

问：你的性格类型属于哪一类（外向/内向）？有无不良脾气？

答：＿＿＿＿＿＿＿＿＿＿＿＿＿＿＿＿＿＿＿＿＿＿＿＿＿＿＿＿

问：你业余时间一般做什么？有没有什么特长或爱好？平时与哪些人交往？

答：＿＿＿＿＿＿＿＿＿＿＿＿＿＿＿＿＿＿＿＿＿＿＿＿＿＿＿＿

问：平时喝不喝酒？有没有酒后误事或借酒闹事的情况？

答：＿＿＿＿＿＿＿＿＿＿＿＿＿＿＿＿＿＿＿＿＿＿＿＿＿＿＿＿

问：你工作、学习或生活环境中，邻里、同事/同学之间关系如何？有无矛盾？

答：＿＿＿＿＿＿＿＿＿＿＿＿＿＿＿＿＿＿＿＿＿＿＿＿＿＿＿＿

问：你与他人有没有经济纠纷（债务问题）或感情纠纷？

答：＿＿＿＿＿＿＿＿＿＿＿＿＿＿＿＿＿＿＿＿＿＿＿＿＿＿＿＿

问：你在此之前有没有受过什么处罚？具体情况怎样？

答：＿＿＿＿＿＿＿＿＿＿＿＿＿＿＿＿＿＿＿＿＿＿＿＿＿＿＿＿

问：你简要叙述一下此次涉嫌犯罪的事情经过？

答：＿＿＿＿＿＿＿＿＿＿＿＿＿＿＿＿＿＿＿＿＿＿＿＿＿＿＿＿

问：你对此次涉嫌犯罪有什么认识？

答：＿＿＿＿＿＿＿＿＿＿＿＿＿＿＿＿＿＿＿＿＿＿＿＿＿＿＿＿

问：对本案被害人的损失有没有作出赔偿？有无取得对方的谅解？

答：＿＿＿＿＿＿＿＿＿＿＿＿＿＿＿＿＿＿＿＿＿＿＿＿＿＿＿＿

问：你的保证人/监护人是否落实？保证人/监护人的情况如何？（保证人/监护人的关系、姓名、年龄、职业、住址、经济状况、联系方式等）

答：＿＿＿＿＿＿＿＿＿＿＿＿＿＿＿＿＿＿＿＿＿＿＿＿＿＿＿＿

问：如你被依法实施社区矫正，必须遵守以下规定：①必须按时到司法所报到，进行思想汇报和参加集中教育、社区服务；②行踪实施监控；③社区矫正开始的三个月内不准请假，特殊情况外出必须请假，未经批准不得外出等；④如违反社区矫正相关监管规定，将依法给予警告、拘留、收监等处罚。你愿意接受司法所的监管和帮教吗？

答：＿＿＿＿＿＿＿＿＿＿＿＿＿＿＿＿＿＿＿＿＿＿＿＿＿＿＿＿

问：你还有什么补充？

答：＿＿＿＿＿＿＿＿＿＿＿＿＿＿＿＿＿＿＿＿＿＿＿＿＿＿＿＿

问：你以上所讲的是否属实？

答：＿＿＿＿＿＿＿＿＿＿＿＿＿＿＿＿＿＿＿＿＿＿＿＿＿＿＿＿

被调查人核对意见：被调查人核对意见：＿＿＿＿＿＿＿＿＿＿＿ 以上笔录我已看过（已向我宣读过），与我说的相符。

被调查人签字：＿＿＿＿＿＿＿＿＿ 时间：＿＿＿＿年＿＿＿＿月＿＿＿＿日

调查人：＿＿＿＿＿＿＿＿＿＿ 记录人：＿＿＿＿＿＿＿＿＿＿

调查评估笔录

（用于询问拟适用社区矫正被告人）

调查评估笔录

（用于询问家属或保证人或监护人）

调查评估笔录（用于询问村干部或社区干部）

调查评估笔录（用于询问被害人）

被告人单位（学校）调查笔录

三、制作调查评估笔录的基本原则

调查评估笔录是证据中书证的一种，是法院开展刑事判决、刑事裁定和暂予监外执行的重要依据。一份合格的调查评估笔录应遵循以下原则：

1. 提前准备原则。调查谈话前，一是被告人、罪犯的委托资料研究。调查人员要仔细地阅读被告人、罪犯的委托资料，了解调查对象的基本情况，全面掌握被告人的起诉书或者自诉状；罪犯的判决书、裁定书、执行通知书、减刑裁定书复印件以及罪犯在服刑期间表现情况材料；罪犯的病情诊断、妊娠检查或者生活不能自理的鉴别意见等材料信息，以便采取相应的措施和谈话策略，抓住重点突破。二是询问提纲准备。为确保询问的条理性，以免遗漏，调查人员根据反映问题大小，情况复杂程度，拟定相应的调查计划和谈话策略，制定谈话提纲，明确谈话目的和任务，这样做的目的是记录人可以有的放矢抓住重点记录，而不是事无巨细、眉毛胡子一把抓，使调查谈话和记录有序地进行。

2. 程序合法原则。程序合法原则是指调查笔录的制作应当按照法定程序调查、收集和制作。调查评估笔录作为调查评估建议的重要证据之一，是法院开展刑事判决、刑事裁定和决定暂予监外执行的重要依据，必须遵循合法程序。因此，调查评估笔录要严格依照法定程序进行。调查记录中必须要遵循两人办案制度、告知制度、回避制度、证据收集制度、签名盖章制度、同步执法记录仪制度、保密制度等要求，才能确保调查笔录的合法性，保障调查笔录的证据效力。

3. 规范准确原则。第一，要求笔录形式必须做到合法、规范、有效。规范化笔录主要表现为：被调查人的身份信息及基本情况、犯罪的情况必须在笔录中体现；调查笔录必须采用问答式，注意被调查人的回答与其他证据相互印证的情况，如果有矛盾要及时问明原因，并记录在案；被调查人核对笔录后，必须签署核对意见（以上笔录看过，与我讲的相符），并签署姓名、日期，按指印；如果笔录有涂改的地方，要让被调查人在涂改处按指印确认；调查笔录要有两名调查人员分别签名。第二，笔录的内容要准确。准确开展笔录工作要做到以下几点：笔录内容要如实记录被告人（或罪犯）、家属或监护人、村居干部、被害人的陈述，客观地反映被告人（或罪犯）的相关事实，准确地反映提供者的陈述，不能掺杂自己的主观认识和判断；要记录被告人（或罪犯）陈述的存在违法行为的事实，又要记录他对自己违法行为的辩解；不能只记录有利于认定其违法事实的部分，而不记录不利于认定的部分；笔录内容可以将被调查人的陈述进行必要的概括归纳，但应尽量保持原始，充分满足被调查人的意思表达；笔录应满足被告人（或罪犯）、家属或监护人、村居干部、被害人的意思表述，要完整准确地反映被调查者的意愿，甚至语气、方言等词语也尽量保持"原汁原味"。

4. 客观真实原则。客观真实原则是指笔录的内容是反映真实情况的、不依赖于主观意识而存在的客观事实。如，客观真实地记录被调查人多次违法犯罪前科的情况；发现并如实记录被调查人人户不一致，实际居住地不在本辖区内的情况；如实反馈被告人无生活来源或无监护人的情况；如实记录对犯罪的认识或悔罪表现。

5. 证据合法有效原则。保障调查笔录的证据合法有效，需要做到以下几点。第一，审查书面材料的来源是否可靠。《调查评估委托函》等委托调查相关材料，不得通过案件当事人、法定代理人、诉讼代理人或者其他利害关系人转交居住地县级司法行政机关。居住地县级司法行政机关不得接收委托机关以外的其他单位或个人转递的委托调查材料。第二，书面材料的要件是否缺失。社区矫正工作人员要注意识别提供的材料是否完整，有无涂改痕迹：房产证、居住证、结婚证等证件应当有签发机关印章、签发日期；劳动合同应当有用人单位盖章、签订日期；房屋租赁合同应当有双方当事人签字确认；从事经营活动必须要证照齐全（烟草专卖证）；其他格式化的协议等材料应当填写完整。第三，复印件要与原件核对。针对身份证、房产证、劳动合同等材料的复印件，工作人员应当要求提供者出示原件，经核对无误后，应当要求材料提供者在复印件的空白处注明，并要求提供人签名捺指印（或提供单位盖章、经办人签名）、注明提供日期。工作人员核对后，应当注明：经与原件核对无误，并签名确认、签署收到日期。第四，规范收集录音、录像等资料。以调查表为基础，调查表中填写的内容要有调查笔录和其他证据材料作为来源或印证；录音、录像等资料，应当进行情况说明，需由两名调查人员分别签名、标注拍摄日期。

6. 全面关联原则。全面关联原则是指笔录记录的事实不仅是一种客观存在，而且它必须是与被告人（罪犯）是否存在再犯危险性存在逻辑上的联系，从而能够说明该被告人是否适用社区矫正。因此，在调查笔录中要做到：同案不同笔录要能相互关联；同一份笔录前后要能相互印证，注意被调查人的回答与其他证据相互印证的情况，如果有矛盾要及时问明原因，并记录在案；证言要能和物证以及客观环境相互印证；笔录内在逻辑和形成的证据链要符合社会背景和文化习俗。

四、调查评估笔录的制作要求

调查评估笔录属于社区矫正执法活动，适用于特定机关或者特定程序、特定事项的笔录，应当严格按照有关机关规定的法定格式、内容进行制作。调查评估笔录的制作要求包括：两人办案制度、告知制度、回避制度、证据收集制度、签名盖章制度、同步执法记录仪制度等。

1. 两人办案制度。调查时执法人员不得少于两人，其中一人负责记录工作，注意避免单人取证或制作笔录。

2. 告知制度。①告知执法身份。调查开始前，需向被调查人出示证件和调查评估委托函或介绍信，表明执法身份，告知调查的依据及大致内容、申请回避的情形和权力、核对调查评估笔录的权利、配合调查和如实反映的义务，以及不如实回答或作伪证的法律后果，且需将出示证件的程序予以记录。②告知被调查人应当履行如实回答的义务。被调查人需如实回答自己的身份信息及基本情况、犯罪的情况。调查评估笔录必须采用一问一答的问答式；注意被调查人的回答与其他证据相互印证的情况，如果有矛盾要及时问明原因，并记录在案。切忌同一案件多份笔录在同一问题上复制粘贴，杜绝交叉询问，降低证据效力。

3. 回避制度。谈话及制作笔录前必须告知被调查人有申请回避的权利。调查人员有下列情形之一的，应当回避：

（1）属本案当事人或者是当事人近亲属的。

（2）本人或者其近亲属与本案有利害关系的。

（3）曾担任本案证人、鉴定人、辩护人、诉讼代理人的。

（4）与本案当事人有其他关系，可能影响调查评估公正性的。

4. 证据收集制度。调查笔录过程中应注重证据收集。证据包括书证和物证：①书证应当为原件。原本、正本和副本均为书证的原件；收集原件确有困难的，可以收集与原件核对无误的复印件、影印件或者抄录件；书证的复制件、影印件或者抄录件，应当注明出处和复制、影印、抄录时间，经核对无异后加盖"与原件核对无误"章或注明"此件与原件相符"，并由持有人加盖印章或者签名；证明同一内容的多页书证的复制件、影印件、抄录件，应当由持有人加盖骑缝章或者逐页签名，并注明总页数。一般书面材料。向有关单位收集、调取的书面材料，须由经办人员签名，并签署核对意见，加盖单位公章；向个人收集、调取的书面材料，须由提供人注明来源，并签名、捺指印，调查人员核对无误后签名。②物证应当为原物。收集原物确有困难的，可以拍摄或者制作足以反映原物外形或者内容的照片、录像。调查评估中经常需要收集电话记录和视听资料等物证。一要规范收集电话记录。调查人员为了核实相关情况，可以通过拨打电话的方式进行调查了解，但是应当留存电话记录，注明拨打电话的具体日期及时间、通话双方人员的身份及电话号码、需要调查了解的事项及了解到的情况反馈等。二要规范收集视听资料。调查人员可以对调查过程进行拍照、录音或录像，对拍摄的照片可以打印附卷，但应当注明拍摄日期、地点、经办的调查人员及所属单位；对录音录像如需要附卷或递交的，可以刻录成光盘。

5. 签名盖章制度。①签名盖章或捺指印的常规程序：向有关单位收集调取的书面调查材料，应当加盖单位印章并经由经办人签字，标注日期。向个人收集调取的书面调查材料，应当由本人签名确认或者盖章并标注日期。被调查人核对笔录后，需交当事人核对，同时要求有关人员阅读、核对、宣读，必须签署核对意见，要求被调查人必须亲笔手写"以上笔录看过，与我讲的相符"或"笔录内容与本人所述一致"，并签署姓名、日期，按指印。②签名盖章或捺指印的特殊处置：如果笔录有错记漏记需要补正的地方，要让被调查人在涂改处按指印确认；调查评估笔录要有两名调查人员分别签名；被调查人、记录人在调查评估笔录上逐页签字确认或加盖骑缝章；被调查人拒绝签字的，在笔录上注明；对无阅读能力或语言障碍的，需向其宣读或翻译，并将翻译人员记录在案有关人员要签名盖章或捺指印。

6. 同步执法记录仪制度。在调查过程中，同步使用执法记录仪，视频资料录入系统保存备查。对询问过程录像、录音应当与笔录制作同步进行，询问录像、录音的图像和录音的声音应当保持清晰连贯，视频上必须显示具体的制作时间，保持制作时间的连续性、询问过程的完整性。视频监控录像反映的时间、地点应当与询问笔录填写的制作时间、制作地点相对应。

7. 保密制度。笔录具有保密性，不得向外人公开；调查对象不同时，需分别对每个被调查对象进行询问；如所回答的问题涉及国家或商业秘密和个人隐私，调查工作者有义务予以保密。

第五节　调查评估报告

一、调查评估量表的使用

前述章节中的核查委托调查材料和制作调查笔录并收集相关证据材料是整理调查评估资料的基础。由此了解被告人（或罪犯）本次犯罪的罪名、刑种、刑期、形态、是否是共同犯罪等信息，同时收集整理被告人（或罪犯）的相关生活史、交往史和违法犯罪史、个人嗜好、家庭状况、就业或工作经历，以及其在服刑期间表现情况等。这些资料为判断是否适用社区矫正提供参考依据，实践中的调查评估主要源于经验判断，主观性较强，对于犯罪分子的犯罪情节和悔改表现"不致再危害社会"的判断与认定只限于收集信息，最后形成了信息汇总。却没有把信息价值的利用最大化，没有显示危险根据和危险判断之间的量上的关系。

为提高调查评估的精确性和科学性，对调查评估的相关影响因子进行量的规定性的评估是一种必然趋势，符合社区矫正工作规范化和标准化的要求。

（一）调查评估量表的概念

调查评估量表是对被告人、犯罪本人的再犯罪的危险程度以及监管条件用量的规定性进行分析的一种测量工具，为准确合理地判断被告人是否适用社区矫正提供参考。

（二）调查评估分值表的使用说明

调查评估工作应当在全面调查基础上，进行综合评估。评估工作必须以调查的信息和获取的数据等客观事实为依据，科学运用统计方法进行评估。调查评估分值表（表5-1）主要从派出所、居委会等各方意见、被调查人的表现情况和家庭情况等三个维度评估。按照理论设计，调查评估分值的总分为140分，被评估对象的得分分段设置了三个阶位，即85分（不包括85分）以上段，65~85分段，65分（不包括65分）以下段。各分段代表的含义是：获得85分（不包括85分）以上段，调查评估结论是适宜纳入社区矫正；65分（不包括65分）以下段，调查评估结论是不适宜纳入社区矫正；65~85分段，调查评估小组不能做出是否适宜社区矫正的提议，而提交社区矫正办讨论审查，由社区矫正办评判委员会审定后，做出是否同意纳入社区矫正的决议。

表5-1　调查评估分值表[1]

评估分值表	
被调查人姓名：　　　性别：　　年龄：　　　身份证号码：　　　　　　　年　月　日	
评估指标	分值
辖区公安派出所意见	20分
辖区社区矫正机构意见	16分
村、街道或所在学校、单位意见	10分
社、居民小组或知情群众意见	10分
所在社区、单位、学校有无担保	12分
家庭成员或亲友有无担保	12分

---

〔1〕　石奎：《社区矫正审前调查评估机制有关问题的实证研究——以预防刑释人员再犯罪为视角》，载《绵阳师范学院学报》2012年第12期。

被调查人的表现情况（总分45分）	个人表现（13分）	有无犯罪前科和其他犯罪记录或嫌疑	6分
		有无违法记录和其他违法记录或嫌疑	5分
		有无吸毒、赌博等恶习	2分
	人格性格特征（12分）	个人成长经历中有无重大挫折	1分
		重大挫折与犯罪关联性数值大小	1分
		个人行为和情绪控制能力与犯罪的关联性程大小	2分
		有无暴力倾向性	4分
		日常生活中是否有较强报复心理和行为	4分
	个人经济状况（6分）	有无固定职业	2分
		有无稳定的收益和正当的经济来源	2分
		有无正当的谋生技能	2分
	违法犯罪特征（14分）	同一类型违法犯罪有无一贯性	5分
		本次犯罪与过去违法记录、犯罪嫌疑记录以及犯罪前科有无同一性和关联性	3分
		是否经常性参与团伙性违法犯罪	4分
		与其他团伙成员联系情况	2分
被调查人的家庭情况（总分15分）		被调查者家庭成员的经济状况、现实表现情况以及对其本人的影响	3分
		家庭成员中有无现实违法行为、犯罪嫌疑情况、违法史和犯罪史	3分
		上述情况对本人此次犯罪的影响和关联	3分
		家庭和睦程度以及本人对家庭的责任感	3分
		家庭对本人的约束力和影响力	3分
以上调查内容总分			
调查人签名：			

（三）社区矫正调查评估量表的设计及使用说明

社区矫正调查评估量表（表5-2）的内容包括基本信息、监护条件、个人基本情况、社会交往与主要社会关系、犯罪情况和社会反响等六项维度。该量表根据调查重点分为若干维度，再根据维度设计相应的调查指标。每一个维度下面是可以直接观察辨认的具体指标。指标紧紧围绕调查目的设计，包括事实、态度和行为三个方面，由于态度类问题涉及到人的内心，往往比较敏感，有些直接反映矫正环境、人身危险性和再犯可能性，有些则间接相关，要从事实、行为两方面加以确认。该量表中六项维度的具体指标分析如下：

1. 个人基本信息。个人基本信息既要收集被调查人的人口学资料，具体包括姓名、性别、民族、婚姻状况、政治面貌、文化程度、户籍地等，还需要收集被调查人的经济状况、身体健康、心理健康、个人态度、对生活前景态度和不良行为表现等五项子维度的资料，前四项子维度具体细分为就业情况、经济收入、精神疾病、性格特质、心理健康、对社会的评价以及对生活情境态度七项指标，不良行为表现包括喝酒、赌博、吸毒、其他不良行为、暴力行为和是否失信人员六项具体指标。

2. 监护条件、社会交往和主要社会关系、社会反响。这三项维度都属于社区矫正监管环境，具体包括被告人或罪犯的居所情况、家庭和社会关系、居住地村（居）民委员会和被害人意见、拟禁止的事项等。其中，监护条件包含被告人或罪犯的居所情况和监护人情况两个子维度，居所情况分为居住情况和住址改变次数两项指标，监护人情况细分为监护人监管情况、配合管理意愿、监管质量、是否具有约束力等四项指标。社会交往和主要社会关系包括家庭情况、社会交往情况和矛盾纠纷情况等三项维度，其中，家庭情况分为与家人关系和家庭成员接纳态度两项指标，社会交往情况分为与亲戚、朋友的相处情况和与不良人员的交往情况两项指标。社会反响包括被害人及其亲属态度、邻里态度和村（居）基层组织态度三项指标。

3. 犯罪情况。犯罪情况包括此次犯罪情况和前科劣迹情况两项子维度。此次犯罪情况又细分为共同犯罪情况、主观恶行、行为后果影响、有无逃跑违法犯罪行为、是否数罪并罚、赔偿情况以及涉黑涉恐涉毒涉枪涉邪情况七个指标；前科劣迹情况细分为既往劣迹情况、既往同种劣迹情况、既往前科史、既往同种前科情况、前科社会危害性、前科时长、前科类型等九项具体指标。

社区矫正调查评估量表的调查对象包括被告人（犯罪本人），家庭成员，同事、老师、同学，邻居、村（居）委会人员，被害人及其家属，共有五类人群。本项调查评估指标体系拟以 75 分（满分 100 分）作为是否适用社区矫正的分数界限，即满分的 75%。

表 5-2　社区矫正调查评估量表

调查评估小组成员					
姓名		单位		职务	工作人员
姓名		单位		职务	工作人员
姓名		单位		职务	心理专家
基本信息					
姓名		性别	□男 □女	民族	
婚姻状况	□未婚 □已婚 □离异 □丧偶 □其他：＿＿＿＿＿＿				照片
政治面貌	□群众 □中共党员 □共青团员 □其他：＿＿＿＿＿＿				
文化程度	□小学及以下 □初中、中专 □高中、职高 □大专 □本科 □硕士 □博士及以上：＿＿＿＿＿＿				
身份证号					
户籍地	＿＿＿＿省＿＿＿＿市＿＿＿＿区（县）＿＿＿＿街道（镇乡）＿＿＿＿				

监护条件			得分
居所情况	居住情况	□有稳定的居住条件：_____省_____市_____区（县）_____街道（镇乡）_____ □居住不稳定、不固定	
	过去12个月改变住址次数	□没有改变　□改变1次　□改变2次或更多次 □改变3次或更多次	
监护人/机构情况	监管情况	□有保证人/监护人/监护机构□无保证人/监管人 姓名：_____关系：_____ 联系方式：_____ 现居地：_____省_____市_____区（县）_____街道（镇乡）_____	
	配合管理意愿	□配合意愿高　□配合意愿低　□无保证人/监管人	
监护人/机构情况	监管质量	□保证人/监护人与罪犯对象共同生活，大部分约束 □保证人/监护人与罪犯对象异地生活，大部分约束 □保证人/监护人与罪犯对象共同生活，少部分约束 □保证人/监护人与罪犯对象异地生活，少部分约束 □保证人/监护人与罪犯对象共同生活，无约束力 □保证人/监护人与罪犯对象异地生活，无法约束 □无保证人/监护人	
	是否还有人活机构有约束力	□有：_____　　　　　　□无	
个人基本情况			得分
年龄状况	年龄	□不满18周岁　□18~65周岁　□65~75周岁　□超过75周岁	
经济状况	就业情况	□已就业且在目前单位工作满6个月且工作变动2次及以下 □已就业在目前单位工作不足6个月/工作变动3次及以上 □无业就业态度积极　□无业就业态度消极　□就学/退学	
身体健康	精神疾病	□有：_____　　　　　　□无	
心理健康	性格特质	□言行举止比较平稳，心理素质比较正常 □经济收入不稳定，但能满足生活需求 □明显表现为比较暴躁和冲动	
	心理健康	□无心理健康风险 □有轻度心理健康风险 □有严重心理健康风险	

			得分
个人态度	对社会的评价	□对社会的主流的肯定的，相信社会还是公平合理的 □虽然看到社会的负面因素，但又对社会的发展抱有希望 □对现实社会很不满意，一旦遇到挫折，很容易产生报复社会的心理	
	对生活前景的态度	□对未来的生活抱有信心，并对将来做好了打算 □虽然看到社会的负面因素，但又对社会的发展抱有希望 □在现实生活中有较多的困难和适应社会的障碍，对生活失去信心	
不良行为表现	喝酒	□对未来的生活抱有信心，并对将来做好了打算 □虽然看到社会的负面因素，但又对社会的发展抱有希望 □在现实生活中有较多的困难和适应社会的障碍，对生活失去信心	
	赌博	□无赌博相关劣迹 □曾有赌博相关劣迹	
	吸毒	□从不吸毒，业务吸毒史 □有吸毒史，1年内未出现吸毒行为 □1年内出现吸毒行为 □6个月内未出现吸毒行为 □1个月内未出现吸毒行为	
不良行为表现	其他不良行为	□有：_____ □无	
	暴力行为	□有：_____ □无	
	是否为失信人员	□是 □否	
社会交往与主要社会关系			得分
家庭情况	与家人相处情况	□感情很好 □关系密切 □相处平淡 □偶有口角 □有激烈矛盾	
	家庭成员接纳态度	□非常接受 □比较接受 □中立 □比较排斥 □非常排斥	
矛盾纠纷情况	矛盾情况（包括经济纠纷/情感纠纷）	□与他人无矛盾 □与他人有小矛盾，可调解 □矛盾较深，无法调解	
犯罪情况			得分
此次犯罪情况	共同犯罪情况	□独立犯罪 □共同犯罪，且是主犯 □共同犯罪，且是从犯	
	主观恶行	□故意犯罪 □过失犯罪	
	行为后果影响	□情节恶劣，社会负面影响大或犯罪后果严重 □犯罪后果和影响较小	
	在此次案件期间有无逃跑、违法犯罪行为	□无逃跑行为且无违法违纪行为 □试图逃跑且有违法违纪行为 □无逃跑行为但有违法违纪行为 □试图逃跑但无违法违纪行为	

			得分
此次犯罪情况	是否数罪并罚	□是　□否	
	退赃、赔偿情况	□全部履行　□部分履行，积极性高　□未履行，无能力 □部分履行，积极性低　□未履行，积极性低 □无赔偿要求	
	涉黑涉恐涉毒涉枪涉邪情况	□涉恐　□涉邪　□涉黑　□涉枪　□涉毒　□无	
前科劣迹情况	既往劣迹情况	□有，1次　□有，2次　□有，3次及以上　□无劣迹	
	既往同种劣迹情况	□有，1次　□有，2次　□有，3次及以上 □有劣迹但无同种劣迹　　□无劣迹 （不区分劣迹类型）	
	既往前科历史	□有，1次　□有，2次　□有，3次及以上　□无 （不区分劣迹类型）	
前科劣迹情况	前科罪名危害性	□情节严重且社会影响恶劣程度高 □情节轻微，但社会影响恶劣程度高 □情节严重，但社会影响恶劣程度低 □情节轻微且社会影响恶劣程度低 □无前科	
	前科监管时长	□1年以下（不包括1年） □1~5年（包括1年，不包括5年） □5年以上 □无 （以最长时间计算）	
	前科类型	□有人身伤害风险类犯罪 □无人身伤害风险类犯罪 □无前科 （若一人触犯数罪名，则仅取第一罪名统计）	
社会反响			得分
社区态度	被害人及其亲属态度	□非常支持　□比较接受　□中立　□比较抵触　□强烈反对 □无被害人	
	村（居）群众态度/朋友	□非常支持　□比较接受　□中立　□比较抵触　□强烈反对	
	被告人/罪犯村（居）基层组织态度	□非常支持　□比较接受　□中立　□比较抵触　□强烈反对	
总结/调查评估小组意见			得分

分值说明：

本项调查评估指标体系拟以 75 分（满分 100 分）作为是否适用社区矫正的分数界限，即满分的 75%；

情况总结：

（一）居所和经济状况

（二）监护条件

（三）不良行为表现

（四）社会交往情况

（五）犯罪情况说明

建议说明：

综上所述，被告人某某的社区矫正调查评估总分为_____分，高于/低于分数线；建议/不建议被告人_____在某区进行社区矫正。

签字（盖章）：

年　　月　　日

根据 2021 年 9 月 1 日实施的由四川省司法厅主持编制的地方标准《社区矫正调查评估规范》，调查评估小组应当根据调查所掌握的情况，按照调查评估对象的不同类型进行分值评估，设有三类调查评估表，它们分别是被告人调查评估表、罪犯调查评估表、未成年人调查评估表。

拓展学习

被告人调查评估表

罪犯调查评估表

未成年人调查评估表

四川省《社区矫正调查评估规范》

二、调查评估报告的撰写

案例 5-2

廖某原是 B 市内燃机总厂的一名工人，下岗后成为 B 市低保户。2007 年，其妻子杜某被查出患上尿毒症，每周要去做两次血液透析，以维持生命。每次透析费用至少 420 元，一个月下来，医药费就超过 5000 元，而这个三口之家的低保只有 1700 元。杜某没有 B 市户口，没有工作，入不了 B 市医保体系。廖某也想过让妻子回 H 省老家报销医疗费，但"太麻烦了，妻子的身体也经不起来回折腾"。于是，他们决定自费透析。但巨额的医药费用让廖某无力承受。"为了让妻子先不死"，2007 年，他伪造了医院的收费公章，4 年间"骗"来了 17.2 万元的治疗费用。2012 年 2 月 21 日，廖某因涉嫌犯诈骗罪被羁押，2012 年 3 月 8 日被取保候审。廖某的案情公布后，得到了很多好心人的关注。2012 年 7 月 16 日，廖某通过网友捐助，退还全部赃款。经 B 市 D 区检察院提起公诉，这起典型的情与法存在冲突的案件，引发了舆论的广泛讨论，其中的焦点表现在以下两个方面：一是案件所暴露出来的社会救助体制和医疗体制中存在的问题；二是就案件本身而言，在情与法的冲突下，廖某是否应该获轻判。[1]

从调查评估视角分析，廖某是否适合被判缓刑，需要从以下几个因素进行分析：①居所情况：尽管廖某一家是低保户，其妻子也是农村户口，但他们有稳定的住房；②家庭关系：廖某的家庭关系和谐，夫妻感情很深，妻子患重病，他不离不弃，在离婚率不断攀升的今天，他这份纯洁朴素的爱情感动了世人，不仅亲朋好友帮他，该案经媒体报道后，引发社会高度关注；③社会反响和债务偿还情况：对于触犯法律的廖某，舆论更多的不是谴责而是同情，纷纷为其捐款，帮助其还清债务；④被害方谅解情况：据报道，连本案的"受害方"——医院也对这个贫困的家庭表达了深切的同情；⑤犯罪动机分析：廖某虽然属于骗取医疗费，但他和社会上的诈骗罪应该有根本区别。这是良心驱使下的犯罪，意识诈骗应该属于歹恶驱使下的犯罪，这在法律上应该有严格的区别。法律也是人定的，法律也可以不断完善与修改。

综合考量廖某的家庭关系、居住地情况、债务偿还、被害方谅解情况、社会交往、人格特质、悔罪表现等因素，调查评估结论是"廖某适用社区矫正"。调查评估意见不是随意得出的，法院是否采纳社区矫正机构的调查评估意见需要专业的调查评估报告和完整闭环的证据链作为参考依据。

2012 年 12 月 7 日上午，B 市 D 区人民法院对此案进行了宣判，以诈骗罪判处廖某有期徒刑 3 年，缓刑 4 年，并处罚金 3000 元。央视网评论《"刻章救妻"案中情与法的谦抑》认为，"判三缓四"的结果，可谓皆大欢喜：既周全了司法的权威，又彰显了人性的悲悯，让更多的人感受到了司法的人性化和法律的温情，展现了情、理、法和谐统一的一面。

（一）调查评估报告前的证据资料分析

证据采集工作是调查评估工作的核心要点之一，调查人员需要始终秉持"无证据即无评价"的证据采集态度，确保调查评估报告中的每个部分的观点都有相应的证据材料支

---

〔1〕 王彬：《廖丹刻章救妻获缓刑 社会捐款已够维持 10 年》，载 http://news.sohu.com/20121208/n359841185.shtml，最后访问日期：2023 年 8 月 5 日。

撑，各个证据材料形成完整闭环的证据链。[1]

调查评估证据资料分析工作分为"三步走"，按照个案的不同情况针对性地做好被告人或者罪犯的社会危险性和对所居住社区影响的评估工作。

第一步，在接受委托机关的调查评估委托后，围绕被调查人的居所地变更历史、未来的居住计划、个人工作情况和资产负债情况进行初步核查，确认其是否符合本辖区内的居住地条件。在核对居住条件方面，需要收集房产证和房屋出租合同等资料，调查人员需要到房产局核对房产证是否真实，房屋出租合同则需要房屋中介或房东出面证明其真实性。在核对资产负债情况，需要到银行等机构获取具体资产信息用以核对。一般而言，居住地不稳定的人员容易发生脱漏管的违规行为，监管难度较大。而生活来源不稳定的人员，其居住地的情况因房租、债务等原因易发生变化，也易发生财产犯罪，存在一定社会危险性。

第二步，在确认被调查人可长期稳定居住后，需要进一步了解其家庭情况和邻里关系。如被调查人家庭内部矛盾较多，存在家暴等严重冲突情况的，则认定其有较大的社会危险性；如被调查人孤身一人在外，家人均在原户籍地的，或者家人与被调查人之间基本无沟通联系，无法履行监护人职责的，则认定其监管难度较大；如被调查人与邻居发生过多次严重矛盾冲突或被调查人与本案被害人居住在同一社区，被害人对其适用社区矫正明确表示不谅解的，则认定其对所在社区有重大影响。

第三步，是对被调查人性格因素、认罪悔罪态度以及犯罪性质的调查与认定。对于精神存在疾病，有暴力倾向的人员，一般认定其社会危险性较大。对于不履行退赃退赔义务、不履行罚金的人员，一般认定其认罪悔罪态度较差。对于犯罪恶性较大的，如涉黑、涉恶类型的案件被告人，或者是经教育仍不改正，再次发生犯罪的人员，一般认定其社会危险性较大。在完成这三步骤之后，再根据每一阶段的调查情况进行综合分析，最终取得一个较为公正、合理的调查评估结论。

（二）调查评估报告的填写要求

调查评估报告是对调查笔录和证据收集材料的总结报告，是调查评估意见书的主要参考。经县级司法行政机关负责人审签后，《社区矫正调查评估报告》（复印件）等相关材料一并提交委托机关，并同时抄送执行地县级人民检察院。

1. 家庭和社会关系栏填写：调查对象的家庭成员情况，社会交往情况，主要社会关系，未成年对象情况（对家人的态度、父母是否离异、父母监护情况）等。

2. 个性特点栏填写：调查对象的生理情况（健康状况、影响健康的突出问题）、性格类型（内向型、外向型、独立型、顺从型）、心理特征、爱好特长等。

3. 一贯表现栏填写：调查对象工作或学习表现情况（单位、学校里的一贯表现），遵纪守法情况（是否受到治安管理处罚、学校记过处分或党纪处分等），是否有不良嗜好、行为恶习等。

---

〔1〕　沈东权、沈鑫、何浩斐：《社区矫正法实施背景下的调查评估制度探析》，载《中国司法》2021年第7期。

4. 犯罪情况和悔罪表现栏填写：调查对象的犯罪原因，主观恶性，是否有犯罪前科，认罪悔罪态度等。

5. 社会反响栏填写：被害人或其亲属的态度，社会公众的态度，调查对象所在村（居）群众或单位职工对调查对象的评价，对调查对象实行社区矫正的意见等。

6. 监管条件栏填写：调查对象家庭成员或监护人、保证人的态度（对调查对象犯罪危害性的认识、配合政法部门工作的态度、是否有具体的帮教措施、调查对象能否服从家庭管教等），经济生活状况及环境是否有利于实施社区矫正，工作单位、就读学校和村（居）基层组织对调查对象实行社区矫正的意见及帮教能力等。

7. 拟禁止的事项栏填写：依据人民法院等提供的相关材料填写。

8. 其他违法犯罪记录核查栏填写：依据向辖区公安派出所了解核查情况填写。

9. 调查评估小组意见栏填写：调查评估初步意见（注：拟适用或者拟不适用）。

10. 集体评议审核意见栏填写：社区矫正调查评估案件评审会的评议审核意见（注：拟适用或者拟不适用）。

11. 社区矫正机构意见栏填写：对是否适用社区矫正签署意见（注：拟适用或者拟不适用）。

（三）调查评估报告模板

调查评估报告

三、调查评估意见书的制作

（一）调查评估意见书的内容

1. 调查评估意见书的文本格式。调查评估意见书的文本格式包括开头、正文、结尾三部分：

（1）开头。开头的内容包括文书名称"调查评估意见书"和年份、单位和排序编号。

（2）正文部分。调查评估意见书的正文应包括三部分内容：一是调查了解到的所有情况，包括居所情况、家庭和社会关系、犯罪前的一贯表现、犯罪情况和悔罪表现、犯罪行为的影响和后果、被告人（罪犯）所在单位（就读学校）意见、居住地村（居）民委员会意见、被害人意见、拟禁止的事项、被告人（罪犯）的人格地点等；二是社区矫正执法案件审查小组综合评估意见，对调查材料积极因素和消极因素的鉴别归类。三是评估结论"适宜社区矫正"或"不适宜社区矫正"。

（3）结尾。结尾包括公章和日期。

2. 调查评估意见书样本。

附件 5-4

<h1 style="text-align:center">调查评估意见书</h1>

（　　）矫调评字第　　　号

_____：

　　受你单位委托，我单位于_____年___月___日至_____年___月___日对被告人（罪犯）_____进行了调查评估。有关情况如下：_____

_____

_____

_____

_____

综合以上情况，评估意见为_____

_____。

_____

（公章）

年　　　月　　　日

　　注：抄送_____人民检察院。

调查评估意见书

（二）调查评估意见书的处置程序

1. 审核评估。调查小组成员应当认真梳理分析调查情况及相关材料，对被告人、罪犯是否建议适用社区矫正进行评估，形成初步调查评估意见并附相关证明材料提交社区矫正机构，同时在省社区矫正综合管理平台完成调查提交社区矫正机构评议审批。

　　社区矫正机构收到调查小组提交的初步调查评估意见及相关证明材料后，应当召开案件评审会，评议审核调查评估意见和相关证明材料，形成集体评议审核意见。评议审核情况应记录在案，参加会议人员应当签字确认。

　　案件评审会成员包括：县级司法行政机关负责人；社区矫正机构和法制审核、政工或者纪监等部门负责人；拟适用社区矫正的被告人、罪犯居住地司法所所长和调查小组成员等。

社区矫正机构根据需要，可邀请执行地县级人民检察院有关部门、基层检察室和公安派出所以及乡镇（街道）、村（居）组织等相关人员参加调查评估案件评审会，听取意见，落实监督。

2. 信息保密。对调查评估意见以及调查中涉及的国家秘密、商业秘密、个人隐私等信息，应当保密，不得泄露。

社区矫正机构办理未成年被告人、罪犯调查评估案件时，应当对其身份采取保护措施，调查情况及相关材料应予保密。同时根据需要，可以邀请共青团、妇联、教育部门、未成年人保护组织等相关工作人员，参与未成年被告人、罪犯的社区矫正调查评估工作。

3. 文书寄送。社区矫正机构应将调查评估意见书、浙江省社区矫正调查评估表等相关材料一并提交委托机关，并同时抄送执行地县级人民检察院。

4. 材料建档。社区矫正调查评估案件档案实行一人一档制度。同时应当将被依法适用社区矫正罪犯的调查评估档案归入其社区矫正档案。档案材料包括：①调查评估委托函及相关材料；②调查评估小组提交的调查材料；③社区矫正和法制部门审核、抽检、复核相关材料；④社区矫正调查评估案件评审会集体评议审核的有关材料；⑤调查评估意见书及相关材料；⑥其他相关材料。

实训步骤

1. 教师布置实训工作任务并说明注意事项。

（1）调查笔录六原则：遵守笔录程序、权利义务告知到位、笔录格式要规范、内容要素得全面、抓住问话要点、书写规范。

（2）调查评估意见书以及调查中涉及对象为未成年人的，应当遵守保密规定。

（3）对调查评估意见以及调查中涉及的国家秘密、商业秘密、个人隐私等信息，应当保密。

2. 阅读准备好的实训案例。

3. 根据实训需要将学生分成若干小组，进行组内角色和任务分配。

4. 根据案例中所提供资料小组讨论、准备组织调查评估所需的文书材料。

5. 确定调查评估方案。

6. 小组开展模拟调查评估。

7. 指导教师进行点评总结，每组学生根据教师的点评总结找出不足。

实训案例 5-1

被告人赵某，女，1998 年 3 月出生，汉族，高中文化程度，户籍地为 Z 省 X 市。赵某原居住地为 Z 省 H 市 X 区，现为 H 市一家宠物店员工。

在赵某成长的重要阶段，其父母长时间在外，每天早出晚归，其还在 8 岁时目睹父亲对母亲破口大骂，家中满地狼藉，母亲却忍气吞声软弱无能，使赵某变得不愿相信母亲也不敢靠近父亲，习惯性逃避家庭的氛围。随着年龄的增长，男女生间的性别意识不断增强，赵某年纪尚小就开始同其弟弟和其他高年级男生浏览暴露的杂志报纸、阅读黄暴的小说文字、观看污秽的碟片视频。

2011 年，赵某开始初中学业，在学习的关键时期，父母的不管不问、"朋友"的诱惑感染，使其成为自控能力差，贪玩爱闹的后进生，是应试教育的"弱势群体"。

2014 年，赵某进入当地的一所职业高中就读，游走在鱼龙混杂的环境中，最终其选择了暂时的"自由"与"享乐"，参与各种打架斗殴，成为了别人眼中的"混混"，还交了一位"女朋友"。

2017 年，赵某匆匆踏入社会，在其社会属性完善的初期，其通过父母及熟人的帮助来到 H 市，先后在几个娱乐场所工作。2017 年 10 月，赵某因无证驾驶（未伤人）被公安机关罚款并处拘留十日的行政处罚。2019 年，赵某与社会上"朋友"开始合伙经营一家发廊，次年 3 月，赵某因卖淫的违法事实受到公安机关的行政处罚。2021 年，赵某获得意外契机，进入了一家正规的宠物店工作。

2022 年，仍在宠物店工作的赵某通过网络与王某相识并产生感情。

2023 年 3 月，赵某至 H 市 X 区某小区，为索回黄金项链之事与王某母亲发生争执，并取出随身携带的水果刀捅刺、砍划对方臀部、四肢等处多刀造成对方轻伤，所幸赵某在行为实施过程中意识到自己的错误，并马上呼叫周围人们报警，在事后也积极取得被害人的原谅并及时赔付相关费用，获得对方谅解。

2023 年 3 月 18 日，Z 省 X 区人民法院对拟适用社区矫正的被告人赵某，需要调查其背景情况和适用社区矫正的可行性，以发函的形式委托 X 区社区矫正机构进行调查评估。

请根据案例完成以下实训任务：

1. 制定调查评估方案。
2. 制作调查评估笔录、调查笔录模拟演练。
3. 编制证据清单、撰写调查评估报告。
4. 制作调查评估意见书、调查评估审核评议模拟演练。

实训案例 5-2

被告人郑某原生家庭普通，父亲是生意人，母亲务农。在郑某的成长过程当中，其父母经常发生争执，过程中会发生肢体接触，父亲会通过摔东西以发泄情绪，母亲会通过自杀威胁父亲，这些经历深深地刻在了郑某的脑海里。

1970 年其家中又新添一个弟弟，父母会将两兄弟做比较，并夸赞弟弟，打击郑某，这使其常常陷入自责内耗，慢慢地变得固执、敏感、多疑。

2001 年郑某进入 A 公司担任经理，在此期间因其固执的行事作风使得公司管理层产生许多分歧，后被辞退。

2006年郑某进入B公司，在B公司担任研究员，由于自身能力优秀，其在B公司备受重视，因此其十分热爱这份工作。其认为自己的工作是伟大的，是为国家做奉献的。

2013年，郑某作为B公司法定代表人对B公司死亡职员赔偿金额与其家属产生分歧，G区调研员冯某出面调解，为了防止双方发生争执，安排了派出所和人社局人员轮流值班，直至协商一致。其中G区高某提出G区能垫付五万元，这使得郑某产生被害幻想，认为高某是为了侮辱和控制他。

2016年，G区入驻新公司，其工厂建设地长期被B公司占用，且存放货物方式违规，存在安全隐患，多次要求其整改无果后切断其危险区域电源，这使得郑某认为高某视其为眼中钉，做任何事都是想刁难他，妨碍他。

2019年，郑某在各大网络平台上发布各种围绕高某的虚假信息，且获得了一定的浏览量。同年高某起诉郑某，因郑某本人拒不到庭参加诉讼，经法院决定，于2019年12月24日对郑某以诽谤罪执行逮捕令。

2020年1月7日，H省Y区人民法院对拟适用社区矫正的被告人郑某，需要调查其背景情况和适用社区矫正的可行性，以发函的形式委托Y区社区矫正机构进行调查评估。

请根据案例完成以下实训任务：

1. 制定调查评估方案。

2. 制作调查评估笔录、调查笔录模拟演练。

3. 编制证据清单、撰写调查评估报告。

4. 制作调查评估意见书、调查评估审核评议模拟演练。

思考题

1. 什么是调查评估？调查评估的作用有哪些？

2. 调查评估包括哪些内容？

3. 调查评估笔录的制作要求是什么？

4. 调查评估笔录的制作原则是什么？

拓展学习

《浙江省社区矫正调查评估办法（试行）》

附：调查评估的法律依据

（一）《刑法》的相关规定

第72条 　【适用条件】对于被判处拘役、三年以下有期徒刑的犯罪分子，同时符合下列条件的，可以宣告缓刑，对其中不满十八周岁的人、怀孕的妇女和已满七十五周岁的人，应当宣告缓刑：

（一）犯罪情节较轻；

（二）有悔罪表现；

（三）没有再犯罪的危险；

（四）宣告缓刑对所居住社区没有重大不良影响。

宣告缓刑，可以根据犯罪情况，同时禁止犯罪分子在缓刑考验期限内从事特定活动，进入特定区域、场所，接触特定的人。

被宣告缓刑的犯罪分子，如果被判处附加刑，附加刑仍须执行。

第81条 　【假释的适用条件】被判处有期徒刑的犯罪分子，执行原判刑期二分之一以上，被判处无期徒刑的犯罪分子，实际执行十三年以上，如果认真遵守监规，接受教育改造，确有悔改表现，没有再犯罪的危险的，可以假释。如果有特殊情况，经最高人民法院核准，可以不受上述执行刑期的限制。

对累犯以及因故意杀人、强奸、抢劫、绑架、放火、爆炸、投放危险物质或者有组织的暴力性犯罪被判处十年以上有期徒刑、无期徒刑的犯罪分子，不得假释。

对犯罪分子决定假释时，应当考虑其假释后对所居住社区的影响。

（二）《刑事诉讼法》的相关规定

第265条 　对被判处有期徒刑或者拘役的罪犯，有下列情形之一的，可以暂予监外执行：

（一）有严重疾病需要保外就医的；

（二）怀孕或者正在哺乳自己婴儿的妇女；

（三）生活不能自理，适用暂予监外执行不致危害社会的。

对被判处无期徒刑的罪犯，有前款第二项规定情形的，可以暂予监外执行。

对适用保外就医可能有社会危险性的罪犯，或者自伤自残的罪犯，不得保外就医。

对罪犯确有严重疾病，必须保外就医的，由省级人民政府指定的医院诊断并开具证明文件。

在交付执行前，暂予监外执行由交付执行的人民法院决定；在交付执行后，暂予监外执行由监狱或者看守所提出书面意见，报省级以上监狱管理机关或者设区的市一级以上公安机关批准。

第279条 　公安机关、人民检察院、人民法院办理未成年人刑事案件，根据情况可以对未成年犯罪嫌疑人、被告人的成长经历、犯罪原因、监护教育等情况进行调查。

（三）《社区矫正法》的相关规定

第 17 条第 4 款　本法所称社区矫正决定机关，是指依法判处管制、宣告缓刑、裁定假释、决定暂予监外执行的人民法院和依法批准暂予监外执行的监狱管理机关、公安机关。

《社区矫正法》第 18 条说明了以下几层意思：

1. 社区矫正决定机关根据需要，可以委托调查评估。这里的"根据需要"，是指社区矫正决定机关办理案件、决定是否适用社区矫正的需要。具体案件情况和被告人、罪犯的情况各不相同，对于有的被告人、罪犯，社区矫正决定机关通过审判、执行等环节可以对其社会性和对所居住社区的影响做出较为明确的判断，可以直接做出是否适用社区矫正的决定；对于有的被告人、罪犯的社会危险性和对所居住的社区的影响，可能不容易判断或者无法准确判断，此时，社区矫正决定机关根据需要，委托开展调查评估。

2. 可以委托社区矫正机构或者有关社会组织开展调查评估。实践中，调查评估主要由乡镇、街道司法所具体开展，鉴于部分司法所人员力量不足、日常工作较多，如期高质量地完成调查评估存在困难，有关社会组织也具有开展调查评估的专业力量、能力。社区矫正决定机关也可以酌情委托有关社会组织开展调查评估工作。这里的"社会组织"，主要指从事与社区矫正相关工作的社工组织、未成年人保护组织等。

3. 调查评估的内容是对被告人或者罪犯的社会危险性和对所居住社区的影响进行调查、分析，提出评估意见，供决定社区矫正时参考。这里的"社会危险性"，主要是指是否可能实施新的犯罪，是否有危害国家安全、公共安全或者社会秩序的现实危险，是否可能自杀或者逃跑等情况，判断被告人、罪犯适用社区矫正是否有社区危险性要根据各方面情况综合考虑。"对所居住社区的重大影响"是指被告人、罪犯适用社区矫正是否对其所居住社区矫正的安全、秩序和稳定带来重大、现实的不良影响。

4. 居委会委员、村委会等社会组织应当提供必要的协助，居民委员会、村民委员会熟悉社区情况，也了解、掌握拟适用社区矫正对象各方面的情况，调查评估工作离不开居委会、村委会等基层组织的协助、支持和配合。

（四）《社区矫正法实施办法》的相关规定

第 12 条　对拟适用社区矫正的，社区矫正决定机关应当核实社区矫正对象的居住地。社区矫正对象在多个地方居住的，可以确定经常居住地为执行地。没有居住地，居住地、经常居住地无法确定或者不适宜执行社区矫正的，应当根据有利于社区矫正对象接受矫正、更好地融入社会的原则，确定社区矫正执行地。被确定为执行地的社区矫正机构应当及时接收。

社区矫正对象的居住地是指其实际居住的县（市、区）。社区矫正对象的经常居住地是指其经常居住的，有固定住所、固定生活来源的县（市、区）。

社区矫正对象应如实提供其居住、户籍等情况，并提供必要的证明材料。

第 13 条　社区矫正决定机关对拟适用社区矫正的被告人、罪犯，需要调查其社会危险性和对所居住社区影响的，可以委托拟确定为执行地的社区矫正机构或者有关社会组织进行调查评估。社区矫正机构或者有关社会组织收到委托文书后应当及时通知执行地县级人民检察院。

第 14 条 社区矫正机构、有关社会组织接受委托后，应当对被告人或者罪犯的居所情况、家庭和社会关系、犯罪行为的后果和影响、居住地村（居）民委员会和被害人意见、拟禁止的事项、社会危险性、对所居住社区的影响等情况进行调查了解，形成调查评估意见，与相关材料一起提交委托机关。调查评估时，相关单位、部门、村（居）民委员会等组织、个人应当依法为调查评估提供必要的协助。

社区矫正机构、有关社会组织应当自收到调查评估委托函及所附材料之日起十个工作日内完成调查评估，提交评估意见。对于适用刑事案件速裁程序的，应当在五个工作日内完成调查评估，提交评估意见。评估意见同时抄送执行地县级人民检察院。需要延长调查评估时限的，社区矫正机构、有关社会组织应当与委托机关协商，并在协商确定的期限内完成调查评估。因被告人或者罪犯的姓名、居住地不真实、身份不明等原因，社区矫正机构、有关社会组织无法进行调查评估的，应当及时向委托机关说明情况。社区矫正决定机关对调查评估意见的采信情况，应当在相关法律文书中说明。

对调查评估意见以及调查中涉及的国家秘密、商业秘密、个人隐私等信息，应当保密，不得泄露。

（五）《关于规范量刑程序若干问题的意见》的相关规定

第 3 条 对于可能判处管制、缓刑的案件，侦查机关、人民检察院、人民法院可以委托社区矫正机构或者有关社会组织进行调查评估，提出意见，供判处管制、缓刑时参考。

社区矫正机构或者有关社会组织收到侦查机关、人民检察院或者人民法院调查评估的委托后，应当根据委托机关的要求依法进行调查，形成评估意见，并及时提交委托机关。

对于没有委托进行调查评估或者判决前没有收到调查评估报告的，人民法院经审理认为被告人符合管制、缓刑适用条件的，可以依法判处管制、宣告缓刑。

（六）《关于适用认罪认罚从宽制度的指导意见》的相关规定

九、社会调查评估

35. 侦查阶段的社会调查。犯罪嫌疑人认罪认罚，可能判处管制、宣告缓刑的，公安机关可以委托犯罪嫌疑人居住地的社区矫正机构进行调查评估。

公安机关在侦查阶段委托社区矫正机构进行调查评估，社区矫正机构在公安机关移送审查起诉后完成调查评估的，应当及时将评估意见提交受理案件的人民检察院或者人民法院，并抄送公安机关。

36. 审查起诉阶段的社会调查。犯罪嫌疑人认罪认罚，人民检察院拟提出缓刑或者管制量刑建议的，可以及时委托犯罪嫌疑人居住地的社区矫正机构进行调查评估，也可以自行调查评估。人民检察院提起公诉时，已收到调查材料的，应当将材料一并移送，未收到调查材料的，应当将委托文书随案移送；在提起公诉后收到调查材料的，应当及时移送人民法院。

37. 审判阶段的社会调查。被告人认罪认罚，人民法院拟判处管制或者宣告缓刑的，可以及时委托被告人居住地的社区矫正机构进行调查评估，也可以自行调查评估。

社区矫正机构出具的调查评估意见，是人民法院判处管制、宣告缓刑的重要参考。对没有委托社区矫正机构进行调查评估或者判决前未收到社区矫正机构调查评估报告的认罪认罚案件，人民法院经审理认为被告人符合管制、缓刑适用条件的，可以判处管制、宣告缓刑。

第六章　矫正接收

学习目标

知识目标：学习了解社区矫正接收的概念和作用，掌握矫正接收工作的内容、程序及要求。

技能目标：具备依法接收社区矫正文书和社区矫正对象的技能，能按程序办理接收登记手续。

素质目标：具有严谨细致、认真负责、科学规范、以人为本的职业素养；能深刻理解矫正接收规范化对于防止脱管漏管、预防犯罪和维护社会公共安全的重要作用，培养学生高度社会责任感和职业担当精神。

学习重点

社区矫正法律文书及相关材料的接收与核实，社区矫正对象的接收及手续办理。

知识树

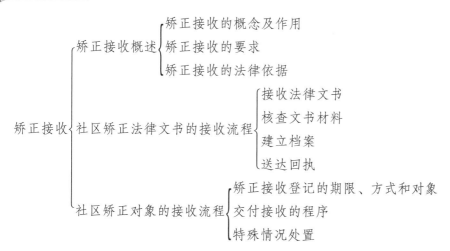

案例 6-1 ◢◢◢

陈某，男，1987 年 7 月出生，户籍地、执行地均为 J 省 H 市 Y 区。2017 年 3 月 16 日，因犯诈骗罪，被 Z 省 N 市中级人民法院判处有期徒刑五年六个月，并处罚金人民币六万元。2020 年 3 月 23 日，被 Z 省 H 市中级人民法院依法裁定假释，假释考验期自 2020 年 3 月 29 日起至 2022 年 1 月 21 日止，假释期间依法实行社区矫正。2020 年 3 月 30 日，陈某到 Y 区司法局报到，由执行地司法所负责对其实施社区矫正日常教育管理。那么，陈某那要如何完成从监狱到社区矫正的交付接收工作呢？

第一节　矫正接收概述

一、矫正接收的概念及作用

（一）矫正接收的概念

矫正接收是指社区矫正机构在规定期限内依法接收社区矫正对象并办理相关手续的活动。在社区矫正决定机关做出适用社区矫正的判决、裁定或决定生效之后，社区矫正对象应当在法定期限内，到确定执行地的县级社区矫正机构报到，社区矫正机构及其工作人员应当依法为其办理社区矫正接收手续。矫正接收既包括相关法律文书的交付接收，又包括社区矫正对象的交付接收。

（二）矫正接收的作用

矫正接收是社区矫正对象接受社区矫正监督管理的第一个工作环节，是确保社区矫正工作正常运行的关键步骤，意味着社区矫正工作的正式启动。通过规范有序的矫正接收，为后续的社区矫正管理奠定档案基础，促进社区矫正工作的顺利开展，并为社区矫正对象的接受矫正和社会再融入做好准备工作。它具有以下几个重要作用：

1. 保障判决、裁定或决定的有效实施。矫正接收是社区矫正机构对判决、裁定或决定的直接执行，是确保罪犯依法接受社区矫正的重要手段。做好矫正接收工作有助于保障判决、裁定或决定的有效实施，彰显了社区矫正工作的严肃性，使社区矫正对象认真配合社区矫正工作，增强其接受社区矫正的自觉性。

2. 保障社区矫正对象的合法权益。矫正接收是提高矫正工作效果的重要环节，对于明确社区矫正对象的权利和义务，帮助矫正对象顺利渡过矫正期，至关重要；对于明确司法所、社区基层组织、所在单位以及社区矫正对象的监护人、亲属保证人等承担责任，共同做好社区矫正工作，具有重要意义。

3. 预防脱管漏管现象的发生。严格规范的矫正接收程序有助于避免因部门之间衔接不畅导致的社区矫正对象脱管漏管问题的发生。

4. 为后续的社区矫正工作提供依据和参考。通过矫正接收手续，社区矫正机构通过建立社区矫正对象的矫正档案，并进行信息管理，这有助于更好地了解社区矫正对象的基本情况、犯罪行为和社会背景，为后续矫正工作的顺利开展做好背景调查。

二、矫正接收的要求

矫正接收作为社区矫正工作的重要环节，需要遵循一定的要求和程序，以确保社区矫正工作的有效性和合法性。矫正接收的要求涉及法律程序的合规性、矫正计划的明确性以及社区矫正对象的合法权益保障等方面，旨在确保社区矫正工作的有效开展和矫正目标的顺利实现。在矫正接收工作中，应当注意以下要求：

1. 依法接收。社区矫正机构在接收社区矫正对象时必须依法执行，遵循相关法律法规的规定。矫正接收的一切活动都应符合法律的规定，确保社区矫正工作的合法性和规范性。

2. 及时报到。社区矫正对象在社区矫正决定生效后应及时到达确定的县级社区矫正机构报到。按时报到是对社区矫正对象的基本要求，有助于确保矫正工作的及时展开和有效进行。

3. 明确矫正计划。社区矫正机构在接收社区矫正对象后应根据其个人情况和犯罪行为制定明确的矫正计划。为此，社区矫正机构应当对犯罪分子进行全面评估，并制定相应的矫正目标和措施，为其组建矫正小组，制定切实可行的矫正方案，以实现有效的矫正效果。

4. 建立矫正档案。社区矫正机构在接收社区矫正对象后应建立完整的矫正档案，记录其基本信息、犯罪记录、矫正计划和执行情况等内容。建立矫正档案有助于为矫正工作提供依据和参考，为后续的矫正管理提供支持。

5. 保障合法权益。社区矫正机构在进行矫正接收时应尊重社区矫正对象的合法权益，社区矫正机构有义务告知社区矫正对象在矫正期间享有的权利和必须履行的义务，以保障其基本人权得到有效保障。这要求社区矫正机构在执行过程中严格按照法律规定办理手续，避免对社区矫正对象进行任意限制或侵犯。

三、矫正接收的法律依据

关于矫正接收的法律条文在《社区矫正法》中的第三章有专章规定，从第 17 条至第 22 条，共计 6 条。《社区矫正法实施办法》对于矫正接收做了操作性的规定，从第 15 条至第 22 条，共计 8 条。为了便于学习、查阅和参考，特此把相关条文置于本章节末尾处。

第二节　社区矫正法律文书的接收流程

一、接收法律文书

（一）法律文书送达的主体

根据《社区矫正法》第 17 条第 4 款的规定，本法所称社区矫正决定机关，是指依法判处管制、宣告缓刑、裁定假释、决定暂予监外执行的人民法院和依法批准暂予监外执行的监狱管理机关、公安机关。此处的判决是指人民法院判处管制、宣告缓刑的判决，裁定是指是指人民法院作出的假释裁定，决定针对的是暂予监外执行。暂予监外执行的决定包括三种情况：①人民法院在交付执行前发现罪犯符合暂予监外执行条件的，由人民法院作出暂予监外执行决定；②在看守所服刑的罪犯，符合暂予监外执行条件的，由看守所提出书面意见后，设区的市一级以上公安机关所作的批准决定；③在监狱服刑的罪犯，符合暂予监外执行条件的，由监狱提出书面意见，由省级以上监狱管理机关所作的批准决定。

（二）法律文书及相关材料种类

根据不同类型的社区矫正对象，法律文书及相关材料种类有所不同：

1. 人民法院判处管制、宣告缓刑的，应向社区矫正机构送达的法律文书包括刑事判决书、执行通知书、结案登记表、起诉书、社区矫正告知书、接受社区矫正保证书、送达回执等。

2. 人民法院裁定假释的，看守所或监狱应向社区矫正机构送达的法律文书包括假释裁定书、刑事判决书、最后一次减刑裁定书、出监所鉴定表、假释证明书、社区矫正告知书、接受社区矫正保证书、送达回执等。

3. 人民法院决定暂予监外执行的，应向社区矫正机构送达的法律文书包括暂予监外执行决定书、起诉书、刑事判决书、结案登记表、执行通知书、暂予监外执行具保书、罪犯病情诊断、妊娠检查或生活不能自理的鉴别意见、社区矫正告知书、接受社区矫正保证书、送达回执等。

4. 公安机关、监狱管理机关批准暂予监外执行的，看守所或监狱应向社区矫正机构送达的法律文书包括暂予监外执行决定书、刑事判决书、暂予监外执行审判表、暂予监外执行具保书、罪犯病情诊断、妊娠检查或生活不能自理的鉴别意见、社区矫正告知书、接受社区矫正保证书、送达回执等。

（三）法律文书送达的时限

《社区矫正法》第20条对法律文书送达的时限作出明确的规定：

1. 社区矫正决定机关应当自判决、裁定或者决定生效之日起5日内通知执行地社区矫正机构。实践中有的社区矫正对象在判决、裁定、决定作出后，到执行地社区矫正机构报到，有的社区矫正机构暂时尚未收到法律文书，不知道社区矫正决定和对象的有关情况，工作衔接不顺，由于法律文书的制作和送达需要一定时间，因此法律规定社区矫正决定机关应当在5日内先通知负责执行工作的社区矫正机构，便于社区矫正机构提前做好相关工作准备和安排。通知的方式可以包括书面通知、电话通知等。

2. 社区矫正决定机关应当自判决、裁定或者决定生效之日起10日内将法律文书送达执行地社区矫正机构。社区矫正机构收到法律文书后，应当在5日内送达回执。此外，根据2016年最高人民法院、最高人民检察院、公安部、司法部《关于进一步加强社区矫正工作衔接配合管理的意见》的规定，人民法院决定暂予监外执行或者公安机关、监狱管理机关批准暂予监外执行的，交付时应当将罪犯的病情诊断、妊娠检查或者生活不能自理的意见等有关材料复印件一并送达执行地社区矫正机构。

法律规定社区矫正决定机关要提前通知社区矫正机构，其目的主要有：一是给社区矫正机构一定的准备时间，以便做好接收社区矫正对象的相关准备工作；二是社区矫正机构可以提前掌握社区矫正对象应当前来报到的最后时间期限，如果该期限届满时，社区矫正对象仍未报到，社区矫正机构应立即采取相关措施进行查找，以避免发生脱管漏管的情况。

（四）法律文书送达的对象

根据《社区矫正法》及《社区矫正法实施办法》的规定，社区矫正法律文书不仅应当送达执行地县级社区矫正机构，同时应当抄送、转送有关人民检察院、公安机关。

1. 社区矫正决定地与执行地在同一地方的，社区矫正决定机关应当将法律文书同时抄送人民检察院和执行地公安机关。如前所述，社区矫正决定机关包括人民法院、省级以上监狱管理机关或者设区的市一级以上公安机关，他们应当将判决书、裁定书、决定书等，除送达执行地社区矫正机构以外，还应当同时抄送人民检察院和执行地公安机关。

（1）关于抄送人民检察院。根据《社区矫正法》第8条第2款规定，……人民检察院依法对社区矫正工作实行法律监督。因此将社区矫正有关法律文书抄送人民检察院是人民检察院对社区矫正工作进行法律监督的必然要求。这里规定的人民检察院是指对社区矫正决定机关负有监督职责的相应人民检察院。

（2）关于抄送执行地公安机关。社区矫正工作由社区矫正机构负责具体实施，但做好社区矫正工作同样需要公检法等部门相互配合，共同开展工作。《社区矫正法》第8条第2款规定，人民法院、人民检察院、公安机关和其他有关部门依照各自职责，依法做好社区矫正工作……社区矫正机构在具体实施社区矫正工作中，需要公安机依法履职和开展有关工作予以配合，将社区矫正有关法律文书抄送执行地公安机关，一方面是公安机关依法履职和配合开展有关工作的要求；另一方面也是公安机关掌握社区治安有关情况的需要。抄送的对象是社区矫正执行地所在的县级公安机关。

2. 社区矫正决定地与执行地不在同一地方的，由执行地社区矫正机构将法律文书转送所在地的人民检察院、公安机关。对于社区矫正决定地与执行地在不同地方的，如果仍由社区矫正决定地向异地人民检察院、公安机关送达社区矫正法律文书，工作较为不便，因此本条从实际出发，规定社区矫正决定机关将有关法律文书送达执行地社区矫正机构后，由执行地社区所正机构再将法律文书转送所在地的人民检察院、公安机关。

二、核查文书材料

收到决定机关送达的法律文书材料，要认真核对并登记，应当于当日做好收文登记，将回执送达决定机关，核查法律文书是否齐全。法律文书不齐全或者有误的，应当及时通知或者函告决定机关补正。决定机关应当在5日内补齐，并送达执行地县级社区矫正机构。

附件 6-1

社区矫正法律文书补齐通知书

（存根）

（　　）字第　　　号

社区矫正对象＿＿＿＿＿＿，身份证号码＿＿＿＿＿＿＿＿＿，＿＿＿＿年＿＿月＿＿日经＿＿＿＿＿＿人民法院（公安局、监狱管理局）判处（宣告、裁定、决定）管制（缓刑、假释、暂予监外执行）。该社区矫正对象已于＿＿＿＿＿＿＿年＿＿月＿＿日到＿＿＿＿＿＿社区矫正机构报到。经查，未收到相关社区矫正法律文书（相关法律文书不齐全），根据《中华人民共和国社区矫正法》第二十条之规定，请于 5 日内补齐＿＿＿＿＿＿＿＿＿＿＿＿＿＿＿＿＿＿等相关法律文书。

发往机关＿＿＿＿＿＿＿人民法院（公安局、监狱管理局）、＿＿＿＿＿＿＿人民检察院。

填发人

批准人

填发日期　　年　月　日

附件 6-2

社区矫正法律文书补齐通知书

（　　）字第　　　号

社区矫正对象＿＿＿＿＿＿，身份证号码＿＿＿＿＿＿＿＿＿，＿＿＿＿年＿＿月＿＿日经＿＿＿＿＿＿人民法院（公安局、监狱管理局）判处（宣告、裁定、决定）管制（缓刑、假释、暂予监外执行）。该社区矫正对象已于＿＿＿＿＿＿年＿＿月＿＿日到＿＿＿＿＿＿社区矫正机构报到。经查，未收到相关社区矫正法律文书（相关法律文书不齐全），根据《中华人民共和国社区矫正法》第二十条之规定，请于 5 日内补齐＿＿＿＿＿＿＿＿＿＿＿＿＿＿＿＿＿＿等相关法律文书。

联系人：　　　　　　　　　　联系电话：

（公章）

年　月　日

说明：

1. 本文书根据《社区矫正法》第 20 条、第 21 条、第 22 条以及《社区矫正法实施办法》第 16 条的规定制作，用于在社区矫正对象报到时，社区矫正机构未收到法律文书或者法律文书不齐全，需要通知社区矫正决定机关在 5 日内送达或者补齐法律文书。

2. 文书字号由年度、社区矫正机构代字、类型代字、文书编号组成，使用阿拉伯数字，例"（2023）××矫补通字第 1 号"。存根和通知书应加盖骑缝章，存根存档，通知书送社区矫正决定机关。

3. "报到"应填写对社区矫正对象办理接收登记的社区矫正机构。

社区矫正法律文书补齐通知书

三、建立档案

根据司法实践，执行地县级社区矫正机构在法律文书及相关材料收齐后，应建立社区矫正档案，有关法律文书存入档案。社区矫正对象已办理过调查评估的，应当将调查评估档案归入社区矫正档案。如果社区矫正机构委托社区矫正对象居住地的司法所承担社区矫正相关工作，则应当在法律文书及相关材料收齐之日起 3 个工作日内将法律文书和相关材料复印件转送社区矫正对象居住地司法所，并通知其做好接收社区矫正对象的准备，并与受委托的司法所签订委托协议。

四、送达回执

社区矫正机构在确认法律文书及相关材料收齐，以及社区矫正对象确实属于本辖区管辖之后，应当在收到法律文书后 5 日内向社区矫正决定机关送达回执。

附件 6-3

社区矫正法律文书送达回执

送达文书内容			
受送达人的姓名、地址			
送达文书名称及件数	受送达人签收	代收人签收	送达人
	（公章） 年　月　日	年　月　日	
	年　月　日	年　月　日	

	年　月　日	年　月　日	
	年　月　日	年　月　日	
备注:			

填发人:

说明:

1. 本文书根据《社区矫正法》以及《社区矫正法实施办法》相关条款的规定制作,用于执行地社区矫正机构向社区矫正对象、社区矫正决定机关、执行地人民检察院、公安机关送达文书以及社区矫正机构之间、社区矫正机构与受委托司法所之间文书送达。

2. 送达回执一般直接送达签收,如果邮寄送达的可以将邮寄回执附送达回执上。

第三节　社区矫正对象的接收流程

一、矫正接收登记的期限、方式和对象

(一)社区矫正对象交付接收的期限

根据《社区矫正法》第21条第1款的规定,人民法院判处管制、宣告缓刑、裁定假释的社区矫正对象,应当自判决、裁定生效之日起十日内到执行地社区矫正机构报到。

(二)社区矫正对象交付接收的方式

根据《社区矫正法》第21条的规定,对不同类型的社区矫正对象交付接收的方式不同。总体上分为两类:一是自行报到;二是移送报到。

1. 自行报到。根据《社区矫正法》第21条第1款规定,人民法院判处管制、宣告缓刑、裁定假释的社区矫正对象,应当自判决、裁定生效之日起十日内到执行地社区矫正机构报到。因此,对于判处管制、宣告缓刑、裁定假释这三类社区矫正对象的交付接收方式是自行到执行地社区矫正机构报到。

2. 移送报到。

(1)人民法院决定暂予监外执行社区矫正对象的移送。根据《社区矫正法》第21条第2款规定,人民法院决定暂予监外执行的社区矫正对象,由看守所或者执行取保候审、监视居住的公安机关自收到决定之日起十日内将社区矫正对象移送社区矫正机构。移送的期限是上述看守所、公安机关自收到人民法院暂予监外执行决定书之日起10日以内。看守所或者公安机关应当按照本条规定履行移送职责,防止工作衔接不畅和漏管。

(2)监狱管理机关、公安机关批准暂予监外执行社区矫正对象的移送。根据《社区矫正法》第21条第3款规定，监狱管理机关、公安机关批准暂予监外执行的社区矫正对象，由监狱或者看守所自收到批准决定之日起十日内将社区矫正对象移送社区矫正机构。也就是由交付执行的监狱、看守所将其移送至执行地，与执行地社区矫正机构办理交接手续。

二、交付接收的程序

（一）核对法律文书、核实身份、办理登记接收手续

社区矫正对象前来报到时，执行地县级社区矫正机构工作人员应当依法接收，并核对法律文书、核实身份、住址等基本信息，核验无误后，办理登记接收手续。同时，对社区矫正对象是否按时报到进行审查，超出规定时限的，按照法律法规的相关规定给予处罚。

为保障刑事判决、刑事裁定和暂予监外执行的正确执行，预防和减少犯罪，在接收时还应核查社区矫正对象是否有出国（境）证照，如有，责令其上交社区矫正机构代为保管，社区矫正机构将此情况应及时通报给执行地公安机关。同时，告知社区矫正对象在社区矫正期间不得申请办理出国（境）证照，并让社区矫正对象填写《法定不批准出国（境）人员通报备案通知书》一式两份，一份送县（市、区）公安局出入境管理部门备案；另一份经县（市、区）公安局出入境管理部门确认后存入社区矫正对象档案。

附件6-4

法定不批准出境人员通报备案通知书

姓名		性别		民族		照片
出生地			出生日期			
文化程度		婚姻状况		身份证号码		
出入境证件名称及号码						
工作单位			电话			
现住址			电话			
户口所在地						
通报备案期限	年 月 日至 年 月 日					
通报备案事由和法律依据	该____因犯_____罪于_____年_____月_____日被____机关判处、决定_____，社区矫正期限为：_____。根据出入境相关规定，呈请报备，当否，请审批。					
通报单位意见	负责人签名：（公章）年 月 日		审批机关意见	负责人签名：（公章）年 月 日		
联系人		填表时间		联系电话		

公安（分）局出入境管理（处、科）　　　　通报单位：

接收人签名：_____　　　　　　　　　报送人签名：_____

年 月 日　　　　　　　　　　　　　　　年 月 日

（二）采集并录入矫正对象的基本信息

执行地县级社区矫正机构接收社区矫正对象后，应当采集其基本情况、指纹或者面部等信息，录入社区矫正工作系统，并制作《社区矫正对象基本信息表》一式两份，一份存入社区矫正对象档案，另一份转递司法所。

附件 6-5

社区矫正对象基本信息表

单位：　　　　　　编号：　　　　　　填表日期：

姓名		曾用名		身份证号码				照片
性别		民族		出生日期				
文化程度		健康状况		原政治面貌		婚姻状况		
居住地								
户籍地								
所在工作单位（学校）				联系电话				
个人联系电话								
罪名		刑种			原判刑期			
社区矫正决定机关			原羁押场所					
禁止令内容			禁止期限起止日					
矫正类别			矫正期限			起止日		
法律文书收到时间及种类					接收方式及报到时间			
在规定时限内报到			超出规定时限报到			未报到且下落不明		
主要犯罪事实								
本次犯罪前的违法犯罪记录								
个人简历								

续表

家庭成员及主要社会关系	
备注	

注：此表抄报居住地公安机关。

社区矫正对象基本信息表

说明：

1. 本文书根据《社区矫正法》第 22 条以及《社区矫正法实施办法》第 17 条的规定制作。

2. "户籍地"以居民身份证、户籍证明为准，"居住地"应填写社区矫正对象具体住所，"执行地"应填写执行社区矫正的区、县。

3. 该文书由执行地县级社区矫正机构在社区矫正对象报到时填写，一式两份，执行地县级社区矫正机构存档，抄送执行地县级公安机关一份。委托司法所进行管理的，可复印一份送司法所。

4. 社区矫正对象执行地变更的，新执行地县社区矫正机构应重新填写此表，并与执行地变更的其他法律文书一并抄送新执行地县级公安机关。

（三）建立社区矫正档案

在相关法律文书齐备后，社区矫正机构应当建立社区矫正对象矫正档案。已办理过社区矫正调查评估，应将调查评估材料归入矫正档案。根据《社区矫正法实施办法》第 18 条规定："执行地县级社区矫正机构接收社区矫正对象后，应当建立社区矫正档案，包括以下内容：（一）适用社区矫正的法律文书；（二）接收、监管审批、奖惩、收监执行、解除矫正、终止矫正等有关社区矫正执行活动的法律文书；（三）进行社区矫正的工作记录；（四）社区矫正对象接受社区矫正的其他相关材料。接受委托对社区矫正对象进行日常管理的司法所应当建立工作档案。"

（四）确定矫正小组

1. 确定矫正小组成员。矫正小组是指社区矫正对象在矫正期限内，对社区矫正对象进行监督管理、教育帮扶的工作人员组成的群体。《社区矫正法》第 25 条规定："社区矫正机构应当根据社区矫正对象的情况，为其确定矫正小组，负责落实相应的矫正方案。

根据需要，矫正小组可以由司法所、居民委员会、村民委员会的人员，社区矫正对象的监护人、家庭成员，所在单位或者就读学校的人员以及社会工作者、志愿者等组成。社区矫正对象为女性的，矫正小组中应有女性成员。"

第52条第2款规定："社区矫正机构为未成年社区矫正对象确定矫正小组，应当吸收熟悉未成年人身心特点的人员参加。"

《社区矫正法实施办法》第19条第1款规定："执行地县级社区矫正机构、受委托的司法所应当为社区矫正对象确定矫正小组，与矫正小组签订矫正责任书，明确矫正小组成员的责任和义务，负责落实矫正方案。"

2. 明确矫正小组的职责。《社区矫正法实施办法》第19条第2款规定，矫正小组主要开展下列工作。（一）按照矫正方案，开展个案矫正工作。（二）督促社区矫正对象遵纪守法，遵守社区矫正规定。（三）参与对社区矫正对象的考核评议和教育活动。（四）对社区矫正对象走访谈话，了解其思想、工作和生活情况，及时向社区矫正机构或者司法所报告。（五）协助对社区矫正对象进行监督管理和教育帮扶。（六）协助社区矫正机构或者司法所开展其他工作。

为了更好地发挥矫正小组的作用，社区矫正机构或者受委托的司法所应当与矫正小组成员签订一份社区矫正责任书。

附件6-6

社区矫正责任书

为了共同做好社区矫正对象＿＿＿＿＿＿＿的监督管理和教育帮助，提高矫正质量，社区矫正机构/司法所与矫正小组签订本责任书，共同遵守。

一、社区矫正机构或者司法所具体做好以下工作：

1. 指导矫正小组对社区矫正对象进行监督管理和教育帮扶；

2. 认真听取矫正小组成员反映的情况并及时处理有关事宜。

二、矫正小组具体做好以下工作：

1. 协助对社区矫正对象进行监督管理和教育帮助；

2. 督促社区矫正对象按要求向社区矫正机构/司法所报告有关情况、参加学习及公益活动，自觉遵守有关监督管理规定；

3. 定期向社区矫正机构/司法所反映社区矫正对象遵纪守法、学习、日常生活和工作等情况；

4. 发现社区矫正对象有违法犯罪或违反监督管理规定的行为，及时向社区矫正机构/司法所报告；

5. 根据小组成员所在单位和身份确定的其他社区矫正事项。

（公章）　　　　　　　　　　矫正小组（成员签字）：

＿＿＿＿年＿＿＿月＿＿＿日

（五）开展入矫谈话

根据《社区矫正法实施办法》第 43 条的规定，入矫谈话是社区矫正机构接收社区矫正对象之后，为实现使之尽快适应社区矫正生活而进行的以权利义务、认罪悔罪和矫正意识等为内容的谈话。社区矫正对象入矫后应当及时对其开展入矫谈话教育。入矫谈话要核对社区矫正对象的基本信息，包括社区矫正对象的姓名、性别、出生日期、文化程度、矫正类别、罪名、刑期、矫正期限、起止日期、户籍所在地、现住址、工作单位、联系方式。

社区矫正机构工作人员应根据调查评估的结果，结合社区矫正对象的具体情况和特点，有针对性地进行个性化教育谈话。谈话对象不同、目的不同，谈话的内容和重点也随之不同。

案例 6-2

潘某，男，1977 年 10 月 8 日出生，高中文化，户籍地及居住地 H 省 T 市 L 市，目前无业。2021 年 3 月 26 日，因犯交通肇事罪被 H 省 N 县人民法院判处有期徒刑九个月，缓刑一年，缓刑考验期间自 2021 年 4 月 7 日起至 2022 年 4 月 6 日止。2021 年 4 月 15 日，潘某携带《接受社区矫正对象报到通知书》《社区矫正对象基本信息表》《社区矫正对象须知》等一系列规定材料到受委托的 Y 司法所报到，司法所对其组织了入矫宣告，并进行了入矫谈话教育。

请根据所给材料和所学知识，制作一份《入矫教育谈话笔录》。

参考实例如下：

附件 6-7

入矫教育谈话笔录（参考）

时间　2021　年　4　月　15　日　9　时　00　分至　2021　年　4　月　15　日　9　时　30　分

地点　　Y 司法所

谈话人　　　王某某　　　　　　工作单位　　　Y 司法所所长

记录人　　　唐某某　　　　　　工作单位　　　Y 司法所工作人员

矫正对象姓名　潘某　性别　男　出生日期　1977 年 10 月 8 日文化程度　高中

矫正类别缓刑罪名交通肇事罪刑期有期徒刑九个月矫正期限一年起止时间 2021 年 4 月 7 日起至 2022 年 4 月 6 日止

户籍所在地　　　　H 省 T 市 L 市　　　　现住址　　　　H 省 T 市 L 市

工作单位　　　　　无　　　　　　联系方式　　××××××××××

问：我们是　　Y　司法所工作人员，现在依法对你进行入矫谈话，并向你了解相关情况，告知你在社区矫正期间的权利义务以及应遵守的有关规定。现向你宣读社区矫正期间的权利义务和应遵守的有关规定（略）。你对刚才宣读的内容是否清楚？

答：已经了解清楚。

问：你作为一名社区矫正对象，是否明确自己的身份，能否认罪服法，自觉接受社区矫正，积极改造？

答：是。

问：你的犯罪原因是什么？何时被何地法院判何罪？刑期是多久？

答：犯罪原因是因为疲劳驾驶导致发生交通事故，2021年3月26日，因交通肇事罪被H省N县人民法院判处有期徒刑九个月，缓刑一年，缓刑考验期间自2021年4月7日起至2022年4月6日止。

问：对你所犯的罪行和惩罚，你有何认识？

答：我深刻认识到自己的犯罪行为所带来的严重后果，对自己的犯罪行为深感内疚，我愿意认罪服法，自觉接受社区矫正，积极改造，以自己的实际行动弥补罪过，争做一名合格公民，早日顺利解矫回归社会。

问：介绍一下你的家庭成员情况和主要社会关系？

答：家里成员主要有父母、妻子、女儿。社会关系主要有亲戚和一些货车司机朋友。

问：你目前的家庭经济情况和生活来源如何？

答：犯罪前我的职业是大货车司机，妻子在打工，父母在老家务农，女儿在上学，家庭经济条件一般。犯罪后由于驾驶证被吊销，无法再从事原来的工作，目前上有老下有小，仅靠妻子打工微薄收入支撑家庭开支，家庭经济情况较为困难。

问：在今后接受社区矫正期间有何打算，你准备怎么做？

答：在社区矫正期间，我一定服从监管和教育学习安排，严格执行社区矫正的各项规定。

问：从今天开始，你正式接受社区矫正，你有什么要说的吗？

答：我一定认真接受社区矫正，争取早日顺利解矫。

问：你愿意配合司法所和矫正小组对你进行监管和帮扶吗？

答：我愿意。

问：在社区矫正期间要随时保持电话畅通，并做到随叫随到，你能做到吗？

答：我能做到。

问：在社区矫正期间有无其他困难？

答：目前我没有工作，家庭经济较为困难，希望社区矫正小组能提供求职方面的帮助。

问：今天是对你入矫的第一次谈话，目的是让你了解社区矫正的监督管理规定和违反规定的法律后果，希望你严格遵守法律法规和社区矫正的管理制度，认真接受矫正。你能做到吗？

答：我一定严格遵守法律和社区矫正的各项制度。

问：你是否还有其他需要说明的问题？

答：没有了。

问：以上回答是否是事实？

答：是。

以上笔录我已看过，跟我说的一致。

社区矫正对象签名（指印）潘某

<u>2021</u> 年 <u>4</u> 月 <u>15</u> 日

入矫教育谈话笔录

（六）组织入矫宣告

1. 入矫宣告的内容。根据《社区矫正法实施办法》第 20 条的规定，执行地县级社区矫正机构接收社区矫正对象后，应当组织或者委托司法所组织入矫宣告。入矫宣告包括以下内容：（一）判决书、裁定书、决定书、执行通知书等有关法律文书的主要内容；（二）社区矫正期限；（三）社区矫正对象应当遵守的规定、被剥夺或者限制行使的权利、被禁止的事项以及违反规定的法律后果；（四）社区矫正对象依法享有的权利；（五）矫正小组人员组成及职责；（六）其他有关事项。宣告由社区矫正机构或者司法所的工作人员主持，矫正小组成员及其他相关人员到场，按照规定程序进行。宣告后，社区矫正对象应当在书面材料上签字，确认已经了解所宣告的内容。

未成年社区矫正对象的入矫宣告不公开进行。入矫宣告后，社区矫正工作人员还要带领社区矫正对象宣读入矫誓词。

附件 6-8

社区矫正对象入矫誓词

我是×××，在此庄严宣誓，认罪伏法，痛改前非，接受社区矫正，遵守社区矫正法律法规，服从工作人员管理，接受志愿者监督，改造自己，重新做人，做一个对社会、对他人有益的人。

今后，无论做任何事都要牢记做人的行为准则，努力学习法律知识，用法律约束自身的行为，遵守国家法律、法规、政策，不断丰富自身，用法律来规范自己的一切言行。积极参加社区矫正机构组织的各项活动，不怕苦、不怕累，奉献自己的爱心，帮助、关心周围的群众，多做一些有益于社会和群众的事，用自己的实际行动来回报社会，做一个讲诚信、讲公德、有责任、有爱心、有觉悟的合格守法公民。

2. 入矫宣告程序。

（1）宣告准备。执行地县级社区矫正机构应根据实际情况，与受委托法所协商入矫宣告的组织安排，确定宣告仪式主持人，宣告地点、场所、时间和参加人员等事项。入矫宣告一般在社区矫正中心宣告室进行。入矫宣告前需准备好会场，以及入矫宣告所需文书材料和社区矫正对象签收表格。

（2）宣告通知。入矫宣告前3日，通知社区矫正对象、矫正小组成员、社区矫正对象的监护人（保证人）等有关人员到场。

根据需要邀请公安机关、检察机关相关人员，以及村（居）民委会代表等矫正小组成员参加。

（3）开展宣告。社区矫正宣告仪式由宣告人主持，按照如下程序和规定进行：

一是宣布宣告开始及现场纪律。

二是宣读《执行通知书》等有关法律文书。

三是宣读《宣告书》。在司法部《社区矫正宣告书》"一"中增加：社区矫正期间不准出境的规定；"三"中增加：《社区矫正法》第34条第2款规定的权利。

四是社区矫正对象在宣告书上签字确认。

五是发放社区矫正宣告书。

六是签订责任书。

七是宣告人宣布宣告仪式结束退场。

（4）入矫教育。组织参与宣告仪式的公安机关、检察机关相关人员和常正小组成员等，对社区矫正对象开展谈话教育。

（七）书面告知其权利义务

为了使社区矫正对象尽快进入角色，并牢记自己在社区矫正过程中的权利义务，在入矫宣告完成后，社区矫正机构还会给社区矫正对象发放书面的权利义务告知书。

1. 权利告知。书面告知社区矫正对象在社区矫正期间依法享有以下权利：①人格尊严不受侮辱；②人身安全和合法财产不受侵犯；③在就学、就业和享有社会保障等方面不受歧视；④享有辩护、申诉、控告、检举以及其他未被依法剥夺或限制的权利。

2. 义务告知。社区矫正对象按照《社区矫正法》《社区矫正法实施办法》《刑法》《刑事诉讼法》等规定，履行以下义务：严格遵守国家法律、法规、禁止令和有关管理规定；积极参加学习、教育和公益活动；定期报告思想、活动情况；发生居所变化、工作变动、家庭重大变故以及接触对其矫正产生不利影响人员的，应当及时报告；迁居或离开所居住的市、县，必须经社区矫正机构批准；服从其他监督管理规定。

3. 特殊情况的告知。被决定保外就医的社区矫正对象在接受社区矫正期间，同时应当遵守下列规定：在指定的医院接受治疗；确需转院或者离开所居住区域时，应当经社区矫正机构批准；治疗疾病以外的社会活动，应当经社区矫正机构批准；定期向司法所报告本人身体情况和提交病情复查情况。

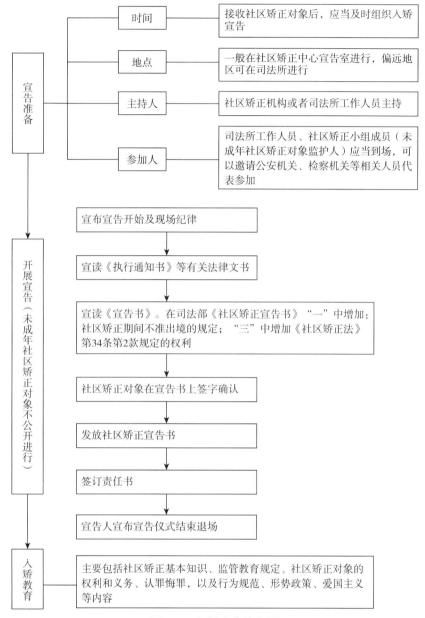

图 6-1　入矫宣告流程图

被宣告禁止令的社区矫正对象应根据禁止令的规定，避免进入特定区域、场所，接触特定的人，如确需进入，需经过申请审批。

（八）通报相关机关

执行地社区矫正机构填写《社区矫正对象报到情况通知单》，送原裁判人民法院、执行地人民检察院、执行地公安机关。对于暂予监外执行的，在办理人员接收时，交负责移送的公安或监狱干警。对假释类社区矫正对象，抄送原服刑监狱、看守所。

附件 6-9

社区矫正对象报到情况通知单

单位：＿＿＿＿＿＿＿＿县（市、区、旗）司法局

姓名	性别	罪名	社区矫正决定机关	裁判书号及裁判时间	社区矫正类别	规定报到时限	已在规定时限报到	超出规定时限报到	未报到并下落不明
备注									

注：送＿＿＿＿＿＿＿＿＿＿人民法院，抄报＿＿＿＿＿＿＿＿人民检察院、＿＿＿＿＿＿＿＿公安（分）局，＿＿＿＿＿＿＿＿＿＿＿＿＿＿监狱（看守所）。

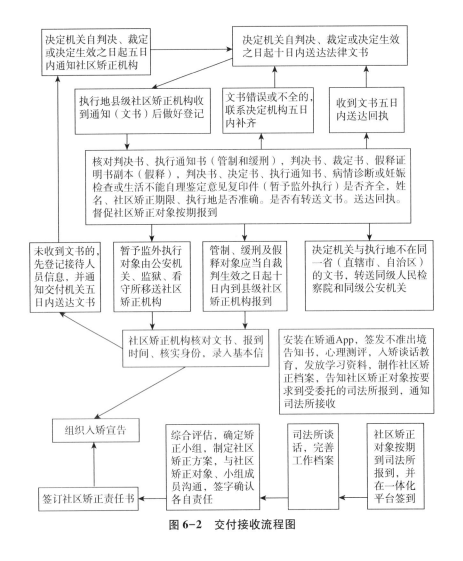

图 6-2　交付接收流程图

三、特殊情况处置

1. 对自行报到确有困难的社区矫正对象的接收方式。《社区矫正法实施办法》第 17 条第 1 款规定："……对社区矫正对象存在因行动不便、自行报到确有困难等特殊情况的，社区矫正机构可以派员到其居住地等场所办理登记接收手续。"

2. 对报到时法律文书未送达或法律文书不全的社区矫正对象的接收方式。根据《社区矫正法实施办法》第 16 条第 2 款的规定："社区矫正对象前来报到时，执行地县级社区矫正机构未收到法律文书或者法律文书不齐全，应当先记录在案，为其办理登记接收手续，并通知社区矫正决定机关在五日内送达或者补齐法律文书。"

3. 对未按时报到的社区矫正对象的处置。社区矫正对象未按时报到，但相关法律文书已经送达的，社区矫正机构应当及时组织查找，公安机关等有关单位和人员应当予以配合协助。社区矫正机构应当及时将有关情况书面通报社区矫正决定机关和人民检察院。如果社区矫正机构能够联系上社区矫正对象的，应当督促其立即报到，并告知其不报到的法律后果；如果联系不上社区矫正对象，需要向其居住的村（居）委会说明情况，并了解社区矫正对象去向，向其监护人、亲属书面告知社区矫正对象未按规定的时间报到及其需要承担的法律后果。对社区矫正对象未按规定时间报到或逃避监管的，社区矫正机构根据不同情况给予不同的处罚。

4. 对暂予监外执行的罪犯服刑地与居住地不一致的情况处置。根据《社区矫正法实施办法》第 17 条第 2 款的规定："……罪犯原服刑地与居住地不在同一省、自治区、直辖市，需要回居住地暂予监外执行的，原服刑地的省级以上监狱管理机关或者设区的市一级以上公安机关应当书面通知罪犯居住地的监狱管理机关、公安机关，由其指定一所监狱、看守所接收社区矫正对象档案，负责办理其收监、刑满释放等手续。对看守所留所服刑罪犯暂予监外执行，原服刑地与居住地在同一省、自治区、直辖市的，可以不移交档案。"

拓展学习

矫正接收流程图[1]

入矫宣告操作流程

实训要求

1. 教师讲解（介绍实训步骤、注意事项）。

2. 阅读准备好的实训案例。

---

〔1〕　资料源于北京市房山区司法局编制的内部资料《房山区社区矫正执法办案流程指南》。

3. 根据实训需要将学生分成若干小组，进行组内角色和任务分配。

4. 根据案例中所提供资料小组组织准备入矫宣告仪式所需材料。

5. 明确组织入矫宣告仪式各环节的内容。

6. 小组开展模拟组织入矫宣告仪式。

7. 指导教师进行点评总结，每组学生根据教师的点评总结找出不足。

实训案例 6-1

郑某，男，1977 年 2 月出生，户籍地、居住地均为 T 市 H 区，因犯销售伪劣产品罪于 2018 年 12 月被 H 省 L 经济技术开发区人民法院判处有期徒刑三年，缓刑五年，并处罚金人民币 40 万元。缓刑考验期自 2019 年 1 月 9 日起至 2024 年 1 月 8 日止，按照法院相关法律文书要求，郑某按期至社区矫正机构办理报到手续，由执行地受委托的司法所对其进行日常监管教育。

根据案例，请同学们运用本章所学的知识完成以下实训任务：

1. 制作入矫宣告所需各类文书材料。

2. 设计入矫宣告方案。

3. 模拟组织入矫宣告仪式。

实训案例 6-2

邢某，男，1963 年 7 月出生，户籍地、居住地均为 H 省 S 市 L 区某镇。因犯故意伤害罪被 H 省 S 市 L 区人民法院判处有期徒刑 10 个月，缓刑一年，缓刑考验期自 2021 年 7 月 13 日起至 2022 年 7 月 12 日止。2021 年 7 月 16 日，邢某到 H 省 S 市 L 区社区矫正机构报到，由执行地受委托的司法所负责对其进行社区矫正期间的监督管理与教育帮扶。

根据案例，请同学们运用本章所学的知识讨论：人民法院对邢某宣告缓刑后，应向社区矫正机构交付哪些法律文书及相关材料？

实训案例 6-3

张某，男，1988 年 1 月 18 日出生，户籍所在地 S 省 T 市。2019 年 12 月 23 日，因犯非法出售珍贵、濒危野生动物制品罪被 S 省 T 市 X 区人民法院判处有期徒刑 5 年，罚金 1 万元（已履行），刑期自 2018 年 8 月 30 日起至 2023 年 8 月 29 日止。2020 年 5 月 17 日交付 T 监狱服刑改造，2020 年 7 月 29 日调入 Q 监狱。2022 年 12 月 31 日，L 市中级人民法院经审理，认为罪犯张某在服刑改造期间，能够认罪悔罪，认真遵守监规，接受教育改造，确有悔改表现，再犯罪危险评估属于低犯罪风险，司法行政机关亦同意将其纳入社区矫正。假释考验期自 2022 年 12 月 31 日起至 2023 年 8 月 29 日止，假释考验期间内依法实行社区矫正。

根据案例，请同学们运用本章所学的知识讨论：人民法院对张某裁定假释后，Q 监狱应向社区矫正机构交付哪些法律文书及相关材料？张某被假释后，以哪种方式到其执行地县级社区矫正机构报到？

思考题

1. 什么是矫正接收？矫正接收在社区矫正工作中发挥什么作用？
2. 如何完成社区矫正法律文书的接收流程？
3. 在矫正接收环节缓刑类社区矫正对象应当包含哪些法律文书？
4. 如何完成社区矫正对象的接收流程？
5. 简述矫正接收工作的特殊情况及处置方式。

附：矫正接收的法律依据

（一）《社区矫正法》的相关规定

第 17 条　社区矫正决定机关判处管制、宣告缓刑、裁定假释、决定或者批准暂予监外执行时应当确定社区矫正执行地。

社区矫正执行地为社区矫正对象的居住地。社区矫正对象在多个地方居住的，可以确定经常居住地为执行地。

社区矫正对象的居住地、经常居住地无法确定或者不适宜执行社区矫正的，社区矫正决定机关应当根据有利于社区矫正对象接受矫正、更好地融入社会的原则，确定执行地。

本法所称社区矫正决定机关，是指依法判处管制、宣告缓刑、裁定假释、决定暂予监外执行的人民法院和依法批准暂予监外执行的监狱管理机关、公安机关。

第 18 条　社区矫正决定机关根据需要，可以委托社区矫正机构或者有关社会组织对被告人或者罪犯的社会危险性和对所居住社区的影响，进行调查评估，提出意见，供决定社区矫正时参考。居民委员会、村民委员会等组织应当提供必要的协助。

第 19 条　社区矫正决定机关判处管制、宣告缓刑、裁定假释、决定或者批准暂予监外执行，应当按照刑法、刑事诉讼法等法律规定的条件和程序进行。

社区矫正决定机关应当对社区矫正对象进行教育，告知其在社区矫正期间应当遵守的规定以及违反规定的法律后果，责令其按时报到。

第 20 条　社区矫正决定机关应当自判决、裁定或者决定生效之日起五日内通知执行地社区矫正机构，并在十日内送达有关法律文书，同时抄送人民检察院和执行地公安机关。社区矫正决定地与执行地不在同一地方的，由执行地社区矫正机构将法律文书转送所在地的人民检察院、公安机关。

第 21 条　人民法院判处管制、宣告缓刑、裁定假释的社区矫正对象，应当自判决、裁定生效之日起十日内到执行地社区矫正机构报到。

人民法院决定暂予监外执行的社区矫正对象，由看守所或者执行取保候审、监视居住的公安机关自收到决定之日起十日内将社区矫正对象移送社区矫正机构。

监狱管理机关、公安机关批准暂予监外执行的社区矫正对象，由监狱或者看守所自收到批准决定之日起十日内将社区矫正对象移送社区矫正机构。

第 22 条 社区矫正机构应当依法接收社区矫正对象，核对法律文书、核实身份、办理接收登记、建立档案，并宣告社区矫正对象的犯罪事实、执行社区矫正的期限以及应当遵守的规定。

（二）《社区矫正法实施办法》的相关规定

第 15 条 社区矫正决定机关应当对社区矫正对象进行教育，书面告知其到执行地县级社区矫正机构报到的时间期限以及逾期报到或者未报到的后果，责令其按时报到。

第 16 条 社区矫正决定机关应当自判决、裁定或者决定生效之日起五日内通知执行地县级社区矫正机构，并在十日内将判决书、裁定书、决定书、执行通知书等法律文书送达执行地县级社区矫正机构，同时抄送人民检察院。收到法律文书后，社区矫正机构应当在五日内送达回执。

社区矫正对象前来报到时，执行地县级社区矫正机构未收到法律文书或者法律文书不齐全，应当先记录在案，为其办理登记接收手续，并通知社区矫正决定机关在五日内送达或者补齐法律文书。

第 17 条 被判处管制、宣告缓刑、裁定假释的社区矫正对象到执行地县级社区矫正机构报到时，社区矫正机构应当核对法律文书、核实身份，办理登记接收手续。对社区矫正对象存在因行动不便、自行报到确有困难等特殊情况的，社区矫正机构可以派员到其居住地等场所办理登记接收手续。

暂予监外执行的社区矫正对象，由公安机关、监狱或者看守所依法移送至执行地县级社区矫正机构，办理交付接收手续。罪犯原服刑地与居住地不在同一省、自治区、直辖市，需要回居住地暂予监外执行的，原服刑地的省级以上监狱管理机关或者设区的市一级以上公安机关应当书面通知罪犯居住地的监狱管理机关、公安机关，由其指定一所监狱、看守所接收社区矫正对象档案，负责办理其收监、刑满释放等手续。对看守所留所服刑罪犯暂予监外执行，原服刑地与居住地在同一省、自治区、直辖市的，可以不移交档案。

第 18 条 执行地县级社区矫正机构接收社区矫正对象后，应当建立社区矫正档案，包括以下内容：

（一）适用社区矫正的法律文书；

（二）接收、监管审批、奖惩、收监执行、解除矫正、终止矫正等有关社区矫正执行活动的法律文书；

（三）进行社区矫正的工作记录；

（四）社区矫正对象接受社区矫正的其他相关材料。

接受委托对社区矫正对象进行日常管理的司法所应当建立工作档案。

第 19 条 执行地县级社区矫正机构、受委托的司法所应当为社区矫正对象确定矫正小组，与矫正小组签订矫正责任书，明确矫正小组成员的责任和义务，负责落实矫正方案。

矫正小组主要开展下列工作：

（一）按照矫正方案，开展个案矫正工作；

（二）督促社区矫正对象遵纪守法，遵守社区矫正规定；

（三）参与对社区矫正对象的考核评议和教育活动；

（四）对社区矫正对象走访谈话，了解其思想、工作和生活情况，及时向社区矫正机构或者司法所报告；

（五）协助对社区矫正对象进行监督管理和教育帮扶；

（六）协助社区矫正机构或者司法所开展其他工作。

第 20 条　执行地县级社区矫正机构接收社区矫正对象后，应当组织或者委托司法所组织入矫宣告。

入矫宣告包括以下内容：

（一）判决书、裁定书、决定书、执行通知书等有关法律文书的主要内容；

（二）社区矫正期限；

（三）社区矫正对象应当遵守的规定、被剥夺或者限制行使的权利、被禁止的事项以及违反规定的法律后果；

（四）社区矫正对象依法享有的权利；

（五）矫正小组人员组成及职责；

（六）其他有关事项。

宣告由社区矫正机构或者司法所的工作人员主持，矫正小组成员及其他相关人员到场，按照规定程序进行。宣告后，社区矫正对象应当在书面材料上签字，确认已经了解所宣告的内容。

第七章　危险评估

学习目标

知识目标：掌握社区矫正危险评估的概念、作用及其法律依据，熟悉危险评估工具的代际发展，了解中国危险评估工具的智能化实践探索；掌握危险评估的两大维度，学习国外常用的第三代和第四代危险评估工具基本介绍；掌握分阶段实施危险评估的不同的要求。

技能目标：具备危险评估的信息采集、测评方法以及实施技能；危险评估测评应用技能；掌握流程，重点掌握危险评估报告制作技能。

素质目标：培养理性思维能力、实证主义方法论思想，具有高度的社会责任感和社区安全意识，具备求真务实、审慎严谨、科学规范、公平公正的危险评估职业素养。

学习重点

危险评估笔录的实施流程；危险评估报告的撰写。

知识树

危险评估
├─ 危险评估概述
│　　├─ 危险评估的概念及作用
│　　├─ 危险评估的法律依据
│　　├─ 国外危险评估工具的代际发展
│　　└─ 中国危险评估工具的智能化实践
└─ 危险评估的维度及其工具
　　　├─ 危险评估的维度
　　　└─ 外国危险评估工具介绍

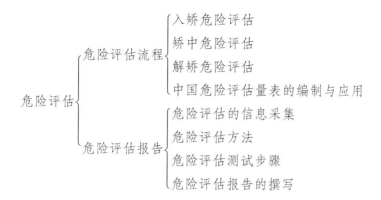

案例 7-1

1. 基本资料。叶某，男，1990 年 8 月 17 日出生，公民身份证号码 342×××19900817×××，Z 省 H 市人，汉族，高中文化，无职业，户籍所在地 H 市 M 村××组××号。因为涉嫌网络诈骗罪，根据（2021）浙××××刑初××号刑事判决，被判有期徒刑六个月，缓刑一年，并处罚金人民币 10 000 元。原判已发生法律效力并交付执行，缓刑考验期自 2021 年 11 月 22 日起至 2022 年 11 月 21 日止。

2. 个人成长史。叶某目前未婚，曾在 H 市×××汽车美容室从事汽车美容行业，后因为被判刑失去工作。住在 H 市 X 区 R 街道，父母离异，跟随父亲生活。父亲叶某某现在外地工作，在 R 街道有奶奶、姑姑等亲人。叶某每月除到司法所报告外，基本回家三四趟左右。

3. 犯罪事实。2021 年 3 月 26 日，被告人叶某在 Z 省 H 市 X 区某小区××幢××单元××室其家内，通过百度贴吧得知被害人赵某售卖其街头篮球游戏账号后，主动联系赵某假称购买游戏账号，采取冒充中介人员身份、伪造虚造转账记录的方式，获得赵某信任后骗得该街头篮球游戏账号。经 H 市 X 区价格认证中心认定，涉案游戏账号价值为人民币 5230 元。2021 年 9 月 28 日，被告人叶某在家中被公安人员抓获归案，公安人员从其处缴获工具电脑箱一台。归案后，被告人叶某如实供述了上述犯罪事实。

4. 监管表现。刚接受社区矫正时，叶某失去了工作，没有收入，生活极不安定，思想波动也很大，每次到司法所参加学习或活动时，情绪都很低落，总是回避人群，显得十分孤僻。于 2021 年 12 月 14 日私自不带监管手机进入网吧场所，被给予训诫处罚。叶某在明知外出需要办理请假手续的情况下，仍认为"短时间离开是没有关系的"的侥幸心理私自外出，结果因为私自外出被警告一次。后续表现都较为良好，积极配合社区矫正工作的开展，并且将伪造与判别虚假转账记录的技术全部供述给了警方，为 H 市公安和司法系统针对网络诈骗犯罪提供较大帮助。

在接下来的社区矫正监管中如何预防叶某再次诈骗？社区矫正机构如何对叶某进行危险评估？如何根据风险测评、社区矫正需要测评以及心理测评结果划分危险等级？如何进行高致罪因素分析和社区矫正需要分析？如何有针对性地提出矫正建议或措施，预防叶某重新犯罪？本章节"危险评估"将从实证主义视角为你打开解决思路。

第一节　危险评估概述

一、危险评估的概念及作用

（一）危险评估的定义

危险评估，又称人身危险性评估，是指社区矫正机构在判决前、入矫后、解矫前通过对社区矫正对象进行再犯可能性、对社会所造成的危害程度以及社区矫正需要等维度进行评估和预测，为干预措施提供参考的活动。

危险评估包括再犯险评估和需要评估两个维度。再犯危险评估是指运用科学的方法预测社区矫正对象再犯可能性以及对社会所造成的危害程度所形成一系列的评估手段和方法。具体是指对其人格上存在的实施犯罪行为以及其他严重违法和社会越轨行为的危险倾向的有无及大小所作的评估和预测。需要评估是针对社区矫正对象的社区矫正需要和基本生活需求所做的评估和预测。

危险评估通常使用精算的方法来预测未来犯罪或不当行为的可能性。危险评估算法是利用与犯罪有统计相关性的风险因素（包括危险因素和保护因素）编写统计公式，以预测目标结果发生概率的统计模型，这一功能通常是通过将个体特征变量结合到风险评分中来实现的。评分系统通常使用数据统计技术和启发式算法创建，以考虑每个风险因素如何影响特定结果的预测，最终根据个人在算法中得到的分数将其划分为不同的风险等级。

危险评估在内容上与调查评估（第五章）有重叠，但二者在应用时间与应用目的上截然不同。从时间上严格划分，调查评估是作为适用社区矫正的前置程序，此时危险后果及可能性并未实际发生；危险评估进行时，社区矫正对象已经入矫，危险的可能性已经发生。从目的上来看，调查评估是在司法机关对罪犯裁判以监禁刑或非监禁刑的刑罚执行措施之前，为法官决定其刑罚执行方式提供参考依据；危险评估的目的则在于为社区矫正机构对罪犯进行分级管理，对危险大的罪犯强化监督，甚至送回监狱，保证社会的安全，对危险性小的罪犯减少人力、物力的投入，从而科学的配置社区矫正资源。

根据司法部社区矫正管理局的统计数据，截至 2019 年底，全国累计接收社区矫正对象 478 万人，解除 411 万人，在矫 67 万人。社区矫正对象在矫期间重新违法犯罪率一直保持在 0.2%，低于国际平均水平。[1] 这与刑释人员再犯罪比例相比，处于比较低的水平（全国平均再犯率约为 8%）[2]。但值得注意的是，社区矫正对象再犯罪率是以社区矫正期间作为统计标准，与刑满释放人员重新犯罪率的计算口径并不相同，因此，直接将这两

---

〔1〕《司法部：全国累计接受社区矫正对象已达 478 万》，载 https：//www.sohu.com/a/363316339_123753，最后访问日期：2024 年 10 月 20 日。

〔2〕《我国刑满释放人员重新犯罪率保持在 8% 左右低水平》，载 http：//news.xinhuanet.com/newscenter/2004-10/25/content_2136935.htm，最后访问日期：2016 年 4 月 18 日。

个数据进行简单的比较，并不具有实质的意义。从 2018 年至 2020 年这三年间，浙江省在册社区矫正对象再犯罪的数量共计 163 起，再犯罪率不超过 0.1%、持续低于 0.2% 的全国平均水平，虽然比例很低，但这些再犯罪所带来的后果不容忽视。通过分析研判这 163 起社区矫正对象再犯罪案件，发现再犯罪的社区矫正对象以男性居多；集中于中青年阶段；低学历为主；基本处于无业或无固定工作且低收入的就业状态；再犯罪的罪名相对集中，前后罪的关联性较强；入矫 1 年内的再犯罪占比较高。[1]

结合司法部的数据统计和部分地方司法局的社区矫正工作，可以看出，社区矫正对象再次犯罪情况在数据上表现令人满意，这反映出我国社区制度效果发挥较好，基本达到制度设立之初的愿景。但是也必须认识到，社区矫正对象仍具有一定的人身危险性，如果这种潜在的风险没有经过评估并作为分类分级的参考依据，就可能对那些人身危险性大但现实表现好的罪犯的管控过于宽松，加之这类群体长期处于社会底层和开放空间，导致再犯行为呈现复杂性、多变性、突发性和随机性特征，[2] 进而威胁到社区居民的安全，也会严重危害社区矫正工作的健康开展。所以，如何控制社区矫正对象的人身危险性，就成为一个需要给予充分关注的重要问题。有效控制的前提就是对社区矫正对象进行危险评估，将危险评估结果作为社区矫正对象分类分级的重要依据，通过科学配置社区矫正资源，并及时实施有针对性的社区矫正措施，尽可能避免他们对社会和他人造成新的损害。总而言之，控制社区矫正对象再犯罪既是刑罚执行的底线要求，也是检验监管社区矫正成效的首要标准。

（二）危险评估的作用

1. 为是否适用社区矫正提供重要参考。《社区矫正法》第 18 条明确规定："社区矫正决定机关根据需要，可以委托社区矫正机构或者有关社会组织对被告人或者罪犯的社会危险性和对所居住社区的影响，进行调查评估，提出意见，供决定社区矫正时参考。居民委员会、村民委员会等组织应当提供必要的协助。"这是判决前进行社区矫正危险评估的法律依据。判决前的审前调查评估（尤其是人格调查），就是社区矫正危险评估——既要进行矫正的可行性评估，还要对再犯可能性进行评估，这是法院对被告人（或罪犯）作出管制、缓刑、假释决定的前提。人民法院只有在被告人（或罪犯）符合社区矫正条件的前提下，才可以作出管制、缓刑和假释决定。这个阶段也可以理解为是对被告人（或罪犯）的初步危险评估。

2. 确定社区矫正对象的危险等级。通过对社区矫正对象的危险评估，可以较为准确的确定出矫正对象的危险等级，即人身危险程度和社会危害程度的大小或高低。如浙江省的风险评估结果是将社区矫正对象的危险等级划分为严格管理和普通管理；而北京市的人身危险性评估结果则是将社区矫正对象的危险等级划分为 A 类——人身危险性较小、B 类——

---

〔1〕 参见率永利、彭磊：《近三年浙江省社区矫正对象再犯罪情况研究分析报告》，载《中国司法》2021 年第 1 期。
〔2〕 鲍宇科：《新时代"枫桥经验"下社区矫正对象再犯预防治理研究》，载《浙江警察学院学报》2023 年第 2 期。

人身危险性中和 C 类——人身危险性大。危险评估按照发生的阶段可以分为判决前危险评估、入矫后中危险评估和解矫前危险评估。如果是在矫正前对被告人或罪犯进行危险评估，危险等级划分后，可为法院等机关做出社区矫正裁定提供依据，并为进入社区矫正后的分类管理、个性化教育和社区心理矫正打下基础；如果是入矫后进行危险评估，危险等级划分后可以为合理分配社区矫正资源，不断调整矫正方案提供客观依据，同时还可为实施分类管理、分阶段教育提供客观依据，也为更好的发挥社区矫正的教育改造作用，预防犯罪，使社区矫正对象转化成为新人，顺利融入社会，提供科学全面的定性分析参考依据。如果是解矫前进行危险评估，危险等级划分后，可为安置帮教等综合治理提供依据，以避免解矫后的矫正对象再次走上重新违法犯罪的道路。

3. 为社区矫正对象的分类管理提出建议。为全面贯彻人性化管理，充分体现刑罚的人道化、文明化，除对罪犯大量适用非监禁刑罚外，还根据罪犯的不同情况实行分类矫正，分级处遇的制度，以促进罪犯的积极改造，并顺利回归社会。而对罪犯实施分类矫正、分级处遇的制度，一个很重要的前提条件，就是要明确社区矫正对象的人身危险性。所以通过对社区矫正对象所进行的危险评估，就可以根据其危险等级对其实施不同的社区矫正措施和处遇措施，以促进其改造的积极性。因此，对社区矫正对象进行危险评估可为社区矫正对象的分类矫正服务。它是社区矫正日常管理的一个重要环节，是分类管理的基础，通过危险等级的划分可以提高社区行刑效率，降低重新犯罪率。

所谓分类矫正主要是指针对社区矫正对象的不同情况，对其实施分级管理、分类教育、个性化教育和心理矫正等，并根据其改造表现和危险等级实施分级处遇的制度。我国目前根据社区矫正对象的人身危险性程度将其划分为从严管理、普通管理两个等级，并在学习教育的内容、次数、方式上，在思想汇报方面，在参加公益活动方面，在社区心理矫正方面，在接触的层面上都实行区别对待的原则，对人身危险性较高的社区矫正对象加强监督和管理，而对人身危险性较低的社区矫正对象则采取宽松式的管理方式，使其有更多的自由，能充分享受非监禁刑所带来的好处。这样既能体现法律的严肃性，有效的防止其重新犯罪，又能充分体现法律的宽缓性、人道主义精神，极大地提高其改造的积极性，以提高社区矫正的效果。

4. 加强对社区矫正对象的危险控制。人身危险性是动态的而不是静态的，它会随着社区矫正对象的改造、各种主客观因素的变化而发生变化，所以，需要不断了解社区矫正对象人身危险性的变化，以加强对社区矫正对象的危险控制，预防他们将危险性变成对社会的实际损害，提高社区矫正工作的质量和效果，促进其顺利回归社会。

社区矫正中的危险控制是通过危险评估的方式划分危险等级，再以危险等级为依据进行分级管理和分级处遇实现控制目标。具体讲就是对人身危险性较高的社区矫正对象，应配置更多的社区矫正资源，制定更科学、合理、规范的社区矫正方案。包括实施严格的监督管理措施，规定更加频繁的监督活动间隔时间，经常与社区矫正对象进行直接接触等，以加强对他们的管理和控制，与此同时也要向他们提供更多的、更有效的帮助或服务，如，通过帮困扶助，帮助社区矫正对象解决生活困难；通过心理咨询，帮助社区矫正对象解决心理问题；通过走访、调查、谈话、调解等帮助社区矫正对象解决家庭问题、人际关系问题，等等，这种既管又帮的做法必将有助于减轻或者解决他们存在的问题，消除其犯罪心理和行为恶习，降低他们的人身危险性，预防其危害行为的再次发生。对人身危险性中等的社区矫正对象可以分配适当的社区矫正资源，并按正常的监督管理措施对他们予以监督、管理，并安排相应的社工和志愿者帮助解决他们的就业、生活、心理等问题。通过教育矫正、心理矫正等措施降低其人身危险性，避免其再次走上违法犯罪的道路。对人身危险性较低的社区矫正对象可以分配较少的社区矫正资源，放宽对他们的监督管理，并给予较多的人身自由，可通过电话、通信等方式进行改造情况的汇报，包括思想汇报、学习、公益劳动等情况的汇报，还可通过间接接触的方式了解其在社区的服刑改造情况，并根据情况进行奖励或表扬，以促进其改造的积极性。总之，通过对不同危险等级的社区矫正对象的危险管理，以加强对他们的危险控制，从根本上防止他们进行新的危害社会行为的发生。

二、危险评估的法律依据

"两高两部"于2012年1月10日发布《社区矫正实施办法》（已失效）[1]，又于2016年8月30日发布《最高人民法院、最高人民检察院、公安部、司法部关于进一步加强社区矫正工作衔接配合管理的意见》[2]，这两份文件中均明确了评测被矫人人身危险性的要求和内容。《社区矫正法》第18条规定，"社区矫正决定机关根据需要，可以委托社区矫正机构或者有关社会组织对被告人或者罪犯的社会危险性和对所居住社区的影响，进行调查评估，提出意见，供决定社区矫正时参考。居民委员会、村民委员会等组织应当提供必要的协助。"所有这些规章条例、法律条文明确规定了社区矫正判决前需要危险评估（调查评估）。判决前危险评估的作用是为法院的判决量刑提供参考依据。

《社区矫正法实施办法》第21条规定："社区矫正机构应当根据社区矫正对象被判处管制、宣告缓刑、假释和暂予监外执行的不同裁判内容和犯罪类型、矫正阶段、再犯罪风险等情况，进行综合评估，划分不同类别，实施分类管理。社区矫正机构应当把社区矫正对象的考核结果和奖惩情况作为分类管理的依据。社区矫正机构对不同类别的社区矫正对象，在矫正措施和方法上应当有所区别，有针对性地开展监督管理和教育帮扶工作。"

《社区矫正法实施办法》第22条规定："执行地县级社区矫正机构、受委托的司法所

---

〔1〕《社区矫正实施办法》（已失效）第4条规定，"人民法院、人民检察院、公安机关、监狱对拟适用社区矫正的被告人、罪犯，需要调查其对所居住社区影响的，可以委托县级司法行政机关进行调查评估。受委托的司法行政机关应当根据委托机关的要求，对被告人或者罪犯的居所情况、家庭和社会关系、一贯表现、犯罪行为的后果和影响、居住地村（居）民委员会和被害人意见、拟禁止的事项等进行调查了解，形成评估意见，及时提交委托机关。"

〔2〕《最高人民法院、最高人民检察院、公安部、司法部关于进一步加强社区矫正工作衔接配合管理的意见》第1条第1款规定，"人民法院、人民检察院、公安机关、监狱对拟适用或者提请适用社区矫正的被告人、犯罪嫌疑人或者罪犯，需要调查其对所居住社区影响的，可以委托其居住地县级司法行政机关调查评估。对罪犯提请假释的，应当委托其居住地县级司法行政机关调查评估。对拟适用社区矫正的被告人或者罪犯，裁定或者决定机关应当核实其居住地。"

要根据社区矫正对象的性别、年龄、心理特点、健康状况、犯罪原因、悔罪表现等具体情况，制定矫正方案，有针对性地消除社区矫正对象可能重新犯罪的因素，帮助其成为守法公民。矫正方案应当包括社区矫正对象基本情况、对社区矫正对象的综合评估结果、对社区矫正对象的心理状态和其他特殊情况的分析、拟采取的监督管理、教育帮扶措施等内容。矫正方案应当根据分类管理的要求、实施效果以及社区矫正对象的表现等情况，相应调整。"

《社区矫正法实施办法》的第 21 条、第 22 条虽然没有明文规定判决前、入矫后和解矫前危险评估的要求，但提出了分类管理、分级处遇的监管要求。为了体现社区刑罚执行的公正性，根据社区矫正对象现实表现的不同而施以不同的处遇；为了节约司法资源、集中力量解决社区矫正疑难人员和事件而设定了分类管理和分级处遇。但目前实践中的分类分级依据主要是"现实表现"，而没有充分考虑社区矫正对象在社区服刑期间再犯新罪的可能性。如果这种潜在的风险没有经过评估并作为分类分级的参考依据，就可能对那些人身危险性高但现实表现好的社区矫正对象的管控过于宽松，而威胁到社区居民的安全。因此，不仅有必要对社区矫正对象的人身危险性进行评估，而且，应当把评估结果作为分类分级的重要依据，尤其应当将判决前人身危险性评估结果作为社区矫正对象分类分级的主要根据。

三、国外危险评估工具的代际发展

西方犯罪危险评估评估工具，从无确定评估指标的第一代经验性评估（1.0）、有确定静态指标因素的第二代精算评估（2.0）、有确定静态和动态指标因素的第三代精算评估（3.0）、有确定评估指标因素且由多元主体参与评估，并服务于风险管理多元目的的第四代系统评估（4.0），经历了四代模型。随着认知神经科学的发展，通过检测脑电及人体多巴胺、血清等物质变化评估再犯风险的第五代评估工具（5.0）也已经出现。[1]

（一）第一代评估工具

临床判断（20 世纪 50 年代到 70 年代后期），又称专家判定（Professional judgement）模型。第一代评估工具基于精神病学家、心理学家的观察和临床经验，通过非结构化和半结构化访谈，来收集再犯原因的相关信息，将罪犯评定为"有危险"和"无危险"两种情况。该方法单纯依靠经验丰富的犯罪学家、临床心理学专家等的判断，存在一定主观误差，且由于评估缺乏系统性和客观指标，对再犯罪风险的预测信效度较低。

（二）第二代评估工具

精算预测（20 世纪 70 年代后期到 80 年代早期），有确定静态指标因素的第二代精算评估，又称循证工具（Evidence-based tools）。其准确率有所提高，但是所使用的预测因子多是静态的、不变的，很少有反映犯罪分子矫正需要的信息。第二代危险测评方法完全采用客观的标准化测验预测囚犯的再犯罪风险，也称为精算测评。精算预测以相对系统、稳定的静态变量为预测因子，且测验项目的确定完全基于统计结果，提高了测评对再犯罪

---

〔1〕 何川、马皑：《罪犯危险性评估研究综述》，载《河北北方学院学报（社会科学版）》2014 年第 2 期。

风险预测的准确性，因此也称为静态精算测评系统。这一时期的特点是"精算式评定"。根据个体过去的劣迹史，如酗酒、物质滥用等因素，来判断一个罪犯的危险性。它的基本假设同保险制度很类似：如果一个人过去有过越多的危险行为，那他在未来做出相似行为的可能性也就越大，因此危险性也就越高。由于该模型主要考察静态的、不可变的历史性危险因素，这就造成了第二代评估工具的一个主要缺陷，因为这个量表忽视了动态情境的作用以及在押人员的改造需求，没有考虑到罪犯的变化情况。静态因素是指那些历史性的、不易改变的、干预治疗无效的因素，包括之前的暴力史、罪前的物质滥用情况、初犯年龄等。举例而言，一个强奸犯过去有过多次犯罪，但是随着年龄的增长，体力、生理机能等指标逐渐下降，其危险性应当是有所降低的，但第二代评估工具却基于其过去行为不能做出这样的判断，因而其预测力是有待验证的。在这一时期，最常用的工具是"病态人格检索表"（Psychopathy Checklist-Revised，简称 PCL-R）和"暴力危险性评估指南"（Violence Risk Appraisal Guide，简称 VRAG）。

（三）第三代评估工具

静态风险与动态需求综合评估（20 世纪 90 年代），有确定静态和动态指标因素的第三代精算评估，即"风险-需求-反应"模型（Risk-Need-Responsivity）。"风险-需求-反应"模型是由加拿大研究者 Andrews 和 Bonta 提出来的，根据他们的模型，风险原则是基于这样一种原理，即行为是可能被预测的，减少这种风险的干预强度应该与犯罪者的风险水平相匹配，高风险的罪犯应该受到更多的干预，低风险的罪犯不受或少受干预，如果低风险罪犯给予高强度干预反而会提高再犯可能性。需求原则旨在聚焦减少犯罪行为的干预，干预应该着重于犯因性需求，如反社会态度、物质滥用，而不是与重新犯罪有微弱联系的因素，如自尊、抑郁。反应原则关系到用来改变犯因性需要的干预方式和方法。本质上，选择治疗方法时，应基于实验支持的减少犯罪行为的方案，如认知行为和社会学习方法（总体的反应性），干预也应该关注罪犯的能力和学习方式，如心理障碍、改变的动机或身体缺陷（也就是特殊的反应性）。反应原则是通过提供认知行为治疗，调整对罪犯的学习方式、动机、能力，使罪犯康复干预的效果最大化。大量的针对风险预测研究已经将"风险—需求—反应"模型作为构建风险评估工具的有效框架。

第三代评估工具不仅反映危险评估，而且反映犯罪分子的社区矫正需要。第三代评估工具保留了第二代评估工具中的静态风险因素，同时基于社会学习理论、"风险-需求-反应"模型等再犯罪形成理论，增加了系统的动态风险因素测评，如物质滥用、人际冲突、反社会态度等，能够及时反映罪犯社会、心理、生物环境等的变化。第三代评估工具一方面对再犯罪具有较准确的预测力，另一方面能够为假释官、社区矫正专家等提供罪犯信息。第三代评估工具，在刑事司法领域的作用越来越重要。但是，动态因素也存在着缺陷和风险。计划和现实关系的不稳定、狱中成瘾物质的缺乏、缺少人格支持、对治疗的不配合以及应激等因素，都可能造成风险评估的偏差。第三代评估工具比较有代表性的工具有"水平评估量表"（Level of Service Inventory-Revised，简称 LSI-R）和"威斯康星危险评估工具"（the Wisconsin Risk-Assessment Instrument，简称 WRNAI）。

（四）第四代评估工具

风险评估与个案管理相结合（21 世纪）[1]，又称为"评估—矫治"模型。第四代评估工具不仅关注风险评估、需要评估，而且与个案管理相联结，在评估基础上向管理人员提供干预的结构性的计划。通过调查发现，经过治疗的犯罪人比未经治疗的犯罪人风险性更低，这说明第四代评估工具是有效的。第四代评估工具的主要目的，是为了对犯罪人给予更有效的改造和治疗，以保护社会免遭再犯危害。第四代评估工具兼具风险测评和风险控制功能，保留了第三代评估工具的反应性原则，如罪犯的智商、心理健康、人格情况，为罪犯社区矫正提供详细信息。同时增加了具有相关犯罪理论支持的因子，提高了刑事司法系统对风险测评动态因素的精确性。它主要以社区矫正为核心，从罪犯进入司法系统后，就开始对罪犯进行多次的全面测评，为相关矫正专家提供个别化的社区矫正建议，因此也称为再犯罪风险减少指南。第四代评估工具的典型，如："服务水平清单"（the Level of Service / Case Management Inventory，简称 LS /CMI）、"矫正防卫管理替代制裁模型"（Correctional Defender Management Profiling for Alternative Sanctions，简称 COMPAS）等。

（五）第五代评估工具

随着认知神经科学的发展，研究人员发现，即使同样是暴力犯罪，但它也可能表现为不同的形式。心理学家将攻击分为掠夺型攻击、激惹型攻击和防御型攻击三种类型，不同的攻击类型具有各自的神经递质特点。而现有评估方法多采取问卷形式，并且几乎没有考查神经因素，这就需要通过其他方法来解决这一难题。针对这一问题，心理学家 David Nussbaum 主张，通过脑电等生理仪器来探求犯罪人神经递质、人格等个体差异，从而对症下药、实现分类矫治。已有研究表明，神经和人格变量能有效区分暴力犯和非暴力犯各自的特点。脑电设备虽然精度高，但价格昂贵，并不适于大范围推广。

四、中国危险评估工具的智能化实践

（一）我国危险评估工具的开发现状

我国社区矫正再犯风险评估理论研究和技术开发工作由于起步晚、发展慢，目前仍处于第二代到第三代之间。如北京市使用的《北京市社区服刑人员综合状态指标体系》就是通过三种问卷形式对社区服刑人员的基本情况、家庭情况、犯罪与刑罚历史以及接受社区矫正态度和心理状态进行整体的评估调查，再通过 SPSS 统计产品与服务解决方案）软件程序对有关样本进行统计学分析得出结论；上海市使用的《社区矫正服刑人员风险测评表》则是通过对社区矫正人员的基本因素、个性及心理因素、社会因素、综合因素四个方面进行总体的调查评分，再通过评分将社区服刑人员划分为稳定、重点关注、高危控制三个等级。江苏省使用《江苏省社区矫正风险评估系统》对社区矫正人员进行一个综合性的

---

〔1〕［加］罗伯特·B. 科米尔：《犯罪风险评估：加拿大发展状况概述》，载杨诚、王平主编：《罪犯风险评估与管理：加拿大刑事司法的视角》，知识产权出版社 2009 年版，第 15 页。

风险评估，再根据风险评估的报告对适用社区矫正的人员进行总体的评价，在实施过程中，还借助了电子定位、App 签到等一系列的辅助手段来保障风险评估的准确性。但各地的评估工具还在进一步研究完善之中，其准确性还有待大量的实证研究以验证。由浙江警官职业学院和杭州市余杭区司法局合作开发的"社区矫正人员再犯风险评估系统（CIR-AI）"根据调查实际数据确定早年家庭情况、早年行为、第一次犯罪情况、第一次受刑情况、第一次出狱时的情况、出狱一年内越轨情况、及其他因素七类因素进行评分，再通过评分将再犯风险定位五级制。未使用评估工具的地区，仍然依赖于定性的、临床诊断式的评估方法，或者静态因素简单统计的评估方法，此类方法对于从事调查评估的工作人员的专业素养要求较高，在进行实地调查时，司法所自身力量较为薄弱，需要借助基层群众组织以及其他社会组织的力量掌握对象的情况，其评估结果准确性易受较多因素的影响。

（二）我国社区矫正危险评估智能化开发面临的困境

全国各地认真贯彻司法部印发的《"数字法治 智慧司法"信息化体系建设指导意见》和司法部办公厅印发的《关于加快推进全国"智慧矫正"建设的实施意见》，全面积极推进"智慧矫正"建设工作。我国社区矫正信息化发展迅速，已经由数据化建设转向为智慧化建设。2022 年浙江省 90 个县（市、区）均已完成"智慧矫正中心"的创建工作，在全国率先实现了省级"智慧矫正中心"创建全覆盖。在智慧矫正建设的大背景下，我国的再犯风险评估的智能化发展正迎来新的机遇，但也面临着诸多问题：

1. 危险评估智能化开发面临信息指数爆炸式增长和部门之间、政府与社会组织之间的数据孤岛[1]问题。数据孤岛一般认为是由于各部门之间由于体制差异较大，其数据库建设缺乏统一标准而导致无法进行正常的数据交流。[2]数据孤岛问题导致研究人员无法运用大数据进行有效的实证研究，无法从已有的海量数据中挖掘隐含的社区矫正对象再犯的规律和趋势，导致现有的再犯风险评估工具的精准性和科学性不足。

2. 危险评估智能化开发面临代表性数据规模小的问题。经过多年不懈努力，我国公安、检察院和法院虽然已经形成了庞大的数据库。但与再犯风险评估相关的代表性数据不仅数量不大而且要素不全。我国的刑罚虽然是兼顾报应与功利的"一体刑"。但司法实践中影响预防刑的主要是犯罪目的、动机、犯罪后的态度等因素，并不是经综合评估的再犯风险高低。根据司法部 2021 年 12 月 29 日发布的《社区矫正基础业务系统技术规范》，目前社区矫正部门采集的社区矫正数据尽管多达 38 大类 500 多项，但再犯风险评估所需要的数据项却严重缺失。如精神心理状态类因素在各国再犯风险评估中被排在犯罪情况之后，属于第二位影响再犯，且涉及具体项最多的一类因素。但在《规范》中却只涉及

---

〔1〕　数据孤岛可以分为物理孤岛和逻辑孤岛，前者指社区矫正部门之间信息彼此独立、互不关联、难以共享；后者指的是社区矫正部门之间信息共享后，由于对所想要获得信息要求标准、逻辑立场不同，往往会对信息做出不同的解释，甚至是误解，导致数据共享的信息并不能有效利用，原本的数据共享成为"无用信息的滥觞"。

〔2〕　徐琳、袁光：《区块链：大数据时代破解政府治理数字难题之有效工具》，载《上海大学学报（社会科学版）》2020 年第 2 期。

"对社会的心态""对生活是否有信心""心理健康状况"三项因素。影响再犯的数据是通过人为设计收集的，这些收集到的数据本身没有问题，但它只能局部反映再犯情况。在代表性数据不够大的情况下，算法在根据现有缺少代表性的数据属性，推断目前尚不知的属性过程中，可能通过冗余编码，从没有明确收集的数据中推断出受保护的敏感数据。如种族信息是被保护的敏感信息一般算法不能依据种族确定一个人再犯风险的高低，但在深度学习的算法中，大数据仍能够通过其他维度线索，如姓名、地区等，来标识特定的人种，从而形成某种种族的人更容易犯罪的歧视。由此，在代表性数量不够大的情况下，甚至会出现智能化的评估结论还不如非智能化评估结论准确或可靠的问题。

第二节　危险评估的维度及其工具

一、危险评估的维度

尽管不同国家、不同地区开发了不同的危险评估体系，但所有的评估工具都包括两个维度：再犯危险评估维度，用来衡量社区矫正对象重新犯罪的可能性的大小；需要评估维度，用来确定对社区矫正对象提供帮助的方面和迫切程度。再犯危险评估与需要评估相比，在评估依据和评估目的方面均有不同，前者是通过评估引发社区矫正对象犯罪的危险因子，加强对高危险人员的管理控制，后者则通过评估社区矫正对象的犯罪性需要和基本需求，以降低全体社区矫正对象再犯罪的可能性。

（一）再犯危险评估维度

1. 再犯危险评估的概念。再犯危险评估，也可称为风险评估，是指在社区矫正过程中，通过一定的技术手段，针对社区矫正对象的基本情况、社会关系、矫治环境等各方面的信息进行调查研究，对社区矫正对象重新犯罪或实施其他犯罪的可能性（包括实施暴力、脱逃的可能）进行科学量化评估。再犯危险评估通过准确预测社区矫正对象重新犯罪的风险大小及程度，通过区分风险等级，为分类实施监管处遇、进一步帮助确定社区矫正需要和选择矫正项目提供科学的参考依据，实现预防社区矫正对象重新犯罪的矫正目标。由于这种评估的实质是对社区矫正对象人身危险性和社会危害程度的评估，人身危险性评估虽然以行为人的犯罪倾向性的人格为基础，但犯罪倾向性人格的形成、具有犯罪倾向性人格的人是否犯罪、何时犯罪，以及这种倾向性人格将如何变化，都与其生活的环境密切相关，因此，再犯危险评估不仅是对社区矫正对象人格的评估，还需要对影响对象再犯的环境因素进行评价。

2. 再犯危险评估的内容。

（1）人口统计学因素。人口统计学因素是指在进行人口统计时经常涉及的个人因素。这些因素包括性别、年龄、婚姻状况、文化程度、职业情况等。这些因素与个人的社会适应能力等密切相关，对于社区矫正对象能否顺利地度过矫正期限，具有重要的影响和作用。

（2）犯罪历史。犯罪历史是指社区矫正对象过去违法、犯罪行为的经历和情况。社区矫正对象的犯罪历史与他们在未来犯罪的可能性往往有密切的关系。犯罪学的研究发现，已经犯过罪的人更容易再次犯罪；过去多次犯过罪的人，在未来再次犯罪的可能性更大。因此社区矫正工作者往往把社区矫正对象的犯罪历史作为评估其危险性的重要因素。

（3）个人嗜好。个人嗜好是个人所形成的迷恋程度较深的特别爱好。犯罪学的研究表明，不良的个人爱好，例如酗酒、吸毒、赌博等，往往是重要的犯因性因素，很有可能促使个人进行危害行为以满足其嗜好。因此，社区矫正的风险评估工作必须把社区矫正对象的不良个人嗜好作为重要的风险预测因子。

（4）犯罪态度。犯罪态度是指犯罪人对犯罪行为的心理评价和行为趋向。这里所讲的"犯罪行为"包括犯罪人自己实施或者可能实施的犯罪行为，同时也可以指其他人实施的犯罪行为。对于犯罪行为持不以为意，甚至赞同、支持态度的人，具有实施犯罪行为的可能性；反之亦然。因而，了解社区矫正对象对犯罪行为的态度，是进行风险评估的重要方面。

（5）服刑情况。服刑情况是指犯罪人的服刑经历和服刑表现等方面的情况。社区矫正对象是否有过服刑经历和在服刑期间的不同表现（如，服刑期间多次进行违规行为，甚至犯罪行为），在社区矫正期间的行为表现（是否遵守社区矫正监管规定），对于他们在未来是否会进行新危害行为有严重影响。因此，服刑情况是开展风险评估的重要因素。

（6）犯罪类型。不同类型的犯罪在重复性和危险性方面有很大的差别，一些类型的犯罪行为容易重复发生，例如，诈骗、盗窃、交通肇事、伤害等；某些类型的犯罪的危险性较大，例如，暴力型性犯罪等。因此，在风险评估中应当考虑犯罪类型的影响。

（7）目前状况。社区矫正对象目前在就业、就学、人际交往、生活环境方面的情况，也会影响他们是否实施新的犯罪行为。因此，在风险评估中，需要考虑社区矫正对象当前所处的社会生活状况。

（二）需要评估维度

1. 需要评估的概念。需要评估是指对社区矫正对象的个人需要进行的系统性评价，包括对于社区矫正需要的评估和罪犯基本需求的评估两方面的内容。需要评估是用来评估社区矫正对象的个人社会技能、健康、情绪的稳定性、教育水平和职业能力、智力状况和其他相关因素的手段。[1] 前文已述需要评估与危险评估的区别，但由于二者的价值取向本身是一致的，因此有时也存在交叉或重叠。需要作为一种短缺的状态，是一个人行为的原动力。准确了解并切实掌握社区矫正对象的需要，才能进行针对性的管理与矫正。需要评估既包括社区矫正对象基本生活需要，也包括通过社区矫正工作让罪犯将社区矫正的目标要求内化为自己的内在的需要。

2. 需要评估的内容。

（1）基本生活需要。基本生活需要是指为了维持社区矫正对象最低限度的正常生活而

---

〔1〕 刘强主编：《社区矫正制度研究》，法律出版社 2007 年版，第 159 页。

产生的需要。基本生活需要评估是通过对社区矫正对象基本生活需求的评估，了解他们的基本生活需求。只有关心社区矫正对象的衣食住行，维持其必要的生活，才能进一步谈得上行为矫治。在实践中，有社区矫治机构通过与民政、社会保障部门合作，将社区矫正对象纳入城乡居民最低生活保障，就是基本需要评估的运用，要及时对其做法进行总结归纳，进而完善对需要评估的制度设计。

（2）社区矫正需要。社区矫正需要即关注社区矫正对象的犯罪原因，找出其犯罪性需要密切相关的因素，进而选择与犯因性需要相对应的社区矫正项目，制定个性化的社区矫正执行方案，力图使社区矫正最适合罪犯，从而降低社区矫正对象再犯罪的危险。从世界范围看，20 世纪 90 年代后，社区矫正制度较为成熟的国家以"社区矫正需要评估"与"社区矫正项目实施"为核心重新确立了新的社区矫正制度。即社区矫正要考虑罪犯的"犯罪性需要"，并以"犯罪性需要"为根据设计执行社区矫正项目。"犯罪性需要"是指通过干预可以改变罪犯动态性的危险性因素，是与罪犯的重新犯罪行为相关的需要。如戒除毒瘾方面的需要、就业就学方面的需要、心理健康方面的需要、生活管理方面的需要。为了准确把握社区矫正对象的社区矫正需要，国外研制了一些量化社区矫正需要工具，如威斯康星州当事人需要评估表（Assessment of Client Needs）（参见表 7-3）、加拿大社区矫正需要评估表等。在我国，目前仍没有编制出社区矫正对象需要评估量表。

二、外国危险评估工具介绍

按照危险评估的代际发展划分，犯罪风险评估工具经历了四代：临床判断、精算预测、静态风险与动态需求综合评估、风险评估与个案管理相结合。再犯危险评估虽然经历了由经验到精算、静态到动态、个别到综合的发展，结合社区矫正再犯危险评估的需求，围绕预测社区矫正对象是否具有犯罪情节较轻、没有再犯危险，对所居住社区没有重大不良影响等评估目标，本节主要介绍几个在国际上影响大、效果好的、适用社区矫正对象的第三代评估工具和第四代评估工具。其中，比较有代表性的第三代评估工具有："水平评估量表"（Level of Service Inventory-Revised，LSI-R）和"威斯康星危险评估工具"。在第四代评估工具中，目前美国最常用的是"矫正防卫管理替代制裁模型"（Correctional Of-fender Management Profiling for Alternative Sanctions，COMPAS）评估工具，它被用来评估罪犯的风险及需求，进而为社区矫治的罪犯安置提供决策依据。

（一）水平评估量表——修订版

加拿大的 D. 安德鲁斯（Don Andrews）博士与 J. 邦塔（James Bonta）博士于 1995 年设计并推出的基于访谈的水平评估量表（参见表 7-1），属第三代评估工具，兼蓄并包含动态、静态因素于一体，是一个能够对犯罪人的风险—需求做出评估的切实高效的评估工具。该工具的具体使用目标包括：判断监督等级、罪犯安全等级与分类；再犯风险程度；矫治级别与矫治需求。该工具最初是根据加拿大的数据设计而成，后广泛用于欧洲和北美。该工具包含的 10 个方面 54 项因素与重新犯罪有密切关系，试图通过对这些因素的评估，确定被测者重新犯罪的可能。最后根据总分的情况，确定对犯罪人是否判处缓刑以及对判处缓刑的犯罪人划分监督的等级。10个方面危险领域包括：犯罪史（10个项目）、教育或就业（10个项目）、经济（2个项目）、家庭（4个项目）、住房（3个项目）、休闲/娱乐（2个项目）、交友（5个项目）、药物滥用问题（9个项目）、情感/个人问题（5个项目）、态度/倾向性（4个项目），共计54项危险因素。水平评估量表分为危险因素和需求因素两大类。每项危险因素的计分方式为无（0分）、有（1分）。一些动态因素项目的得分范围为0~3分共4级（0分为最高风险，3分为最低风险），得分为0分和1分的项目需要核查，而得分为2分或3分的项目则无须核查。水平评估量表将危险等级分为5级：高危险罪犯（41~47分以上）；中高度危险罪犯（34~40分）；中度危险罪犯（24~33分）；低中度危险罪犯（14~23分）；低度危险罪犯（0~13分）。但美国有些地方如宾夕法尼亚州把危险等级分为3级：高度危险（29分以上）；中度危险（21~28分）；低度危险（20分以下）。最后的综合分数就代表被评估者的再犯可能性，较低的分数代表被评估者的犯罪性风险因素较少，因此未来的犯罪风险就较低。水平评估量表不仅就10个领域界定了危险因素，还界定了各领域的需求因素，社区矫正机构可以综合危险因素和需求因素制订矫治计划。

在对访谈获取的54个项目的得分进行检查回顾后，评估者会查阅相关记录以便与被评估者的自我报告相对比。访谈大约需要30分钟，对表格的回顾可以在任何地方做，耗时约在15~45分钟。水平评估量表应该由下列人群使用：心理健康专家如心理学家、社会工作者，社区矫正机构的专家如缓刑官、假释官以及监狱和羁押机构的社区矫正工作人员，这些人都应该受过水平评估量表使用、打分和对结果解释的专业培训。

水平评估量表是目前国外使用最广泛的危险评估工具，在国内尚无修订版本，由于文化、政策制度等方面的差异，该量表在国内不能直接应用，但量表涉及的因子可以为我国研制同类量表借鉴。

表7-1　水平评估量表

评估维度和因子		选项		分数
		是	否	
①犯罪史（Criminal History，10分）	以前至少接受过1次定罪			
	在成年期间2次被定罪			
	在成年期间曾接受了3次定罪			
	现行犯罪有3个以上			
	在16岁及以下被捕过			
	曾经因为犯罪行为而被监禁过			
	曾经被监禁过			
	曾经因为不当行为而被惩罚过			
	在被监督期间违反有关规定或者被起诉			
	有攻击或者使用暴力的记录			

评估维度和因子		选项		分数
		是	否	
②教育或就业（Education/Employment，10分）	现在失业			
	经常失业			
	整年无业可就			
	曾经被就业单位开除			
	在学校没有读完 10 年级			
	在学校没有读完 12 年级			
	停学或者被开除			
	参与项目情况与成绩			
	伙伴之间的来往			
	被有关机构联系或者来往的情况			
③经济（Financial，2分）	存在经济问题			
	依赖于社会帮助			
④家庭（Family / Marital，4分）	对家庭不满意			
	从来没有回报父母			
	从来没有回报亲戚			
	家庭成员或者配偶犯罪			
⑤住房（Accom-modation，3分）	对居住状况不满意			
	去年变更住址 3 次及以下			
	邻居犯罪问题突出			
⑥休闲/娱乐（Leisure /Recreation，2分）	缺少娱乐			
	能够很好地利用时间，满足自己的需要			
⑦交友（Companions，5分）	交往孤独			
	有些犯过罪或者正在服刑的朋友			
	有犯过罪的朋友			
	与犯过罪的人不交往			
	没有没犯过罪的朋友			
⑧药物滥用问题（Alcohol/Drug Problems，9分）	曾经有酗酒问题			
	曾经有吸毒问题			
	现在有酗酒问题			
	现在有吸毒问题			

评估维度和因子		选项		分数
		是	否	
	有违法问题			
	有婚姻或者家庭问题			
	有学校或者工作问题			
	有生理问题			
	其他酗酒、吸毒信息			
⑨情感/个人问题（Emotional/Personal，5分）	情感干预			
	动态的精神状态			
	经过治疗后的精神状况			
	现在的精神状况			
	精神指标			
⑩态度/倾向性（Attitudes/Orientation，4分）	对犯罪持赞同态度，不满意现状			
	对传统持不赞成的态度			
	对刑期态度消极			
	对监督态度消极			
加拿大	41~47分以上	高度危险罪犯（重新犯罪可能性是76%）		
	34~40分	中高度危险罪犯（重新犯罪可能性是57.3%）		
	24~33分	中度危险罪犯（重新犯罪可能性是48.1%）		
	14~23分	低中度危险罪犯（重新犯罪可能性是31.1%）		
	0~13分	低度危险罪犯（重新犯罪可能性是11.7%）		
美国宾夕法尼亚州	29分以上	高度危险罪犯		
	21~28分	中度危险罪犯		
	20分以下	低度危险罪犯		

（二）威斯康星州系列量表

1. 威斯康星危险评估工具。威斯康星危险评估工具（参见表7-2）该工具是在美国威斯康星州发展起来的危险评估工具，作者是贝尔德等人。美国国家矫正学院（the National Institute of Corrections）曾向美国各司法区介绍与推广该工具。威斯康星危险评估工具把危险等级分为三级：17分及以上，高度危险罪犯；9~16分，中度危险罪犯；8分及以下，低度危险罪犯。威斯康星危险评估工具中的预测因素包括：物质滥用问题（酗酒、药物使用等）、1年中居住地变换的次数、就业时间比例、态度、初次犯罪及以前的犯罪历史等。

表 7-2　威斯康星危险评估工具

项目与分值	得分
1. 过去 12 个月中改变住址的次数 0 分（没有改变）；2 分（改变 1 次）；3 分（改变 2 次或更多次）	
2. 过去 12 个月中就业时间的百分比 0 分（60% 或着更多时间）；1 分（40%~59%）；2 分（不到 40%）	
3. 饮酒问题 0 分（没有明显问题）；2 分（有中等程度的问题）；3 分（有严重问题）	
4. 其他药物使用问题 0 分（没有明显问题）；2 分（有中等程度的问题）；3 分（有严重问题）	
5. 态度 0 分（希望转变；接受帮助）；3 分（有依赖性或不愿承担责任） 5 分（将行为合理化；消极地不愿转变）	
6. 初次判罪（或少年判决）时的年龄 0 分（24 岁或更大）；2 分（20~23 岁）；4 分（19 岁或更小）	
7. 以前被处以缓刑或假释监督的次数 0 分（无）；4 分（1 次或更多）	
8. 以前被撤销缓刑或假释的次数 0 分（无）；2 分（1 次）；4 分（2 次或更多）	
9. 以前被判决犯有重罪的次数 0 分（无）；2 分（1 次）；4 分（2 次或更多）	
10. 判罪或少年判决 2 分（夜盗/盗窃/盗窃汽车/抢劫；每次 2 分）； 3 分（伪造支票，每次 3 分）	
11. 因（使用武器、体力或武力威胁进行）伤害犯罪而被判罚或少年判决 15 分（是）；0 分（否）	
总分：	
评分： 0~8 分：低度危险；9~15 分：中度危险；16 分以上：高度危险	

2. 威斯康星州当事人需要评估表（Assessment of Client Needs）。需要评估的方法是指用来准确理解和判断社区矫正对象的个人的需要的方法。需要评估的方法很多，包括观察法、调查法和量表法等。在需要评估方法中，量表法具有代表性，在深入调查研究基础上研究的量表法是开展需要评估的最有效的工具和方法之一。

在美国，最早编制社区矫正对象需求评估量表工具的是美国威斯康星州社区矫正局，他们编制了"威斯康星州当事人需要评估表"（参见表 7-3）。

表 7-3　威斯康星州当事人需要评估表

项目	得分
1. 情绪和心理稳定性 0 分：没有情绪不稳定或者心理不稳定的症状； 2 分：有一定的情绪不稳定或者心理不稳定的症状，但是并不影响正常功能； 3 分：情绪不稳定或者心理不稳定的症状影响正常功能，或者让法庭或假释委员会规定条件； 8 分：情绪不稳定或者心理不稳定的症状严重，需要继续治疗，或者对他人和自己有爆发性的（explosive）、威胁性的、潜在的危险	
2. 家庭关系 0 分：具有稳定的、支持性的家庭关系； 3 分：有一些问题或者紧张，但是能够改善； 7 分：有严重问题或者紧张	
3. 交往 0 分：没有不良交往； 2 分：偶尔进行不良交往； 4 分：经常进行不良交往； 6 分：全部交往都是不良的	
4. 吸毒 0 分：功能没有遭到破坏； 2 分：偶尔吸毒，功能受到一定破坏，法庭或者假释委员会附加了一些条件； 7 分：经常吸毒，功能遭到严重破坏，需要治疗	
5. 饮酒 0 分：功能没有遭到破坏； 2 分：偶尔酗酒，功能受到一定损害，法庭或者假释委员会附加了一些条件； 7 分：经常酗酒，功能遭到严重损害，需要治疗	
6. 就业 0 分：就业情况令人满意，没有报告说遇到困难，或者是家庭主妇、学生、退休人员或者残疾人； 2 分：没有就业； 4 分：就业情况不能令人满意，或者虽然失业但是有适当的工作技能和就业动机； 5 分：失业而且实际上也不可能就业；缺乏就业动机、需要培训	
7. 学业或者职业技能与培训 0 分：有适当的技能，能够处理日常事务； 2 分：技能较差，导致轻微的适应问题； 6 分：没有什么技能，或者技能很差，导致严重的适应问题	
8. 财务管理（financial management） 0 分：目前没有困难； 1 分：偶然会遇到困难或者有轻微困难； 5 分：经常有困难或者有严重困难	
9. 态度 0 分：没有什么困难，愿意转变； 2 分：经常会遇到困难，不合作，依赖别人； 4 分：经常充满敌意，消极，有犯罪倾向	

项目	得分
10. 住所 0 分：有稳定的生活住所； 2 分：有适当的生活住所，例如，暂时性的庇护所； 4 分：居无定所	
11. 心理能力（智力） 0 分：能够独立地进行心理活动； 1 分：需要一些帮助，能够进行适当的适应活动； 3 分：有严重心理缺陷，限制了正常的心理功能	
12. 健康 0 分：身体健康，偶尔有不适； 1 分：身体有障碍或者疾病，身体功能经常受到干扰； 2 分：有严重身体障碍或者患有慢性疾病，需要经常接受医治	
13. 性行为 0 分：没有明显功能失调； 2 分：偶尔有问题或者感受到轻微的问题； 6 分：经常有问题或者有严重问题	
14. 官员对于需要的印象 0 分：低度； 3 分：中等； 5 分：高度	
总分：	
评分等级：26 分以上：高度（Max）；13~25 分：中等（Med）；12 分以下：最低（Min）	

（三）COMPAS 评估工具

1. COMPAS 评估工具的概念及功能。COMPAS 评估工具就是美国法院和监狱系统使用的"矫正防卫管理替代制裁模型"，属于司法辅助人工智能领域的评估工具。COMPAS 评估工具是个基于统计的评估和分类系统，用于案件管理和司法辅助决策。它功能全面，能评估被告的"危险指数"，能给出监禁类型、假释时间和保释金数额等方面的建议，还能给出哪些犯人适合提前释放这样的建议，等等。另外，它是高科技公司开发出来的一个程序，不受情绪左右，也不会徇私枉法，很容易给人以铁面无私的感觉。听起来科学又有效，因而得到了长期、广泛的使用。

2. COMPAS 评估工具的运行过程。COMPAS 评估工具的运行过程通常分为三个阶段：第一阶段为数据喂饲。大数据是智能化再犯风险评估的"原材料"。原材料质量越高，数量越大，则评估越是精准。COMPAS 评估工具不仅为暴力、再犯、脱离监管、社区矫正失败提供总体的风险评估，还为社区矫正罪犯提供犯罪必要因素的概况，包括罪犯的犯罪历史、需要评估、犯罪态度、社会环境以及其他因素，如社交失败、犯罪机会、犯罪个人因素和社会支持等方面的信息。这些信息需要通过输入与罪犯有关的大数据来获得，而有关罪犯的大数据有的来自司法大数据，有的来自生活大数据，有的来自对他们的实时监控、监测，还有的则来自后台的测验，如让嫌疑人、被告或罪犯回答相关问题。

第二阶段为数据吞吐。计算机通过被动学习或自主学习，寻找影响再犯的关联因素，并计算关联因素影响再犯的权重。COMPAS 评估工具的风险因素超过了 20 个大类，包括认知习惯、犯罪同伙、犯罪参与情况、犯罪机会、犯罪个性特征、犯罪态度、暴力倾向、家庭情况、经济状况、违法历史、暴力历史、就业状况、住所情况、社会适应性、社会环境、社交状况、瘾品依赖、教育状况、测谎等。而根据社会学习、亚文化、控制/抑制、反社会人格、犯罪机会等不同理论，依据现有数据的统计，区分性别、犯罪类型等不同群体，"智能化"地确定再犯因素和影响权重。

第三阶段为结论输出。COMPAS 评估工具能够根据不同的评估需要，智能化地给出评估结论。与第二代评估工具、第三代评估工具主要根据制定的量表，对相关的项目进行评分，最后汇总分析不同，COMPAS 能结合量表及其他多元数据，与选定的对照组进行对比。

3. 对 COMPAS 评估工具的评价。在过去 20 多年中，美国法院已经利用 COMPAS 评估工具，辅助处理超过 100 万宗案件。人工智能（AI）正在全面性地渗透到社会的不同领域。随着科技的发展，智能技术也为包括公共安全在内的社会问题提供了越来越多的解决方案。特别是在刑事司法中，人工智能具有多种用途，包括收集和分析证据、预测和预防犯罪以及指导司法决策和量刑。COMPAS 评估工具既有智能化算法工具的优点，为实现更为准确的评估和在此基础上的精准施策创造了条件；也存在潜在危险，人工智能的快速发展带来了技术偏见、信息保密等风险。美国非盈利媒体机构 ProPublica 在分析了涉及 1.8 万人的公开数据后，发布了名为《机器偏见》（Machine Bias）的调查报道，引起巨大反响——COMPAS 评估工具存在明显的偏见：黑人更有可能被误判，而白人更有可能被漏判。不同种族间的误判和漏判率的差距可以过半。除了种族偏见，COMPAS 评估工具的准确率也受到诟病：在被其预判 2013～2014 年期间将再次犯罪的 7 千余名加州 Broward 市获释犯人，最终犯罪的只有 20%。

司法公正对于一个国家而言是非常重要的。COMPAS 评估工具的误判导致被告人因为肤色、受教育程度或居住区域等因素面临更重的刑罚，导致犯人因为类似原因不得不忍受更长监牢生涯，导致刑满释放人员因为被打上高犯罪风险标签而受到方方面面影响，他们承担了 COMPAS 评估工具缺陷的代价，极大地破坏了司法公正。这样的危险评估不仅不能控制风险，反而形成了更多社会不稳定因素。智能化危险评估领域应该提倡效率、鼓励创新。希望我国的司法智能辅助，能够充分关注和吸取 COMPAS 评估工具等案例的教训，经过充分的研究、试验和意见征集，在技术和数据方面把好关，在享受便利和效率的同时，尽可能降低歧视、误判等风险。同时希望具备在出现错漏时各利益攸关方能认同的追责机制。

第三节　危险评估流程

从整个社区矫正流程看，每个阶段都对社区矫正对象的再犯危险进行分析和评估。社区矫正危险评估机制应当贯穿于判决前、入矫后、解矫前三个阶段，形成一个完整的体系。判决前的再犯危险评估是基础，评估的重点在于为委托机关作出适用社区矫正决定提供重要的参考；入矫后的再犯危险评估是根本，以消除社区矫正对象的犯罪危险性人格，不断提升矫正效果为目的；解矫前的再犯危险评估是关键，以实现社区矫正对象的再社会化为目标。

鉴于判决前的危险评估，即"调查评估"已经在本教材第五章有专门的论述，本章的危险评估流程机制主要包括社区矫正中的入矫、矫中、解矫三个阶段的测评[1]。测评的内容包括：①应利用各类算法在平台中构建再犯危险测评模型，科学精准的再犯危险测评模型应当包括司法数据、生活数据、实时监控数据以及测评数据；②再犯危险测评结果应包括心理风险等级与再犯风险。危险等级原则上分为高、中、低三级，由各阶段心理测评产生的风险因子数计算得出，再犯风险由测评结果数据综合分析得出，根据数据结果形成可视化心理画像。心理画像是指利用现代信息技术对社区矫正对象的主要人格、心理特征、行为特点等数据进行采集与分析，形成用于展示社区矫正对象心理风险等级、再犯风险、社区矫正重点等信息的一种可视化描述方式。浙江省以心理测评为切入点实施入矫、矫中、解矫三个阶段的危险评估（图7-1）。

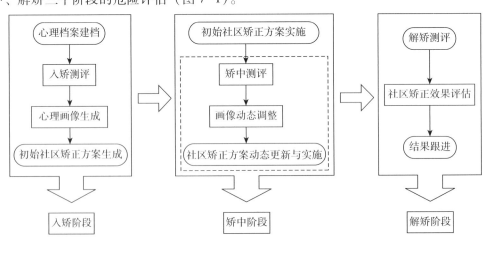

说明：
▭┈┈┈┈——该部分内容可根据社区矫正对象的矫中阶段时长进行循环。

图7-1　危险评估三阶段流程图

---

[1]　资料来源于浙江省于2023年2月27日发布的《智慧矫正 第3部：心理矫正》标准文件。

一、入矫危险评估

入矫危险评估，应在社区矫正对象入矫后三个月内完成首次阶段评估，主要评估其在社区矫正期间内重新犯罪的概率，其核心就是通过对社区矫正对象的人身危险性的调查测量，分别从社区矫正对象的犯罪原因、犯罪类型、危害程度、性格特点、悔罪表现、重新违法犯罪倾向等情况，进行综合分析和风险评估，以此为依据分出不同的人身危险性程度的等级，并在此基础上制定相应的监督、管理、教育和社区矫正方案，以便体现社区行刑与社区矫正的类型化、个别化、科学化，从而提高社区矫正的安全防范与教育改造质量。

入矫阶段主要包含心理档案建档、入矫测评、初始矫正方案生成等步骤。社区矫正对象的初始心理档案应包括入矫平台中社区矫正对象的基础信息数据和入矫测评数据。入矫危险评估（参见表7-4-1）主要从生活状态、健康状态、再犯风险等方面对社区矫正对象进行入矫心理风险测评，并生成心理画像。最后根据心理风险测评结果由平台自动生成心理画像，画像内容包括：心理风险等级、再犯风险、社区矫正重点等内容。[1]

表 7-4-1　入矫危险评估

类别	测评模块	风险因子
生活状态	家庭环境	婚姻状况、家庭关系等
	工作与经济	就业情况、经济状况等
健康状态	躯体健康	身体状况等
	既往精神病史	精神类疾病患病情况等
	心理问题	人际关系敏感、精神病性、焦虑、抑郁、偏执等
再犯风险	不良行为	暴力倾向、在校违规违纪表现等
	个性特征	暴力倾向、在校违规违纪表现等

注：测评模块设置的各风险因子按极高风险、高风险、中风险和低风险四档进行划分。

二、矫中危险评估

矫中危险评估，是指在社区矫正对象进入社区矫正后对其人身危险性所进行半年一次或一季度一次的测评，主要评估其在社区矫正期间重新犯罪的概率及社会承受的安全风险系数，根据测评结果把社区矫正对象划分为不同强度的风险等级，以此为依据制定社区矫正方案，落实分级处遇，合理配置社区矫正资源，提高社区矫正效果。阶段评估是对社区矫正对象管理处遇转化的根据，也是修正矫正教育方案的依据。阶段评估的结果也是与前期入矫评估结果和后期解矫评估结果对比的标准，以确定社区矫正教育效果的大小。

矫中阶段主要包含初始社区矫正方案实施、矫中测评、画像动态调整、社区矫正方案动态更新与实施等步骤。矫中危险评估（参见表7-4-2）应从生活状态、健康状态、日常

---

〔1〕　资料来源于浙江省于2023年2月27日发布的《智慧矫正 第3部：心理矫正》标准文件。

动态风险、心理素质等方面对社区矫正对象进行矫中心理风险测评，并生成心理画像。矫中危险评估宜设置为每3个月1次，应根据各次评估结果动态调整社区矫正对象的心理画像。社区矫正方案应当根据社区矫正对象心理风险的动态调整情况动态进行及时更新并实施。

表 7-4-2　矫中危险评估

类别	测评模块	风险因子
生活状态	社会支持	家人支持、朋友支持和社会支持等
	重大变故	遭遇重大负性事件等
健康状态	躯体健康	身体状况
	既往精神病史	精神类疾病患病情况等
	心理问题	人际关系敏感、精神病性、焦虑、抑郁、偏执等
日常动态风险	工作与经济	就业情况、经济收入稳定性等
	家庭关系	家庭关系、婚姻状况等
	动态再犯风险	反社会认知、受歧视感、绝望等
心理素质	心理坚韧性	目标专注、情绪控制、积极认知等

注：测评模块设置的各风险因子按极高风险、高风险、中风险和低风险四档进行划分。

矫中阶段的社区矫正效果评估和需要评估也是必不可少的，主要是对社区矫正对象接受管理、教育、改造、矫正等动态情况进行测评，再次评估重犯风险，以调整社区矫正方案，提高社区矫正效果。此外，社区矫正效果评估设计的指标、得出的数据和结论，对社区矫正期内的再犯危险评估工作具有重要的参考价值。阶段性的社区矫正效果评估也从一个侧面反映了社区矫正对象人身危险性随着社区矫正工作的深入开展是否有明显变化，从而决定是否对其逐步推进累进处遇，真正体现社区矫正个别化原则，以更好地实现刑罚特殊预防的目的。在社区矫正的管理中对社区矫正对象进行需要评估，旨在制定有针对性的矫正措施，满足社区矫正对象合理需要，抑制或消除其不合理需要乃至重新犯罪动机的形成，预防其重新犯罪，使其能较好地适应社会、融入社会。

入矫后社区矫正对象的社区矫正情况比监禁刑罪犯更为复杂，一方面，社区矫正对象的社会、家庭、个人情况错综复杂，人身危险性也在不断发生变化，仅仅依赖时间节点开展测评，并不能完整反映社区矫正对象的真实情况，更不能准确进行风险评估。因此，阶段测评应当具有灵活性，在具体的测评工作当中应当结合社区矫正对象改造情况及各地的实际情况进行阶段测评，相应增加或减少测评的次数，而不是机械地划分时间进行测评。

三、解矫危险评估

解矫危险评估，即解矫前的危险评估，是指在解除矫正前的三个月内，社区矫正机构及其工作人员要对社区矫正对象刑满释放后再犯危险进行评估和预测，并对整个社区矫正期内的社区矫正效果和质量进行总体、全面的分析和评价。解矫危险评估是对社区矫正对象解除社区矫正后是否采取其他手段进一步帮教或监管的根据，也是评价整个社区矫正教育方案是否有效的依据。根据分析结论和量化指标考核结果，考察社区矫正对象人身危险性是否有明显减弱，并对没有改造好的重点对象进行严格管控，对一般刑满释放人员进行分级安置帮教，实现预防重新犯罪的目的和罪犯再社会化的改造要求。

解矫阶段主要包含解矫测评、矫正效果评估、结果跟进等步骤。解矫危险评估（参见表7-4-3），应从健康状态、回归社会适应程度等方面对社区矫正对象进行解矫心理风险测评，并生成心理画像。

表7-4-3　解矫危险评估

类别	测评模块	风险因子
健康状态	躯体健康	身体状况等
	既往精神病史	精神类疾病患病情况等
	心理问题	人际关系敏感、精神病性、焦虑、抑郁、偏执等
回归社会适应程度	回归社会的心理准备	社会融入问题、自尊水平等
	工作与经济情况	工作适应程度、经济收入稳定等
	人际关系	人际满意、人际信任度等
	家庭与婚姻状况	家庭关系、婚姻状况等

注：测评模块设置的各风险因子按极高风险、高风险、中风险和低风险四档进行划分。

解矫危险评估的结果要与入矫危险评估结果和矫中危险评估结果相对比，以确定社区矫正教育效果的大小。通过社区矫正对象入矫、矫中、解矫三阶段所有心理矫正数据记录进行个体纵向数据的智能化对比分析，根据结果生成可视化的社区矫正对象心理矫正效果评估结论。这个阶段可以认为是对解矫后的再犯危险的深入评估，应当是对重新犯罪的深层次的预测与展望。解矫前的再犯危险评估应当是这三个阶段风险评估的关键所在。因为一旦解除社区矫正，社区矫正对象就算是正式的回归社会，真正获得自由和重生，社区矫正机构再也不能像在社区矫正期内那样对其进行约束了。一般而言，正常情况下绝大多数社区矫正对象经过社区矫正期内的各项社区矫正措施，如社区矫正机构对其进行的各项教育活动、心理矫治、监督管理和帮困扶助等，其认罪悔罪意识明显增强，社会责任感大幅提高，人身危险性也大大减弱，总的社区矫正效果基本达标，达到了改造罪犯再社会化的目的和要求，这部分社区矫正对象再犯危险的概率就会很低。

此外，在评估中应注重彰显人性化，对社区矫正对象个人信息进行隐私保护。

四、中国危险评估量表的编制与应用

我国是社区矫正危险评估工具的研发虽然起步较晚，但通过借鉴国外测评的优势，结合本土社区矫正对象再犯罪风险的特点，已经研发出一些能够为我国社区矫正对象再犯罪风险预测和社区矫正管理提供指导的本土化危险评估工具。本节重点介绍上海政法学院社区矫正研究中心编制的《社区服刑人员风险测评表》和浙江警官职业学院孔一教授研制的社区矫正人员再犯风险评估系统（CIRAI）。

（一）《社区服刑人员风险测评表》

上海市徐汇区委托上海政法学院社区矫正研究中心设计了《社区服刑人员风险测评表》，它分为初次测评表和阶段测评表。初次测评表主要由第 1~19 项组成，包括犯罪中是否使用暴力、是否惯偷、惯骗、是否有吸毒史、被害人对测评对象接受社区矫正的态度、犯罪的主观方面、初次违法犯罪的年龄、过去的刑事处罚记录和对社会的评价（主要测定对现实社会的态度）、对法院判决的态度（主要测定悔罪表现）等。阶段测评表由第 20~30 项组成，包括遵守法律、行政法规及规章有关规定的情况、是否受过惩罚（包括警告、记过、治安管理处罚等）、学习教育、思想汇报的情况和适应社会生活的状况等。初次测评主要围绕个人因素、家庭因素和社会因素展开，而阶段测评主要围绕社会交往、社会心态、公益劳动、技能情况等方面展开。由于考虑到测评表的科学性和全面性，每个测评对象不一定具有测评表中涉及的所有风险情况项目，因此，测评对象参加单项测评最高分值累计相加得出的总分值不同。为平衡总分值不同而产生的差异，测评表采取百分比方式规定风险等级划分标准。即：测评分值/总分值的百分比＝风险等级。上海市风险评估共规定三个等级，不满 35% 的，风险等级为"稳定"；35%~70% 的，风险等级为"重点关注"；超过 70% 的，风险的等级为"高危控制"。测评结果由测评小组集体讨论确认，并遵循少数服从多数的原则。

表 7-5　社区矫正服刑人员风险测评表

项目	分值
1. 犯罪的主观方面 0 分：过失犯罪、共同犯罪中的从犯或者胁从犯；1 分：故意犯罪； 3 分：共同犯罪中的主犯或者教唆犯	
2. 原判刑期 0 分：3 年以下（包括管制、剥夺政治权利）；1 分：3~10 年（包括剥夺政治权利）； 3 分：10 年以上	
3. 是否为职务犯罪 0 分：是；1 分：否	
4. 初次犯罪时的年龄 0 分：26 岁或更大；1 分：18~25 岁；2 分：17 岁或更小	
5. 现在年龄 0 分：51 岁以上；1 分：50~36 岁；2 分：35 岁以下	
6. 过去的刑罚处罚记录（包括 5 种主刑、3 种附加刑） 0 分：0 次；1 分：1 次；3 分：2 次；5 分：3 次或更多次	
7. 过去的行政处罚记录（包括劳动教养、违反《治安管理处罚法》、受到行政拘留） 0 分：0 次；1 分：1~2 次；2 分：3 次或更多次	

项目	分值
8. 受教育程度（个人道德修养状况） 0分：大专以上（结合道德修养状况）；1分：初中以上大专以下（结合道德修养状况）； 2分：小学到初中（结合道德修养状况）；3分：文盲（结合道德修养状况）	
9. 个人成长经历 0分：一般、较平稳；3分：较曲折，受到较多挫折	
10. 法律意识及法治观念 0分：掌握基本的法律知识，法治观念较强；1分：法律和法治观念一般；3分：法律知识欠缺，守法意识淡薄	
11. 是否有吸毒史 0分：没有；3分：有	
12. 是否酗酒 0分：没有；1分：偶尔；3分：经常	
13. 过去半年中情况 （1）工作情况（适用于未经监狱或者看守所的人员） 0分：有稳定工作；1分：工作不太稳定；2分：无业 （2）监所意见（适用于刚从监狱或者看守所回到社区的人员） 0分：表现稳定；1分：表现不够稳定	
14. 住房情况 0分：有固定住房；3分：没有固定住房	
15. 家庭接纳情况 0分：理解并接纳；1分：态度冷淡；3分：不接纳	
16. 谋生情况 0分：有一技之长，有较好的生活收入；1分：没有一技之长，但可以自食其力； 5分：未获得适当的工作，不能自食其力	
17. 表现出来的个性特征 0分：平稳；1分：内向、沉默，总觉得有心事或者做事有时候冲动、脾气急躁； 2分：个性强、暴躁、易冲动	
18. 对法院判决的态度 0分：没有意见；2分：较为不满；3分：非常不满	
19. 对社会的评价 0分：认为社会不公正现象毕竟是少数，现实社会的主流还是好的； 1分：认为社会腐败问题严重，但有希望得到解决； 2分：认为现在的社会很黑暗，对社会公正的前景不抱希望	
20. 对生活前景的态度 0分：对在社区中的生活（在工作或家庭方面）已有适当的安排，并对新的生活抱有信心； 1分：在社区中尚能生活，对前景还没有什么打算，抱着得过且过的态度； 3分：生活中困难较多，觉得自己前途渺茫	

项目	分值
21. 对个人经济状况的态度 0分：对目前个人的经济生活现状比较满意；1分：对自己的经济收入不够满意，感到有一定压力；3分：对目前的经济状况很不满意，有较大的压力	
22. 对社区矫正的态度 0分：能基本理解社区矫正的内涵与功能；1分：无所谓；2分：对自己被纳入社区矫正对象范围不理解或不服气	
23. 对在社区矫正中被帮教的态度 0分：认为对自己有帮助；1分：认为基本上没有用，只不过是形式而已；2分：对帮教持抵触态度	
24. 对公益劳动的态度 0分：能积极服从司法所的安排参加劳动；1分：态度一般；2分：消极怠工	
25. 对学习、思想汇报的态度 0分：能积极参与社区矫正机构安排的学习教育活动，并定期上交思想汇报；1分：表现一般； 2分：对学习教育经常请假、迟到，有时无故不来，经过催促才上交思想汇报	
26. 遵守社区矫正规章制度状况 0分：可以自觉遵守，没有出现违规现象；1分：偶尔有违规现象发生；3分：经常有违规现象发生	
27. 交往对象 0分：能与适当的社区居民正常交往；2分：偶尔与行为不轨人员或过去团伙的成员交往； 5分：经常与不良分子来往	
28. 适应社区生活的程度 0分：能正常与居民交往，在社区中没有被歧视感和孤独感；1分：社会交往很少，自己感到被歧视和孤立；3分：觉得自己难以在这个社区生活下去，有强烈的孤独感	
29. 与被害人的关系 0分：被害人能予以谅解或对服刑人员回社区情况不明，犯罪人与被害人无直接利害关系； 1分：被害人与服刑人员有一些矛盾；2分：被害人与服刑人员矛盾尖锐	
30. 家庭配合情况 0分：家庭关系和睦，家庭成员能配合社区矫正机构做好社区矫正工作； 1分：家庭成员与服刑人员的关系不太融洽，但没有明显的矛盾； 2分：家庭关系不和，家庭成员对社区矫正机构的工作较抵触	
总分	
阶段目标	主要问题： 社区矫正对策：

项目		分值
说明	1. 本表可用于对社区矫正对象开始在社区服刑的初次测评及每半年一次的阶段性测评。第1～19项用于初次测评，第20～30项作为在以后的阶段性测评中增加的内容； 2. 初次测评时将第1～19项各项目累计相加，阶段性测评时将第1～30项各项目累计相加，计算出总分，得出测评结果：稳定级；重点关注级；高危控制级。总分在测评表第一页右上角注明； 3. 根据预测的分值等级发现问题，制定下一阶段的工作对策	

（二）社区矫正人员再犯风险评估系统（CIRAI）

由浙江警官职业学院孔一教授研制的社区矫正人员再犯风险评估系统（CIRAI），是根据社区矫正人员[1]生活史、犯罪史、处罚史、行为习惯、心理态度、目前身处环境和现实客观表现确定犯罪人再犯可能性大小的计算机化的评估指标体系。该量表针对入矫、矫中、解矫的社区矫正人员进行分类管理和分级处遇而设计的再犯危险评估。量表的设计对于统计检验表明显著影响再犯的因素根据获取性优先、近因优先、聚类权重制衡原则对预测因子进行了取舍。[2] 风险等级采用五级划分，即将再犯的风险划分为："低""较低""中""较高""高"，分数区间根据正态分布理论模型设定。使用该评估系统以后，跟以前靠社区矫正工作者凭经验判断社区矫正人员（社区矫正对象）再犯风险相比，在以下三个方面成效明显：①为实务部门再犯评估提供了全面、统一、客观的评判标准和可靠依据，有效降低主观随意性和误判率；②分析出的高致罪因素为提供有针对性的干预措施、社区矫正教育提供参考依据。[3] ③测试题目中特别设计了逻辑测谎和事实测谎题目，数据录入后社区矫正人员再犯风险评估系统会可自动生成可信度报告，该报告有助于增加危险评估的信度和效度。本评估表各项因子得分和总得分表如下：

1. 早年家庭与学业得分表（0～7分）。

表7-6-1 早年家庭与学业得分表（0～7分）

序号	变量	属性	得分
1	父母关系	一直住在一起，从来不打架或争吵； 一直住在一起，有时会打架或争吵	0
		没有离婚，但长期分居；已离婚	1
		一直住在一起，经常会打架或争吵；不填	2

---

〔1〕 在社区矫正立法以前，曾把社区矫正监管的对象称为社区服刑人员、社区矫正人员。《社区矫正法》规定社区矫正监管的对象统称为社区矫正对象。

〔2〕 孔一：《社区矫正人员再犯风险评估与控制》，法律出版社2015年版，第133页。

〔3〕 孔一：《社区矫正人员再犯风险评估与控制》，法律出版社2015年版，第151、155页。

序号	变量	属性	得分
2	父亲的教育方式	民主	0
		专制/放任	1
		溺爱/粗暴	2
3	母亲的教育方式	民主/专制/放任	0
		溺爱/粗暴	1
4	弃学（毕业前）学习成绩是否很差	否	0
		是	1
5	在校是否受过处分	否	0
		是	1

2. 早年（16岁以前）行为得分表（0~5分）。

表7-6-2　早年（16岁以前）行为得分表（0~5分）

序号	变量	属性	得分
1	打人	3次以下	0
		4次以上	1
2	偷盗	1次以下	0
		2~3次	1
		4次以上	2
3	离家出走	没有	0
		有1次	1
		2次以上	2

3. 第一次犯罪情况得分表（0~12分）。

表7-6-3　第一次犯罪情况得分表（0~12分）

序号	变量	属性	得分
1	第一次逮捕年龄	25岁以上	0
		21~25岁	1
		16~21岁	2
		16岁以下	3
2	犯罪类型	杀人/伤害/强奸/抢劫/绑架/诈骗/其他	0
		盗窃/毒品犯罪/赌博	1

序号	变量	属性	得分
3	犯罪动机	为了钱财/满足性欲/其他	0
		为了报复/好玩/帮朋友	1
4	共犯情况	单独作案	0
		2人作案	1
		3人以上作案	2
5	作案起数	1起	0
		2~3起	1
		4~6起	2
		7起以上	3
6	在审讯中/看守所/监狱被警察打	没有	0
		被打过1次	1
		被打过2次以上	2

4. 第一次受刑与其他受罚情况得分表（0~20分）。

表7-6-4 第一次受刑与其他受罚情况得分表（0~20分）。

序号	变量	属性	得分
1	是否对自己犯罪感到后悔	是	0
		否	1
2	是否认为判决过重	否	0
		是	1
3	服刑期间是否有自杀行为或计划	否	0
		是	1
4	服刑期间是否有脱逃行为或计划	否	0
		是	1
5	是否被严管过或行政处罚	否	0
		是	1
6	现在年龄	25岁以上	0
		18~25岁	1
		18岁以下	2
7	是否被治安拘留过	否	0
		是	2

序号	变量	属性	得分
8	是否被强制戒毒过	否	0
		是	3
9	是否被劳动教养过	否	0
		是	3
10	是否被法院判刑过	1	1
		2	3
		3 次以上	5

5. 现在的情况得分（0~25 分）。

表 7-6-5　现在的情况得分（0~25 分）

序号	变量	属性	得分
1	婚姻状况	在婚	0
		未婚，没有谈恋爱	1
		离婚/丧偶	2
		未婚，正在谈恋爱	3
		未婚，刚跟恋爱对象分手	4
2	居住情况	固定住在一处或换过 1 次住处（有自己的房产/与亲属同住）	0
		换过 2 次住处（租房）	1
		换过 3 次及以上住处（住处无着落）	2
3	是否与亲属关系较差	否	0
		是	1
4	家庭经济是否较差	否	0
		是	1
5	职业	社会管理者/私营企业主	0
		其他职业	1
		无业	2
6	就业情况	全年有工作	0
		有时有工作	1
		全年失业	2
7	收支是否能维持生活	是	0
		否	1

序号	变量	属性	得分
8	朋友是否主要是服刑时的狱友	否	0
		是	2
9	朋友中违法者的人数	没有	0
		有 1 个	1
		有 2 个及以上	2
10	是否见过吸毒	没有	0
		见过 1 次	1
		见过 2 次及以上	2
11	是否欠（借）钱	没有欠（借）人家钱，人家也没有欠（借）我钱	0
		人家欠（借）我钱	1
		我欠（借）人家钱	2
12	所估计的社会上的犯罪率是否超过 20%	没有超过	0
		超过	1
13	所估计的国家对犯罪的处罚率是否低于 25%	否	0
		是	1
14	是否有纹身	没有	0
		有	1
15	开支有无计划	有计划	0
		没有计划	1

6. 近期行为得分（0~5 分）。

表 7-6-6　近期行为得分（0~5 分）。

序号	变量	属性	得分
1	喝酒次数	3 次以内	0
		4 次以上	1
2	吸毒次数	没有	0
		有过	2
3	赌博次数	3 次以内	0
		4 ~ 5 次	1
		6 次以上	2

7. 再犯风险等级划分表。

表 7-6-7　再犯风险等级划分表

风险等级	加权系数	很高	较高	中	较低	很低
占百分比		10	30	35	15	10
入矫	2.119	[54, 59]	[35, 53]	[15, 34]	[6, 14]	[0, 5]
矫中/解矫	1.689	[68, 74]	[45, 67]	[19, 44]	[8, 18]	[0, 7]

第四节　危险评估报告

一、危险评估的信息采集

通过多种途径、多种方式全面获取社区矫正对象的可靠信息，是准确开展再犯危险评估的前提，以及寻找证据、制订社区矫正方案的基础。不同的信息须选用相应采集方法，才能保证信息的客观准确。从危险评估的角度而言，一般情况下需要采集社区矫正对象以下信息。

1. 个人层面的基本信息。循证社区矫正对象个人层面的基本信息，主要包括四个方面：一是社区矫正对象的年龄、民族、文化程度、婚姻、家庭住址、家庭成员、主要社会关系、职业技能、健康状况、生活经历、社会经济地位、爱好、特长等基本信息。这些基本信息可以帮助社区矫正工作者了解社区矫正对象本人，以及他的社会关系情况。二是社区矫正对象的违法犯罪情况，具体包括违法犯罪的主要事实、执行类别、刑种刑期或教养期、行为表现、执行经历、悔过态度、前科、本次违法犯罪动机、受害人情况等。通过对违法犯罪情况的掌握，判断了解社区矫正对象违法犯罪的主客观因素、主观恶性及恶习深浅。三是社区矫正对象的心理行为特征，这主要是通过心理检测或对矫正对象心理档案进行分析，判断其心理健康状况及性格特征等。四是社区矫正对象对社区矫正的态度，这包括对法院判决的态度或对行政机关处罚的态度；申诉控告情况；对个人现状的看法，是否愿意接受社区矫正监管等，从而判断再犯危险程度，及时化解、避免不利于社区矫正对象接受社区矫正的因素。

2. 环境层面的信息。主要包括社区矫正对象社会生活中的重要社会系统，以及可以获取帮助的资源系统的信息。社会系统主要包括社区矫正对象的家庭、亲属、邻居、学校、单位、妻子、子女、朋友、民警等，尤其要关注对社区矫正对象有主要影响和重要关系的人，因为这些重要人物对社区矫正对象持有希望和支持，以及他们具有帮助社区矫正对象的能力，也是预防再犯的可以利用的社区矫正资源。资源系统主要包括邻里关怀、志愿者、各类社会保障政策、各类专业服务组织可能提供的服务等。社区矫正对象环境层面的信息，可成为制订社区矫正方案的重要依据。

3. 社区矫正风险层面的信息。这主要指收集社区矫正对象在社区矫正中产生的各种问题信息。如社区矫正对象的人身危险、再违法犯罪风险；家庭、婚姻问题；社区矫正对象与其他社区矫正对象之间的人际矛盾，或社区矫正对象与其他社区矫正工作者或管理者之间的矛盾；社区矫正对象的劳动态度；社区矫正对象社区矫正期间的重大违规违纪情况；社区矫正对象在社区矫正中遇到的重大家庭变故或亲情利害关系等。

4. 社区矫正需要层面的信息。这重点要了解社区矫正对象解决问题或者寻求帮助的情况，如获得法律援助的需要、改善自我精神现状的需要、提高文化道德修养的需要、提高就业技能的需要、提高艺术品位的需要，以及其他有利于重新回归社会的需要等。

二、危险评估方法

在社区矫正危险评估实践中，根据危险评估的标准不同，危险评估可以分为三类：临床评估法、统计评估法、动态综合性评估法。

（一）临床评估法

临床评估法，是指对罪犯的人身危险性即将来重新犯罪的危险性或矫治可能性的判断，完全由临床医生或者心理医生在经验与知识基础上诊断的评估方法。20 世纪以前，第一代评估工具往往仅根据判断者个人的知识经验作主观的判断，被称为临床评估法，这种评估方法从性质看也属于定性危险评估法。该评估方法尽管是心理医生所作的评估，但是，其评估方式是非结构性的。一般认为，这种非结构的预测方法比统计的预测方法可靠性差。

直觉评估法，是指社区矫正工作人员根据自己的专业训练与经验，主要凭直觉，通常通过与社区矫正对象的交流获取相关信息并参考若干因素（如前科纪录、家庭、职业、社区矫正对象的日常表现，思想汇报、参加公益劳动是否积极）预测其再犯的可能性。这是当前我国社区矫正工作中常用的一种方法，这种评估方法迅速、快捷，社区矫正机构可以在第一时间有针对性地采取监管措施，以控制再犯的风险。如司法机构根据罪犯分类调查所得到的关于身体、精神、环境等多方面的资料，判定犯罪人改过自新、不重新犯罪的可能性程度为"较易""较难""不易"等。这类主观经验评估法的准确率完全依赖于评定者的相关经验是否丰富，准确率普遍不高。这种定性评估方法由于简便易行，在司法实践和理论研究中都得到了广泛的应用。但是这种方法对评估工作人员个人的素质和经验依赖性较强，评估的主观主义色彩浓厚，准确性相对较差，大规模推广应用受到限制，因此对人身危险性的统计评估方法应运而生。

临床评估法和直觉评估法都属于定性评估法。两者最大的区别在于，临床评估法的使用者具备医学、心理学、犯罪学等专业训练并获得相应的职业资格认证。在社区矫正工作中，临床评估法主要通过以下具体方法来完成：阅卷法、犯罪事实判断法、行为观察法、访谈法、问卷调查法等。

1. 阅卷法，就是通过审阅社区矫正对象的案卷，了解其基本情况、犯罪事实、主观恶性程度、罪名、刑种、刑期、社区矫正起止日期、入矫前的表现与人际关系、人格特点、法律意识等，以此来初步判定其人身危险性的一种方法。这种方法主要适用于判决前（或入矫后）的人身危险性评估。

如用阅卷法对案例 7-1 中的叶某进行人身危险性评估，就是通过审阅叶某的案卷来完成。通过审阅案卷，了解的情况如下：

（1）基本情况：姓名，叶某；性别，男，年龄：33 岁，文化程度：高中。

（2）犯罪事实：采取冒充中介人员身份、伪造虚造转账记录的方式，获得赵某信任后骗得该街头篮球游戏账号。

（3）主观恶性程度：中等。

（4）罪名：网络诈骗罪。

（5）刑种：有期徒刑 6 个月，缓刑 1 年，并处罚金人民币 10 000 元。

（6）刑期：缓刑考验期自 2021 年 11 月 22 日起至 2022 年 11 月 21 日止。

（7）入矫前的表现与人际关系：家庭。

（8）人格特点：脾气急躁，做事冲动；带有侥幸心理，享乐主义思想严重。

（9）法律意识：法制意识淡薄，法律知识欠缺。

根据以上情况，可判定为其人身危险性中等，有重新犯罪的可能。

2. 犯罪事实判断法，主要是通过对其主观恶性程度、犯罪情节、犯罪手段、社会危害后果等方面的犯罪事实判断其人身危险性的一种方法。这种方法主要适用于入矫后的人身危险性评估。

如用犯罪事实判断法对案例 7-1 中的叶某进行人身危险性评估，就是通过调查了解或审阅叶某的案卷，对其犯罪事实进行判断并得出人身危险性高低的结论。

（1）主观恶性程度：故意诈骗，主观恶性程度中等。

（2）犯罪情节：采取冒充中介人员身份、伪造虚造转账记录的方式，获得赵某信任后骗得该街头篮球游戏账号。

（3）犯罪手段：采取冒充中介人员身份、伪造虚造转账记录的方式骗取他人的信任。

（4）社会危害后果：造成他人财物损失，社会危害后果一般。

根据以上情况，可判定为其人身危险性中等，有重新犯罪的可能。

3. 行为观察法，主要是通过对社区矫正对象的日常行为进行自然或设定情境的观察，来了解其行为特点和处事方式，以判定其人身危险性的一种方法。这种方法主要适用于社区矫正期间的社区矫正对象的人身危险性评估。

4. 访谈法，是通过与社区矫正对象本人或与其熟悉的人进行谈话，以了解其日常表现、人格特点等，以预测其行为并判断其人身危险性的一种方法。这种方法既可适用于判决前的被告人、罪犯的人身危险性评估，也可适用于社区矫正期间的社区矫正对象的人身危险性评估。

5. 问卷调查法，就是根据需要设置一定的问题，让社区矫正对象行回答，以了解其行为表现并判定其人身危险性的一种方法。这种方法也是既可适用于判决前的被告人、罪犯的人身危险性评估，也可适用于社区矫正期间的社区矫正对象的人身危险性评估。江苏省社区矫正对象风险情况定性分析表（表 7-7）属于种结构化的问卷清单，便于社区矫正工作者有针对性地开展定性问卷调查。

表 7-7　江苏省社区矫正对象风险情况定性分析表

社区矫正对象是否具备以下特征		是	否
基本情况	小学或初中文化水平 30 岁以下 法制意识淡薄，法律知识欠缺		
家庭情况	未成年时没有得到良好的家庭关怀和教育 家庭有过不幸经历 自身存在离异或丧偶经历 当前没有子女 个人对家庭的责任感不强		
人际关系	与亲属、同学、同事或邻里关系紧张 交友繁杂，易受不良影响 爱情纠纷		
就业情况	当前在单位表现较差（没有单位填"否"） 对当前失业状态或就业情况不甚满意		
经济情况	当前收入很少或没有 生活负担相对较重 花钱随意大手大脚 好逸恶劳，贪图享受		
性格行为	接受过精神疾病诊疗 接受过心理咨询 脾气暴躁做事冲动 表演欲强喜好幻想 敏感多疑情绪波动 情感冷淡性格孤僻 优柔寡断缺乏主见 思维混乱做事马虎 为达目的不择手段 自控能力较差 生活缺乏规划 沉迷网络 吸食毒品		
相关态度	不在意别人对自己的看法 对社会状况不满并抵触 对法律道德规范抵触排斥 对部分社会群体有歧视性态度 对他人犯罪表示认同 对自己被判刑罚感到不公 对被害人毫无歉意 以得过且过态度对待社区矫正 对将来的生活较为悲观		

社区矫正对象是否具备以下特征		是	否
犯罪情况	主要由于交友不慎或投机图财导致本次犯罪 本次犯罪为结伙或带黑社会性质的犯罪 本次犯罪前是否受过刑事处罚		
社区矫正情况	不愿意和社区矫正工作者交流沟通 经常违反社区矫正规章制度		
请社区矫正工作者主要围绕但不局限于以上所列项目，联系其实际情况，对该社区矫正对象风险进行情况定性分析：			

（二）统计评估法

统计评估法，也称为定量评估法，是在已有信息的基础上通过访谈和调查提取社区矫正对象的人身危险性的相关因素，采取统计学手段确定不同因素的分值，并确定不同因素的分值在总值中所占的权重，然后根据计算结果确定社区矫正对象人身危险性大小的一种方法。

最早采用量表法测定刑释人员人身危险性的研究者是美国芝加哥大学的欧内斯特·W. 伯吉斯（Earnest W. Burgess），他于 1928 年采用计点加分法制成世界上第一张犯罪预测表。该犯罪预测表在对 3000 名假释罪犯进行危险性评估预测的基础上总结出重新犯罪者的 21 项个人特点，对这批假释犯在假释后重新犯罪的可能性成功地做出了数理化的预测。根据伯吉斯预测表发展来的重要因素量表（the Silent Factor Score）至今仍被美国假释委员会使用。欧内斯特·W. 伯吉斯的犯罪预测表突破了危险评估的传统评估方法，由定性评估法转向定量评估法，采用定量评估法确定了反映社区矫正对象的人身危险性的相关因素及其分值和在总值中所占的权重，并且在确定了计算公式后，使人身危险性的评估和测定便变得简单易行。定量评估法对评估工作人员个人的素质和经验依赖性较小，评估的客观性较强。定量评估法的兴起，为人身危险性的评估做出了不可磨灭的贡献。

（三）动态综合性评估法

动态综合性评估法是基于社区矫正的多元需要，充分发挥检测工具、评估者的个体知识与经验的各自优势，根据评估因素和变化情况进行动态的综合评估。这种评估坚持主观与客观相结合、静态与动态相结合、定量与定性、临床和统计相结合的要求所开展的评估，目的是进一步提高评估的准确性。从我国情况来看，目前大多数社区矫正机构基本都采用动态综合性评估法对社区矫正对象进行危险评估。

三、危险评估测试步骤

危险评估测试步骤是指按照一定的流程，引导社区矫正对象参与量表测试的过程。危险评估量表再犯危险等级的准确定位取决于对问卷题目回答的"真实性"。如果社区矫正对象随意回答或者故意作假，则测试结果会失准，甚至完全错误，从而误导实际工作。因此实际测试需要做好测试前准备、测试中控制、测试后核对及确定危险等级。

（一）测试前准备

测试前准备主要包括以下几个方面：

1. 信息筛选。信息筛选整理是指对已有的信息进行审查和核实，以达到去除虚假、无用的信息，保证信息的准确性和有效性。信息筛选整理过程就是对社区矫正对象的认识由表及里、由现象深入到本质的过程，经过分析整理，确定影响社区矫正对象的人身危险性的因素的相关信息的真实性和准确性。

2. 信息整理。信息整理就是把影响社区矫正对象人身危险性的因素梳理成静态因素和动态因素两大类。其中，静态因素主要从社区矫正对象档案、日常走访记录和谈话记录中收集；动态因素除了测量，还需要工作人员进行谈话，围绕量表中的相关问题进行再次确认，并做相应记录，以备被测对象做完测试后核对真假。

（1）静态因素，又称不变因素，是指不因社区矫正对象改造情况的变化而变化的因素，如犯罪记录、犯罪类型、犯罪事实、犯罪后果、社区矫正人员基本情况中的个人经历、个人的某些生物学因素（如性别、神经类型等）和心理因素（如气质、性格类型等）等。

（2）动态因素，又称可变因素，是指能及时反映社区矫正对象社区矫正情况变化的因素，如社区矫正对象基本情况中的法律意识、社会认知、谋生情况、家庭经济状况、行为习惯、生活环境、社会政策、形势的变化、家庭关系（婚姻状况）和思想状况、情绪状态、人际关系、对判决和社区矫正的态度等。

（二）测试中控制

1. 分阶段选择不同类别的测评量表。根据调查情况分阶段安排填写危险评估量表，入矫阶段填写《人身危险检测量表（RW）》（表7-8-1、表7-8-2）、《社区矫正风险评估初次测评表》（表7-9）；矫中阶段、解矫阶段填写《社区矫正对象社会风险测评表（阶段性测评表）》（表7-10）、加拿大的《水平评估量表（LSL-R）》。同时结合社区矫正对象具体情况分阶段安排填写各类心理测评量表，如，《明尼苏达人格问卷（MMPI）》、《症状自评量表（SCL-90）》（表7-11）、《艾森克人格问卷（EPQ）》、《心理-认知-行为量表（XRX）》等。心理测验量表主要是为了了解社区矫正对象的人格特点、躯体症状等，以预测其行为，是为了配合危险评估量表使用的一种辅助工具，通过这些工具检测社区矫正对象的行为与心理变化或改善状态。单独使用不能确定社区矫正对象的人身危险性程度。之后，对测量结果进行评分，并填写《社区矫正对象风险评估记录表》。要注意的是，社区矫正对象测试前，工作人员要教育和引导他们积极配合，使其真实地表达自己内心的想法和反映实际情况，减少测试的偏误。

从理论上来说，个体人格因素和社会环境因素都会影响社区矫正对象再犯的风险因子。因此，当前司法实践中的危险评估工作，既需要通过人格心理测试把全部的个体人格因素（如人格特点、心理健康情况、心理精神状态、社会适应能力等）纳入考虑的范围，还需要把一些稳定的环境因素（如家庭结构、婚姻状况、教育背景、职业情况、经济条

社区矫正执法实务

件、不良行为等）纳入统计之中。

2. 测试中的注意事项。

（1）明确告知社区矫正对象测试的积极意义：帮助他发现问题，解决问题，减少再犯和再遭处罚的风险，保护他和他的家庭。

（2）对于"文盲"型社区矫正对象，测试应通过谈话进行，由社区矫正工作者根据谈话资料进行填写。

（3）测试场所要求安静，需安排一位专业工作人员回答社区矫正对象的疑问，工作者应给予填答者一定的私密空间，不能在没有提问的情况下让社区矫正对象填答。

表 7-8-1　人身危险检测量表（RW）[1]

检测人：＿＿＿＿＿　检测单位：＿＿＿＿＿　　　检测日期：＿＿＿＿＿

被检测人：＿＿＿＿　罪名：＿＿＿＿＿　　　　　原判刑期：＿＿＿＿＿

检测题目	选项	得分
Fc：过去被判刑（或劳动教养）次数	0分：无 3分：一次 6分：两次以上	
Fn：本次被判刑时年龄	0分：56岁以上 1分：46~55岁 2分：36~45岁 4分：18岁以下（不含18岁） 6分：18~35岁	
Fq：刑种刑期	0分：3年以下（含3年） 2分：3~10年（含10年） 4分：10年以上有期徒刑 8分：无期徒刑、死缓	
Fx：犯罪形态	0分：犯罪预备或中止 3分：犯罪未遂 5分：犯罪既遂	
Fl：犯罪类别	0分：过失性犯罪、渎职类犯罪、其他破坏经济秩序类犯罪 2分：其他侵犯人身、民主权利和侵犯财产类犯罪、贪污、贿赂类犯罪 3分：寻衅滋事、聚众斗殴、其他妨害社会管理秩序类犯罪、其他危害公共安全类犯罪 5分：盗窃、诈骗（含金融类诈骗、合同诈骗），危害国家安全罪 7分：故意杀人、故意杀害、抢劫、强奸、绑架、爆炸、投毒、放火、贩毒	

[1]　人身危险检测量表。江苏省监狱管理局组织人员研制的人身危险检测量表，又称RW。它是建立在调查统计和测量分析的基础上，主要以社区矫正对象过去事实为基础，并给出相应分值，对社区矫正对象的人身危险性进行量化预测性评价。该表适用于入矫初期的假释犯、暂予监外执行犯。

178

检测题目	选项	得分
Ft：共同犯罪成员或黑恶势力成员	0 分：不是共同犯罪 2 分：是共同犯罪，但不是主要成员 5 分：是共同犯罪，是主要成员，或是主犯；或是黑恶势力犯罪，但不是主要成员 8 分：是黑恶势力犯罪，且是主要成员	
Zz：犯罪前居住状况	0 分：有固定居住场所；或在农村居住 2 分：有较固定居住场所 5 分：没有固定居住场所；或长期流浪	
Zy：受教育状况	0 分：大专以上 1 分：高中（或中专） 2 分：文盲 5 分：初中或小学	
Zh：婚姻状况	0 分：已婚，且夫妻感情较好 1 分：未婚 3 分：离婚 5 分：处于婚姻危机状态；或另一方离家出走，长期失去联系	
Zg：与家庭成员（或主要联系人）关系	0 分：很好 2 分：一般；或紧张，但有改善的可能 5 分：非常紧张，或与其长期失去联系	
Zj：家庭经济状况	0 分：较好 1 分：一般 2 分：较困难 5 分：困难	
Zl：犯罪前 3 年内就业经历（含从事农业，在厂矿企业工作，或自己经营企业）	0 分：6 个月以上工作经历；或在家务农；或在校学生 2 分：有 6 个月以下工作经历；或短暂失业；或打工 5 分：无业；或长期失业	
Zn：犯罪前（或服刑过程中）掌握劳动技能情况	0 分：熟练，能应付劳动需要 2 分：不太熟练，基本能应付劳动需要 5 分：无劳动技能；或老弱病残	
Ew：犯罪前交往状况	0 分：交往人员中无人有违法犯罪经历 1 分：交往人员中无违法犯罪经历人，但均羡慕有钱人生活 3 分：交往人员中个别人有违法犯罪经历 5 分：交往人员中有很多人有违法犯罪经历	
Ey：犯罪前在娱乐场所（或在发屋、保健中心、洗浴中心等）消费或工作经历	0 分：无 2 分：偶尔 4 分：经常	

检测题目	选项	得分
Eb：犯罪前（或服刑期间）赌博状况	0分：无 1分：偶尔 2分：经常	
Ej：犯罪前酗酒状况	0分：无 1分：偶尔 2分：经常	
Ex：性行为状况	0分：正常；或无 2分：有重婚、同居、嫖娼或卖淫等非法性关系经历	
D：曾经有过吸食或贩卖毒品经历	0分：从不吸食或贩卖毒品 2分：偶尔吸食，但未成瘾，或曾经有过一次贩毒经历 5分：有较长吸食毒品史或多次贩卖毒品经历	
Xq：情绪稳定状况	0分：很稳定 2分：不太稳定，但不影响服刑生活 4分：很不稳定	
Xj：精神或心理状况	0分：正常 2分：不太正常，需要一定的帮助 4分：有障碍，难以适应服刑生活	
Xh：适应环境状况	0分：很快适应 2分：不太适应，但需要一段时间调整 4分：很不适应	
Xk：身体健康状况	0分：健康，或很少有病 1分：偶尔有病，但很快治愈 4分：很差，有严重的慢性病、传染病；或身体残疾，失去生活自理能力	
Xs：自杀心理产生情况	0分：从没有产生 2分：偶尔产生 4分：经常产生	
Y：犯罪归因状况	0分：自己原因 2分：家庭原因 3分：他人原因 5分：社会原因	
合计得分		

表 7-8-2　人身危险性测试结果

类别	得分	稳定区	相对稳定区	危险区
D 系列（涉毒）		0分	2分	5分
E 系列（恶习状况）		<7分	≥7分，<10分	≥10分
F 系列（犯罪状态）		<20分	≥20分，<30分	≥30分

类别	得分	稳定区	相对稳定区	危险区
X系列（心理和生理状态）		<4分	≥4分，<6分	≥6分
Y系列（犯罪归因）		0分	3分	5分
Z系列（自然状况）		<9分	≥9分，<14分	≥14分
合计		<42分	≥42分，<63分	≥36分
改造难易		易	较难	难
危险等级		低度	中度	高度

表7-9　社区矫正风险评估初次测评表[1]

姓名		性别		年龄	
		身体状况		文化程度	
社区矫正类别		原判刑期			
案由		社区矫正起止日期			
测评结果					

项目		子项目	分值
基本因素	1. 犯罪时的年龄	1分：初次违法犯罪18周岁以上（含18周岁） 2分：初次违法犯罪不满18周岁	
	2. 受教育程度	0分：大专以上 2分：高中初中及同等程度 3分：小学、半文盲、文盲	
	3. 就业态度和状况	0分：能自食其力 3分：不能自食其力或不愿自食其力	
	4. 婚姻家庭状况	0分：已婚或25周岁以下未婚（家庭稳定） 2分：丧偶、离异、大龄未婚（25周岁以上）或25周岁以下未婚（生活在单亲家庭）	
	5. 生活来源	0分：依靠自己的工作收入 1分：低保或依靠家庭 3分：无	
	6. 固定住所	0分：有　　　　3分：无	
个性及心理因素	7. 自控能力	0分：能够自我控制 3分：自控能力较差或有事不能自控	
	8. 心理健康状况	1分：基本健康 2分：存在心理问题 3分：患有心理疾病	
	9. 有精神病史或精神病遗传史	0分：无　　　　1分：有	

---

[1]　该表来源于：http://wenku.baidu.com/view/a213ba4b767f5acfa1c7cd0e.html，最后访问日期：2024年9月30日。

个性及心理因素	10. 认罪服法态度	0分：认罪服法　　　　1分：不认罪	
	11. 对现实社会的心态	0分：能够正确看待社会现实 2分：对社会不满甚至仇视	
	12. 法律知识或法治观念	1分：法律知识欠缺、法治观念淡薄 2分：无法律知识和法治观念（法盲）	
社会因素	13. 交友情况	0分：无不良交友情况 3分：有不良交友情况	
	14. 个人成长经历	0分：平稳　　　　　　2分：有挫折	
	15. 家庭成员犯罪记录	0分：无　　　　　　　1分：有	
社会因素	16. 家属配合社区矫正工作	0分：理解支持 2分：不配合或有抵触情绪以及无家庭支持系统	

测评人：＿＿＿＿＿＿＿＿＿＿　　　　　　　　测评日期：＿＿＿＿＿＿＿＿＿＿＿

表 7-10　　社区矫正对象社会风险测评表（阶段性测评表）[1]

项目	分值
第一部分：基本因素	
1. 犯罪时的年龄 1分：初次违法犯罪 18 周岁以上（含 18 周岁） 2分：初次违法犯罪不满 18 周岁	
2. 受教育程度 0分：大专及以上 2分：高中、初中及同等程度 3分：小学、半文盲、文盲	
3. 就业态度和状况 0分：能自食其力 2分：不能自食其力或不愿自食其力	
4. 婚姻家庭状况 0分：已婚或 25 周岁以下未婚（家庭稳定） 2分：丧偶、离异、大龄未婚（25 周岁以上或 25 周岁以下未婚），生活在单亲家庭	
5. 未成年时的家庭生活情况 0分：与父母共同生活 1分：与父母一方或双方长期分开生活 2分：父母离异，跟随一方生活	
6. 吸毒史 0分：无 2分：有过吸毒史并受到处罚	

---

〔1〕　该表来源于：http://wenku.baidu.com/view/a213ba4b767f5acfa1c7cd0e.html，最后访问日期：2024 年 9 月 30 日

项目	分值
7. 固定住所 0分：有 3分：无	
8. 生存技能 0分：有，可以获得职业 1分：技能水平低，需要提高 3分：基本无技能，需要教育或培训	
第二部分：个性及心理因素	
9. 自控能力 0分：能够自我控制 3分：自我控制能力较差或有时不能自控	
10. 心理健康状况 1分：基本健康 2分：存在心理问题 3分：患有心理疾病	
11. 有精神病史或精神病遗传史 0分：无 1分：有	
12. 对现实社会的心态 0分：能够正确看待社会现实 2分：对现实不满甚至仇视	
13. 法律知识或法治观念 1分：法律知识欠缺、法治观念淡薄 2分：无法律知识和法治观念（法盲）	
第三部分：家庭及人际因素	
14. 交友情况 0分：无不良交友情况 3分：有不良交友情况	
15. 个人成长经历 0分：平稳 1分：有挫折	
16. 家庭成员犯罪记录 0分：无 1分：有	
17. 邻里容纳程度 0分：容纳 1分：一般 3分：不容纳	

项目	分值
18. 家属配合社区矫正工作 0分：理解、支持 2分：不配合或有抵触情绪以及无家庭支持系统	
19. 违法犯罪案由 1分：其他 3分：盗窃、抢劫、涉毒、寻衅滋事	
第三部分：家庭及人际因素	
20. 过去受刑事处罚记录 0分：无 2分：有	
21. 过去受行政处罚记录 0分：无 1分：有（1~2次处罚记录） 2分：(3次及3次以上)	
22. 对社区矫正工作人员的态度 0分：好、较好、配合 1分：一般、基本配合 2分：不好、不配合、蛮横	
23. 主观恶性程度 1分：过失犯罪 3分：故意犯罪	
24. 社区矫正类别 1分：管制、监外执行 2分：缓刑、剥权、假释	
25. 犯罪中是否使用暴力或是否贯骗（2次以上含2次） 0分：无 1分：有	
总分	
阶段目标	主要问题： 社区矫正对策：
说明	1. 本表为司法所对社区矫正对象进行社会风险测评的量表，测评分值为测评对象所有单项实际测评分值的总和； 2. 总分值为所有单项最高分值的总和，25个小项的总分值为60分； 3. 计算测评分值/总分值的百分比，划定风险等级：低风险度≤45%；一般风险度45%~55%；高风险度≥55%；（即少于27分为低风险度；27~33分为一般风险度；33分以上为高风险度） 4. 测评分值作为社区矫正对象分级管理的重要参考依据，如果测评对象具有本表未涉及但易引发重新犯罪的因素，可以注明。

测评人：_____　　　　测评日期：_____

表7-11　症状自评量表（SCL-90）

指导语：下表列出了有些人可能会有的问题，请仔细阅读每一条，然后根据最近一周来自己的实际感觉，选择最符合您的一种情况，填在后面的测验答卷纸中相应题号的评分栏中。其中"没有"是指自觉并无该项症状（问题），记0分；"很轻"是指自觉有该项症状，但对你并无实际影响或影响轻微，记1分；"中等"是指自觉有该项症状，对你有一定的影响，记2分；"偏重"是指自觉常有该项症状，对你有相当程度的影响，记3分；"严重"是指自觉该症状的频度和强度都十分严重，对你的影响严重，记4分。

姓名：_____ 性别：_____ 出生日期：_____ 文化程度：_____

民族：_____ 籍贯：_____ 原判刑期：_____ 入矫日期：_____

测试日期：_____

序号	题目	没有 □	很轻 □	中等 □	偏重 □	严重 □
1	头痛					
2	神经过敏，心中不踏实					
3	头脑中有不必要的想法或字句盘旋					
4	头晕或晕倒					
5	对异性的兴趣减退					
6	对旁人责备求全					
7	感到别人能控制您的思想					
8	责怪别人制造麻烦					
9	忘性大					
10	担心自己的衣饰整齐及仪态的端正					
11	容易烦恼和激动					
12	胸痛					
13	害怕空旷的场所或街道					
14	感到自己的精力下降，活动减慢					
15	想结束自己的生命					
16	听到旁人听不到的声音					
17	发抖					
18	感到大多数人都不可信任					
19	胃口不好					
20	容易哭泣					
21	同异性相处时感到害羞不自在					
22	感到受骗，中了圈套或有人想抓住自己					

序号	题目	没有 □	很轻 □	中等 □	偏重 □	严重 □
23	无缘无故地突然感到害怕					
24	自己不能控制地大发脾气					
25	怕单独出门					
26	经常责怪自己					
27	腰痛					
28	感到难以完成任务					
29	感到孤独					
30	感到苦闷					
31	过分担忧					
32	对事物不感兴趣					
33	感到害怕					
34	感情容易受到伤害					
35	旁人能知道自己的私下想法					
36	感到别人不理解自己、不同情自己					
37	感到人们对自己不友好，不喜欢自己					
38	做事必须做得很慢以保证做得正确					
39	心跳得很厉害					
40	恶心或胃部不舒服					
41	感到比不上他人					
42	肌肉酸痛					
43	感到有人在监视自己、谈论自己					
44	难以入睡					
45	做事必须反复检查					
46	难以做出决定					
47	怕乘电车、公共汽车、地铁或火车					
48	呼吸有困难					
49	一阵阵发冷或发热					
50	因为感到害怕而避开某些东西、场合或活动					
51	脑子变空了					
52	身体发麻或刺痛					
53	喉咙有梗塞感					

续表

序号	题目	没有 □	很轻 □	中等 □	偏重 □	严重 □
54	感到前途没有希望					
55	不能集中注意力					
56	感到身体的某一部分软弱无力					
57	感到紧张或容易紧张					
58	感到手或脚发重					
59	想到死亡的事					
60	吃得太多					
61	当别人看着自己或谈论自己时感到不自在					
62	有一些不属于自己的想法					
63	有想打人或伤害他人的冲动					
64	醒得太早					
65	必须反复洗手、点数					
66	睡得不稳不深					
67	有想摔坏或破坏东西的想法					
68	有一些别人没有的想法					
69	感到对别人神经过敏					
70	在商店或电影院等人多的地方感到不自在					
71	感到任何事情都很困难					
72	一阵阵恐惧或惊恐					
73	感到公共场合吃东西很不舒服					
74	经常与人争论					
75	单独一人时神经很紧张					
76	别人对自己的成绩没有做出恰当的评价					
77	即使和别人在一起也感到孤单					
78	感到坐立不安心神不定					
79	感到自己没有什么价值					
80	感到熟悉的东西变成陌生或不像是真的					
81	大叫或摔东西					
82	害怕会在公共场合晕倒					
83	感到别人想占您的便宜					
84	为一些有关性的想法而很苦恼					

序号	题目	没有 □	很轻 □	中等 □	偏重 □	严重 □
85	自己认为应该因为自己的过错而受到惩罚					
86	感到要很快把事情做完					
87	感到自己的身体有严重问题					
88	从未感到和其他人很亲近					
89	感到自己有罪					
90	感到自己的脑子有毛病					

（三）测试后核对

测试完成后，社区矫正工作者应查看每一道题目的答案，如果有与已掌握的情况不符的回答，应及时追问，核实；对于酗酒、吸毒、赌博等情况应进行测试前或测试后走访核对；有条件的地区，重点管控对象可以进行医学检测（尿检、血检）已检测其是否存在吸毒、酗酒情况。

（四）确定危险等级

为了与分类管理相衔接，将风险程度分为高、中、低三个等级。实践中，随着智慧矫正理念的提出，今天的危险评估技术可以根据评估需要，监测获取机构外负性社会生活数据、动态监控数据、心理测评数据、再犯风险测评数据等各项数据，再通过设置权重自动给出分值，系统根据分值划分危险等级，同时给出相应的处遇措施和干预建议。

定量危险评估法虽然比定性危险评估法得出的结论更为客观，但在定量危险评估法指导下的实践表明，这些定量分析法仍然是很不完善的，与实际情况存在较大的差距。相关因素及其分值和在总值中所占权重的确定是一个极其复杂的过程，不同的专家学者对同一因素会得出不同的分值和权重，同一因素对不同社区矫正对象人身危险性影响的大小是否一致，也是值得商榷的。因此，定量评估法也难以得到大范围的推广使用。得出的危险等级划分也不一致。

四、危险评估报告的撰写

危险评估报告是完成危险评估的最后环节，报告根据所采集信息的分析梳理和各项量表测评的结果，判断危险等级，再根据评估结果提出建议，最终形成书面的评估报告。为了保证评估结果的权威性、真实性，评估者在评估报告中应该详细说明所用信息来源及评估工具的类型、效用，并提供信息有效性、科学性的评价结果，同时，必须根据要求附上相关论据资料给予决策，才能保证危险评估结果的科学性和合理性。根据对所收集的材料进行分析的结果，制作危险评估报告。报告的内容包括：

1. 危险评估的类型：入矫评估、矫中评估、解矫评估。

2. 社区矫正对象的基本情况：①姓名、性别、年龄、民族、文化程度；②案由、社区矫正类别、社区矫正期限；③婚姻状况、家庭关系、家庭结构；④经济状况、入矫后的就业情况；⑤居住状况；⑥健康情况。

3. 社区矫正期间的表现：遵守日常监管制度、集中教育和公益活动的表现。

4. 危险评估：风险测评、需求测评和心理测评得分。

5. 再犯可能原因分析：通过风险评估、需求评估、心理评估的测评结果分析高致罪因素形成的原因。

6. 社区矫正需要分析：找出社区矫正对象与犯罪性需要密切相关的因素，以此为依据选择与犯罪性需要相对应的矫正项目。

7. 提出分类矫正的建议：制定具体的社区矫正监管措施

8. 危险评估报告小组签名。

9. 年、月、日。

危险评估报告

实训步骤

1. 教师布置实训工作任务并说明注意事项。

（1）危险评估中涉及对象为未成年人的，应当遵守保密规定，进行区别对待。

（2）危险评估中涉及的国家秘密、商业秘密、个人隐私等信息，应当保密。

2. 阅读准备好的实训案例。

3. 根据实训需要将学生分成若干小组，进行组内角色和任务分配。

4. 根据案例中所提供资料小组讨论、准备危险评估所需的文书材料。

5. 小组开展危险评估模拟活动。

6. 指导教师进行点评总结，每组学生根据教师的点评总结找出不足。

实训案例 7-1

1. 基本资料。向某，男，2004 年 10 月 29 日出生于 S 省 M 县 H 镇 R 村，身份证号 420×××19941029××××。汉族，初中文化，现和其父母一起暂居在 Z 省 Y 区 L 社区。H 市 Y 区人民法院以盗窃罪判处向某有期徒刑一年二个月，缓刑二年，并处罚金人民币二千元，缓刑考验期自 2022 年 3 月 6 日起至 2024 年 3 月 5 日止。

2. 个人成长史。在向某很小的时候，其父母亲便来 H 市打拼，向某由家中老人带养，小学就读于家乡 A 小学，初中由其父母接到 H 市就读，于 2018 年 9 月份辍学。之后便在其父母的餐馆中帮忙。平时喜欢结交一些朋友，朋友中违法人数较多。在平时生活中，向某偶尔会向其朋友借钱或者借钱给朋友，少则几十，多则几百。向某目前和其父母一起居住于Y区L社区的一处出租房内，在H市无自购房，居住条件不稳定。

3. 犯罪事实。罪犯向某在2021年8月至9月期间，伙同其他5人等有分有合的到H市Y区B街道、C街道等地实施多起盗窃，其中向某盗窃若干次，数额共计人民币14202元。盗窃数额较大，其行为已构成盗窃罪。因其犯罪时未满十八周岁，且认罪态度较好，故2012年2月21日，H市Y区人民法院以盗窃罪判处向某有期徒刑一年二个月，缓刑二年，并处罚金人民币二千元。

4. 监管表现。向某在入矫时，司法所通过对其本人、其父母及所在社区治保主任等处了解到，向某文化程度较低，且法律意识较为淡薄，缺乏家庭教育、学校教育、社会教育等系统教育。现又处于青春期，做事容易冲动，且自控能力较差，容易导致犯罪。但向某在家中较听从其父母管教，辍学之后便一直在父母的餐馆中帮忙。向某父母陪同向某从来司法所办理入矫时表示非常迫切希望司法所能够对他进行帮管教育。

（1）风险测评结果：司法所运用《社区矫正人员再犯罪风险评估软件系统》（参见表7-8至表7-14）对入矫初期的向某进行了社区矫正对象再犯罪风险评估测试，经过系统综合评估，向某人身危险性分数为42分，再犯罪风险等级为中级。高致罪因素为：①作案起数；②朋友中违法者的人数；③违法年龄；④是否借（欠）钱；⑤居住情况。

（2）需求测评结果：预防盗窃行为训练、就业培训、自我控制训练。

（3）心理测评结果：《艾森克入格问卷》。掩饰程度L值为40，报告真实可信。精神质P、内外向E、神经质N分别为65、60和65，均超过常模。P值、N值均较高。综合以上数据可显示该社区矫正对象为典型外向不稳定，通常焦虑不安，易受外界刺激因素的影响。情绪易变，性情暴躁，易感情用事，对人抱敌意，行为盲动性大，往往不计后果。

根据案例，请同学们运用本章所学知识分析讨论，并完成相应的实训任务：

社区矫正工作人员在接受委派任务后，结合案例中向某的基本情况、个人成长史、犯罪事实、监管表现，结合风险测评结果、矫正需求测评结果、心理测评结果进行高致罪因素分析，社区矫正需求分析，拟定危险评估访谈提纲，并给出社区矫正干预建议。

实训案例 7-2

1. 基本资料。王某，男，1965年05月出生，公民身份证号码330×××19650616××××，户籍地为Z省H市Y区M镇，居住地与户籍地一致。2020年06月16日，因犯骗取贷款罪被Z省H市Y区人民法院判处有期徒刑三年三个月，并处罚金人民币十万元，因其身患多种重病，被该法院决定暂予监外执行，暂予监外执行期限自2020年9月10日至2023年12月9日止。

2. 个人成长史。王某，家庭贫困，兄弟姐妹5个，中专肄业，一直在外地打工做生意。王某配偶早已去世，王某与其儿子共同生活居住在农村老房子里，执行地司法所根据其当时入矫情况，将其监护人定为其儿子。实际上，不仅王某本人身患重病且行走艰难需拐杖搀扶，因此无法外出工作赚取生活费，根据相关调查，王某儿子小王患有幻想症，一直声称自己在上海有房子出租，每月有租金可以作为收入，且自称计算机技术十分了得，可以在线上接活赚钱，但实际上其并未工作每天在家，而王某本人也一直未缴纳社保且未到退休年纪，因此王某一家人都没工作即无生活来源，家庭经济条件十分困难。

2020 年 9 月 11 日，王某被正式移交给 Z 省 H 市 Y 区司法局，由相应的执行地司法所负责对其社区矫正期间日常管理。自入矫以来，王某感觉身体健康状况逐日下降，在原先疾病的基础上，还出现了睡眠障碍症，严重影响其生活和心情。据 Z 省 H 市 Y 区第一人民医院鉴定，王某患有①高血压病 3 级（很高危）；②冠状动脉粥样硬化性心脏病；③2型糖尿病；④多发腔隙性脑梗死；⑤颈动脉斑块；⑥高脂血症。

3. 犯罪事实。2019 年 10 月，王某等人向 A 银行 B 县支行提供虚假材料骗得银行贷款13.7 万元，购买了一辆现代牌轿车。之后王某将所购车辆卖掉，得款用于偿还债务和个人消费。经银行工作人员多次催收，王某均未归还贷款。归案后，被告人王某如实供述了上述犯罪事实。

4. 监管表现。在日常监管中，通过司法所工作人员与王某接触了解到，王某本人一直觉得自己是冤枉的，对于社区矫正的态度是配合的，但内心是不认可的。因多年在外的缘故，同村居民同王某之间已经不大认识了，因此王某刚回来同村民之间不怎么接触。王某的兄弟姐妹也生活在 Y 区老家，王某自案件事发后到入矫以来，一直感到万分焦虑，一是因为此案件导致他的事业毁于一旦，一辈子的心血白费，现在的他重病缠身、年老体衰且毫无收入只能靠向兄弟姐妹们借钱度日，而其兄弟姐妹们年纪也大了且都有自己的家庭，每次只能借他几百块钱，借的钱他根本无力偿还，因此他无法经常借钱，每次借的钱大部分用在每月复查身体、买药以及每年度的病情鉴定费用上面。

司法所社区矫正工作人员在接受委派任务后，根据案例中王某的基本情况、个人成长史、犯罪事实、监管表现开展危险评估工作，具体需要完成以下实训任务：

1. 拟定危险评估访谈提纲。

2. 开展风险评估测试并对测试结果进行高致罪因素分析。

3. 开展矫正需要测试并对测试结果进行矫正需要分析。

4. 开展心理测试并对测试结果进行人格特征分析。

5. 制作危险评估报告。

思考题 ＼＼＼

1. 什么是危险评估？危险评估的作用是什么？

2. 危险评估的分析维度包括哪两个方面？它们分别包含哪些内容？

3. 什么是 COMPAS 评估工具？该评估工具具有哪些功能？

4. 危险评估流程包含哪几个阶段？每个阶段的具体任务是什么？

拓展学习

长宁区司法局研发全国首个　　　　　　智慧矫正的应用〔1〕
社区矫正再犯罪评估模型

---

〔1〕　张凯、张延琦：《〈中华人民共和国社区矫正法〉的实施效果、实践难题及解决思路》，载《社区矫正理论与实践》2022 年第 4 期。

第八章　监督管理

学习目标

知识目标：掌握监督管理概念、作用及其法律依据，熟悉社区矫正监督管理工作流程，知晓分类管理、个案矫正、日常管理、特殊管理等基础知识。

技能目标：培养分类管理技能、个案矫正技能、日常管理技能、特殊管理技能。

素质目标：养成爱岗敬业、恪尽职守、廉洁自律、务实创新的职业道德操守；怀有人权保障意识、人道主义精神；具备证据意识、程序公正、法治思维的监督管理职业素养。

学习重点

个性化社区矫正方案的制定；日常管理的实施；特殊管理的处置。

知识树

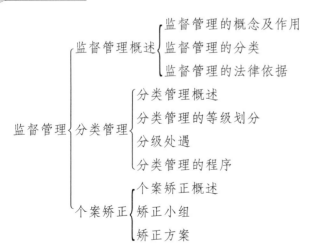

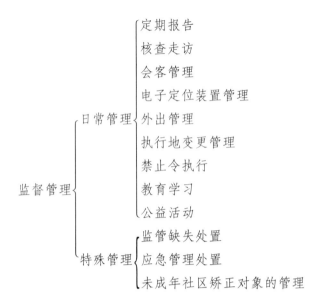

　　孟某，男，汉族，1958 年 10 月出生，因犯盗窃罪被判处有期徒刑七个月，并处罚金一万元。2021 年 7 月 29 日，H 市 G 区人民法院以孟某患有严重疾病（属于肝硬化失代偿期、具有传染性）为由，决定对其暂予监外执行。矫正期限自 2021 年 7 月 29 日起至 2022 年 1 月 14 日止。

　　10 月 9 日，孟某突发脑梗，摔跤受伤需住院治疗。在当时新冠疫情防控形势下，无法定期赴病房对其进行见面核查。社区矫正机构及时对其调整矫正方案，要求其每日微信报告一次、每周视频连线一次，让其安心就医的同时，保持监管不断档。10 月 27 日上午，工作人员上班第一时间查看了社区矫正定位及通信管理系统，发现本该住院治疗的孟某手机定位轨迹有异常（定位点不在医院在其居所附近），立即通过通讯电话和实时视频联络孟某本人和孟某的哥哥、妹妹，均无人接听。紧接着，又致电其住院科室，得到反馈，孟某已于前一日晚上自行要求出院了。司法所一方面立即向区社区矫正机构报告，并上门实地查找，其居所大门紧闭，无人应答，邻居反映，其一大早就已外出。另一方面，工作人员紧盯定位系统刷新手机定位轨迹点，9 时 30 分显示其最新手机定位轨迹点在高铁站附近。为防止孟某私自外出造成安全隐患，在市、区两级司法局的指挥下，在高铁公安的协助下，与时间赛跑，最终在列车开行前将欲前往 H 省 Z 市的孟某成功拦截劝返。当日，司法所还邀请矫正小组成员到场参与调查取证，合议认为，孟某在疫情防控的特殊时期违反外出监督管理规定，且出院重大事项未报告，通信联络故意不通畅，情节严重，建议给予警告一次，同日，区社区矫正机构作出了给予警告的决定。

　　孟某为何不能私自自行外出？孟某如果要外出，需要办理什么手续才能合法外出？这些问题涉及社区矫正监督管理工作。监督管理是社区矫正工作的核心内容，是实现社区矫正工作目标的主要方法和手段。要达成这一核心目标，"监督管理"章节将为你答疑解惑。

第一节　监督管理概述

一、监督管理的概念及作用

（一）监督管理的概念

监督管理，是指社区矫正机构根据国家法律、法规、规章以及社区矫正相关规定，对社区矫正对象的社会服刑过程依法进行监督、考察和管理，以保障刑事判决、裁定和决定得到严格执行的具体活动。监督管理是社区矫正工作的核心内容之一，也是顺利开展其他社区具体矫正工作的重要基础，在社区矫正工作中具有极为重要的地位。对社区矫正对象的监督管理，具体是指执行地社区矫正机构、受委托的司法所根据《刑法》《刑事诉讼法》和《社区矫正法》等相关法律的规定，为保障刑事判决、刑事裁定和暂予监外执行决定的正确执行，对被判处管制、宣告缓刑、裁定假释和暂予监外执行的社区矫正对象矫正期间的行为、思想表现等进行监督管理活动。社区矫正通过设置一系列监督管理制度，帮助社区矫正对象在不脱离社会环境下接受社区矫正机构的监管制约。

（二）监督管理的作用

社区矫正工作的基本内容包括三个方面，即监督管理、教育矫正和帮困扶助。在社区矫正工作的三项基本内容中，监督管理是最基本的社区矫正工作。《社区矫正法》第3条规定："社区矫正工作坚持监督管理与教育帮扶相结合……"该法用第四章专章分别从社区矫正对象的义务、矫正方案、矫正小组、掌握社区矫正对象的情况和表现等维度阐述监督管理的工作内容，这些都说明监督管理工作比教育帮扶工作更为基础和广泛。因为，在开展社区矫正工作的过程中，监督管理是对任何社区矫正对象都要开展的工作，所有社区矫正对象都要接受监督管理。与此不同，教育矫正和帮困扶助仅仅是对有需要的社区矫正对象开展的工作。

对社区矫正对象的监督管理是社区矫正刑事执行的重要方式，也是社区矫正监管执法工作的主要内容。所以，对社区矫正对象依法实施严格的监督管理，既是刑事执行的必然要求，也是对社区矫正对象开展教育帮扶的前提和基础，更是维护社区安全，预防社区矫正对象重新违法犯罪的前提和保障。通过监督管理实现对社区矫正对象的管控以及对特殊人群的社会管理，以维护社会的和谐稳定。

二、监督管理的分类

监督管理在社区矫正工作中具有十分独特的重要地位。《社区矫正法》第3条规定了社区矫正监督管理的工作形式是"采取分类管理、个别化矫正"。《社区矫正法》第23条规定了监督管理的内容包括：①监督社区矫正对象在社区矫正期间遵守法律、行政法规，履行判决、裁定、暂予监外执行决定等法律文书确定的义务；②监督社区矫正对象在社区矫正期间遵守国务院司法行政部门关于报告、会客、外出、迁居、保外就医等监督管理规定，服从社区矫正机构的管理。参照社区矫正监督管理工作的实际做法，总结成功经验，根据监督管理的工作形式不同可以划分为分类管理和个案矫正；根据监管内容和监管侧重点不同，可以划分为日常管理和特殊管理。

（一）分类管理和个案矫正

分类管理是指分类基础上的分阶段和分级管理。分类管理主要根据裁判内容如被判处的刑罚种类，附加的禁止令内容等情况，也可以根据社区矫正对象的个人情况，包括但不限于性别、年龄、心理特点、健康状况、犯罪原因、犯罪类型、犯罪情节、悔罪表现等进行分类管理。分阶段管理是指以社区矫正阶段为标准，分为初期矫正、中期矫正和期满矫正三个阶段为划分标准开展管理；分类管理的主要依据是罪犯的人身危险程度和监管表现综合评定结果开展管理，一般分为严管等级和普管等级。实践中，社区矫正的分类管理主要是通过分阶段和分级管理实现的。

个案矫正是指根据社区矫正对象表现、矫正方案实施效果等情况的变化进行必要的调整，以满足社区矫正对象的矫正需要，争取最佳的矫正效果的个别化矫正工作。在工作实践中，社区矫正工作人员要通过定期与社区矫正对象进行谈心谈话、联系矫正小组成员、走访村（居）委会、社区居民等方式，摸清社区矫正对象思想动态、行为倾向和家庭生活、社会交往等方面的情况与变化，了解矫正方案落实情况和矫正效果，为矫正方案的调整提供依据，以增强矫正方案的科学性和针对性。

分类管理和个案矫正既是社区矫正管理的不同形式和方法，也体现了坚持分类管理和个别化矫正相结合的社区矫正基本原则。从社区矫正工作实践看，各地社区矫正机构在社区矫正工作者特别是社区矫正专职国家工作人员数量较少而社区矫正对象数量较多的情况，为了合理分配监督管理社区矫正对象的资源，增强对社区矫正对象监督管理的效果，需要对社区矫正对象进行分类管理。分类管理和个案矫正相结合的工作模式有助于实现分类管理、个别化矫正的要求，有利于引导鼓励各地社区矫正机构依法探索各种形式多样、生动活泼、针对性强的管理方式和方法，提高监督管理和教育矫正的质量和效果。

（二）日常管理和特殊管理

日常管理的工作内容是重点监管社区矫正对象在接受监管矫正期间必须遵守法律、行政法规，履行判决、裁定、暂予监外执行决定等法律文书确定的义务，遵守国务院司法行政部门关于报告、会客、外出、迁居、保外就医等监督管理规定的管理活动。特殊管理是在日常监管期间发生社区矫正对象脱管、漏管等情况，或者突然发生可能引起负面效果的危急情况需要进行特殊处置，以及针对未成年社区矫正对象的管理活动。社区矫正的日常管理和特殊管理工作，都属于社区矫正日常监管任务，展现了非监禁刑事执行活动的严肃性和惩罚性，体现了司法公正，促进了社区矫正工作的规范化和专业化进程。

三、监督管理的法律依据

关于监督管理方面的法律条文在《社区矫正法》的第四章中有专章规定，从第 23 条至第 34 条共计 12 条，第五章中涉及教育学习、公益活动的相关规定都属于日常管理工作内容，第七章中关于未成年人社区矫正对象的监管规定属于特殊管理的工作内容。《社区矫正法实施办法》中关于监督管理方面的操作性规定从第 19 条至第 32 条，再加上第 9 条、第 37 条、第 38 条、第 39 条、第 43 条、第 44 条、第 45 条、第 52 条的规定，共计 22 条。鉴于监督管理的法律条文众多，特此把相关条文置于本章节末尾处，便于学习、查阅和参考。

第二节　分类管理

一、分类管理概述

（一）分类管理的概念

分类管理是指社区矫正机构应当根据社区矫正对象的裁决内容、犯罪类型、矫正阶段和再犯罪风险等情况，进行综合评估，划分不同管理类别实施不同的管理方法的制度。实施分类管理的目的是合理利用工作资源，充分发挥分类管理的激励和调节作用，调动社区矫正对象自觉接受社区矫正积极性，强化监督管理的针对性和实效性，不断提高社区矫正工作质量。

从 2003 年开始试点至今，分类管理在各地的社区矫正实践中普遍体现为"分级管理"。"分级管理"是从纵向上划分等级，等级变化是与之相对应的降级和晋级。等级划分的标准是社区矫正对象的犯罪原因、犯罪类型、危害程度、悔罪表现、家庭和社会关系情况和风险等级等综合因素；而分类的标准具有多样性，可以按照管理等级、刑罚种类、是否有过监禁刑等多种标准进行划分。为了能在分类管理措施中体现出各类社区矫正对象的横向差别，发挥出分类管理制度对社区矫正对象的激励功能，应该建构一个分类标准多元化、科学化，管理措施多样化、差异化，逻辑结构融洽、纵横结合的分期、分级、分类的监管体系。

（二）分类管理的特点

分类管理是对社区矫正对象监督管理措施进行的动态调控。

1. 阶段性。分类管理依据社区矫正对象从开始社区矫正到完全回归社会的过程，实施阶段性调整。分类管理的第一个标准，就是社区矫正的时间长短，将社区矫正对象的矫正时期分为几个不同的阶段，从入矫到解除矫正的整个刑事执行过程中，逐步降低监管力度，减少对社区矫正对象的监督管理限制，逐步使得社区矫正对象完全回归社会，从一定意义上来说，分类管理更好的践行着社区矫正制度背后蕴含的恢复性司法的理念，使得社区矫正对象在不完全切断与社会的联系的前提下，接受非监禁的刑事执行。

2. 动态性。分类管理还要依据社区矫正对象的表现，实施动态调整。分类管理的另一个重要标准是社区矫正对象的矫正表现。社区矫正对象的表现不同，应该与对其实施不同的监督管理措施。分类管理应当具有升降的调整机制。有不假外出，越界等违反社区矫正监督管理规定的行为时，可以将社区矫正对象的监督管理级别进行调整，促使社区矫正对象严格遵守社区矫正期间的各项规定，降低再犯罪的风险。

二、分类管理的等级划分

（一）管理等级设置

社区矫正分类管理的划分标准是社区矫正对象的裁判内容、犯罪类型、矫正阶段、再犯罪风险、年龄、性别、健康状况、心理特点以及其在矫正期间的监管表现等因素，划分不同的监管等级，针对不同等级实施分级处遇。《社区矫正法》第24条规定："社区矫正机构应当根据裁判内容和社区矫正对象的性别、年龄、心理特点、健康状况、犯罪原因、犯罪类型、犯罪情节、悔罪表现等情况，制定有针对性的矫正方案，实现分类管理、个别化矫正……"《社区矫正法实施办法》第21条规定："社区矫正机构应当根据社区矫正对象被判处管制、宣告缓刑、假释和暂予监外执行的不同裁判内容和犯罪类型、矫正阶段、再犯罪风险等情况，进行综合评估，划分不同类别，实施分类管理。社区矫正机构应当把社区矫正对象的考核结果和奖惩情况作为分类管理的依据。社区矫正机构对不同类别的社区矫正对象，在矫正措施和方法上应当有所区别，有针对性地开展监督管理和教育帮扶工作。"

综上，社区矫正对象的分级标准维度应当多元化，主要依据社区矫正对象的裁判内容和犯罪类型、矫正阶段、监管表现和风险程度进行评估，可以划分为严管、普管两个等级，实施不同的管理措施，开展分级处遇。

（二）管理等级划分的适用情形

1. 社区矫正对象有适用严管等级的情形。

（1）入矫时间不满三个月的。

（2）月度考核不合格的。

（3）综合评估结果为高风险等级的。

（4）受到训诫两次以上、或者矫正期间被警告、治安管理处罚的。

（5）涉黑涉恶、涉暴力恐怖、涉毒品、涉邪教犯罪的。

（6）因诈骗、盗窃、寻衅滋事、故意杀人、故意伤害等犯罪，行为活动异常的。

（7）患有严重精神障碍疾病或者艾滋病，具有危害社会倾向的。

（8）存在情感纠纷、债务纠纷、经济困难、无正当职业、家庭变故等情况，可能引发重新犯罪的。

（9）所涉案件曾引起社会广泛关注或者产生较大社会影响的。

2. 社区矫正对象有适用普管等级的情形。

（1）严管期满三个月，连续三个月月度考核结果均为合格的。

（2）综合评估结果为中风险等级的。

（3）严管期内受到表扬的或者连续两个月考核获得优秀等次的。

（三）管理等级的调整

1. 社区矫正对象自到执行地县级社区矫正机构登记报到之日起三个月内，应当接受严格管理。三个月期满后，司法所依据社区矫正对象再犯罪危险评估结果和监督管理期间考核情况，经合议后提出确定其管理等级的建议，报县级社区矫正机构批准。

2. 社区矫正对象连续三个月月度考核结果均为合格的，可以调整或者维持为普通管理等级。

3. 社区矫正对象经评估确认再犯罪危险较大的，或者三个月内月度考核结果出现两次基本合格的，或者一次不合格的，应当调整或者维持为严格管理等级。

4. 分类管理等级按每三个月调整一次。

三、分级处遇

（一）分级处遇的实施

社区矫正机构、司法所应当根据社区矫正对象的管理等级，实行相应的监管处遇。

1. 严格管理等级的社区矫正对象，县（市、区）社区矫正机构应当实行以下监管处遇。

（1）县（市、区）社区矫正机构、司法所每周不少于3次信息化核查。

（2）县（市、区）社区矫正机构、司法所每月不少于1次实地查访。

（3）社区矫正对象每周电话报告1次；每半月当面报告1次，并提交书面报告。

（4）一般不批准外出；确有正当理由需外出的，经司法所审核后，报执行地县级社区矫正机构审批。

（5）法律、法规规定应当采取的其他监管措施。

2. 普通管理等级的社区矫正对象，县（市、区）社区矫正机构应当实行以下监管处遇。

（1）县（市、区）社区矫正机构、司法所每周不少于1次信息化核查。

（2）县（市、区）社区矫正机构、司法所每季度不少于1次实地查访。

（3）社区矫正对象每月电话报告2次；每月当面报告1次，并提交书面报告。

（4）根据法律法规应当采取的其他监管措施。

（二）分级处遇注意事项

1. 社区矫正机构、司法所应当为社区矫正对象指定每次采用电话或者社交软件等方式报告、当面报告的具体日期，并将报告情况记录存档。

2. 分级处遇的实施要合法，必须在法律允许的范围内进行。法律明文禁止的坚决不做；法律有授权允许的，用足用活；法律法规没有明文规定的，依政策大胆尝试。

3. 分级处遇不能侵犯罪犯的合法权益。分类管理的实施要合理。实施严格管理的，也不要干扰社区矫正对象的正常学习生活，背离社区矫正制度设置的初衷，实施普通管理的，也不能对社区矫正对象的情况不闻不问，忘记社区矫正对象本身也是罪犯的身份。

4. 分级处遇的实施要有效，在不同的级别要拉开档次，找准刺激点，设立切实有效的目标，充分发挥引导和激励社区矫正对象的功能。

四、分类管理的程序

1. 提出建议。司法所依据社区矫正对象再犯罪危险评估结果和监督管理期间考核情况，经合议后提出确定其管理等级的建议，报县级社区矫正机构批准。合议人员由司法所工作人员、矫正小组成员等 3 人以上组成，人民检察院有关部门、基层检察室可派员列席，司法所合议意见应当存档。不符合调整条件，或者虽然符合调整条件但剩余矫正期限不满一个月的，按照原等级管理，并报县级社区矫正机构备案。

2. 审批。收到司法所提交的《社区矫正对象管理等级调整审批表》后，县级社区矫正机构对司法所提出的调整理由和调整意见进行审批。

3. 文书出具及抄送。《社区矫正对象管理等级调整审批表》一式三份，存档一份，送司法所一份，抄送人民检察院一份。

4. 公示。管理等级调整结果除未成年社区矫正对象外，应当在社区矫正机构或者司法所等工作场所公示。

5. 告知。管理等级调整后，司法所应当将调整情况书面告知给社区矫正对象。

拓展学习

《安徽省社区矫正对象分期分级分类管理教育办法》

第三节　个案矫正

一、个案矫正概述

个案矫正是指社区矫正机构根据裁判内容和社区矫正对象的性别、年龄、心理特点、健康状况、犯罪原因、犯罪类型、悔罪表现、思想动态、工作和生活状况、家庭及社会关系等情况，进行犯因性分析，制定有针对性的矫正方案，以矫正其不良心理和行为，提高其社会适应能力的个性化矫正活动。在个案矫正中，主体是社区矫正机构和司法所，矫正的核心是制定有针对性的矫正方案，个别化矫正方案的形成需要社区矫正机构会同矫正小组共同制定并阶段性调整有针对性的干预和治疗措施，保障矫正方案落实的实施主体是矫正小组，个案矫正的目标是预防社区矫正对象重新犯罪，帮助其顺利回归社会。

社区矫正兼具有刑事执行、行为矫治、继续教育和生活帮扶功能，说明其任务不是单纯的对矫正对象进行教育和监管，更应该考虑对他们进行个别化的矫正，消除其心理障碍并纠正其偏差的社会行为，帮助其克服各种困难，增加社会适应能力，顺利完成再社会化，为真正融入社会群体生活打下基础。

二、矫正小组

根据《社区矫正法》第 25 条、第 52 条，《社区矫正法实施办法》第 9 条第 1 款第 5 项、第 19 条的规定，社区矫正机构应当根据社区矫正对象的个体情况，为每一名社区矫正对象确定社区矫正小组，负责落实相应的矫正方案。

（一）组建矫正小组

1. 组建时限及人数。司法所应当在社区矫正对象报到之日起 3 个工作日内，确定不少于 3 人的矫正小组成员，并与矫正小组成员签订矫正小组责任书（见附件）。

2. 矫正小组一般由管辖司法所指定工作人员负责组建，并担任组长，成员一般从如下人员中选择组成：社会工作者；村（居）民委员会人员或者社区网格员；家庭成员；未成年人监护人；保外就医保证人；社区矫正对象所在单位或者就读学校的人员；志愿者（参与社区矫正对象相关矛盾纠纷调处的律师、法律服务工作者等）；其他适应担任矫正小组的人员。

矫正小组成员姓名、身份及矫正小组责任应告知社区矫正对象。

3. 特定社区矫正对象矫正小组成员要求。社区矫正对象为女性的，矫正小组成员应有女性成员。社区矫正对象为未成年人的，应当吸收熟悉未成年人身心特点的人员参加矫正小组。社区矫正对象为五保户、孤儿等无家庭成员的，可以吸收民政养老、社会福利机构工作人员参加矫正小组；社区矫正对象为外来务工人员，在执行地无家庭成员的，可以吸收其工作单位或居住地村居工作人员参加矫正小组。

（二）矫正小组工作职责

1. 按照矫正方案，开展个案矫正工作。

2. 督促社区矫正对象遵纪守法，遵守社区矫正规定。

3. 参与对社区矫正对象的考核评议和教育活动。

4. 对社区矫正对象走访谈话，了解其思想、工作和生活情况，及时向社区矫正机构或司法所报告。

5. 协助对社区矫正对象进行监督管理和教育帮扶。

6. 协助社区矫正机构或司法所开展其他工作。

（三）矫正小组的工作要求

1. 了解报告情况。矫正小组成员定期参加司法所矫正分析会议，汇报讨论社区矫正对象现实表现，研究调整矫正方案，参与对社区矫正对象的考核。

2. 异常情况处理。矫正小组成员在工作中发现社区矫正对象有思想动态行为表现异常、家庭出现重大变故等情况时，及时向司法所报告，并参与矫情分析研究调整矫正方案；发现社区矫正对象有违法犯罪行为的，应立即报警并向司法所进行报告；发现社区矫正对象有违反社区矫正监督管理规定行为的，应向县级社区矫正机构或司法所报告，及时处置。

（四）矫正小组成员调整

矫正小组成员因出现工作岗位变化，怠于履行职责或者申请退出矫正小组等情形的，司法所应当及时予以调整。

1. 根据被调出的矫正小组成员身份，对应增加相关成员，也可根据矫正需要另行增加成员。

2. 矫正小组成员调整的，应当及时通知社区矫正对象及矫正小组其他成员。新增矫正小组成员应签署《矫正小组责任书》（附件8-1）。

3. 矫正小组成员调整情况应在矫正方案中相应注明。

（五）矫正小组解散

社区矫正对象解除矫正或终止矫正的，矫正小组自行解散。

附件8-1

矫正小组责任书

为了共同做好对社区矫正对象_____的监督管理和教育帮扶，提高社区矫正工作质量，_____（社区矫正机构或司法所）与矫正小组签订本责任书，共同遵守。

一、社区矫正机构或司法所具体做好以下事项：

1. 指导矫正小组对社区矫正对象进行监督管理和教育帮扶。

2. 认真听取矫正小组成员反映的情况，并及时处理有关事宜。

二、矫正小组具体做好以下事项：

1. 按照矫正方案，开展个案矫正工作。

2. 督促社区矫正对象遵纪守法，遵守社区矫正规定。

3. 参与对社区矫正对象的考核评议和教育活动。

4. 对社区矫正对象定期走访谈话，了解其思想、工作和生活情况，及时向社区矫正机构或司法所报告。

5. 协助对社区矫正对象进行帮扶。

6. 协助社区矫正机构或司法所做好其他工作。

社区矫正机构或司法所（公章）　　矫正小组成员（签字）：

年　月　日

三、矫正方案

《社区矫正法》第24条规定："社区矫正机构应当根据裁判内容和社区矫正对象的性

别、年龄、心理特点、健康状况、犯罪原因、犯罪类型、犯罪情节、悔罪表现等情况，制定有针对性的矫正方案，实现分类管理、个别化矫正。矫正方案应当根据社区矫正对象的表现等情况相应调整。"

《社区矫正法实施办法》第 22 条规定："执行地县级社区矫正机构、受委托的司法所要根据社区矫正对象的性别、年龄、心理特点、健康状况、犯罪原因、悔罪表现等具体情况，制定矫正方案，有针对性地消除社区矫正对象可能重新犯罪的因素，帮助其成为守法公民。矫正方案应当包括社区矫正对象基本情况、对社区矫正对象的综合评估结果、对社区矫正对象的心理状态和其他特殊情况的分析、拟采取的监督管理、教育帮扶措施等内容。矫正方案应当根据分类管理的要求、实施效果以及社区矫正对象的表现等情况，相应调整。"

社区矫正方案是开展社区矫正工作的行动指南，只有矫正方案制定得科学、合理，对社区矫正对象的矫正工作才能收到良好的效果。所以，社区矫正方案的制定必须以问题导向、目标导向、需求导向为原则，根据每个社区矫正对象的具体情况、存在的问题和需求，要达到的目标，制定带有个性化、差异性的矫正方案，真正实现个别化矫正。唯如此，才能实现精准矫正，并取得良好的矫正效果。如果矫正方案千篇一律，不论社区矫正对象的情况是怎样的、有什么样的需求，其矫正措施都是一样的，必定导致矫正工作的失败。

对于社区矫正对象的矫正方案不是一成不变的，而是随着社区矫正对象的各种情况的变化而不断改变的，所以，矫正方案是动态的。根据社区矫正对象认罪悔罪的不同表现、人身危险性的变化、对社区矫正的态度等，其监督管理和教育帮扶措施也会发生改变，这也体现了对社区矫正对象处遇措施的改变。

（一）拟订、审核矫正方案时限

受委托的司法所要在社区矫正对象报到之日起 1 个月内，指定专职人员拟订和组织实施社区矫正对象矫正方案（表 8-1），社区矫正社会工作者可予以协助，矫正小组成员可以提出相应建议，确保"一人一案"，并由县级社区矫正机构审核认定后实施。

（二）矫正方案制定原则

要做好前期谈话走访，掌握了解基本情况并进行综合评估，确定社区矫正的重点和方向；因人施策，矫正方案应目的明确，针对性强，措施具体，符合实际；在依法实施监督管理的基础上，着重发挥教育帮扶的作用。

（三）矫正方案基本内容

1. 社区矫正对象基本信息，包括其姓名、性别、出生年月、文化程度，居住地、罪名、原判刑期、矫正期限、禁止令内容及起止日期等。

2. 矫正小组成员组成及矫正期间矫正小组变动情况。

3. 评估情况。根据社区矫正对象犯罪情况、悔罪表现、个性特征、健康评估（包括心理、身体健康）、社会关系状况等的综合评估情况。

4. 需求调查及情况分析。包括：教育学习需求、心理辅导需求、就业就学职业技能培训需求、社会关系修复需求等其他方面，并根据社区矫正对象的前期需求调查进行简要的情况分析。

5. 矫正目标及矫正思路。根据前期的评估情况及需求，调查分析，制定出针对性的矫正目标及思路。

6. 矫正措施。拟采用的监督管理措施及拟采用的教育帮扶措施，未成年人需要采取符合该特点的矫正措施。拟采用的监督管理措施要根据社区矫正对象评定的管理等级确定。

7. 实施效果评估。根据评估情况、需求调查及情况分析、矫正措施的具体实施情况及社区矫正对象的矫正情况进行评估，实施效果评估原则上分为过程评估和效果的评估。

8. 其他事项。对适用禁止令的社区矫正对象，明确禁止令执行内容等其他事项在备注中体现。

（四）重点、普通等级评定

矫正方案应根据社区矫正对象的基本情况及综合评估情况进行社区矫正对象分期、分级、分类管理的评定，并记录在社区矫正方案中。

1. 分期的确定：根据社区矫正对象矫正期间分为矫正初期（入矫 1 个月内）、矫正中期、矫正末期（矫正期限最后 1 个月）。

2. 分级的确定：根据裁判内容、风险评估、现实表现、危险程度等因素对社区矫正对象提出评定为重点管理或者普通管理的意见，报县级社区矫正机构批准确定。

3. 分类的确定：根据裁判的内容；社区矫正对象被判处管制、宣告缓刑、裁定假释和决定暂予监外执行的不同类型；社区矫正对象性别、年龄、心理特点、健康状况；社区矫正对象犯罪原因、犯罪类型、犯罪情节和悔罪表现等情况，进行分类管理及个别化矫正。

（五）矫正方案的调整

县级社区矫正机构、司法所应当根据社区矫正对象每季度及必要调整管理等级的情况、分类管理的要求、实施效果评估以及其综合表现（现实表现和奖惩情况）等，对矫正方案中的拟采用监督管理措施、教育帮扶的措施作出相应的调整。

（六）矫正方案工作注意事项

1. 社区矫正对象矫正期限不满 3 个月的，矫正方案可以适当简化，制定时间可以适当缩短，且方案可不调整。社区矫正对象在管理等级未变动的情况下无需填写措施调整情况。

2. 制定未成年人的矫正方案，应当根据其年龄、心理特点、发育需要、成长经历、犯罪原因、家庭监护、教育条件等情况，采取符合未成年人特点的矫正措施，听取专业工作者的建议，积极建立与监护人和教育部门的沟通联系，方案的制定应注重心理和行为的正确引导。

3. 县级社区矫正机构应当加强对矫正方案实施过程的管理，指导和督促司法所、矫正小组等开展针对性监督管理和教育帮扶活动。司法所拟订的矫正方案或方案调整建议，应由县级社区矫正机构审核认定后实施。

表 8-1

社区矫正对象矫正方案（样表）

（类别 1-1：危害公共安全—危险驾驶罪）

姓名	张某	性别	男	出生年月	1984.6	文化程度	大学
居住地	H 市 Y 区 L 街道×幢××室			罪名	危险驾驶	原判刑期	有期徒刑一年，缓期一年
矫正类别	缓刑	矫正期限	一年	起止日	自 2021 年 6 月 20 日起 至 2022 年 6 月 19 日止		
禁止令内容	无			起止日	无		
矫正小组组成及变动情况	成员：王某（司法所工作人员），李某（居委会工作人员），黄某（家庭成员），陈某（志愿者）…… 变动情况：因工作岗位变化，小组成员王某调整为吴某（调整时间：2022 年 1 月 4 日） （注：司法所、村居委会人员、社区矫正对象监护人、家庭成员，所在单位或者就读学校人员以及社会工作者、志愿者等组成；社区矫正对象为女性的应有女性成员）						
评估情况	犯罪情况：该犯于 2021 年 6 月 12 日因危害公共安全被判处有期徒刑一年，缓期一年，具体罪名：（□交通肇事罪；√危险驾驶罪；□非法制造、买卖、运输、邮寄、存储枪支、弹药、爆炸物罪；非法制造、买卖、运输、邮寄、存储危险物质罪；□非法持有、私藏枪支、弹药罪；□重大劳动安全事故罪；□其他） 悔罪表现：√良好　□一般　□较差；备注：悔罪一般或较差，应分析原由。 个性特征及社会关系基础：性格（√外向　□内向）；情绪（□稳定√不稳定）；社会适应性（√良好　□一般　□较差）；人际关系（√良好　□一般　□较差）。 工作情况（√职业稳定　□临时就业　□待业）；住所（√自有　□租住　□借住　□其他）；家庭经济情况（√良好　□一般　□困难）；备注：　　无　　 健康评估：1. 心理情况：√健康　□不良状态　□心理障碍　□心理疾病； 2. 身体情况：√良好　□一般　□较差；重大疾病情况：　　无　　 在刑意识评估：调查评估情况（√适用　□不适用　□未评估　□未能掌握）；审前羁押适用：（□拘留　□逮捕　□监视居住√无）；备注：　　无　　 综合评估：该犯评估情况良好，初步判断其再犯罪风险（√较小　□有风险　□较大）。确定其管理等级为□重点　√普通。日常矫正仍须关注以下方面：性格外向、情绪不稳定；其因酒驾犯罪，日常教育应加强本类针对性法治教育。						
需求调查及情况分析	教育学习需求：□无√有（备注：加强酒驾相关法制及警示内容教育学习）； 心理辅导需求：√无　□有；就业就学、职业技能培训：√无　□有； 社会关系修复需求（如：婚姻家庭及人际关系等）：√有　□无（备注：因嗜酒，夫妻关系紧张，必要时需要介入加强教育、疏导和调解）； 其他：　　无　　； 简要分析：除针对性教育及必要时介入调处矛盾外，暂无其他需求。						

矫正目标与思路	基于综合评估及需求调查，该犯工作、收入均稳定，犯罪原因较为单一且明确，再犯风险低。拟采取普通管理，从其嗜酒不良习惯入手，加强健康生活习惯以及酒驾的法制和警示教育；同时关注其婚姻家庭状况，必要时介入调处疏导，避免矛盾激化引发安全稳定问题。
矫正措施	监管措施：定期报告：1. 当面报告：每√月 □周（1）次；报告要求：<u>重点报告嗜酒控制及家庭情况</u>；2. 电话报告：每√月 □周（2）次； 实地查访：每√季 □月（1）次；信息化核查：每周（1）次； 其他措施：<u>　　　　无　　　　</u>。 教育安排：参加教育学习：每√月 □周（2）次；主要教育形式：√线上 □线下；参加公益活动：每√季 □月（1）次 帮扶措施：<u>据了解其暂无就学就业、救助帮困等需求，故暂不编列帮扶措施。</u>
实施效果评估	1. 评估时间：<u>2021 年 9 月 20 日</u>；执行效果：√良好 □较差； 2. 评估时间：<u>2021 年 12 月 20 日</u>；执行效果：□良好√较差；备注：<u>方案执行期间违反监管规定被警告。</u> ……
矫正方案调整	等级调整建议：<u>因该犯前期不遵守监管规定，原方案执行效果不理想，管理等级拟调整为重点</u>，并相应调整监管及教育措施。 监管措施调整建议：定期报告：1. 当面报告：每√月 □周（2）次；报告要求：<u>除原报告内容外增加报告期间外出情况</u>；2. 电话报告：每□月√周（1）次；实地查访：每□季√月（1）次；信息化核查：每周（3）次； 教育帮扶措施调整建议：参加教育学习：每√月 □周（4）次；主要教育形式：√线上 □线下；参加公益活动：每□季√月（1）次 注：本栏非必填项，出现执行效果差或者出现应当调整矫正方案情形的，据实填写。评估及调整次数较多的，可另附纸。
矫正方案（调整）审批	同意拟订的矫正方案，请予依法落实。 （同意矫正方案调整建议） 某某区社区矫正中心 2021 年 7 月 10 日 注：后期矫正方案调整的审批，可在原审批意见上增列并签章确认。

说明：此表存入社区矫正对象工作档案。

社区矫正对象矫正方案

拓展学习 ///

矫正方案流程图〔1〕

第四节 日常管理

日常管理是社区矫正机构对社区矫正对象普遍要求遵守的规定进行的管理活动,包括定期报告、会客管理、核查走访、外出管理、执行地变更、禁止令执行、教育学习、公益活动等内容。如安徽省采用《社区矫正对象矫正情况记载簿》(附件8-2)的方式对社区矫正对象的定期报告情况、参加集体教育、外出审批、信息化核查、参加公益活动、实地查访情况等日常管理内容进行月度、季度考核,作为分类管理的参考依据。

附件8-2

社区矫正对象矫正情况记载簿

姓　　名:＿＿＿＿＿　性　　别:＿＿＿＿＿

矫正类别:　□管制　□缓刑　□假释　□暂予监外执行

矫正期限:＿＿年＿＿月＿＿日＿＿年＿＿月＿＿日

填写说明

1. 社区矫正对象矫正情况记载簿是司法所开展对社区矫正对象日常管理的重要工作档案,每季度1簿。需由司法所相关工作人员填写和保管,本簿使用完后将相关材料及此簿一并存入矫正执行档案及工作档案。

2. 有选项的请在对应的选项中打"√",没有内容的请打"/"。

3. 本月矫正对象报告情况:

(1)当面报告:根据《安徽省社区矫正实施细则》第30条填写矫正对象当面报告日期,报告的重点内容,记录人签名。

(2)递交书面报告时间:当面报告时填写递交的次数及报告时间。

---

〔1〕 资料源于北京市房山区司法局编制的内部资料《房山区社区矫正执法办案流程指南》。

（3）保外对象身体状况：记录最近一次病情复查递交时间及医院出具的诊断结果。

（4）帮扶情况：根据社区矫正对象个人实际的情况，选择相应的教育帮扶内容。

4. 教育学习：定期组织集体教育、应当采取个别教育的情况、社区矫正对象自我学习多类，需记录学习时间、个别教育时间及次数。

5. 奖惩情况：奖励分为表扬、减刑等；惩处分为训诫、警告、提请治安处罚、撤销缓刑及收监执行等。

6. 走访情况：通过走访社区矫正对象本人或家庭、单位、学校、医院、志愿者等，掌握社区矫正对象的思想动态和行为动向，对思想和生活中遇到的困难和问题如实记录。

7. 季度考核：根据《安徽省社区矫正工作实施细则》第56条、第57条规定对社区矫正对象认罪悔罪、遵守法律法规、服从监督管理、接受教育表现等情况进行考核，结果分为良好、合格、基本合格、不合格四种包括四种考核结果的具体标准，可以作为实施分类教育、奖惩的依据。

8. 社区矫正对象书面报告，公益活动、教育学习、技能培训等记录表，每季度病历复查等材料及图片按照月的时间顺序附本簿后。

_____月矫正情况记载

本月社区矫正对象报告情况	当面报告（每月不少于一次）	报告时间及内容		记录人	备注
	递交书面材料时间	第1次：　　日；第2次：　　日；			
	暂予监外执行报告情况	报告时间：_____日；病情复查时间：_____日； 诊断（检查）结果：_____			

参加集体教育学习情况	社区矫正对象自我学习情况	个别教育情况（除离开执行地情形）
学习日期：	学习日期：	教育日期：
学习形式：□课堂教育　□网上培训　□小组活动　□实地参观		开展形式：□面谈　□上门走访
学习次数：	学习次数：	教育次数：
说明：（自我学习以及个别教育具体内容应附相关记录及图片材料）		

外出审批	外出次数：____；外出日期：____日；____日；____日；____日； 是否存在经常性跨区域外出：□无　□有（起止日期：_____）； 个别教育情况（离开执行地情形）：□书面告知　□面谈　□走访　□其他____ 外出期间监管形式：□电话通讯　□实时视频　□其他_____； 是否违反外出管理规定：□无　□有（具体情形及处置：_____）；

通讯联络、信息化核查	次数：_____；（注：手机定位措施除外）具体日期：_____
参加公益活动	□未参加　□参加（具体时间地点：_____）；个人自行参加的公益活动证明材料附表后；集体公益活动相关材料附《社区矫正工作记录册》
实地查访情况	_____、_____于___月___日、___日到_____（地址）实地查访该社区矫正对象（□本人　□家庭　□单位　□学校　□医院　□志愿者　□其他_____等），实地查访情况：□正常　　□异常（其他），异常情况记录：
奖惩情况	□有奖惩情况　□无奖惩情况；如有奖惩情况，具体系因_____受到_____。详情见相关审批表
本月考核	本月考核：□良好　　□合格　□基本合格　　□不合格 影响考核结果的情形记录：_____ 考核人员签字：_____

季度考核

综合评定	本季度考核：□良好　　□合格　□基本合格　　□不合格 影响考核结果的情形记录：_____ _____ _____ _____ _____ _____ _____司法所（盖章） 年　月　日
听取矫正小组意见情况	□ 同意考核评定 □ 不同意考核评定；相关意见建议记录（选填）：_____ _____
县级社区矫正机构意见	_____社区矫正机构（盖章） 年　月　日
备注	

一、定期报告

定期报告是指社区矫正对象按照有关规定和社区矫正机构的要求，以当面、电话或社交软件等报告方式，定期向县级社区矫正机构、司法所报告自身思想、工作、学习、生活等情况的监管制度。定期报告是社区矫正对象应当遵守的义务。社区矫正对象应当按照有关规定和社区矫正机构的要求，定期报告遵纪守法、接受监督管理、参加教育学习、公益活动和社会活动等工作生活情况和思想动态。发生居所变化、工作变动、家庭重大变故以及接触对其社区矫正可能产生不利影响人员等情况时，应当及时报告。被宣告禁止令的社区矫正对象应当定期报告遵守禁止令的情况。

（一）定期报告的形式

1. 刷证报告。社区矫正对象按规定要求定期到社区矫正机构或司法所核刷身份证。

2. 社区矫正对象书面汇报（附件8-3）。社区矫正对象按规定定期到社区矫正机构或司法所上交书面报告材料。社区矫正机构或司法所对社区矫正对象上交的书面材料进行审核，书面材料内容不符合要求的，应当退回重写。

3. 通讯联系报告。社区矫正对象按规定定期通过电话、微信语音通话、视频通话等方式向社区矫正机构或司法所进行报告。

（二）定期报告的频率和内容

1. 定期报告的频率。重点管理等级：每周不少于1次电话报告，每月不少于2次当面报告，并提交书面报告。普通管理等级：每月不少于2次电话报告，每月不少于1次当面报告，并提交书面报告。重点时段、重大活动等情况下可以根据工作需要，适当提高报告频次，但不应给社区矫正对象工作和生活造成不必要的影响。社区矫正对象刷证报告与上报书面报告材料一般同时进行。

2. 定期报告的内容。

（1）一般事项报告。社区矫正对象应当定期向社区矫正机构或受委托的司法所报告本人遵纪守法、接受监督管理、参加教育学习、公益活动和社会活动等情况。受到治安管理处罚、司法拘留等其他部门处罚的情况，应当在定期报告材料中如实报告。

（2）重要事项报告。社区矫正对象发生居所变化、工作变动、家庭重大变故以及接触对其社区矫正产生不利影响人员或其他突发性事件等情况的应当在24小时内报告司法所。

（3）暂予监外执行社区矫正对象的报告。暂予监外执行的社区矫正对象应当每个月报告本人身体情况。保外就医的，应当到省级人民政府指定的医院检查，每3个月向执行地县级社区矫正机构、司法所提交省级人民政府指定医院的病情复查情况报告或省级人民政府指定医院就医诊治病历等相关材料。执行地县级社区矫正机构根据社区矫正对象的病情及保证人等情况，可以调整报告身体情况和提交复查情况的期限。延长1个月至3个月以下的，报设区市的市级社区矫正机构批准；延长3个月以上的，逐级报省级社区矫正机构批准。批准延长的，执行地县级社区矫正机构应当及时通报同级人民检察院。

暂予监外执行的社区矫正对象确因病情、治疗等特殊原因，无法到司法所报告个人情况的，经司法所同意并报执行地县级社区矫正机构备案后，可委托家属、监护人或者保证人向司法所书面报告身体情况，送交省人民政府指定医院病情复查情况报告或者就医诊治病历等相关材料。

（4）被宣告禁止令社区矫正对象的报告。社区矫正对象如被宣告禁止令，除了正常的情况报告外，还应当每月定期报告遵守禁止令的情况。

（三）定期报告工作注意事项

1. 社区矫正对象因身体原因、年老体弱等无法当面刷证报告的，由社区矫正对象提交书面申请并附相关证明材料，经社区矫正机构或受委托司法所审批同意，可以委托矫正小组成员或家庭成员、保证人代为完成刷证报告或免除刷证报告。对他人代为完成刷证报告或免除刷证报告的社区矫正对象，必要时确定其为重点管理等级，社区矫正机构或司法所应适当增加实地查访等监管措施。

2. 社区矫正对象为文盲、残疾或其他原因造成无法完成书面报告的，由社区矫正对象申请并附相关证明材料，经社区矫正机构或司法所审批同意，可以由其直系亲属、监护人、保证人等代书，或者由其本人口述，司法所工作人员予以记录。

3. 社区矫正对象因身体原因、年老体弱等原因，无法完成通讯联系报告的，由社区矫正对象提交书面申请并附相关证明材料，经社区矫正机构或受委托司法所审批同意，可以免除通讯联系报告。社区矫正机构或受委托的司法所应加强与其家庭成员、保证人、所在村居的联系，必要时确定其为重点管理等级，社区矫正机构或司法所应适当增加实地查访等监管措施。

附件 8-3

社区矫正对象书面汇报

本人_____，这是我_____年_____月_____次书面汇报材料，具体内容如下：

遵纪守法情况：_____

_____

_____

_____

_____

接受监督管理情况：_____

_____

_____

_____

_____

参与教育学习情况（包括自我学习情况：自学内容、时间，学习心得等）：_____

_____

_____

_____

参与公益活动情况：_____

_____

近期家庭生活、工作（在校学习）基本情况（是否存在丧偶、丧亲、离异、失业、严重疾病等家庭生活和工作学习重大变故）：_____

_____

_____

_____

汇报人：

日　期：

说明：根据《安徽省社区矫正工作实施细则》第30条，社区矫正对象应当每月不少于一次到司法所当面报告遵纪守法、接受监督管理、参加教育学习、公益活动等情况，并递交书面材料。司法所可以根据需要增加社区矫正对象当面报告的频次，但不得给社区矫正对象工作和生活造成不必要的影响。

二、核查走访

核查走访是指社区矫正机构应当通过通信联络、信息化核查、实地查访等方式核实掌握社区矫正对象的活动情况和行为表现的制度。对社区矫正对象的核查核实包括日常手机定位的核查核实、定位手机运动轨迹核查、定位手机人机分离核查核实、社区矫正对象外出期间的核查核实、对社区矫正对象的实地查访核查核实。

（一）核查方式及要求

1. 通信联络。定期通过电话、语音通话、视频通话、短信等方式与社区矫正对象进行联络，实现日常核查。重点时段、重大活动应适当提高联系核查频次。

2. 信息化核查。信息化核查是指社区矫正机构运用位置信息核查、公共视频监控系统实时核验与信息共享核实、互联网、物联网等技术手段，获取或查验监督管理社区矫正对象所需相关信息的活动。

（1）社区矫正机构或司法所通过社区矫正信息化平台，按信息化核查工作流程、内容及要求进行抽查和巡查，检查情况在《社区矫正对象信息化核查》上进行登记。

（2）通过互联网信息软件，如手机定位、监管 App 软件，微信位置共享、水印（经纬）相机等方式查验社区矫正对象身份、位置活动等信息随机抽查社区矫正对象。必要时，可以责令其到就近司法所或县级社区矫正中心报告情况，接受核查。

（3）实现与公安等信息化平台互联互通，借助其公共视频监控系统或互联网、物联网等技术手段，获取社区矫正对象相关位置信息。

3. 实地查访。定期组织到社区矫正对象的家庭、社区、工作单位、就读学校、就医医院等相关单位进行走访调查，了解和掌握社区矫正对象的活动情况和行为表现。重点管理每月实地查访不少于 1 次；普通管理的每季度实地查访不少于 1 次；出现以下情形时，应当及时开展实地查访：

（1）社区矫正对象家庭发生重大变故。

（2）社区矫正对象行为反常、情绪异常。

（3）重点时段、重大活动期间。

（4）根据上级机关要求及其他应当查访的情形。

（二）核查主体及职责

1. 县级社区矫正机构（开发区政法办相关部门）开展通信联络、信息化核查、实地查访时可根据列管社区矫正对象数量、工作力量保障等情况，定期组织随机抽查，并在一定的时段内完成所有列管人员核查工作。对于管辖内的重点列管对象，应当重点开展核查查访。

2. 司法所（社区平安建设部）应当对列管社区矫正对象定期进行通信联络、信息化核查并做好记录。组织开展实地查访时，可以会同第三方社会组织一并开展，对于管辖内的重点列管对象，应当重点开展核查查访。

通信联络、信息化核查、实地查访的频次不得低于分类管理规定的要求。重点时段、重大活动时可适当增加监管频次，但总体上不应影响社区矫正对象正常的工作（学习）、生活。

（三）信息化核查内容

1. 区域核查。检查社区矫正对象的基本活动区域是否划定或划定的基本活动区域是否为本地的标准行政区域。未划定或划定有误的，及时将本地的标准行政区域列为其基本的活动区域。

2. 关停机核查。检查社区矫正对象是否存在关机、停机情况。有关机、停机现象的，及时查明原因并处置。

3. 越界信息核查。检查分析本辖区的越界警告信息。①越界警告信息属边界地区信号漂移造成的，及时进行审核消除；②越界警告信息属社区矫正对象往返准假区域途中造成的，应关注其轨迹方向，发现其绕道或在途中长时间逗留时及时纠正；③越界警告信息若因工作人员未及时在平台内办理准假审批或未录入准假区域造成的，应通知工作人员立即纠正；④越界警告信息属社区矫正对象违反外出管理规定造成的，应通知社区矫正对象立即返回并启动处罚程序。

4. 人机分离核查。进行"人机分离"情况抽查。抽查的重点对象为"停留超时"人员、无业人员、拥有两部以上手机人员；抽查的重要时间为节假日或八小时之外非工作时间。抽查方式为：①拨打社区矫正对象监管手机；②核实相关社区矫正对象信息和所在位置；③由社区矫正对象回拨电话，核实显示号码是否与监管手机号码一致。监管手机无人接听、回答的社区矫正对象信息不准确、所在位置出入大、回拨的号码与监管手机号码不一致的，须进一步确定是否属于为"人机分离"。属"人机分离"的，应及时向监护人、矫正小组成员、家庭其他成员、所在单位或社区调查取证，了解去向，确定脱管时间。

5. 轨迹分析。在了解掌握社区矫正对象居住地、工作单位、工作时间、个人爱好的前提下，工作人员应经常性地分析社区矫正对象的活动轨迹。发现社区矫正对象存在在非工作地或非居住地经常长久逗留、在人员稀少时间段外出活动、无业人员频繁外出活动等现象时，工作人员应及时了解核实情况。

（四）实地走访核查执法要求

1. 核查时，应亮明身份，并及时做好工作记录。

2. 实地查访对象为女性的应安排女性社区矫正工作人员。

3. 实地查访对象为未成年人的，其监护人应在场。

4. 核查中存在回避情形的应当主动回避。

5. 核查时，应当注意保护社区矫正对象的身份信息和个人隐私。开展实地查访，根据查访对象情况必要时可着便服。

6. 核查记录应及时归档和按要求录入信息化系统。

（五）核查异常情况处置

1. 通信联络失联。通过信息化核查方式确定社区矫正对象的位置信息；无法确定社区矫正对象的位置信息时，联系其监护人或村（居）民委员会负责人、所在单位或学校负责人等；按核查工作规范进行，确定社区矫正对象具体失联的原因，及时进行处置，处置结果应告知其本人，并向矫正小组成员通报；社区矫正工作人员应及时登记异常处置情况。

2. 信息化核查失联。信息化核查发现社区矫正对象定位异常（如无法报告位置信息、位置越界、手机关机等），应立即与社区矫正对象通讯联络，确认具体情况；信息化核查、通讯联络均无法取得联系，应立即实地查访，并报告相关负责人；社区矫正工作人员应及时登记异常处置情况。

3. 实地查访失联。发现社区矫正对象不在居住场所，应立即进行通信联络和定位核查，如无法取得联系，应及时汇报相关负责人，并进行查找；社区矫正工作人员应及时登记异常处置情况。

4. 社区矫正对象存在心理障碍。核查发现社区矫正对象存在心理障碍，司法所要进一步调查了解，针对性进行思想教育和心理疏导，必要时可修改、调整矫正方案。

5. 社区矫正对象思想不稳定。核查发现社区矫正对象思想不稳定，司法所应及时了解情况，针对性开展思想教育，稳定社区矫正对象情绪，必要时可修改、调整矫正方案。

6. 社区矫正对象发生矛盾冲突。核查发现社区矫正对象发生矛盾冲突，应及时介入，予以排解、疏导。

7. 社区矫正对象生活困难。核查发现社区矫正对象生活困难，应针对性开展适应性帮扶，最大限度协助解决社区矫正对象生活困难。

8. 社区矫正对象脱管。核查发现社区矫正对象脱管的，应当立即向上级社区矫正机构汇报，社区矫正机构应当立即启动应急查找程序。

9. 社区矫正对象可能重新犯罪。核查发现社区矫正对象有重新犯罪苗头的，应及时查明原因，强化管理教育措施。发现有犯罪行为的，应及时报警。

10. 社区矫正对象违规。核查发现社区矫正对象违规，在查明事实后，按规处置。

11. 其他情形。核查过程中，社区矫正对象、矫正小组成员、监护人、村（居）委会、相关企业及有关单位或个人拒不配合的，应当记录注明情况，并通知相关负责人及时处置。

12. 核查记录。对社区矫正对象开展通信联络、信息化核查、实地走访时，应当做好工作记录，同时在社区矫正系统平台保存记录。

三、会客管理

会客管理是社区矫正机构根据相关法律法规的规定，要求社区矫正对象未经执行地县级社区矫正机构批准，不得接触其犯罪案件中的被害人、控告人、举报人，不得接触同案犯等可能诱发其再犯罪的人，对社区矫正对象在矫正期间的会客情况加以限制的一种制度。其目的是保证社区矫正对象在矫正期间能够安心地接受矫正，不受外界不良因素的干扰、影响和诱惑。

（一）会客管理的规定

1. 社区矫正对象不得擅自接受媒体关于其犯罪案件和社区矫正活动相关的采访。社区矫正对象在接受媒体采访、社区矫正活动相关的采访或在会见境外人士前，必须由本人提出申请，监护人、居委会出具证明，将客人的基本情况、会见事由进行登记备案，并经过社区矫正机构或者受委托的司法所同意后方可会见。

2. 社区矫正对象接触对自身矫正可能产生不利影响的人员，如有劣迹的或违法犯罪嫌疑人、同案犯、邪教组织以及其他非法组织等人员时，应当在 24 小时内报告司法所。

3. 社区矫正对象以言语或其他行为威胁或骚扰其犯罪案件中的被害人、控告人、举报人，接触同案犯等可能诱发再犯罪的人等违反会客管理规定的，但尚不构成治安管理处罚或刑事犯罪的，视情节轻重，按规定给予相应处罚。

（二）会客管理审批程序

社区矫正机构接到社区矫正对象会客申请或提出接受媒体采访或会见境外人士申请后，应根据相关规定及时作出允许或不允许其会客或接受媒体采访或会见境外人士的决定，并通知社区矫正对象。社区矫正机构同时还应记录备案。如果社区矫正机构认为会见会影响对其监督、考察的，可以不批准。

四、电子定位装置管理

电子定位装置管理指根据相关法律制度，社区矫正机构对具有规定情形的社区矫正对象采取配戴电子腕带等定位装置，进行监督管理的制度。电子定位装置管理的是一种特殊形式的信息化管理制度。电子定位装置是指运用卫星等定位技术，能对社区矫正对象进行定位等监管，并具有防拆、防爆、防水等性能的专门的电子设备，如电子定位腕带等，但不包括手机等设备。为了保障社区矫正对象的合法权益，电子定位装置的使用需要有严格的条件和程序。对社区矫正对象采取电子定位装置进行监督管理的，应当告知社区矫正对象监管的期限、要求以及违反监管规定的后果。

（一）电子定位装置适用情形

《社区矫正法》第29条规定："社区矫正对象有下列情形之一的，经县级司法行政部门负责人批准，可以使用电子定位装置，加强监督管理：（一）违反人民法院禁止令的；（二）无正当理由，未经批准离开所居住的市、县的；（三）拒不按照规定报告自己的活动情况，被给予警告的；（四）违反监督管理规定，被给予治安管理处罚的；（五）拟提请撤销缓刑、假释或者暂予监外执行收监执行的。前款规定的使用电子定位装置的期限不得超过三个月。对于不需要继续使用的，应当及时解除；对于期限届满后，经评估仍有必要继续使用的，经过批准，期限可以延长，每次不得超过三个月……"

（二）电子定位装置的审批程序

对社区矫正对象采用电子定位装置进行监督管理的，可以由司法所提出，或者县级社区矫正机构提出。由县级社区矫正机构审核，报县级司法行政机关负责人审批。审批后，县级社区矫正机构应告知社区矫正对象实施电子监管的期限、要求以及违反监管规定的后果。县级社区矫正机构、司法所应当加强对社区矫正对象使用电子定位的监督检查，做好越界信息记录和取证，对违反监督管理相关规定的及时进行处理。

电子定位装置的审批程序包括建议、审批和告知三个环节：

1. 建议。司法所根据可以使用电子定位装置五种情形之一的，经合议提出使用电子定位装置的建议。合议人员由司法所工作人员、矫正小组等有关人员3人以上组成，合议意见应当保存，填写《社区矫正使用电子定位装置审批表》，附相应的证明材料，报县级社区矫正机构审核。

2. 审批。收到县级社区矫正机构提交的《社区矫正使用电子定位装置审批表》和相应的证明材料后，经审批同意的，县级社区矫正机构出具《社区矫正使用电子定位装置决定书》（附件8-4-1）；经审批不同意的，退回县级社区矫正机构。

3. 告知。县级社区矫正机构书面告知社区矫正对象，要求其在《对社区矫正对象使用电子定位装置告知书》（附件8-4-2）上签字捺印，同时抄送县级人民检察院。

期限届满后，经评估仍有必要继续使用的，经过批准，期限可以延长，每次不得超过3个月。为社区矫正对象佩戴和解除电子定位装置应当由2名以上社区矫正机构工作人员实施。社区矫正对象为女性的，由女性工作人员为其佩戴和解除电子定位装置。

社区矫正使用电子定位装置审批表

说明：

1. 根据《社区矫正法》第28条、第29条以及《社区矫正法实施办法》第33条、第34条、第35条的规定制作。用于给予社区矫正对象表扬、训诫、警告以及对其使用电子定位装置的审批，审批后存档。

2. 呈报单位包括受委托的司法所以及社区矫正中队等。

3. 除使用电子定位装置审批外，其他审批表在制作时可删除"县级司法行政部门负责人意见"一栏。

4. 用于撤销缓刑、撤销假释、收监执行时，应连同有关建议书、训诫决定书、警告决定书等材料组卷一并报有关人民法院、公安机关、监狱管理机关。

附件 8-4-1

社区矫正使用电子定位装置决定书

（　　）矫定决第　号

社区矫正对象_____，男（女），____年____月____日出生，____族，身份证号码_____，在接受社区矫正期间，因_____

_____

_____，依据《中华人民共和国社区矫正法》第二十八条（第二十九条）之规定，决定给予_____一次（使用电子定位装置，期限为_____）。

（公章）

年　月　日

社区矫正使用电子定位装置决定书

说明：

1. 本文书根据《社区矫正法》第28条、第29条以及《社区矫正法实施办法》第33条、第34条、第35条的规定制作，用于决定给予社区矫正对象表扬、训诫、警告以及对其使用电子定位装置。

2. 填写时，"在接受社区矫正期间，因_____"后应填写社区矫正对象认罪悔罪、遵守法律法规、服从监督管理、接受教育表现突出的事实或者违反监督管理规定的事实。

3. 文书字号由年度、社区矫正机构代字、类型代字、文书编号组成，使用阿拉伯数字，如"（2020）××矫扬/训/警决字第1号"。该决定书一式两份，存档一份，送达社区矫正对象一份。

附件8-4-2

对社区矫正对象使用电子定位装置告知书

社区矫正对象_____：

你在接受社区矫正期间，因_____，依据《中华人民共和国社区矫正法》第二十九条第____项之规定，对你使用电子定位装置，加强监督管理。使用电子定位装置的期限自____年____月____日起至____年____月____日止。在使用电子定位装置期间，必须遵守以下规定：

一、不得私自拆卸毁坏电子定位装置；

二、如果电子定位装置无法正常使用，应立即向社区矫正机构（受委托的司法所）报告；

三、未经批准不得擅自离开规定的活动区域。

如果违反上述规定之一的，社区矫正机构将依法予以处置。

（公章）

年 月 日

以上内容我已知晓并保证严格遵守。

社区矫正对象（签名）： 年 月 日

说明：

1. 本文书根据《社区矫正法》第29条以及《社区矫正法实施办法》第37条的规定制作，用于告知社区矫正对象监管的期限、要求以及违反监管规定的后果。

2. 文书一式两份，加盖公章，社区矫正对象签名后存档一份，送社区矫正对象一份。

五、外出管理

外出管理是指办理社区矫正对象确因就医、就学、参与诉讼、处理家庭或者工作重要事务等正当理由，需要离开居住地的市、县，以及因正常工作和生活需要经常性跨市、县活动的审批活动。外出管理包括外出审批和经常性跨市县活动审批两项内容。

（一）可以申请外出的情形

1. 本人就医、结婚、离婚、生育、参加考试等需要离开执行地的有既往病史就医的一般需要提供本人前期的诊断证明、病历，需赴外地就医的应提供赴外地就医的必要性材料，例如，医生书面建议或先前病历材料，医保材料等。新发、突发疾病的，不应要求提供前期诊疗记录材料等。结婚、离婚申请外出的可事后提供办理手续的相关材料。

生育申请外出的可提供前期产检、就医材料，也可事后提供生育生产的医院材料及婴儿出生证明等。参加考试的一般情况应提供报名、准考证等材料，考试方未制发准考证的可提供其他确定其参考及考试时间的材料；就学的需要提供入学、录取通知书等证明材料，学籍学生证明等其他可以确定其正常就学以及学习时间段的材料。

2. 涉本人的仲裁、登记、许可、调解、复议、诉讼等活动确需本人赴外地参加的此类情况下处于申请、调解（审理、审查）以及裁判（审批、决定）等不同阶段申请外出的，一般情况下应提供处于本阶段情况的佐证材料，如相关申报、调解、裁判等文书材料等。

3. 法定节假日需离开执行地探亲、祭祖的。对于此类情形，应当明确并严格把握国家法定节假日具体时间段，一般以国务院办公厅每年发布的年度节假日安排为准。超过该时段范围的不应以该事由予以审批。周末休息日不属于法定节假日。

4. 本人近亲属婚嫁、病重、亡故等，确需本人赴外地处理的。关于"近亲属"的范围，《刑事诉讼法》和《民事诉讼法》界定的范围并不一致。一般情况下，建议适用《刑事诉讼法》中近亲属的规定范围。因"病重"确需本人赴外地处理申请外出的，应提供近亲属病重以及确需本人处理和照顾的佐证材料。近亲属婚嫁、亡故的，可于事前或事后提供申请事项相关联的佐证关系证明。

5. 因生产经营等工作需要，确需本人赴外地处理的，不包括赴外地务工。"生产经营等工作需要"的范围较为宽泛，在审查时应重点考虑具体申请事项的真实性，以及确需本人离开执行地处理的必要性。并根据上述原则要求其提供佐证材料，并予核实确认，合理把握批准外出的时间。相关佐证材料可以证明外出事由的真实性、必要性即可，不应随意和过度要求。需要注意的是，本情形明确"不包括赴外地务工"主要因为与"生产经营的需要赴外地处理"不同，外地务工往往需要长期离开执行地，仅仅通过一次性批准外出无法解决其长期异地工作的问题，故本规定予以排除。在实际外出审批工作中，不能机械教条的执行和曲解相关规定，甚至歧视"赴外地务工"情形，据此拒绝受理其因工作原因经常性跨市、县活动等合法诉求。

（二）外出管理的审批程序

1. 社区矫正对象提交外出申请。社区矫正对象一般应当提前3日向受委托的司法所提交《社区矫正对象外出申请》（附件8-5-2），提前1个月提交经常性跨市、县活动的书面申请。

　　社区矫正对象遇到紧急情况确需尽快批准外出的，可以当即向司法所提出申请，县级社区矫正机构、司法所应当及时组织审核，不应以"须提前3日提交申请"为由拒绝受理。

　　2. 管理机构组织审核。设区的市、县级社区矫正机构、司法所应当收到外出申请后应对外出理由、期限、目的地以及相关证明材料进行审核，按照规定的权限进行审批或者报审（审批权限、时限及要求参考附件8-5-1），发放《社区矫正事项审批告知书》（附件8-5-3）。

　　外出申请审核审查可根据具体情形区分为"事前审核"和"事后审查"。对于申请外出事由可以事前核实并提供相关佐证材料的，应当组织事前审核；申请外出事由无法事前核实，或者事由较为紧急但短期内又难以提供佐证材料的，也可以结合申请人日常表现情况，外出事项紧急程度先行批准，外出期间或返回后提供相关佐证材料。外出事后审查一般适用于紧急外出事项审批，应审慎使用。

　　3. 外出期间监管。在社区矫正对象外出期间，县级社区矫正机构、司法所应当通过电话通讯、实时视频等方式实施监督管理，也可以协商外出目的地社区矫正机构协助监督管理。县级社区矫正机构接受其他社区矫正机构委托，通过电话查询、实地查访等方式，协助对批准来本地的社区矫正对象进行监督管理。

　　4. 外出期限延长及届满。社区矫正对象因特殊情况无法按时返回，需要延长外出期限的，应当通过电话、微信、电子邮件或者由近亲属代为履行报告手续，由县级社区矫正机构审批。

　　社区矫正对象在外出期限届满前返回执行地的，应当及时到县级社区矫正机构或者司法所办理手续，如实提供其外出期间取得的食宿、交通票据，以及其他与外出事项、地点相关的文字、照片或者视频等证明材料。

　　发现社区矫正对象违反外出管理规定的，县级社区矫正机构或者司法所应当责令其立即返回，并视情节予以处理。

　　附件 8-5-1

外出审批权限、时限及相关要求

外出申请时间	审批单位	审批时限	审批要求	外出期间监管
7日及7日以内	司法所	当日	当日进行审批并报县级社区矫正机构备案	电话通讯、实时视频、共享定位等
超过7日不满30日	县级社区矫正机构	3日内	每次批准外出不得超过30日	1. 电话通讯、实时视频、共享定位等。
外出30日以上或2个月内外出累计超30日	市级社区矫正机构		县级社区矫正机构应将审批结果和社区矫正对象外出情况通报同级人民检察院	2. 外出时间较长的，应协商外出目的地社区矫正机构协助监管。

续表

外出申请时间	审批单位	审批时限	审批要求	外出期间监管
经常性跨市、县活动	县级社区矫正机构	申请之日起1个月内	一次批准有效期为6个月，矫正期限不满6个月或外出情况无需6个月的，可根据实际情况确定批准有效期，到期后，应当重新提出申请	1. 电话通讯、实时视频、共享定位、实地查访等方式。 2. 社区矫正对象每次外出前电话、短信等通讯方式提前向司法所报告，每月报告。 3. 社区矫正对象外出期间违反规定或未按规定报告情况的，应终止外出审批事项，且6个月内不再批准。

附件 8-5-2

社区矫正对象外出申请

_____司法所（办）：

　　本人_____，男（女），身份证号：_____，本人联系电话：_____，应急联系人：_____，联系方式：_____，（根据监管部门需要选填），本人因_____（外出事由），现申请离开执行地前往_____（目的地），外出时间_____天（_____年____月____日至____年____月____日）。

　　特此申请，请予批准。

　　附：（相关证明材料目录）

　　1. _____

　　2. _____

....

申请人：

日　　期：

（本材料连同外出申请审批材料一并存档）

说明：

1. 本文书根据《社区矫正法》第 27 条、《社区矫正法实施办法》第 27 条以及《安徽省社区矫正工作实施细则》第 36 条的规定制作。

2. 社区矫正对象填写并签名后交司法所（办）连同外出审批材料一并存档。

社区矫正对象外出（经常性跨市县活动）审批表

说明：

1. 本文书根据《社区矫正法》第 23 条以及《社区矫正法实施办法》第 24 条、第 25 条、第 26 条、第 27 条、第 29 条、第 39 条的规定制作。用于社区矫正对象进入特定区域场所、会客、外出或者经常性跨市县活动、执行地变更、暂予监外执行有关事项的审批，相关意见栏如不使用，可以删除。

2. 呈报单位包括受委托的司法所以及社区矫正中队等。如呈报单位也是审批机关时，可将此意见栏改为受委托的司法所意见等，其余意见栏可删除。

3. 根据《社区矫正法实施办法》第 24 条，社区矫正机构调整社区矫正对象报告身体情况和提交复查情况的期限时，审批表名称为"社区矫正对象保外就医延期报告审批表"，文书一式两份，除一份存档外，应当及时抄送执行地县级人民检察院一份。社区矫正机构协调对暂予监外执行的社区矫正对象进行病情诊断、妊娠检查或者生活不能自理的鉴别时，审批表名称分别为"社区矫正对象病情诊断（妊娠检查、生活不能自理鉴别）审批表"，文书一式一份，审批后存档。

4. 用于外出审批时，一式两份，除一份存档外，对于外出超过 30 日或者 2 个月内外出时间累计超过 30 日，上一级社区矫正机构批准外出的，执行地县级社区矫正机构应当及时将审批表抄送同级人民检察院。

5. 用于进入特定区域场所审批时，一式三份，除一份存档外，应当抄送原审人民法院和执行地县级人民检察院各一份。

附件 8-5-3

社区矫正事项审批告知书

（　　）____矫审告第____号

社区矫正对象_____：

你于____年____月____日，因_____（事由）提出的_____

_____申请，符合/不符合有关法律、法规和社区矫正监督管理规定情形，决定予以批准/不予批准_____。

你在进行_____活动时，应注意遵守以下要求：_____

_____

_____

特此告知。

_____（公章）

年　月　日

以上内容我已知晓。

社区矫正对象（签名）：

年　　月　　日

说明：

1. 本文书根据《社区矫正法》第 23 条以及《社区矫正法实施办法》第 24 条、第 25 条、第 26 条、第 27 条、第 28 条、第 29 条、第 30 条、第 39 条等规定制作。用于社区矫正对象申请事项是否批准的告知，如进入特定区域场所、会客、外出、执行地变更以及经常性跨市、县活动、暂予监外执行事项等申请，应当书面告知审批结果，同时告知社区矫正对象进行审批事项活动时应遵守的相关要求，如批准请假外出的列明时限和目的地；同意变更执行地的，告知其到新执行地县级社区矫正机构报到的时间期限以及逾期报到或者未报到的后果等。

2. 文书字号由年度、社区矫正机构代字、类型代字、文书编号组成，使用阿拉伯数字，如"（2020）××矫审告字第 1 号"。该告知书一式两份，加盖公章，社区矫正对象签名后存档一份，送社区矫正对象一份。

附件 8-5-4

<h2 style="text-align:center">社区矫正对象经批准离开执行地
个别教育记录（告知书）</h2>

教育时间：____年__月__日 教育地点：_____

教育形式：□书面告知 □面谈 □其他_____

教育对象姓名：_____身份证号：_____

教育（告知）内容：

1. 除必须途径外，不得前往批准目的地以外的地区；

2. 外出期间应当严格遵守相关监督管理规定，根据社区矫正机构、司法所的要求，定期通过电话通讯、实时视频等方式向司法所相关工作人员报告活动情况；

3. 外出期限届满前返回执行地的，应当及时到县（市、区）社区矫正机构或者司法所办理手续，如实提供其外出期间取得的食宿、交通票据，以及其他与外出事项、地点相关的文字、照片或者视频等证明材料；

4. 因特殊情况无法按时返回，需要延长外出期限的，应当通过电话、微信、电子邮件或者由近亲属代为履行报告手续，由县（市、区）社区矫正机构审批。

5. 外出期间违反相关监督管理规定的，将会被责令立即返回，并视情节予以处理。

6. _____。

社区矫正对象签收栏：

附件 8-5-5

经常性跨区域活动社区矫正对象外出情况月报告

＿＿＿＿＿＿司法所（办）：

本人因＿＿＿＿＿＿＿＿＿＿（事由）于＿＿年＿月＿日被批准经常性跨区域活动，现将本月外出情况报告如下：＿＿＿＿＿＿＿＿＿＿＿＿＿＿＿＿＿＿＿＿＿＿＿＿＿＿

＿＿

＿＿

（主要报告跨区域活动具体情况，包括目的地、出行路线、出行时间、频次规律以及期间遵纪守法等情况）

特此报告。

附：（相关证明材料目录）

1. ＿＿＿＿＿＿＿＿＿＿＿＿＿＿＿＿＿＿

2. ＿＿＿＿＿＿＿＿＿＿＿＿＿＿＿＿＿＿

．．

报告人：

日　　期：

（本材料连同外出申请审批材料一并存档）

说明：

1. 本文书根据《安徽省社区矫正工作实施细则》第42条的规定制作。

2. 适用经批准经常性跨设区的市、县（市、区）活动的社区矫正对象。

3. 社区矫正对象填写并签名后交司法所（办）存档。

六、执行地变更管理

执行地变更管理指社区矫正对象因工作、居所地变化等原因需要变更居住地时需要办理审核审批的制度。社区矫正对象在矫正期间享有的人身自由具有一定的限制性，短期外出可以通过请假制度解决，对于因为工作、迁居等原因需要变更居住的，可以通过执行地变更审批解决。执行地变更管理对于维护社区矫正对象正常的工作和生活，维护他们的合法权益起到制度性保障作用。

（一）执行地变更审批制度的规定

根据《社区矫正法》第27条第2款的规定，因社区矫正对象迁居等原因需要变更执行地的，社区矫正机构应当按照有关规定作出变更决定。社区矫正机构作出变更决定后，应当通知社区矫正决定机关和变更后的社区矫正机构，并将有关法律文书抄送变更后的社区矫正机构。变更后的社区矫正机构应当将法律文书转送所在地的人民检察院、公安机关。

以上规定说明，只要社区矫正对象有变更执行地的正当理由，社区矫正机构就应当批准，并且应当按照规定将变更执行地的决定通知社区矫正决定机关和变更后的社区矫正机构，同时将有关法律文书抄送至变更后的社区矫正机构。而新执行地（变更后的）的社区矫正机构还应当将法律文书转送所在地的人民检察院和公安机关，以便社区矫正工作能顺利和依法开展。

（二）变更执行地的审批程序

根据《社区矫正法实施办法》第30条第1款的规定，社区矫正对象因工作、居所变化等原因需要变更执行地的，一般应当提前一个月提出书面申请，并提供相应证明材料，由受委托的司法所签署意见后报执行地县级社区矫正机构审批。

1. 执行地变更（迁出）审批。

（1）申请。社区矫正对象因工作、居所变化等原因需要变更执行地的，一般应当提前一个月提出书面申请，并提供相应证明材料，由司法所填写《社区矫正对象执行地变更审批表》并签署意见后报执行地县级社区矫正机构审批。

（2）函商。执行地县级社区矫正机构收到申请后，应当在5日内书面征求新执行地县级社区矫正机构的意见。制作变更执行地征询意见函一式两份，其中一份征询意见函连同裁判文书、社区矫正对象基本信息表、居住地证明等相关材料以中国邮政EMS专递寄送新执行地县级社区矫正机构；另一份征询意见函及相关材料的复印件留存县级社区矫正机构。

（3）审批。执行地县级社区矫正机构根据回复意见，作出决定。执行地县级社区矫正机构对新执行地县级社区矫正机构的回复意见有异议的，可以报上一级社区矫正机构协调解决。

经审核，执行地县级社区矫正机构不同意变更执行地的，应在决定作出之日起5日内出具《社区矫正事项审批告知书》，书面告知社区矫正对象。同意变更执行地的，原执行地县级社区矫正机构制作《社区矫正对象执行地变更决定书》（附件8-6）（一式六份）。

（4）档案移交。同意变更执行地的，原执行地县级社区矫正机构应当在作出决定之日起5日内，将有关法律文书和档案材料移交新执行地县级社区矫正机构，并将有关法律文书抄送社区矫正决定机关和原执行地县级人民检察院、公安机关。

（5）书面告知。同意变更执行地的，县级社区矫正机构应及时通知社区矫正对象签收《社区矫正事项审批告知书》，告知其到新执行地县级社区矫正机构报到的时间期限以及逾期报到或者未报到的后果，责令其按时报到。

（6）衔接反馈。社区矫正对象未按规定时间报到的，新执行地县级社区矫正机构应当立即通知原执行地县级社区矫正机构，由原执行地县级社区矫正机构组织查找。未及时办理交付接收，造成社区矫正对象脱管漏管的，原执行地社区矫正机构会同新执行地社区矫正机构妥善处置。

2. 执行地变更（迁入）审批。

（1）核实。新执行地县级社区矫正机构接到征求意见函后，应当在 5 日内核实有关情况，作出是否同意接收的意见并书面回复。

（2）档案移交。新执行地县级社区矫正机构收到决定书和档案材料后，在 5 日内送达回执，同时将决定书复印送所在地县级人民检察院、公安机关。

（3）接收反馈。新执行地县级社区矫正机构应当核实身份、办理登记接收手续。新执行地县级社区矫正机构在收到有关法律文书、矫正档案后，根据矫正接收程序进行衔接，并将档案接收情况和社区矫正对象的报到情况书面告知原执行地县级社区矫正机构。

附件 8-6

社区矫正对象执行地变更决定书

（　　）　　字第　　号

社区矫正对象_____，男（女），____年____月____日出生，____族，身份证号码_____，户籍地_____，现执行地_____，因犯_____罪经_____人民法院于____年____月____日判处_____。____年____月____日经_____人民法院（监狱管理局、公安局）裁定假释（决定、批准暂予监外执行）。社区矫正期限自____年____月____日起至____年____月____日止。

____年____月____日收到社区矫正对象_____执行地变更申请，申请由_____市（县）变更执行地到_____市（县），申请变更理由_____。

依据《中华人民共和国社区矫正法》第二十七条之规定，决定同意（不予同意）变更到____市（县）执行。

（公章）

年　月　日

注：决定书送达社区矫正对象和新执行地县级社区矫正机构，同时抄送_____人民法院（公安局、监狱管理局）、_____人民检察院、_____公安（分）局。

社区矫正对象执行地变更决定书

说明：

1. 本文书根据《社区矫正法》第 27 条以及《社区矫正法实施办法》第 30 条、第 31 条的规定制作。

2. 文书字号由年度、社区矫正机构代字、类型代字、文书编号组成，使用阿拉伯数字，如"（2020）××矫执更字第1号"。文书一式六份：存档一份，一份送社区矫正对象，一份连同审批表、矫正档案、送达回执移交新执行地县级社区矫正机构，另抄送社区矫正决定机关、原执行地县级人民检察院、公安机关各一份。

3. 新执行地县级社区矫正机构收到决定书后和档案材料后，在5日内送达回执（在受送达人签收处加盖公章），同时将决定书复印送所在地县级人民检察院、公安机关。

拓展学习

变更执行地流程图〔1〕

七、禁止令执行

禁止令执行是指人民法院从促进犯罪分子教育矫正、有效维护社会秩序的需要出发，对判处管制、宣告缓刑的犯罪分子，根据犯罪情况禁止其在管制执行期间、缓刑考验期内从事特定活动，进入特定区域、场所，接触特定人的制度。

（一）禁止令执行的内容及要求

社区矫正机构根据执行禁止令的需要，可以协调有关的部门、单位、场所、个人协助配合执行禁止令。被宣告禁止令的社区矫正对象应当每月报告遵守禁止令的情况。

1. 对被禁止进入特定区域或者场所的，可通过调查走访、位置信息核查等方式及时掌握其情况。

2. 对被禁止从事特定活动的，应当主动加强与有关部门行业的沟通联系，定期了解情况。

3. 对被禁止接触特定人的，应当进行告知教育，责令其自觉避免接触有关人员，及时走访了解有关情况。

（二）禁止令执行审批程序

1. 审批。被宣告禁止令的社区矫正对象确需进入特定区域或者场所的，应当经执行地县级社区矫正机构批准，并通知原审人民法院和执行地县级人民检察院。

2. 执行地社区矫正机构在对社区矫正对象的日常监督管理中，必须严格执行禁止令。如确需进入的，社区矫正对象必须提前申请并说明理由，经执行地县级社区矫正机构批准后方可进入。

---

〔1〕　资料源于北京市房山区司法局编制的内部资料《房山区社区矫正执法办案流程指南》。

3. 违规处置。社区矫正机构、司法所发现社区矫正对象正在实施违反人民法院禁止令的行为，应当立即制止；制止无效的，应当立即通知公安机关到场处置。同时，视情节轻重，依据有关规定，给予相应处罚。

八、教育学习

教育学习是指社区矫正机构、司法所依法对社区矫正对象组织开展法律常识、道德规范、时事政策、文化知识、职业技能等教育，增强其法治观念，提高其道德素质和悔罪意识，促进其顺利融入社会、成为守法公民的活动。《社区矫正法实施办法》第 43 条第 2 款、第 3 款规定："……社区矫正机构、司法所应当根据社区矫正对象的矫正阶段、犯罪类型、现实表现等实际情况，对其实施分类教育；应当结合社区矫正对象的个体特征、日常表现等具体情况，进行个别教育。社区矫正机构、司法所根据需要可以采用集中教育、网上培训、实地参观等多种形式开展集体教育……"可见，教育学习的组织形式包括分类教育、集体教育和个别教育。其中，分类教育重点介绍未成年社区矫正对象的教育。

（一）集体教育

集体教育是县级社区矫正机构、受委托的司法所面向管辖全体或者特定类型社区矫正对象开展群体性的教育矫正活动，可以通过集中教育、网上培训、实地参观等形式开展，一般由县级社区矫正机构、司法所组织实施，联系协调社会力量予以协助配合。主要包括：法治教育（守法教育）、安全教育、思想政治教育、心理健康教育、道德教育、职业技能培训、自学考试辅导、时事政策和法律法规教育等内容。

1. 教育内容。

（1）可根据所辖区域社区矫正对象的犯罪类型比例，分类、分批次开展所涉罪名相关的法律法规知识的教育活动，至少保证社区矫正对象在入矫后参加 1 次有关自身所涉罪名的课程内容。

（2）可根据性别分类，针对女性社区矫正对象开展一些关乎女性权益及女性所涉罪名较多的相关法律课程，针对男性开展暴力型犯罪、危险驾驶类型的相关法律课程。

（3）在定期组织排查工作中，通过实地走访充分了解社区矫正对象处于家庭问题或矛盾中的，可以组织集中进行婚姻家庭方面的教育内容，并提供相关建议，以缓解危机和隐患，帮助其恢复正常情绪，引导其正确处理婚姻家庭关系。

（4）定期组织心理健康教育课程，分批次，至少保证每个社区矫正对象在入矫后至少参加 1 次，目的在于促进其身心健康，顺利完成社区矫正。

（5）重要节日或重大社会政治活动之前，应当组织全体社区矫正对象集中参加专题思想警示教育，强调重要时间节点内遵守监督管理规定的重要性及违反监督管理规定的严重后果。

2. 各阶段教育重点。

（1）入矫教育：县级社区矫正机构、司法所在社区矫正对象入矫 1 个月内的初期阶段，重点开展社区矫正的概念、目的、意义等基本知识；《社区矫正法》及相关法律法规知识；违反法律法规及监督管理规定的法律后果；权利义务知识等教育。目的在于强化其遵纪守法观念，引导其认罪悔罪并在主观上接受社区矫正。

（2）日常及重点、特定时段：县级社区矫正机构、司法所在社区矫正对象入矫1个月后至解除矫正前1个月期间，重点开展爱国主义教育、思想政治知识、所涉罪名有关的法律法规知识、思想道德（社会公德、职业道德、家庭美德）、素质能力提升（职业技能培训）、心理健康等方面的教育。结合社区矫正对象的问题及需求、矫正方案的计划内容开展教育，目的在于强化其法治观念，提高其道德素质、心理素质和悔罪意识。

（3）解矫教育：县级社区矫正机构、司法所在社区矫正对象解矫前1个月到解除矫正期间重点开展时事政策教育，帮助其了解社会形势，知晓国家政策，合理谋求自我发展；开展矫正成效评估教育，指出其问题和不足，帮助其巩固矫正期间形成的良好的行为模式；开展职业技能与就业指导教育，帮助其顺利融入社会。

3. 教育形式及要求。

（1）集中教育。目前集体教育的一种主要形式，一般通过专家授课、课堂教育和小组活动等形式。

建议教育频次：县级社区矫正中心可以每季度组织1次；司法所可以每月组织1次。节假日、重要节点根据工作需要及相关要求实时开展。

教育记录：及时在档案材料《社区矫正对象矫正情况记载簿》（附件8-2）及台账《社区矫正对象集体教育学习记录表》（附件8-7-1）、《社区矫正对象集体教育情况登记表》中做好社区矫正对象参加集中教育学习的记录，并将社区矫正对象参加集中教育学习的情况及表现作为对其实施考核奖惩和分类管理的依据。

（2）网上培训。集体教育的重要形式，随着信息化平台建设应用，将逐步过渡为集体教育的主要形式之一。

县级社区矫正机构要策划对接网络学习内容，或者根据购买服务组织网络学习平台的教育。后期，通过智慧矫正平台建设，可利用内网平台分配并引导社区矫正对象通过线上完成网上教育学习内容。

建议教育频次：司法所在无法组织线下集中教育的情况下，或根据需要定期、不定期组织社区矫正对象进行网上培训学习。

网络培训需严格考核学习的时间及学习的效果，做好必要的技术设备准备并做好备用方案，司法所需要在《社区矫正对象矫正情况记载簿》《社区矫正对象集体教育情况登记表》上做好相应的记录工作。

（3）实地参观。集体教育的一种辅助形式，根据工作实际需要适当地组织开展。一般由社区矫正中心、司法所组织到公共图书馆、文化场所、爱国主义教育基地、展览馆等场所，进行现场参观的教育学习，一年可酌情组织1到2次，建议可以在重要节点、节日、纪念日组织。采取实地参观形式开展教育的需要安排在安全、适当的场地进行，需要维持好现场的教学秩序，同时准备好应急预案，防止突发事件的发生，同时做好相关的防护措施。

组织集体教育的注意事项：①参加集体教育的时间与形式可以允许社区矫正对象根据

自身情况选择。②社区矫正对象因患严重疾病、传染类疾病、精神类疾病或有盲、聋、哑、残、孕等情况，不宜参加集体教育的，司法所可以根据实际情况填写制作《社区矫正对象免除集体教育审批表》（附件8-7-3），经县级社区矫正机构审批同意后，可以免除集体教育。③社区矫正对象原则上每月参加的教育学习活动不少于1次，未能参加集体教育的，可采取个别教育的方式补充。

（二）个别教育

个别教育是县级社区矫正机构、受委托的司法所结合社区矫正对象的个体特征、日常表现等具体情况，按照因材施教的原则，有针对性地对社区矫正对象开展的教育矫正活动。

1. 适用情形：①思想波动或者行为异常的；②个人、家庭情况有重大变故的；③经批准离开社区矫正执行地或迁居的；④违反监督管理规定或人民法院禁止令的；⑤受到奖励或者处罚的；⑥其他需要进行个别教育的。

2. 组织实施：

（1）可以采取在社区矫正中心或者司法所面谈、上门走访并结合警示训诫等形式开展。

（2）个别教育由社区矫正工作人员或专职工作者实施，上门走访开展个别教育应当由两名以上工作人员共同进行。

（3）对于有特殊困难、不服从监管或者经评估重新犯罪风险较高的社区矫正对象，应当适当增加个别教育次数，并做好相应记录。

（4）个别教育结合社区矫正对象的犯罪类型、刑罚种类等具体情况，进行针对性的教育。

（5）个别教育应做好记录及书面告知工作：在《社区矫正对象个别教育记录》（附件8-7-2）、《社区矫正对象矫正情况记载簿》上做好记录，需要书面告知的，要送达给社区矫正对象本人，并要求其签字或捺印确认。

（三）未成年社区矫正对象的教育

犯罪时未满十八周岁被决定实施社区矫正的社区矫正对象属于未成年社区矫正对象。未成年社区矫正对象在社区矫正期间年满十八周岁的，继续按照未成年人社区矫正有关规定执行。

1. 教育原则：社区矫正机构应当根据未成年社区矫正对象的年龄、心理特点、发育需要、成长经历、犯罪原因、家庭监护教育条件等情况，采取针对性的教育措施；贯彻教育、感化、挽救的工作方针；坚持教育为主、惩罚为辅的工作理念。

2. 教育要求：

（1）对未成年社区矫正对象的教育应当与成年人分开进行，采用易为未成年人接受的方式，开展思想、法制、道德教育和心理辅导。

（2）社区矫正对象在校学习的，社区矫正机构或司法所可以委托学校开展教育活动。

（3）对于在读的未成年社区矫正对象，可以利用寒暑假期间或者刷证报到时间进行教育。

（4）未成年社区矫正对象没有完成法定义务教育的，社区矫正机构应当协调教育行政部门督促其法定监护人帮助其完成法定义务教育，协调有关部门为未成年社区矫正对象就学、就业等提供帮助。

附件 8-7-1

社区矫正对象集体教育学习记录表

活动日期		活动地点	
活动主题及形式	□ 集体教育（□ 课堂教育　□ 网上培训　□ 小组活动　□ 实地参观） □ 公益活动 活动主题：＿＿＿＿＿＿＿＿＿＿＿＿＿＿＿＿		
教育组织（负责）人		应到/实到人数	应到：＿＿＿＿　实到：＿＿＿＿
请假（旷课）人员			
活动照片粘贴			
备注			

附件 8-7-2

社区矫正对象个别教育记录

教育时间：＿＿＿年＿＿月＿＿日　教育地点：＿＿＿＿＿＿＿＿

教育形式：□ 面谈（社区矫正中心/司法所）

□ 上门走访　□ 其他＿＿＿＿＿＿

开展个别教育情形：□思想波动或者行为异常的；□个人、家庭情况有重大变故的；□经批准迁居的；□违反监督管理规定或人民法院禁止令的；□受到奖励或者处罚的；□其他需要进行个别教育的。

教育对象姓名：＿＿＿＿＿＿＿＿身份证号：＿＿＿＿＿＿＿＿＿

教育内容：＿＿＿＿＿＿＿＿＿＿＿＿＿＿＿＿＿＿＿＿＿＿＿＿＿

＿＿＿＿＿＿＿＿＿＿＿＿＿＿＿＿＿＿＿＿＿＿＿＿＿＿＿＿＿＿＿

＿＿＿＿＿＿＿＿＿＿＿＿＿＿＿＿＿＿＿＿＿＿＿＿＿＿＿＿＿＿＿

＿＿＿＿＿＿＿＿＿＿＿＿＿＿＿＿＿＿＿＿＿＿＿＿＿＿＿＿＿＿＿

＿＿＿＿＿＿＿＿＿＿＿＿＿＿＿＿＿＿＿＿＿＿＿＿＿＿＿＿＿＿＿

＿＿＿＿＿＿＿＿＿＿＿＿＿＿＿＿＿＿＿＿＿＿＿＿＿＿＿＿＿＿＿

＿＿＿＿＿＿＿＿＿＿＿＿＿＿＿＿＿＿＿＿＿＿＿＿＿＿＿＿＿＿＿

　第　　　页，共　　　页　　　社区矫正对象（签名捺印）：

_____
_____
_____
_____
_____
_____
_____
_____
社区矫正对象（签名捺印）： 工作人员签名： 记录人签名：

附件 8-7-3

<h3 style="text-align:center">社区矫正对象免除集体教育审批表</h3>

姓名		性别		身份证号码		
户籍地				执行地		
罪名		原判刑罚			附加刑	
禁止令内容				禁止期限 起止日	自 年 月 日 至 年 月 日	
矫正类别		矫正期限		起止日	自 年 月 日 至 年 月 日	
事由及依据						
呈报单位 意见				（公章） 年 月 日		
县级社区 矫正机构 意见				（公章） 年 月 日		
备注						

拓展学习

教育帮扶流程图[1]

九、公益活动

公益活动是指社区矫正机构、司法所按照符合社会公共利益的原则，根据社区矫正对象的个人特长、劳动能力、健康状况等情况，组织开展帮助其修复社会关系、增强社会责任感的各类活动。公益活动的内容包括社区服务、环境保护、知识传播、公共福利、帮困扶助、维护良好秩序、慈善、社团活动、专业特色服务、文化艺术活动等。

社区矫正机构、受委托的司法所按照"符合社会公共利益、社区矫正对象力所能及"的原则，做好公益活动的组织、管理工作。社区矫正机构、司法所组织参加公益活动以及鼓励社区矫正对象为社区或者有关公共机构提供志愿服务时，应根据社区矫正对象的特长、兴趣爱好，同时应考虑社区矫正对象是否具备相应的行为能力，并根据社区矫正对象的年龄、性别、健康状况、技能水平、专业优势和正常工作学习需要等状况，合理安排服务内容和方式。

（一）公益活动的内容和程序

1. 组织对象。有劳动能力的社区矫正对象应当参加社区矫正机构组织的公益活动。

年满 60 周岁以上；妊娠期或者哺乳期；保外就医社区矫正对象；丧失生活自理能力；身体残疾；精神疾病；以及其他特殊原因不能参加公益活动的，经社区矫正对象申请，并提供有关证明材料，由司法所报县社区矫正机构批准，可以不参加公益活动。如其本人主动要求参加，应安排力所能及的公益活动，并应做好相应保护工作。

2. 公益活动内容。社区矫正机构和受委托的司法所要积极开发符合社会公共利益及社区矫正对象力所能及的公益活动项目，建立公益活动项目库，丰富公益活动的内容。

（1）社区内或者其他公共服务机构内的公益性活动和工作。

（2）针对被害者（被害单位或被害人）的补偿性劳动或工作。

（3）其他不以取得劳动报酬为目的的为社会、公众提供的服务性劳务或工作。

3. 组织形式。

（1）集中式。县社区矫正机构、司法所可以组织社区矫正对象进行集中式的公益活动。

---

〔1〕 资料源于北京市房山区司法局编制的内部资料《房山区社区矫正执法办案流程指南》。

（2）分类式。司法所可以根据当地的实际情况、公益活动的项目、社区矫正对象的具体情况、社区矫正对象分类管理的类别划分为不同的小组，由部分社区矫正对象参加的公益活动。

（3）个别式。针对个别矫正对象的特殊身份，如未成年社区矫正对象、女性社区矫正对象、因为身体原因为社区矫正对象单独开展的活动，或者由于特殊情况而随时开展的个别化教育为目的的公益活动。

4. 公益活动的评估。社区矫正工作人员利用访谈、问卷调查、社区矫正对象自评、社区矫正对象公益活动考核等形式，对公益活动的服务对象、参与的社区矫正对象进行公益活动的过程和阶段性效果进行评价。

5. 公益活动评估结果的运用。通过收集公益活动过程的各种信息、评估结果，供今后改进公益活动使用。公益活动结束后，组织者可以结合公益活动的考核、评估对社区矫正对象开展有针对性的社区矫正讲评教育。

6. 自发公益活动的统计登记。对社区矫正对象自发参加公益活动的情况予以统计，作为日常管理的依据。对于在参加公益活动方面表现突出的社区矫正对象，可以依法予以鼓励和表扬。

（二）公益活动的工作要点

1. 社区矫正机构应做好公益活动的前期准备工作。对活动场所进行实地考察、排除安全隐患，制定工作方案，明确公益活动的时间、地点、内容、工作人员配备及职责分工、突发事件处置等内容。

2. 根据社区矫正对象特长和自身条件安排公益活动。社区矫正机构、司法所对社区矫正对象自发参加公益活动的情况予以统计，作为日常管理的依据。对于在参加公益活动方面表现突出的社区矫正对象，可以根据相关法律法规和有关规定对其进行奖励或报请其他部门予以表彰。

3. 结合当地资源建立公益活动基地，丰富公益活动的形式和内容。社区矫正机构、司法所可以立足本地资源、加强与企事业单位、社会团体等的联系与合作，建立一系列公益活动基地，使社区矫正对象可以充分发挥自己的特长进行公益活动。但是社区矫正机构不得组织社区矫正对象从事影响身心健康的活动，或者参加有危险和明显超过强度的活动。

4. 社区矫正机构可以委托社会组织开展社区矫正对象的公益活动。

第五节　特殊管理

一、监管缺失处置

监管缺失是指由于社区矫正对象的脱管、漏管问题造成社区矫正机构无法监管社区矫正对象的情况。为了维护社区矫正的执法公信力，维护社会的安宁与稳定，社区矫正机构必须会同公安机关最大限度地排查、预防和减少社区矫正对象的脱管、漏管问题。

（一）脱管的概念及认定条件

脱管是指社区矫正对象在社区矫正期间脱离执行地社区矫正机构的监督管理导致下落不明，或者虽能查找到但其拒绝接受监督管理的现象。具有以下情形之一的，应当认定为脱管：

1. 手机关机、停机、人机分离，经查找下落不明的。

2. 未经请假擅自离开执行地或虽经请假但逾期未归的。

3. 虽未离开执行地，但拒不接受社区矫正机构监管、教育的。

4. 当社区矫正对象外出就业、就医、就学、经商时，因异地委托管理操作不规范导致下落不明的。

（二）漏管的概念及认定条件

漏管是指社区矫正决定机关作出有效的判决、裁定、决定后，在交付接收环节与社区矫正机构衔接不到位，或者社区矫正对象故意逃避监管，未按规定时间期限报到，造成没有及时执行社区矫正的现象。具有以下情形之一的，应当认定为漏管：

1. 交付执行机关未送达法律文书、未尽到告知义务或未办理交接手续导致执行地县级社区矫正机构无法接收社区矫正对象的。

2. 法院、监狱或看守所出具的法律文书不全或执行地有误导致执行地县级社区矫正机构无法接收社区矫正对象的。

3. 执行地县级社区矫正机构依法应当接收社区矫正对象而未接收的。

4. 社区矫正对象未在规定时限报到，执行地县级社区矫正机构未及时组织查找的。

（三）监管缺失的处置程序

1. 组织查找。根据《社区矫正法》第30条规定，社区矫正对象失去联系的，社区矫正机构应当立即组织查找，公安机关等有关单位和人员应当予以配合协助。查找到社区矫正对象后，应当区别情形依法作出处理。根据《社区矫正法实施办法》第38条第1款的规定，发现社区矫正对象失去联系的，社区矫正机构应当立即组织查找，可以采取通信联络、信息化核查、实地查访等方式查找，查找时要做好记录，固定证据。查找不到的，社区矫正机构应当及时通知公安机关，公安机关应当协助查找。社区矫正机构应当及时将组织查找的情况通报人民检察院。

2. 提请处置。查找到社区矫正对象后，社区矫正机构应当根据其脱离监管的情形，给予相应处置。社区矫正对象虽能查找到其下落但拒绝接受监督管理的，社区矫正机构应当视情节依法提请公安机关予以治安管理处罚，或者依法提请撤销缓刑、撤销假释、对暂予监外执行的收监执行。执行地社区矫正机构发现社区矫正对象脱管，应当及时采取联系本人其家属亲友，走访有关单位和人员等方式组织追查，做好记录，并由县级社区矫正机构视情形依法给予训诫、警告、提请治安管理处罚、提请撤销缓和撤销假释或者对暂予监外执行的，提请收监执行。

3. 网上追逃。根据《社区矫正法实施办法》第51条的规定，撤销缓刑、撤销假释的裁定和收监执行的决定生效后，社区矫正对象下落不明的，应当认定为在逃。被裁定撤销缓刑、撤销假释和被决定收监执行的社区矫正对象在逃的，由执行地县级公安机关负责追捕。撤销缓刑、撤销假释裁定书和对暂予监外执行罪犯收监执行决定书，可以作为公安机关追逃依据。

《最高人民法院、最高人民检察院、公安部、司法部关于进一步加强社区矫正工作衔接配合管理的意见》第13条规定，司法行政机关应当会同人民法院、人民检察院、公安机关健全完善联席会议制度、情况通报制度，每月通报核对社区服刑人员人数变动、漏管脱管等数据信息，及时协调解决工作中出现的问题。

二、应急管理处置

应急管理处置是指社区矫正机构应对处置社区矫正突发事件的相关活动。《社区矫正法实施办法》第52条规定："社区矫正机构应当建立突发事件处置机制，发现社区矫正对象非正常死亡、涉嫌实施犯罪、参与群体性事件的，应当立即与公安机关等有关部门协调联动、妥善处置，并将有关情况及时报告上一级社区矫正机构，同时通报执行地人民检察院。"社区矫正对象是在开放的社区中接受监督管理，所以，在日常监管中会出现各种各样突发的紧急情况，社区矫正机构要做好处置紧急情况预案，使社区矫正工作更主动更完善。

（一）应急管理中的突发情形及处置程序

情形1：社区矫正对象准备或正在实施行凶、杀人、放火、抢劫、绑架等暴力犯罪，或者以要挟或制造重大社会影响为目的的自杀、自残等行为。

（1）县级社区矫正机构、司法所应当立即通过110报警服务台等方式通知公安机关到场处置。司法所第一时间发现并报警的，应当立即向县级社区矫正机构报告。

（2）县级社区矫正机构、司法所第一时间前往事发现场，配合公安机关对社区矫正对象进行思想教育和心理疏导。

（3）配合公安机关对涉嫌犯罪的社区矫正对象开展犯罪侦查和调查取证工作。

（4）司法所无法及时、有效处置的，由县级社区矫正机构统一领导应急处置工作。

情形2：社区矫正对象参与群体性事件，扰乱公共秩序的。

（1）司法所应对社区矫正对象开展批评教育，劝导其离开群体性事件现场。

（2）向所在派出所通报情况，并向县级社区矫正机构报告。

（3）对应予处罚的社区矫正对象及时依法实施处罚。

（4）涉及多个司法所管辖或者所在司法所无法及时、有效处置的，由县级社区矫正机构统一领导应急处置工作。

情形3：社区矫正对象聚集越级进京上访的。

（1）掌握社区矫正对象即将来省进京的，司法所应做好说服教育和引导工作，必要时向当地乡镇政府（街道）汇报，由其依法采取相应稳控措施。

（2）县级社区矫正机构应当向同级信访部门通报情况。

（3）协助信访部门对聚焦越级进京上访社区矫正对象进行说服教育，将其带回居住地。

（4）对社区矫正对象反映的合法合理诉求，要协调相关单位依法处理。对违反监督管理规定的上访社区矫正对象，要及时依法处罚。

（5）县级社区矫正机构不能及时、有效处置的，由设区市社区矫正机构统一领导应急处置工作。

情形4：社区矫正对象在组织集中教育、公益活动中滋扰管理秩序的。

（1）在场工作人员立即将违规人员带离现场，进行批评训诫。

（2）对其他人员进行教育引导。

（3）对应予处罚的社区矫正对象，要及时依法处罚。

（4）县级社区矫正机构、司法所不能及时、有效处置的，立即报警处理。

情形5：社区矫正对象在公益活动中出现意外事故的。

（1）司法所或者县级社区矫正机构应当立即联系协调相关部门开展救治工作，如有必要报警处理。

（2）司法所向地方党委政府报告，并通知社区矫正对象家属，做好解释工作。

（3）终止公益活动，疏散人群，保持不破坏现场状态。

（4）发生社区矫正对象死亡的，社区矫正机构应当通报决定机关和执行地人民检察院。

（5）县级社区矫正机构、司法所不能及时、有效处置的，由设区市社区矫正机构统一领导应急处置工作。

注：其他突发事件，可参照上述程序处理。

（二）应急处置工作的注意事项

1. 上级社区矫正机构应当对应急处置工作进行指导。

2. 必要时，上级社区矫正机构可以派人前往突发事件现场进行现场指导。

3. 发现下级社区矫正机构不能及时、有效处置的，应当立即统一领导处置工作。

4. 报告要求：突发事件发生后和处置过程中，县级社区矫正机构应当逐级及时上报，同时通报执行地人民检察院。

5. 对于突发事件以及应急处置中可能存在的问题，县级社区矫正机构所在司法行政机关根据需要应按规定组建调查组进行调查处理。

三、未成年社区矫正对象的管理

（一）未成年社区矫正对象的概念

在我国，未成年社区矫正对象是指已满14周岁未满18周岁的，符合社区矫正条件的未成年罪犯。鉴于未成年人的特殊性，我国针对未成年人社区矫正对象始终采取"教育为主、惩罚为辅"的原则，实行恢复性司法处遇措施。社区矫正制度作为一种非监禁性刑事执行方式，将犯罪的未成年人放置于社区内进行矫正，采取有效的矫正措施有利于防止其交叉感染，降低其犯罪危险性，增强可塑性和培养社会责任感，使未成年社区矫正对象在与社会的密切接触中，不再排斥社会、仇视社会，这对于矫正未成年社区矫正对象犯罪心理和行为，预防其重新犯罪，使其顺利回归社会具有重要的作用。

（二）未成年人社区矫正的处置原则

在《社区矫正法》中，"未成年人社区矫正特别规定"被作为专门章节单独规定，这是我国第一次以系统的法律形式确认未成年人在社区矫正中的特殊地位，是未成年人司法体制建设与改革所取得的重要成果。在未成年人社区矫正的监管、教育和帮扶中应当秉承权益特别保护原则、"教育为主、惩罚为辅"原则和区别对待原则。

1. 权益特别保护原则。在未成年人社区矫正的整个过程中，必须特别强调尊重和保障未成年社区矫正对象应有的权利。这些权利包括未成年社区矫正对象的生命健康权、人身自由权、人格权、住宅权、通信权、婚姻家庭权、财产和继承权、知识产权、政治权利、宗教信仰自由权、受教育权、劳动权、文化活动权、批评和建议的权利、申诉权、控告和检举的权利、获得国家赔偿的权利、获得物质帮助的权利、诉讼上的相关权利等方面的基本权利。未成年社区矫正对象的权益特别保护原则主要体现在：

（1）矫正小组必须吸收熟悉未成年人身心特点的人员参加。

（2）对未成年社区矫正对象的身份信息、档案信息应当保密。

（3）对未成年社区矫正对象的考核奖惩和宣告不公开进行，对未成年社区矫正对象进行宣告或者处罚时，应通知其监护人到场。

（4）未成年社区矫正对象在复学、升学、就业等方面依法享有与其他未成年人同等的权利，任何单位和个人不得歧视。有歧视行为的，应当由教育、人力资源和社会保障等部门依法作出处理。

2. 教育为主、惩罚为辅原则。未成年犯由于年龄尚小，思想尚未成型，更易于接受教育改造，更具有较强的可塑性，完全可以通过教育的"后天习得"，重新构建健全人格。故此，应当坚持"教育为主、惩罚为辅"的原则，通过对未成年犯进行正确的引导和潜移默化的教育，重塑其正向价值观，以非惩罚性的手段挽救失足少年，宽容地对他们实施矫正教育，促使其健康成长，顺利回归社会成为守法公民。教育为主、惩罚为辅原则体现在：

（1）必须制定适应未成年人特点的矫正方案，采取有益于其身心健康发展、融入正常社会生活的矫正措施。

（2）未成年社区矫正对象的监护人必须履行监护责任，承担抚养、管教等义务，否则将被依法处理。

（3）对未完成义务教育的未成年社区矫正对象，社区矫正机构应当通知并配合教育部门为其完成义务教育提供条件，督促、教育监护人保证其按时入学并完成义务教育。

（4）年满16周岁的社区矫正对象有就业意愿的，社区矫正机构可以协调有关部门和单位为其提供职业技能培训，给予就业指导和帮助。

（5）共产主义青年团、妇女联合会、未成年人保护组织应当依法协助社区矫正机构做好未成年人社区矫正工作。国家鼓励其他未成年人相关社会组织参与未成年人社区矫正工作，依法给予政策支持。

（6）教育、人力资源和社会保障等部门应为未成年社区矫正对象的复学、升学、就业等积极提供帮助。

3. 区别对待原则。《社区矫正法》第52条第1款明确规定："社区矫正机构应当根据未成年社区矫正对象的年龄、心理特点、发育需要、成长经历、犯罪原因、家庭监护教育条件等情况，采取针对性的矫正措施。"该条第3款规定："对未成年人的社区矫正，应当与成年人分别进行。"《中华人民共和国预防未成年人犯罪法》第53条第1款亦规定："对被拘留、逮捕以及在未成年犯管教所执行刑罚的未成年人，应当与成年人分别关押、管理和教育……"这些法律规定均体现了对于未成年社区矫正对象的区别对待 原则。将未成年犯与成年犯区别对待，避免了未成年社区矫正对象在接受社区矫正期间受成年社区矫正对象的不良影响，也有利于防止发生对未成年社区矫正对象的不法侵害。区别对待原则体现在：

（1）未成年社区矫正对象的监管、教育和帮扶活动必须与成年人分开进行，其矫正措施和方法必须符合未成年人的身心特点，并建立工作专档。

（2）放宽适用社区矫正的法定条件。未成年社区矫正对象在社区矫正期间年满18周岁的，继续按照未成年人社区矫正有关规定执行。

实训步骤

1. 教师布置实训工作任务并说明注意事项。

（1）监督管理中涉及对象为未成年人的，应当遵守保密规定，进行区别对待。

（2）监督管理中涉及的国家秘密、商业秘密、个人隐私等信息，应当保密。

（3）监督管理工作中尊重和保障社区矫正对象个人合法权益。

2. 阅读准备好的实训案例。

3. 根据实训需要将学生分成若干小组，进行组内角色和任务分配。

4. 根据案例中所提供资料小组讨论、准备考核奖惩所需的文书材料。

5. 制定周全细密的矫正方案。

6. 小组开展模拟分类管理、个案矫正、日常管理、特殊管理流程。

7. 指导教师进行点评总结，每组学生根据教师的点评总结找出不足。

实训案例 8-1

社区矫正对象刘某，女，汉族，1989年9月11日出生，户籍地居住地均为：A省M市H区。因犯贩毒罪、容留他人吸毒罪，于2019年3月19日被人民法院判处有期徒刑八年，因其怀孕于2020年8月20日被决定暂予监外执行。后因贩卖毒品罪于2020年12月

9 日被人民法院判处有期徒刑八年四个月，因其处于哺乳期，于 2021 年 3 月 21 日被决定暂予监外执行。

刘某已是第二次因怀孕被暂予监外执行，加上之前多次被司法机关处理，对待社区矫正一直是无所畏惧的态度，而且对司法所工作人员也是有一定的戒备心理。2021 年 4 月，刘某自入矫以来不按规定进行电话汇报和提交书面思想汇报，有时还出现电话不接或者关机；2021 年 5 月 22 日其在未向司法所申请获得批准的情况下，私自外出离开 M 市范围，为此，Y 所经矫正小组合议后向 M 市司法局提交了对其警告的建议书。据工作人员反馈，刘某在社区矫正期间经常无故不按要求到司法所报到，擅自拆除定位手环，被社区矫正机构给予以第二次警告。

根据案例，请同学们运用本章所学知识分析讨论，并完成相应的实训任务：

（一）问题

1. 请分析刘某违反了哪些社区矫正监管规定，并说明该监管内容的规章依据（写出具体的法律依据）？

2. 刘某应当被调整为何种监督管理等级，该等级的监管处遇是什么？

3. 刘某具备哪些需要使用电子定位装置的情形？

（二）实训任务

1. 刘某的电子定位装置审批程序应当如何操作？

2. 请根据刘某的具体情况制作一份矫正方案。

实训案例 8-2

王某，男，1992 年 5 月生，户籍地为 S 省 Z 市 R 县，原居住地为 C 市 J 区。王某于 2020 年 7 月因掩饰、隐瞒犯罪所得罪被 C 市 J 区法院判处有期徒刑七个月，缓刑一年，并处罚金人民币一万元。缓刑考验期自 2020 年 7 月 28 日起至 2021 年 7 月 27 日止。2020 年 8 月 3 日王某到 Z 市 R 县社区矫正机构报到，由受委托的执行地司法所负责日常监督管理。

王某自幼父亲去世，从 2011 年后一直与母亲、妹妹在 C 市 J 区工作生活居住。由于父亲去世早，母亲忙于工作，平时对其教育少，王某法律意识淡薄，易受引诱。王某到执行地司法所报到后，只能借住在其舅舅家，其居住和就业严重受限。通过走访了解到王某在被纳入社区矫正前一直居住在 C 市，回户籍地接受社区矫正后就业困难、失去经济来源，难以融入社会。矫正小组成员根据王某技能，积极帮扶，为其介绍就业机会，但由于各种原因未能找到合适的就业岗位。2020 年 8 月 31 日王某申请将执行地变更至 C 市。

根据案例，请同学们运用本章所学知识分析讨论，并完成相应的实训任务：

（一）问题

1. 对王某应当采取哪些监督管理制度？

2. 日常监管中，如何运用信息化监管手段对王某进行监督管理？

3. 王某应当接受何种监督管理等级处遇，该级处遇的具体要求是什么？

（二）实训任务

1. 王某的执行地变更审批程序应当如何操作？

2. 请根据王某的具体情况制作一份矫正方案。

实训案例 8-3

哈某，男，1971年3月出生，户籍地、居住地均为X省B市。2021年4月9日，因犯盗窃罪被W县人民法院判处有期徒刑六个月，缓刑一年，缓刑考验期限自2021年4月9日起至2022年4月8日止。2021年4月9日，哈某到B市社区矫正机构报到，由执行地受委托司法所负责对其日常管理。

2021年4月9日，B市社区矫正机构在对哈某办理入矫登记时，被告知其3日内到执行地司法所报到，但哈某未在时限内报到。司法所工作人员电话告知其不报到所承担的法律后果，并对哈某进行了批评教育。在进行了口头警告后哈某到司法所报到。2021年4月25日至28日期间，哈某多次电话关机，不参加集体学习和公益活动。经调查，哈某连日酗酒，意识不清。司法所工作人员对其开展批评教育时，哈某拒不承认错误，态度恶劣。

2021年4月28日，司法所向B市社区矫正机构建议依法给予哈某警告处罚一次。B市社区矫正机构核实相关情况并对哈某违规行为进行集体评议后，决定给予哈某警告一次。4月29日，B市司法局向哈某送达了《社区矫正警告决定书》，同时抄送B市人民检察院。随后，司法所工作人员对哈某进行谈话批评教育。

2021年6月9日，哈某再次手机关机，酗酒闹事，烧毁家中摩托车和妻子衣物。镇派出所及时出警制止，并对哈某采取了行政强制措施。经调查，哈某经常酗酒滋事，并殴打妻子，情绪极不稳定，存在一定社会安全隐患。当日，司法所再次向B市社区矫正机构建议依法给予哈某警告一次。B市社区矫正机构核实相关情况并进行集体评议后，决定再次给予哈某警告一次。同日，向哈某送达了《社区矫正警告决定书》，同时抄送B市人民检察院。

根据案例，请同学们运用本章所学知识分析讨论，并完成相应的实训任务：

（一）问题

1. 请分析哈某违反了哪些社区矫正监管规定，并说明该监管内容的规章依据（写出具体的法律依据）？

2. 哈某应当被调整为何种监督管理等级，该等级的监管处遇是什么？

3. 哈某具备哪些需要使用电子定位装置的情形？

（二）实训任务

1. 请根据哈某的具体情况制作一份矫正方案。

2. 请针对哈某制作一份突发事件应急预案。

思考题

1. 什么是监督管理？监督管理的作用是什么？
2. 什么是分类管理？分类管理的作用是什么？
3. 什么是禁止令执行？禁止令执行的内容有哪些？
4. 什么是集体教育？集体教育的形式有哪些？
5. 什么是监管缺失处置？监管缺失包括哪些情形？监管缺失的处置程序如何操作？
6. 简述未成年社区矫正对象的管理原则。

拓展学习

《安徽省社区矫正工作实施细则》

附：监管管理的法律依据

（一）《社区矫正法》的相关规定

第四章 监督管理

第 23 条 社区矫正对象在社区矫正期间应当遵守法律、行政法规，履行判决、裁定、暂予监外执行决定等法律文书确定的义务，遵守国务院司法行政部门关于报告、会客、外出、迁居、保外就医等监督管理规定，服从社区矫正机构的管理。

第 24 条 社区矫正机构应当根据裁判内容和社区矫正对象的性别、年龄、心理特点、健康状况、犯罪原因、犯罪类型、犯罪情节、悔罪表现等情况，制定有针对性的矫正方案，实现分类管理、个别化矫正。矫正方案应当根据社区矫正对象的表现等情况相应调整。

第 25 条 社区矫正机构应当根据社区矫正对象的情况，为其确定矫正小组，负责落实相应的矫正方案。

根据需要，矫正小组可以由司法所、居民委员会、村民委员会的人员，社区矫正对象的监护人、家庭成员，所在单位或者就读学校的人员以及社会工作者、志愿者等组成。社区矫正对象为女性的，矫正小组中应有女性成员。

第 26 条 社区矫正机构应当了解掌握社区矫正对象的活动情况和行为表现。社区矫正机构可以通过通信联络、信息化核查、实地查访等方式核实有关情况，有关单位和个人应当予以配合。

社区矫正机构开展实地查访等工作时，应当保护社区矫正对象的身份信息和个人隐私。

第 27 条　社区矫正对象离开所居住的市、县或者迁居，应当报经社区矫正机构批准。社区矫正机构对于有正当理由的，应当批准；对于因正常工作和生活需要经常性跨市、县活动的，可以根据情况，简化批准程序和方式。

因社区矫正对象迁居等原因需要变更执行地的，社区矫正机构应当按照有关规定作出变更决定。社区矫正机构作出变更决定后，应当通知社区矫正决定机关和变更后的社区矫正机构，并将有关法律文书抄送变更后的社区矫正机构。变更后的社区矫正机构应当将法律文书转送所在地的人民检察院、公安机关。

第 28 条　社区矫正机构根据社区矫正对象的表现，依照有关规定对其实施考核奖惩。社区矫正对象认罪悔罪、遵守法律法规、服从监督管理、接受教育表现突出的，应当给予表扬。社区矫正对象违反法律法规或者监督管理规定的，应当视情节依法给予训诫、警告、提请公安机关予以治安管理处罚，或者依法提请撤销缓刑、撤销假释、对暂予监外执行的收监执行。

对社区矫正对象的考核结果，可以作为认定其是否确有悔改表现或者是否严重违反监督管理规定的依据。

第 29 条　社区矫正对象有下列情形之一的，经县级司法行政部门负责人批准，可以使用电子定位装置，加强监督管理：

（一）违反人民法院禁止令的；

（二）无正当理由，未经批准离开所居住的市、县的；

（三）拒不按照规定报告自己的活动情况，被给予警告的；

（四）违反监督管理规定，被给予治安管理处罚的；

（五）拟提请撤销缓刑、假释或者暂予监外执行收监执行的。

前款规定的使用电子定位装置的期限不得超过三个月。对于不需要继续使用的，应当及时解除；对于期限届满后，经评估仍有必要继续使用的，经过批准，期限可以延长，每次不得超过三个月。

社区矫正机构对通过电子定位装置获得的信息应当严格保密，有关信息只能用于社区矫正工作，不得用于其他用途。

第 30 条　社区矫正对象失去联系的，社区矫正机构应当立即组织查找，公安机关等有关单位和人员应当予以配合协助。查找到社区矫正对象后，应当区别情形依法作出处理。

第 31 条　社区矫正机构发现社区矫正对象正在实施违反监督管理规定的行为或者违反人民法院禁止令等违法行为的，应当立即制止；制止无效的，应当立即通知公安机关到场处置。

第32条 社区矫正对象有被依法决定拘留、强制隔离戒毒、采取刑事强制措施等限制人身自由情形的，有关机关应当及时通知社区矫正机构。

第33条 社区矫正对象符合刑法规定的减刑条件的，社区矫正机构应当向社区矫正执行地的中级以上人民法院提出减刑建议，并将减刑建议书抄送同级人民检察院。

人民法院应当在收到社区矫正机构的减刑建议书后三十日内作出裁定，并将裁定书送达社区矫正机构，同时抄送人民检察院、公安机关。

第34条 开展社区矫正工作，应当保障社区矫正对象的合法权益。社区矫正的措施和方法应当避免对社区矫正对象的正常工作和生活造成不必要的影响；非依法律规定，不得限制或者变相限制社区矫正对象的人身自由。

社区矫正对象认为其合法权益受到侵害的，有权向人民检察院或者有关机关申诉、控告和检举。受理机关应当及时办理，并将办理结果告知申诉人、控告人和检举人。

第五章　教育帮扶

第35条 县级以上地方人民政府及其有关部门应当通过多种形式为教育帮扶社区矫正对象提供必要的场所和条件，组织动员社会力量参与教育帮扶工作。

有关人民团体应当依法协助社区矫正机构做好教育帮扶工作。

第36条 社区矫正机构根据需要，对社区矫正对象进行法治、道德等教育，增强其法治观念，提高其道德素质和悔罪意识。

对社区矫正对象的教育应当根据其个体特征、日常表现等实际情况，充分考虑其工作和生活情况，因人施教。

第37条 社区矫正机构可以协调有关部门和单位，依法对就业困难的社区矫正对象开展职业技能培训、就业指导，帮助社区矫正对象中的在校学生完成学业。

第38条 居民委员会、村民委员会可以引导志愿者和社区群众，利用社区资源，采取多种形式，对有特殊困难的社区矫正对象进行必要的教育帮扶。

第39条 社区矫正对象的监护人、家庭成员，所在单位或者就读学校应当协助社区矫正机构做好对社区矫正对象的教育。

第40条 社区矫正机构可以通过公开择优购买社区矫正社会工作服务或者其他社会服务，为社区矫正对象在教育、心理辅导、职业技能培训、社会关系改善等方面提供必要的帮扶。

社区矫正机构也可以通过项目委托社会组织等方式开展上述帮扶活动。国家鼓励有经验和资源的社会组织跨地区开展帮扶交流和示范活动。

第41条 国家鼓励企业事业单位、社会组织为社区矫正对象提供就业岗位和职业技能培训。招用符合条件的社区矫正对象的企业，按照规定享受国家优惠政策。

第42条 社区矫正机构可以根据社区矫正对象的个人特长，组织其参加公益活动，修复社会关系，培养社会责任感。

第 43 条　社区矫正对象可以按照国家有关规定申请社会救助、参加社会保险、获得法律援助，社区矫正机构应当给予必要的协助。

第七章　未成年人社区矫正特别规定

第 52 条　社区矫正机构应当根据未成年社区矫正对象的年龄、心理特点、发育需要、成长经历、犯罪原因、家庭监护教育条件等情况，采取针对性的矫正措施。

社区矫正机构为未成年社区矫正对象确定矫正小组，应当吸收熟悉未成年人身心特点的人员参加。

对未成年人的社区矫正，应当与成年人分别进行。

第 53 条　未成年社区矫正对象的监护人应当履行监护责任，承担抚养、管教等义务。

监护人怠于履行监护职责的，社区矫正机构应当督促、教育其履行监护责任。监护人拒不履行监护职责的，通知有关部门依法作出处理。

第 54 条　社区矫正机构工作人员和其他依法参与社区矫正工作的人员对履行职责过程中获得的未成年人身份信息应当予以保密。

除司法机关办案需要或者有关单位根据国家规定查询外，未成年社区矫正对象的档案信息不得提供给任何单位或者个人。依法进行查询的单位，应当对获得的信息予以保密。

第 55 条　对未完成义务教育的未成年社区矫正对象，社区矫正机构应当通知并配合教育部门为其完成义务教育提供条件。未成年社区矫正对象的监护人应当依法保证其按时入学接受并完成义务教育。

年满十六周岁的社区矫正对象有就业意愿的，社区矫正机构可以协调有关部门和单位为其提供职业技能培训，给予就业指导和帮助。

第 56 条　共产主义青年团、妇女联合会、未成年人保护组织应当依法协助社区矫正机构做好未成年人社区矫正工作。

国家鼓励其他未成年人相关社会组织参与未成年人社区矫正工作，依法给予政策支持。

第 57 条　未成年社区矫正对象在复学、升学、就业等方面依法享有与其他未成年人同等的权利，任何单位和个人不得歧视。有歧视行为的，应当由教育、人力资源和社会保障等部门依法作出处理。

第 58 条　未成年社区矫正对象在社区矫正期间年满十八周岁的，继续按照未成年人社区矫正有关规定执行。

（二）《社区矫正法实施办法》的相关规定

第 9 条　社区矫正机构是县级以上地方人民政府根据需要设置的，负责社区矫正工作具体实施的执行机关。社区矫正机构依法履行以下职责：

（一）接受委托进行调查评估，提出评估意见；

（二）接收社区矫正对象，核对法律文书、核实身份、办理接收登记，建立档案；

（三）组织入矫和解矫宣告，办理入矫和解矫手续；

（四）建立矫正小组、组织矫正小组开展工作，制定和落实矫正方案；

（五）对社区矫正对象进行监督管理，实施考核奖惩；审批会客、外出、变更执行地等事项；了解掌握社区矫正对象的活动情况和行为表现；组织查找失去联系的社区矫正对象，查找后依情形作出处理；

（六）提出治安管理处罚建议，提出减刑、撤销缓刑、撤销假释、收监执行等变更刑事执行建议，依法提请逮捕；

（七）对社区矫正对象进行教育帮扶，开展法治道德等教育，协调有关方面开展职业技能培训、就业指导，组织公益活动等事项；

（八）向有关机关通报社区矫正对象情况，送达法律文书；

（九）对社区矫正工作人员开展管理、监督、培训，落实职业保障；

（十）其他依法应当履行的职责。

设置和撤销社区矫正机构，由县级以上地方人民政府司法行政部门提出意见，按照规定的权限和程序审批。社区矫正日常工作由县级社区矫正机构具体承担；未设置县级社区矫正机构的，由上一级社区矫正机构具体承担。省、市两级社区矫正机构主要负责监督指导、跨区域执法的组织协调以及与同级社区矫正决定机关对接的案件办理工作。

第19条 执行地县级社区矫正机构、受委托的司法所应当为社区矫正对象确定矫正小组，与矫正小组签订矫正责任书，明确矫正小组成员的责任和义务，负责落实矫正方案。

矫正小组主要开展下列工作：

（一）按照矫正方案，开展个案矫正工作；

（二）督促社区矫正对象遵纪守法，遵守社区矫正规定；

（三）参与对社区矫正对象的考核评议和教育活动；

（四）对社区矫正对象走访谈话，了解其思想、工作和生活情况，及时向社区矫正机构或者司法所报告；

（五）协助对社区矫正对象进行监督管理和教育帮扶；

（六）协助社区矫正机构或者司法所开展其他工作。

第20条 执行地县级社区矫正机构接收社区矫正对象后，应当组织或者委托司法所组织入矫宣告。

入矫宣告包括以下内容：

（一）判决书、裁定书、决定书、执行通知书等有关法律文书的主要内容；

（二）社区矫正期限；

（三）社区矫正对象应当遵守的规定、被剥夺或者限制行使的权利、被禁止的事项以及违反规定的法律后果；

（四）社区矫正对象依法享有的权利；

（五）矫正小组人员组成及职责；

（六）其他有关事项。

宣告由社区矫正机构或者司法所的工作人员主持，矫正小组成员及其他相关人员到场，按照规定程序进行。宣告后，社区矫正对象应当在书面材料上签字，确认已经了解所宣告的内容。

第 21 条　社区矫正机构应当根据社区矫正对象被判处管制、宣告缓刑、假释和暂予监外执行的不同裁判内容和犯罪类型、矫正阶段、再犯罪风险等情况，进行综合评估，划分不同类别，实施分类管理。

社区矫正机构应当把社区矫正对象的考核结果和奖惩情况作为分类管理的依据。

社区矫正机构对不同类别的社区矫正对象，在矫正措施和方法上应当有所区别，有针对性地开展监督管理和教育帮扶工作。

第 22 条　执行地县级社区矫正机构、受委托的司法所要根据社区矫正对象的性别、年龄、心理特点、健康状况、犯罪原因、悔罪表现等具体情况，制定矫正方案，有针对性地消除社区矫正对象可能重新犯罪的因素，帮助其成为守法公民。

矫正方案应当包括社区矫正对象基本情况、对社区矫正对象的综合评估结果、对社区矫正对象的心理状态和其他特殊情况的分析、拟采取的监督管理、教育帮扶措施等内容。

矫正方案应当根据分类管理的要求、实施效果以及社区矫正对象的表现等情况，相应调整。

第 23 条　执行地县级社区矫正机构、受委托的司法所应当根据社区矫正对象的个人生活、工作及所处社区的实际情况，有针对性地采取通信联络、信息化核查、实地查访等措施，了解掌握社区矫正对象的活动情况和行为表现。

第 24 条　社区矫正对象应当按照有关规定和社区矫正机构的要求，定期报告遵纪守法、接受监督管理、参加教育学习、公益活动和社会活动等情况。发生居所变化、工作变动、家庭重大变故以及接触对其矫正可能产生不利影响人员等情况时，应当及时报告。被宣告禁止令的社区矫正对象应当定期报告遵守禁止令的情况。

暂予监外执行的社区矫正对象应当每个月报告本人身体情况。保外就医的，应当到省级人民政府指定的医院检查，每三个月向执行地县级社区矫正机构、受委托的司法所提交病情复查情况。执行地县级社区矫正机构根据社区矫正对象的病情及保证人等情况，可以调整报告身体情况和提交复查情况的期限。延长一个月至三个月以下的，报上一级社区矫正机构批准；延长三个月以上的，逐级上报省级社区矫正机构批准。批准延长的，执行地县级社区矫正机构应当及时通报同级人民检察院。

社区矫正机构根据工作需要，可以协调对暂予监外执行的社区矫正对象进行病情诊断、妊娠检查或者生活不能自理的鉴别。

第 25 条　未经执行地县级社区矫正机构批准，社区矫正对象不得接触其犯罪案件中的被害人、控告人、举报人，不得接触同案犯等可能诱发其再犯罪的人。

第 26 条 社区矫正对象未经批准不得离开所居住市、县。确有正当理由需要离开的，应当经执行地县级社区矫正机构或者受委托的司法所批准。

社区矫正对象外出的正当理由是指就医、就学、参与诉讼、处理家庭或者工作重要事务等。

前款规定的市是指直辖市的城市市区、设区的市的城市市区和县级市的辖区。在设区的同一市内跨区活动的，不属于离开所居住的市、县。

第 27 条 社区矫正对象确需离开所居住的市、县的，一般应当提前三日提交书面申请，并如实提供诊断证明、单位证明、入学证明、法律文书等材料。

申请外出时间在七日内的，经执行地县级社区矫正机构委托，可以由司法所批准，并报执行地县级社区矫正机构备案；超过七日的，由执行地县级社区矫正机构批准。执行地县级社区矫正机构每次批准外出的时间不超过三十日。

因特殊情况确需外出超过三十日的，或者两个月内外出时间累计超过三十日的，应报上一级社区矫正机构审批。上一级社区矫正机构批准社区矫正对象外出的，执行地县级社区矫正机构应当及时通报同级人民检察院。

第 28 条 在社区矫正对象外出期间，执行地县级社区矫正机构、受委托的司法所应当通过电话通讯、实时视频等方式实施监督管理。

执行地县级社区矫正机构根据需要，可以协商外出目的地社区矫正机构协助监督管理，并要求社区矫正对象在到达和离开时向当地社区矫正机构报告，接受监督管理。外出目的地社区矫正机构在社区矫正对象报告后，可以通过电话通讯、实地查访等方式协助监督管理。

社区矫正对象应在外出期限届满前返回居住地，并向执行地县级社区矫正机构或者司法所报告，办理手续。因特殊原因无法按期返回的，应及时向社区矫正机构或者司法所报告情况。发现社区矫正对象违反外出管理规定的，社区矫正机构应当责令其立即返回，并视情节依法予以处理。

第 29 条 社区矫正对象确因正常工作和生活需要经常性跨市、县活动的，应当由本人提出书面申请，写明理由、经常性去往市县名称、时间、频次等，同时提供相应证明，由执行地县级社区矫正机构批准，批准一次的有效期为六个月。在批准的期限内，社区矫正对象到批准市、县活动的，可以通过电话、微信等方式报告活动情况。到期后，社区矫正对象仍需要经常性跨市、县活动的，应当重新提出申请。

第 30 条 社区矫正对象因工作、居所变化等原因需要变更执行地的，一般应当提前一个月提出书面申请，并提供相应证明材料，由受委托的司法所签署意见后报执行地县级社区矫正机构审批。

执行地县级社区矫正机构收到申请后，应当在五日内书面征求新执行地县级社区矫正机构的意见。新执行地县级社区矫正机构接到征求意见函后，应当在五日内核实有关情况，作出是否同意接收的意见并书面回复。执行地县级社区矫正机构根据回复意见，作出决定。执行地县级社区矫正机构对新执行地县级社区矫正机构的回复意见有异议的，可以报上一级社区矫正机构协调解决。

经审核，执行地县级社区矫正机构不同意变更执行地的，应在决定作出之日起五日内告知社区矫正对象。同意变更执行地的，应对社区矫正对象进行教育，书面告知其到新执行地县级社区矫正机构报到的时间期限以及逾期报到或者未报到的后果，责令其按时报到。

第31条　同意变更执行地的，原执行地县级社区矫正机构应当在作出决定之日起五日内，将有关法律文书和档案材料移交新执行地县级社区矫正机构，并将有关法律文书抄送社区矫正决定机关和原执行地县级人民检察院、公安机关。新执行地县级社区矫正机构收到法律文书和档案材料后，在五日内送达回执，并将有关法律文书抄送所在地县级人民检察院、公安机关。

同意变更执行地的，社区矫正对象应当自收到变更执行地决定之日起七日内，到新执行地县级社区矫正机构报到。新执行地县级社区矫正机构应当核实身份、办理登记接收手续。发现社区矫正对象未按规定时间报到的，新执行地县级社区矫正机构应当立即通知原执行地县级社区矫正机构，由原执行地县级社区矫正机构组织查找。未及时办理交付接收，造成社区矫正对象脱管漏管的，原执行地社区矫正机构会同新执行地社区矫正机构妥善处置。

对公安机关、监狱管理机关批准暂予监外执行的社区矫正对象变更执行地的，公安机关、监狱管理机关在收到社区矫正机构送达的法律文书后，应与新执行地同级公安机关、监狱管理机关办理交接。新执行地的公安机关、监狱管理机关应指定一所看守所、监狱接收社区矫正对象档案，负责办理其收监、刑满释放等手续。看守所、监狱在接收档案之日起五日内，应当将有关情况通报新执行地县级社区矫正机构。对公安机关批准暂予监外执行的社区矫正对象在同一省、自治区、直辖市变更执行地的，可以不移交档案。

第32条　社区矫正机构应当根据有关法律法规、部门规章和其他规范性文件，建立内容全面、程序合理、易于操作的社区矫正对象考核奖惩制度。

社区矫正机构、受委托的司法所应当根据社区矫正对象认罪悔罪、遵守有关规定、服从监督管理、接受教育等情况，定期对其考核。对于符合表扬条件、具备训诫、警告情形的社区矫正对象，经执行地县级社区矫正机构决定，可以给予其相应奖励或者处罚，作出书面决定。对于涉嫌违反治安管理行为的社区矫正对象，执行地县级社区矫正机构可以向同级公安机关提出建议。社区矫正机构奖励或者处罚的书面决定应当抄送人民检察院。

社区矫正对象的考核结果与奖惩应当书面通知其本人，定期公示，记入档案，做到准确及时、公开公平。社区矫正对象对考核奖惩提出异议的，执行地县级社区矫正机构应当及时处理，并将处理结果告知社区矫正对象。社区矫正对象对处理结果仍有异议的，可以向人民检察院提出。

第37条　电子定位装置是指运用卫星等定位技术，能对社区矫正对象进行定位等监管，并具有防拆、防爆、防水等性能的专门的电子设备，如电子定位腕带等，但不包括手机等设备。

对社区矫正对象采取电子定位装置进行监督管理的，应当告知社区矫正对象监管的期限、要求以及违反监管规定的后果。

第38条 发现社区矫正对象失去联系的，社区矫正机构应当立即组织查找，可以采取通信联络、信息化核查、实地查访等方式查找，查找时要做好记录，固定证据。查找不到的，社区矫正机构应当及时通知公安机关，公安机关应当协助查找。社区矫正机构应当及时将组织查找的情况通报人民检察院。

查找到社区矫正对象后，社区矫正机构应当根据其脱离监管的情形，给予相应处置。虽能查找到社区矫正对象下落但其拒绝接受监督管理的，社区矫正机构应当视情节依法提请公安机关予以治安管理处罚，或者依法提请撤销缓刑、撤销假释、对暂予监外执行的收监执行。

第39条 社区矫正机构根据执行禁止令的需要，可以协调有关的部门、单位、场所、个人协助配合执行禁止令。

对禁止令确定需经批准才能进入的特定区域或者场所，社区矫正对象确需进入的，应当经执行地县级社区矫正机构批准，并通知原审人民法院和执行地县级人民检察院。

第43条 社区矫正机构、受委托的司法所应当充分利用地方人民政府及其有关部门提供的教育帮扶场所和有关条件，按照因人施教的原则，有针对性地对社区矫正对象开展教育矫正活动。

社区矫正机构、司法所应当根据社区矫正对象的矫正阶段、犯罪类型、现实表现等实际情况，对其实施分类教育；应当结合社区矫正对象的个体特征、日常表现等具体情况，进行个别教育。

社区矫正机构、司法所根据需要可以采用集中教育、网上培训、实地参观等多种形式开展集体教育；组织社区矫正对象参加法治、道德等方面的教育活动；根据社区矫正对象的心理健康状况，对其开展心理健康教育、实施心理辅导。

社区矫正机构、司法所可以通过公开择优购买服务或者委托社会组织执行项目等方式，对社区矫正对象开展教育活动。

第44条 执行地县级社区矫正机构、受委托的司法所按照符合社会公共利益的原则，可以根据社区矫正对象的劳动能力、健康状况等情况，组织社区矫正对象参加公益活动。

第45条 执行地县级社区矫正机构、受委托的司法所依法协调有关部门和单位，根据职责分工，对遇到暂时生活困难的社区矫正对象提供临时救助；对就业困难的社区矫正对象提供职业技能培训和就业指导；帮助符合条件的社区矫正对象落实社会保障措施；协助在就学、法律援助等方面遇到困难的社区矫正对象解决问题。

第52条 社区矫正机构应当建立突发事件处置机制，发现社区矫正对象非正常死亡、涉嫌实施犯罪、参与群体性事件的，应当立即与公安机关等有关部门协调联动、妥善处置，并将有关情况及时报告上一级社区矫正机构，同时通报执行地人民检察院。

第九章　考核奖惩

学习目标

知识目标：掌握考核奖惩的概念、作用及其法律依据，知晓奖惩的分类，各类奖惩措施的适用条件等基础知识；熟悉考核奖惩工作流程。

技能目标：具备对社区矫正对象进行考核的技能；具备对社区矫正对象进行表扬、减刑，以及训诫、警告、治安管理处罚、撤销缓刑、撤销假释、暂予监外执行收监执行等奖惩工作技能。

素质目标：坚持以事实为根据，以法律为准绳，牢固树立程序意识，坚持实体公正与程序公正并重，严格按照法定程序执法办案；认真贯彻司法公开原则，养成忠于职守、科学规范、公正廉洁的考核奖惩职业素养。

学习重点

社区矫正对象考核表的制作；奖惩审批审核表的制作；提请奖惩意见书的制作。

知识树

考核奖惩
- 考核奖惩概述
  - 考核奖惩的概念及作用
  - 奖惩的分类
  - 考核奖惩的法律依据
- 考核流程
  - 考核内容
  - 考核方法
  - 考核周期
  - 考核结果
- 奖励措施
  - 行政奖励：表扬
  - 刑事奖励：减刑
- 处罚措施
  - 行政处罚：训诫、警告、治安管理处罚
  - 刑事处罚：撤销缓刑、撤销假释、暂予监外执行收监执行

案例 9-1

曾某，男，1975 年 1 月生，户籍地、居住地均为 J 省 J 市 T 县。2021 年 6 月 4 日，曾某因犯交通肇事罪被 J 省 T 县人民法院判处有期徒刑九个月，缓刑一年。缓刑考验期自 2021 年 6 月 16 日起至 2022 年 6 月 15 日止。

入矫后，司法所根据曾某的性格、年龄、心理特点、健康状况、犯罪原因、悔罪表现和生活环境等具体情况，为其制定了针对性的矫正方案。在社区矫正期间，执行地司法所组织曾某参加法律知识学习、交通肇事类社区矫正对象分类教育、爱国主题教育、公益活动。在社区矫正工作人员的悉心教育和真情帮助下，曾某精神面貌得到较大的改变，能够服从法院判决、真心认罪悔罪，遵守社区矫正监管规定，积极参加教育学习等活动，主动接受社区矫正机构的教育矫正和监督管理，并积极参与公益活动，修复社会关系、用行动回馈社会。

2022 年 3 月 13 日上午，曾某发现其附近的山上着火且火势凶猛，如果不及时控制将会造成严重后果。在这紧急情况下，曾某立即报警并先行前往着火的山场进行扑救。在其家人、闻讯而来的镇村干部、森林消防的共同努力下，山火被当场扑灭，人民群众生命财产安全得到保护。社区矫正工作人员经调查了解、核实确认情况后，按程序向 T 县社区矫正管理局提出了给予曾某表扬的建议。T 县社区矫正管理局根据相关法律规定，综合曾某日常认罪悔罪、遵守法律法规、服从监督管理等情况，决定给予其表扬一次。

考核奖惩工作的目标是通过对社区矫正对象依法考核奖惩，严格执行刑事判决、裁定或决定等法律文书确定的义务，让社区矫正对象感受到社区矫正的严肃性，充分调动社区矫正对象积极参与社区矫正的主动性，端正接受社区矫正的态度，进一步规范自己的行为，摒弃不良的行为习惯，改恶向善。要达成上述核心目标，考核奖惩工作必须逐一解决这些问题：社区矫正机构如何对社区矫正对象进行考核？如何确定考核内容、考核周期、考核方法？对社区矫正对象的表扬、减刑应当符合哪些条件？应当如何办理？对社区矫正对象的训诫、警告处分、提请治安管理处罚、提请撤销缓刑、撤销假释、暂予监外执行收监执行分别应当符合哪些条件？应当如何办理？针对上述问题，本章将通过考核奖惩概述、考核流程、奖励措施、处罚措施等知识点加以解决。

第一节　考核奖惩概述

一、考核奖惩的概念及作用

（一）考核奖惩的概念

考核奖惩是指社区矫正机构按照相关法律、法规、规章及政策规范的规定，对社区矫正对象在接受社区矫正过程中的行为表现，依照法定程序进行考核、奖励或处罚的制度。

考核奖惩的主体是社区矫正机构，社区矫正机构也可以委托司法所，由司法所在其职责范围内行使一定职权。考核奖惩的对象是正在接受社区矫正监管的社区矫正对象。考核奖惩的内容是社区矫正对象的表现，具体包括社区矫正对象认罪悔罪、遵守法律法规、服从监督管理、接受教育等情况。

考核奖惩包括考核和奖惩两个方面。社区矫正对象的考核，是指社区矫正机构根据社区矫正对象认罪悔罪、遵守法律法规、服从监督管理、接受教育等情况，依法对其进行考察和评定的活动。对社区矫正对象进行考核，是实现社区矫正监督管理工作任务的一项重要内容，是对社区矫正对象日常管理效果的总结和评价，也是对社区矫正对象分类管理的反馈和调整依据。社区矫正对象的奖惩是指有关部门根据社区矫正对象考核结果及现实表现，对其给予一定奖励或惩罚的活动。通过适时给予奖励，可以有效激发社区矫正对象认罪悔罪、遵守法律法规、服从监督管理、接受教育的积极性，增强回归社会的信心，带动其他社区矫正对象积极接受矫正，形成良好的社区矫正环境，强化矫正效果。通过适度的惩罚，可以有效规范社区矫正对象的行为，有效震慑存在违法违规的社区矫正对象，维护法律的权威性和严肃性，提高社区矫正的效果。考核是奖惩的前提和基础，奖惩是考核的结果和落实。考核奖惩都必须严格依法进行，既要维护执法权威性和司法公信力，也要保障社区矫正对象的合法权益。

（二）考核奖惩的作用

对社区矫正对象进行考核奖惩是落实社区矫正刑事执行任务的重要内容，是对社区矫正对象进行动态化监督管理的重要手段，有利于充分调动社区矫正对象参与配合社区矫正的积极性和主观能动性，能够有效引导和规范社区矫正对象的行为。考核奖惩工作是监督管理规定得以落实的有效保障，对于维护司法权威、法律的公平正义和社会的和谐稳定起到重要的作用。具体来讲，考核奖惩有以下几个层次的作用：

1. 及时掌握并评估社区矫正对象的表现。通过考核奖惩，可以及时掌握并总结社区矫正对象的表现，评估社区矫正对象在社区矫正期间的表现，包括认罪悔罪、遵守法律法规、服从监督管理、接受教育等情况，有助于了解社区矫正对象接受社区矫正的进展情况，为矫正方案的及时调整提供依据；通过考核奖惩，可以开展分类管理，针对社区矫正对象个体情况的差异性进行分级处遇，体现区别对待的刑事政策，有助于提高社区矫正工作质量。

2. 激励社区矫正对象的积极行为。通过奖励社区矫正对象的积极行为，可以激励他们更好地参与矫正活动，增强自我改造的动力。通过对社区矫正对象的表扬奖励或减刑奖励，可以有效鼓励其积极的行为，使其更加端正接受矫正的态度，这有助于建立正向的矫正氛围，促进社区矫正对象的改变和成长。

3. 惩罚社区矫正对象的不良行为。通过惩罚社区矫正对象的不良行为，可以对其进行训诫、警告或治安管理处罚，让其意识到自己违规违法行为的严重性，防止其再次犯罪。对于社区矫正对象的严重违规违法行为，可以撤销缓刑、假释，或收监执行。这有助于维护社区的安全和秩序，保护社会公共利益。

4. 促进社区矫正对象的矫正。通过考核奖惩，可以促使矫正对象认识到自己的错误和不良行为的后果，进而改变犯罪思维和行为。奖励可以增强矫正对象的自信心和自尊心，激发他们积极参与矫正活动；惩罚可以让矫正对象意识到违反规定的严重性，从而引发内省和自我反思。这有助于推动矫正对象的改造和社会责任感的重建。

二、奖惩的分类

对社区矫正对象的奖惩分为行政奖惩与刑事（司法）奖惩。行政奖惩是指由行政机关对社区矫正对象作出的奖惩，刑事奖惩是指主要由人民法院对社区矫正对象作出的奖惩，对于暂予监外执行人员收监执行的处罚，处罚主体包括人民法院、省级以上监狱管理机关或设区的市一级以上公安机关。根据《社区矫正法》，对社区矫正对象的奖惩措施包括以下两个方面，共计八种：

（一）奖励措施

1. 表扬。表扬是一种行政奖励措施，是社区矫正机构依法对符合条件的社区矫正对象给予公开赞扬的奖励形式。《社区矫正法》第28条第1款规定："……社区矫正对象认罪悔罪、遵守法律法规、服从监督管理、接受教育表现突出的，应当给予表扬……。"同时根据《社区矫正法实施办法》第32条第2款的规定："对于符合表扬条件、具备训诫、警告情形的社区矫正对象，经执行地县级社区矫正机构决定，可以给予其相应奖励或者处罚，作出书面决定……"因此，社区矫正机构对于表扬拥有决定权。

2. 减刑。减刑是一种刑事奖励，是指对于符合减刑条件的社区矫正对象，由社区矫正机构提出减刑建议，由人民法院依法裁定的对其原判刑期适当减轻的刑事司法活动。减刑与表扬不同，社区矫正机构对于减刑只有提请建议权，人民法院拥有减刑的决定权。

（二）处罚措施

1. 训诫。训诫是一种行政处罚，是指由社区矫正机构对符合条件的社区矫正对象予以批评教育并责令其改正的行政惩罚措施。适用于情节较轻的社区矫正对象，表明社区矫正机构对社区矫正对象违反监管表现的否定和谴责。

2. 警告。警告是一种行政处罚，是指由社区矫正机构对符合条件的社区矫正对象予以提醒、告诫的行政惩罚措施。警告是一种比训诫更加严厉的行政惩罚措施，适用于社区矫正对象情节较重的不良表现。

3. 治安管理处罚。治安管理处罚是一种行政处罚，是指对扰乱公共秩序，妨害公共安全，侵犯人身权利、财产权利，妨害社会管理，具有社会危害性，尚不够刑事处罚的，由公安机关给予的行政处罚。社区矫正对象受治安管理处罚一般有两种情形：一是违反一般公民应当遵守的义务，如社区矫正对象出现了打架、违规驾驶等违法行为，公安机关依据《治安管理处罚法》或者其他法律有关规定直接给予的治安处罚；二是社区矫正对象违反了社区矫正特定义务，如社区矫正对象未经批准外出等，而受到治安管理处罚。

4. 撤销缓刑。撤销缓刑是一种刑事处罚，是指宣告缓刑的社区矫正对象出现法定撤销缓刑的情形时，由人民法院依法裁定撤销缓刑，执行原判刑罚的刑事惩罚措施。根据《刑法》第 77 条的规定，撤销缓刑的情形主要有以下两种：一是被宣告缓刑的犯罪分子，在缓刑考验期限内犯新罪或者发现判决宣告以前还有其他罪没有判决的；二是被宣告缓刑的犯罪分子，在缓刑考验期限内，违反法律、行政法规或者国务院有关部门关于缓刑的监督管理规定，或者违反人民法院判决中的禁止令，情节严重的。

5. 撤销假释。撤销假释是一种刑事处罚，是指裁定假释的社区矫正对象出现法定撤销假释的情形时，由人民法院依法裁定撤销假释，收监执行未执行完毕的刑罚的刑事惩罚措施。根据《刑法》第 86 条的规定，撤销假释的情形主要有以下两种：一是被假释的犯罪分子，在假释考验期限内犯新罪，或者发现被假释的犯罪分子在判决宣告以前还有其他罪没有判决的；二是被假释的犯罪分子，在假释考验期限内，有违反法律、行政法规或者国务院有关部门关于假释的监督管理规定的行为，尚未构成新的犯罪的。

6. 暂予监外执行收监执行。暂予监外执行收监执行是一种刑事处罚，是指有权决定暂予监外执行的机关对于暂予监外执行的社区矫正对象不符合规定条件或严重违反《暂予监外执行规定》时，依照法定程序决定收监执行的刑事惩罚措施。

三、考核奖惩的法律依据

关于考核奖惩工作的法律条文在《刑法》《刑事诉讼法》《治安管理处罚法》均有规定，在此基础上，《社区矫正法》和《社区矫正法实施办法》明确了考核奖惩工作的执行要求和具体操作程序，在《最高人民法院关于办理减刑、假释案件具体应用法律的规定》中对于该项工作给出了相应的司法解释。为了便于学习、查阅和参考，特此把相关条文置于本章节末尾处。

第二节　考核流程

一、考核内容

对社区矫正对象的考核，是社区矫正机构或接受委托的司法所按照《社区矫正法》和相关规定，依照程序，对社区矫正对象在一定时间段内接受教育矫正情况进行综合评定的刑事执行活动。[1] 对社区矫正对象的考核，为社区矫正对象的分级处遇和奖惩提供依据，事关社区矫正刑事执行目的的实现，是提高社区矫正质量的重要环节，是社区矫正活动顺利有序的重要保障。根据《社区矫正法》第 28 条、《社区矫正法实施办法》第 32 条的规定，对社区矫正对象的考核内容主要是社区矫正对象认罪悔罪、遵守法律法规、服从监督管理、接受教育等情况。

---

〔1〕　金晓流：《社区矫正对象考核制度探究》，载《中国司法》2021 年第 5 期。

（一）认罪悔罪情况

认罪悔罪情况主要包括社区矫正对象对判决的态度，认为判决是否公正；对犯罪行为是否有正确的归因；是否认识到犯罪行为的社会危害；是否悔恨自身的犯罪行为等。具体指以下方面：

1. 对犯罪事实的认识。对犯罪事实的认识程度从低到高依次是：完全不认可判决，否认全部犯罪事实；承认部分判决中认定的犯罪事实，但否定主要犯罪事实；承认判决中认定的主要犯罪事实，但不认可部分细节；完全认可判决中认定的犯罪事实。

2. 对法院判决的认识。根据对定罪和量刑认识分为四种情况，包括：既不服从定罪，也不服从量刑；不服从定罪，但是服从量刑；服从定罪，但不服从量刑；既服从定罪，又服从量刑。

3. 对犯罪原因的认识。犯罪归因可以分为如下几种类型：认为犯罪原因是偶然因素导致，或是偶然因素为主；认为犯罪原因是客观因素，或是客观因素为主；认为犯罪原因是自身主观因素，或者是主观因素为主。

4. 对犯罪危害的认识。对于犯罪危害的认识从低到高可以分为如下几个维度：完全认识不到犯罪行为造成的社会危害；小部分地认识到犯罪行为造成的社会危害；可以大部分地认识到犯罪行为造成的社会危害；完全认识到犯罪行为造成的社会危害。

5. 悔罪行为的表现。如下行为可以被认为是悔罪的表现：书写认罪书和悔罪书，深刻剖析自己的犯罪原因，表示认罪悔罪；书写忏悔信，且有具体的忏悔行为；积极履行法院判决的财产刑，积极赔偿受害人；主动坦白交代余罪，或者检举揭发其他违法犯罪行为；规劝帮助他人认罪悔罪，且有成效的。

（二）遵守法律法规情况

遵守法律法规情况主要包括社区矫正对象是否有违法、违规的行为。在考核中，对社区矫正对象的违法违规行为要进行客观分析，具体情况不同，能够反映出的主观恶性和客观危害性也存在不同。具体指以下方面：

1. 确定违法的类型。当社区矫正对象出现违法违规情况时，需要确定违法的种类和程度，鉴别是违反民事法律法规，还是违反行政法律法规，或是违反刑事法律法规。

2. 鉴定违法的原因。对社区矫正对象的违法原因也需要进行鉴定。主要考察是社区矫正对象故意违法违规还是过失违法违规。

3. 认定违法的态度。社区矫正对象实施违法违规行为后，社区矫正机构需要对其违法违规后的态度进行考核。具体包括，是否正确认识、客观归因违法违规行为，是否有赔礼道歉、赔偿损失、停止侵害、排除妨碍等补救行为等。

（三）服从监督管理情况

服从监督管理情况主要包括社区矫正对象在社区矫正期间履行判决、裁定、暂予监外执行决定等法律文书确定的义务，遵守国务院司法行政部门对社区矫正对象的相关规定，服从社区矫正机构的管理等方面的内容。具体体现在以下方面：

1. 遵守报告情况。考核社区矫正对象遵守报告情况，主要包括是否按时报告，是否如实汇报思想动态及工作、学习、生活状况，是否主动报告工作变动、居所变化等特殊情况等。

2. 遵守会客规定情况。考核社区矫正对象遵守会客规定情况，主要包括是否擅自会见同案犯及其他违法犯罪人员，是否擅自接触禁止会见的被害人等。在互联网发达的时代，考核遵守会客规定，除了要考核社区矫正对象现实生活中的遵守情况，还要考核在网络空间的遵守情况。

3. 遵守外出、迁居规定情况。考核社区矫正对象遵守外出、迁居相关规定情况，主要包括是否未经批准擅自离开所在县、市、区；是否按程序履行外出请假、迁居手续；外出后，是否按时返回，是否及时销假等。

4. 遵守保外就医监督管理规定情况。考核社区矫正对象遵守保外就医监督管理规定的情况，主要包括是否每月报告本人身体情况，配合医生治疗；是否按时到指定的医院接受治疗，向执行地县级社区矫正机构、受委托的司法所提交病情复查情况等。

（四）接受教育情况

接受教育情况是指社区矫正对象参加法治教育、道德教育，参加公益活动的情况，重点考核其出勤情况、接受教育的态度以及接受教育的效果。

1. 出勤情况。考核社区矫正对象应参加教育及公益活动的次数和实际参加的次数，是否有迟到、早退、病假、事假等情况。

2. 接受教育的态度。考核社区矫正对象参加教育及公益活动时的状态，是否遵守相关纪律，是否按时完成既定任务情况等。

3. 接受教育的效果。考核社区矫正对象的教育效果，可以用考试、撰写体会等方式进行。对于参加公益活动的效果，可以由社区矫正工作人员进行综合评定。

总体上看，对社区矫正对象的考核内容既包括矫正表现，也包括矫正态度。但由于社区矫正对象的性别、年龄、类型、文化程度、身体状况、工作状况以及接受裁判的内容等都不相同，考核时还要具体问题具体分析。比如一名保外就医的社区矫正对象常年卧病在床，不能因为其长时间不参加集中教育学习，武断地评价其考核不合格。

二、考核方法

（一）定性考核法

定性考核法主要是由社区矫正机构对社区矫正对象的具体表现进行观察、记录并进行评价的考核方法。对社区矫正对象在考核周期内是否存在与考核内容相关的行为和表现进行肯定或否定的评定，并最终综合评定得出考核结论。

如北京市《关于贯彻落实〈中华人民共和国社区矫正法实施办法〉的实施细则》第71条第1款规定："考核结果分为合格、基本合格、不合格三个等次：（一）社区矫正对象认罪悔罪、遵守法律法规和监督管理规定、认真完成教育学习任务、积极参加公益活动的，考核等次为合格；（二）社区矫正对象基本能够认罪悔罪、基本能够遵守法律法规和监督管理规定，考核等次为基本合格；（三）社区矫正对象拒不认罪悔罪的；或者违反法律法规，受到有关部门处罚的；或者违反监督管理、教育学习规定，受到训诫及以上处罚的，考核等次为不合格。"

定性考核法能够对社区矫正对象的现实表现进行如实记录，能够体现社区矫正机构集体评议的结果。但是定性考核法依靠工作人员的直觉、经验，运用主观判断来对社区矫正对象进行质的分析判断，对相关因素的大小或高低程度进行定性描述，方法与标准较为粗糙，精确度不高。其估计的准确性在很大程度上受分析人员的经验和能力的影响，这不可避免地使分析结果因人而异，带有一定的主观性。

附件 9-1

社区矫正对象考核表

社区矫正对象姓名		出生年月		档案号	
考核周期		年　月至　年　月			
考核内容					
认罪悔罪情况	□认罪悔罪　　　□基本能够认罪悔罪　　　□不认罪悔罪				
遵守法律法规	□未见违法违规行为 □有违法违规行为（□行政拘留　□刑事拘留　□司法拘留）				
接受监督管理	1. 定期到所书面报告情况：□按时　□未按时　□脱管 2. 违反监督管理规定情：□无　□有（具体情形简介：　　　　　　） 3. 违反监督管理规定受到训诫以上处罚情况：□无　□有（被□训诫　□警告一次　□治安管理处罚）				
参加教育学习	□认真完成教育学习任务　□基本能够遵守教育学习规定 □违反教育学习规定受到训诫以上处罚情况：□无　□有（被□训诫　□警告一次）				
参加公益活动	□积极参加公益活动　　　□其他				
社会活动	□未见不良情况 □有不良情况（　　　　　　　　　　　　　　）				
考核标准					
1. 社区矫正对象认罪悔罪、遵守法律法规和监督管理规定、认真完成教育学习任务、积极参加公益活动的，考核等次为合格； 2. 社区矫正对象基本能够认罪悔罪、基本能够遵守监督管理和教育学习规定的，考核等次为基本合格； 3. 社区矫正对象拒不认罪悔罪的；或者违反法律法规，受到有关部门处罚的；或者违反监督管理、教育学习规定，受到训诫及以上处罚的，考核等次为不合格。				
考核结果					
□合格　　　□不合格　　　□基本合格 考核人：　　　　　　　　　　　　　　　　　　　　　　　　年　月　日					

（二）计分考核法

计分考核法，也叫定量考核法，是将社区矫正对象的具体行为表现和接受矫正情况分解成若干具体的指标，并赋予相应的分值，然后根据社区矫正对象的实际表现情况，逐项进行赋分的考核方法。在实践中计分考核法有加扣分法和加分法。加扣分法，就是认真遵守法律法规、积极接受教育等表现好的行为进行加分，对违反监督管理规定、违反教育矫正要求的行为进行扣分，最后得出考核积分。加分法，就是只对积极的行为进行加分，而对违反规定的行为不进行扣分。

计分考核法的优点是标准统一、内容全面，考核过程直观、具体，非常具有可操作性。但是计分考核法运用数学语言，依靠数据统计，建立数学模型，在影响因子的设计及其分值的设置上，能否做到科学合理，在关联因子的量化赋分上，是否带有主观色彩，也会影响准确性。总的来说，计分考核法更加科学、可行，定性考核法与计分考核法应当做到有机结合，做好定性与定量的统一。

附件 9-2

社区矫正对象考核表

姓名		性别		出生日期		考核日期	
	考核项目		考核标准			加扣分原因	扣分
	未按规定报到	每次扣 10 分（严管每月现场报到 4 次，普管每月现场报到 2 次）					
	未按规定上交书面报告	每次扣 5 分（严管每周 1 次，普管每两周 1 次）；书面报告不符合要求的每次扣 2 分					
	未按规定参加教育学习活动	迟到 10 分钟以内每次扣 3 分，迟到 10 分钟以上 30 分钟以内每次扣 5 分，迟到 30 分钟以上扣 10 分					
	未按规定参加公益劳动活动	迟到 10 分钟以内每次扣 3 分，迟到 10 分钟以上 30 分钟以内每次扣 5 分，迟到 30 分钟以上扣 10 分					
	违反会客采访集会等限制	每次扣分 1~20 分（以相关部门通报社区矫正机构为准）					
	违反人民法院禁止令	每次扣分 5~20 分（禁止令以法院判决为准）					
	本周期受到训诫以上处罚	每次扣 25 分					
	受到公安机关治安管理处罚	每次扣分 25 分（以公安机关治安管理处罚决定书为准）					
	暂予监外执行未按规定提交病情复查情况	每次扣分 5~10 分，并视其情节给予相关处罚（管制、缓刑、假释类社区矫正对象该项不扣分）					

加分情况	1. 有见义勇为行为：每次加 10 分； 2. 协助公安机关侦破案件或抓获嫌疑人每次加 20 分； 3. 抢险救灾中表现突出，每次加 20 分； 4. 帮扶困难户或其他公益活动表现情况，每次加 10 分。		
累计扣分	累计扣分＝本次扣分－本次加分		
说明	考核结果分为合格、基本合格、不合格三个等次，每个考核周期内累计扣分 10 分以内为合格；累计扣分 11～20 分为基本合格，累计扣分超过 20 分为不合格。考核结果为合格的，实行普管；考核结果为基本合格的，管理类型不变；考核结果为不合格的，实行严管。		
考核单位		考核人		考核结果	

三、考核周期

《社区矫正法实施办法》第 32 条第 2 款规定："社区矫正机构、受委托的司法所应当根据社区矫正对象认罪悔罪、遵守有关规定、服从监督管理、接受教育等情况，定期对其考核……"该办法并未明确定期考核的具体周期，在各省的地方性实施细则中都作了更为详细的规定。科学设计考核周期，有助于充分发挥考核工作的激励功能。综合各省份的社区矫正实施细则，对社区矫正对象考核周期大致有以下三种模式：

（一）每个月考核一次

《湖南省社区矫正实施细则》第 162 条第 2 款规定："计分考核期限自社区矫正对象到执行地县级社区矫正机构报到登记之日起至社区矫正期满或者终止之日止，以自然月为周期进行考核。"《江苏省社区矫正工作实施细则》第 68 条第 1 款规定："执行地县级社区矫正机构、受委托的司法所应当根据社区矫正对象认罪悔罪、遵守有关规定、服从监督管理、接受教育情况，每月对其考核……"《福建省贯彻〈中华人民共和国社区矫正法〉实施细则》第 25 条第 1 款规定："对社区矫正对象实行月考核制度……受委托的司法所每月应当对其进行考核……"《浙江省社区矫正对象考核奖惩办法（试行）》第 27 条第 1 款规定："对社区矫正对象的考核按月进行……"《四川省社区矫正实施细则（试行）》第 143 条规定："……计分考核自社区矫正对象到社区矫正机构报到登记之日起至社区矫正终止之日止，每月进行一次。"

（二）每三个月（季度）考核一次

北京市《关于贯彻落实〈中华人民共和国社区矫正法实施办法〉的实施细则》第 70 条第 2 款规定："司法所应当自社区矫正对象到区社区矫正机构报到之日起至第三个月月底，实行第一次考核；此后，每三个月考核一次。"《山东省社区矫正实施细则（试行）》第 56 条规定与北京市的相同。《安徽省社区矫正工作实施细则》第 56 条规定："县（市、区）社区矫正机构、司法所应当每季度对社区矫正对象认罪悔罪、遵守法律法规、服从监督管理、接受教育表现等情况进行考核……"《海南省社区矫正实施细则》第 88 条第 1 款规定："对社区矫正对象实行季度考核制度……"《河南省社区矫正工作细则》第141条规定："……考核自社区矫正对象到社区矫正机构报到登记之日起至社区矫正终止之日止，每季度进行一次。"第143条规定了："对社区矫正对象的考核采取月计分和季评价相结合的方式进行……"吉林省《关于贯彻落实〈中华人民共和国社区矫正法实施办法〉的实施细则》第45条规定："……每三个月对其进行考核……"《辽宁省社区矫正实施细则》第117条规定："……每季度进行一次……"也规定了"月评价"。《云南省贯彻〈中华人民共和国社区矫正法实施办法〉实施细则》第66条第1款规定："……每季度对社区矫正对象开展一次考核评议……"

（三）月度考核与季度考核相结合

《贵州省社区矫正工作实施细则（试行）》第54条规定："……按照月度考核、季度评定方式进行。"《江西省社区矫正工作实施细则》第79条、第83条规定："月度考核"和"三个月为一个考核期"。《山西省社区矫正实施细则》第47条规定："……对新入矫的社区矫正对象在入矫后三个月内实行月考核，之后实行季度考核。"《陕西省社区矫正实施细则》（2020年修订）第50条规定："对社区矫正对象的考核采取月考核和季评定相结合的方式……"

对于社区矫正考核周期，有研究者认为对社区矫正对象的教育矫正是复杂和完整的过程，分段对社区矫正对象进行考核，可以准确了解和掌握其接受矫正的状态。在考核周期的设定中，若以半年为考核周期则间隔较长，工作人员难以全面准确进行评价；若以月为考核周期，则基层工作量增加太大，且矫正时间短不足以形成变化。综合考虑，三个月是较为合适的周期。

四、考核结果

（一）结果形式

对社区矫正对象进行考核，在考核周期结束时要形成一定的结论性的考核评定结果。对于考核结果的呈现形式，各省份也作了不同的规定。

1. 形成考核等次。有很多省份对社区矫正对象的考核结果以三级或四级考核等次的形式进行呈现。但不同的省份对于考核的标准不尽相同。

《浙江省社区矫正对象考核奖惩办法（试行）》第27条第1款将月度考核结果分为合格、基本合格、不合格三种。第28条规定："社区矫正对象当月认罪悔罪、遵守法律法规、服从监督管理、按规定参加教育学习和公益活动的，未受到训诫以上处罚的，考核结果为合格。社区矫正对象当月遵守法律法规，但违反监督管理、教育学习、公益活动等规定，未受到警告或者治安管理处罚的，考核结果为基本合格。社区矫正对象当月违反法律法规或者监督管理、教育学习、公益活动等规定，受到警告或者治安管理处罚的，考核结果为不合格。"

北京市《关于贯彻落实〈中华人民共和国社区矫正法实施办法〉的实施细则》第71条第1款规定："考核结果分为合格、基本合格、不合格三个等次：（一）社区矫正对象认罪悔罪、遵守法律法规和监督管理规定、认真完成教育学习任务、积极参加公益活动的，考核等次为合格；（二）社区矫正对象基本能够认罪悔罪、基本能够遵守法律法规和监督管理规定，考核等次为基本合格；（三）社区矫正对象拒不认罪悔罪的；或者违反法律法规，受到有关部门处罚的；或者违反监督管理、教育学习规定，受到训诫及以上处罚的，考核等次为不合格。"

《安徽省社区矫正工作实施细则》第56条将考核结果分为良好、合格、基本合格、不合格四种。第57条规定："社区矫正对象考核期内认罪悔罪，认真遵守法律法规和监督管理规定，参加教育学习和公益活动表现突出的，考核结果为良好。社区矫正对象考核期内遵守法律法规和监督管理规定，参加教育学习和公益活动表现一般的，考核结果为合格。社区矫正对象考核期内违反法律法规和监督管理、教育学习等规定，但未构成警告、治安管理处罚情形的，或者受到训诫的，考核结果为基本合格。社区矫正对象考核期内违反法律法规和监督管理规定，受到警告、治安管理处罚的，考核结果为不合格。"

2. 形成考核积分。有的省份在按周期对社区矫正对象进行考核后，并不区别等次，而是采取计分考核的形式，在考核周期结束时以积分的形式呈现，考核的积分与相关的奖惩或分类分级管理相挂钩。

《四川省社区矫正实施细则（试行）》与《湖南省社区矫正实施细则》的每月计分考核规定基本一致。以《湖南省社区矫正实施细则》为例，其中第165条规定："社区矫正对象同时符合下列情形的，当月考核计5分：（一）按规定到受委托的司法所或者其他指定的社区矫正场所报到，并递交日常矫正情况报告表；（二）主动接受社区矫正工作者管理和教育；（三）积极参加社区矫正机构组织的教育学习和公益活动，完成规定的学习和活动任务；（四）严格遵守有关法律、法规及社区矫正管理规定，无违法违规行为。"第166条规定："社区矫正对象有违反法律法规及社区矫正管理规定的，当月考核计分为零分。社区矫正对象受到训诫、警告、治安管理处罚的，应当从考核积分中分别扣除10分、20分、40分。"第169条规定："……考核积分达到40分以上，并且同时符合下列条件的，执行地县级社区矫正机构可以给予表扬，同时从考核积分中冲减40分……"

《吉林省社区矫正对象考核管理规定》规定了更为详细的加扣分考核制度。第6条在遵守监管教育规定方面、主动融入社会方面，规定了14个加分项（0.5~5分）。第7条在违反监督管理规定方面、违反教育矫正要求方面规定了18个扣分项（1~5分）。根据第8条规定，每三个月进行一次计分考核，计分直接影响三级分级处遇的调整。第10条第1款规定："在一个考核周期内，累计被扣5分以上，或一次性被扣3分以上，或被训诫、警告、治安管理处罚的，即时实行一级矫正，考核周期自下个月起重新计算。"第11条第1款规定："实行一级矫正的社区矫正对象，在一个考核周期内未被扣分的，在下一个考核周期内实行二级矫正。实行三级矫正的社区矫正对象在一个考核周期内，被扣1分以上，且未出现第十条情形的，即时实行二级矫正，考核周期自下个月起重新计算。"

3. 考核积分与考核等次相结合。有的地区在进行社区矫正对象考核时，将上述两种考核的呈现形式结合在一起。如《崂山区社区矫正计分量化考核办法（试行）》规定了百分制的考核办法，规定了 75 个加分项，没有扣分项。各项得分的总和最高为 100 分，最低为 0 分。60 分以下为不合格、60～70 分为基本合格、70 分以上为合格。社区矫正对象自到社区矫正机构报到之日起至第三个月月底，实行严管。自第四个月开始，根据考核结果调整管理类型，考核结果为合格的实行普管；考核结果不合格的实行严管；考核结果为基本合格的，管理类型不变。

（二）结果应用

对社区矫正对象进行考核的目的是及时鼓励其积极正确的行为，及时谴责阻止其错误不当的行为。对社区矫正对象的考核结果不仅仅只是作出一个考核结果，而且应当将考核结果与其他矫正措施相结合，发挥更大的激励机制。

1. 将考核结果作为调整矫正方案的依据。矫正方案是针对不同社区矫正对象的个体差异，由社区矫正机构为其制定的个别化的、有针对性的监督管理和教育帮扶工作方案。随着社区矫正工作的进行，社区矫正对象的实际表现和社区矫正的实际效果都在不断变化中，那么矫正方案也应当根据实际情况进行相应的调整。如《海南省社区矫正实施细则》第 88 条第 3 款规定："……社区矫正机构或受委托司法所应当依据考核结果，及时调整社区矫正对象的矫正方案。"《河南省社区矫正工作细则》第 136 条也有类似规定。

2. 将考核结果作为分类分级管理的依据。根据刑罚个别化的要求，各地社区矫正机构主要依据人身危险性将社区矫正对象划分为不同的监管类别，一般分为三级处遇，也有的省份分为两级处遇。对社区矫正对象的分级分类管理同样应当根据考核结果进行相应的调整。《河南省社区矫正工作细则》第 145 条第 1 款规定："执行地县级社区矫正机构根据考核结果，及时调整管理等级……"《吉林省社区矫正对象考核管理规定》专门规定了对考核结果的运用，将考核结果直接与分级管理挂钩，如第 10 条第 1 款规定："……在一个考核周期内，累计被扣 5 分以上，或一次性被扣 3 分以上，或被训诫、警告、治安管理处罚的，即时实行一级矫正，考核周期自下个月起重新计算。"第 11 条第 1 款规定："实行一级矫正的社区矫正对象，在一个考核周期内未被扣分的，在下一个考核周期内实行二级矫正。实行三级矫正的社区矫正对象在一个考核周期内，被扣 1 分以上，且未出现第十条情形的，即时实行二级矫正，考核周期自下个月起重新计算。"

3. 将考核结果作为奖惩措施的依据。《社区矫正法》第 28 条第 2 款规定："对社区矫正对象的考核结果，可以作为认定其是否确有悔改表现或者是否严重违反监督管理规定的依据。"根据该规定，应当将考核结果对应转化为奖惩措施，以督促激励社区矫正对象，强化矫正效果。《吉林省社区矫正对象考核管理规定》第 13 条规定："社区矫正对象入矫六个月以上，在一个考核周期内未被扣分，累计加分 2 分以上的，可以给予表扬；累计加分 5 分以上的，应当给予表扬。"第 14 条规定："社区矫正对象在一个考核周期内，累计被扣 5 分以上 10 分以下的，应当给予训诫；累计被扣 10 分以上的，应当给予警告。"《四川省社区矫正实施细则（试行）》第 149 条第 1 款规定："社区矫正对象考核积分达到 30

分以上且遵守社区矫正有关规定的，可以给予表扬奖励，同时从考核积分中冲减 30 分。"

（三）公示与异议

根据公开性原则，对社区矫正对象的考核结果应当及时书面告知社区矫正对象本人或监护人，并在公共区域内或社区矫正场所进行公示，将有关情况记入档案。未成年社区矫正对象的考核结果不适用公示。

社区矫正对象对考核结果提出异议的，可以向执行地县级社区矫正机构反映或申请复核，执行地县级社区矫正机构应当及时处理，并将处理结果告知社区矫正对象。社区矫正对象对处理结果仍有异议的，可以向县级人民检察院提出。对考核结果的异议，不得提起行政复议和行政诉讼。

第三节　奖励措施

一、行政奖励：表扬

（一）表扬的条件

根据《社区矫正法实施办法》第 33 条的规定，表扬分为应当表扬和可以表扬两种情况。

1. 应当表扬。根据《社区矫正法实施办法》第 33 条第 1 款的规定，社区矫正对象认罪悔罪、遵守法律法规、服从监督管理、接受教育表现突出的，应当给予表扬。

2. 可以表扬。根据《社区矫正法实施办法》第 33 条第 2 款、第 3 款的规定，可以表扬分为两种情况：

（1）社区矫正对象接受社区矫正六个月以上并且同时符合下列条件的，执行地县级社区矫正机构可以给予表扬：①服从人民法院判决，认罪悔罪；②遵守法律法规；③遵守关于报告、会客、外出、迁居等规定，服从社区矫正机构的管理；④积极参加教育学习等活动，接受教育矫正的。

（2）社区矫正对象接受社区矫正期间，有见义勇为、抢险救灾等突出表现，或者帮助他人、服务社会等突出事迹的，执行地县级社区矫正机构可以给予表扬。执行地县级社区矫正机构应当向社区矫正对象发放解除社区矫正证明书，并书面通知社区矫正决定机关，同时抄送执行地县级人民检察院和公安机关。

各省份的社区矫正实施细则中关于表扬的条件与《社区矫正法实施办法》的规定基本一致。有的省份将表扬的条件与考核结果挂钩，规定了更为具体的表扬条件。如《四川省社区矫正实施细则（试行）》第 149 条第 1 款采用的计分考核法，规定："社区矫正对象考核积分达到 30 分以上且遵守社区矫正有关规定的，可以给予表扬奖励，同时从考核积分中冲减 30 分。"《云南省贯彻〈中华人民共和国社区矫正法实施办法〉实施细则》第 69 条第 1 款、第 2 款规定："社区矫正对象连续两次考核为良好或者单次考核为良好，且接受教育表现突出的，认定为优秀，执行地县级社区矫正机构应当给予表扬。社区矫正对象累计两次以上考核为良好的，执行地县级社区矫正机构可以给予表扬。"《吉林省社区矫正对象考核管理规定》第 13 条规定："社区矫正对象入矫六个月以上，在一个考核周期内未被扣分，累计加分 2 分以上的，可以给予表扬；累计加分 5 分以上的，应当给予表扬。"

（二）表扬的程序

对社区矫正对象给予表扬，一般按照以下程序进行：

1. 建议。对于符合表扬条件的社区矫正对象，司法所提出初步意见，制作《社区矫正对象表扬审批表》，并附相关证明材料，上报县级社区矫正机构审批。

2. 审批。县级社区矫正机构收到相关材料后，应当进行调查核实，对于经集体评议符合表扬条件的，制作《社区矫正表扬决定书》，进行书面表扬。

3. 公示。表扬名单除未成年社区矫正对象外，应当在县级社区矫正机构或者司法所等工作场所公示七天，接受监督。

4. 送达。表扬结果由司法所书面通知社区矫正对象本人，并记入档案。除未成年社区矫正对象外，表扬结果应当在社区矫正机构或司法所等场所公示。书面表扬决定由县级社区矫正机构抄送同级人民检察院。送达回证及相关送达证明材料，扫描上传省社区矫正综合管理平台。

5. 存档。表扬决定书、公示照片、评议审核意见表、审批表、笔录、送达回证以及其他相关案卷存入社区矫正档案，表扬决定书、公示照片同时存入被表扬社区矫正对象的司法所工作档案。

附件 9-3

社区矫正表扬（训诫、警告）审批表

姓名		性别		身份证号码			
户籍地				执行地			
罪名		原判刑罚			附加刑		
禁止令内容				禁止期限起止日	自　年　　月　　日 至　年　　月　　日		
矫正类别		矫正期限		起止日	自　年　　月　　日 至　年　　月　　日		
事实及依据							
呈报单位意见				（公章）　　　　　年　　月　　日			

续表

县级社区矫正机构意见	（公章） 年　月　日
备注	

社区矫正表扬（训诫、警告）审批表

说明：

1. 本文书根据《社区矫正法》第28条、第29条以及《社区矫正法实施办法》第33条、第34条、第35条的规定制作。用于给予社区矫正对象表扬、训诫、警告以及对其使用电子定位装置的审批，审批后存档。

2. 呈报单位包括受委托的司法所以及社区矫正中队等。

3. 除使用电子定位装置审批外，其他审批表在制作时可删除"县级司法行政部门负责人意见"一栏。

4. 用于撤销缓刑、撤销假释、收监执行时，应连同有关建议书、训诫决定书、警告决定书等材料组卷一并报有关人民法院、公安机关、监狱管理机关。

附件9-4

社区矫正表扬（训诫、警告）决定书

　　　　　　　　　　　　　　　　　　　　　　　　　　　（　　）字第　　　号

　　社区矫正对象＿＿＿＿＿＿，男（女），＿＿＿年＿＿月＿＿日出生，＿＿＿族，身份证号码＿＿＿＿＿＿，在接受社区矫正期间，因＿＿，依据《中华人民共和国社区矫正法》第二十八条，决定给予＿＿＿＿＿＿一次。

　　　　　　　　　　　　　　　　　　　　　　　　　　　（公章）

　　　　　　　　　　　　　　　　　　　　　　　　　　年　月　日

社区矫正表扬（训诫、警告）决定书

说明：

1. 本文书根据《社区矫正法》第28条以及《社区矫正法实施办法》第33条、第34条、第35条的规定制作，用于决定给予社区矫正对象表扬、训诫、警告。

2. 填写时，"在接受社区矫正期间，因"后应填写社区矫正对象认罪悔罪、遵守法律法规、服从监督管理、接受教育表现突出的事实或者违反监督管理规定的事实。

3. 文书字号由年度、社区矫正机构代字、类型代字、文书编号组成，使用阿拉伯数字，如"（2020）××矫扬/训/警决字第1号"。该决定书一式两份，存档一份，送达社区矫正对象一份。

二、刑事奖励：减刑

（一）减刑的对象

1. 被判处管制、裁定假释、决定暂予监外执行的社区矫正对象。《刑法》第78条第1款规定："被判处管制、拘役、有期徒刑、无期徒刑的犯罪分子，在执行期间，如果认真遵守监规，接受教育改造，确有悔改表现的，或者有立功表现的，可以减刑；有下列重大立功表现之一的，应当减刑……"《社区矫正法》第33条第1款规定："社区矫正对象符合刑法规定的减刑条件的，社区矫正机构应当向社区矫正执行地的中级以上人民法院提出减刑建议，并将减刑建议书抄送同级人民检察院。"根据上述规定，判处管制、裁定假释或者决定暂予监外执行的社区矫正对象，如果认真遵守法律、行政法规，履行判决、裁定、暂予监外执行决定中确定的义务，遵守国务院司法行政部门关于报告、会客、外出、迁居、保外就医等监督管理规定，服从社区矫正机构的管理，根据社区矫正机构的考核结果认定确有悔改表现的，社区矫正机构可以提出减刑建议。社区矫正对象有重大立功表现的，社区矫正机构应当提出减刑建议。

2. 被宣告缓刑的社区矫正对象。《最高人民法院关于办理减刑、假释案件具体应用法律的规定》第18条规定："被判处拘役或者三年以下有期徒刑，并宣告缓刑的罪犯，一般不适用减刑。前款规定的罪犯在缓刑考验期内有重大立功表现的，可以参照刑法第七十八条的规定予以减刑，同时应依法缩减其缓刑考验期限……"因此，宣告缓刑的社区矫正对象，一般不适用减刑。但是，如果在缓刑考验期内有重大立功表现的，可以参照《刑法》第78条的规定予以减刑，同时应当依法缩减其缓刑考验期。

（二）减刑的条件

根据《社区矫正法》第33条和《社区矫正法实施办法》第42条的规定，社区矫正对象减刑应当符合刑法规定的减刑条件。根据《刑法》第 78 条第 1 款的规定，被判处管制、拘役、有期徒刑、无期徒刑的犯罪分子，在执行期间，如果认真遵守监规，接受教育改造，确有悔改表现的，或者有立功表现的，可以减刑；有下列重大立功表现之一的，应当减刑⋯⋯结合《最高人民法院关于办理减刑、假释案件具体应用法律的规定》，以下条件应当明确。

1. 确有悔改表现。"确有悔改表现"是指同时具备以下条件：①认罪悔罪；②遵守法律法规及监规，接受教育改造；③积极参加思想、文化、职业技术教育；④积极参加劳动，努力完成劳动任务。

2. 立功表现。"立功表现"是指具有下列情形之一：①阻止他人实施犯罪活动的；②检举、揭发监狱内外犯罪活动，或者提供重要的破案线索，经查证属实的；③协助司法机关抓捕其他犯罪嫌疑人的；④在生产、科研中进行技术革新，成绩突出的；⑤在抗御自然灾害或者排除重大事故中，表现积极的；⑥对国家和社会有其他较大贡献的。第④项、第⑥项中的技术革新或者其他较大贡献应当由社区矫正对象独立或者为主完成，并经省级主管部门确认。

3. 重大立功表现。"重大立功表现"是指具有下列情形之一：①阻止他人实施重大犯罪活动的；②检举重大犯罪活动，经查证属实的；③协助司法机关抓捕其他重大犯罪嫌疑人（包括同案犯）的；④有发明创造或者重大技术革新的；⑤在日常生产、生活中舍己救人的；⑥在抗击自然灾害或者排除重大事故中有突出表现的；⑦对国家和社会有其他重大贡献的。其中，第④项中的发明创造或者重大技术革新应当是社区矫正对象独立或者为主完成并经国家主管部门确认的发明专利，且不包括实用新型专利和外观设计专利；第⑦项中的其他重大贡献应当由社区矫正对象在社区矫正期间独立或者为主完成，并经国家主管部门确认。以上涉及的"重大犯罪活动""重大犯罪嫌疑人"，一般是指犯罪嫌疑人、被告人可能被判处无期徒刑以上刑罚或者案件在全省或者全国范围内有较大影响等情形。

（三）减刑的程序

根据《社区矫正法》第 33 条、《社区矫正法实施办法》第 42 条的规定，结合相关机关的不同职责，应按照以下程序进行：

1. 审核。县级社区矫正机构提出减刑建议并上报审核。社区矫正对象符合法定减刑条件的，由执行地县级社区矫正机构提出减刑建议，并附原审生效裁判文书、执行通知书、考核奖惩记录、确有悔改表现或者立功、重大立功表现的书面证明材料等，报地市级社区矫正机构审核。

2. 公示。经市级社区矫正机构评议审核，认为案件事实清楚、证据充分、符合减刑条件、程序合法的，县级社区矫正机构应当在社区矫正对象居住地的村（居）范围内进行公示，公示时间为七日（注：未成年社区矫正对象减刑案件除外）。

3. 提请。地市级、省级社区矫正机构审核后提请减刑。地市级社区矫正机构应严格依法审核县级社区矫正机构的减刑建议，做出是否向中级人民法院提出减刑建议的决定；审核同意的，由地市级社区矫正机构提请执行地中级人民法院裁定。是否提请的情况应当及时反馈给县级社区矫正机构。

判处无期徒刑的假释或暂予监外执行社区矫正对象的减刑，属于依法应由高级人民法院裁定的减刑案件，由执行地县级社区矫正机构提出减刑建议并附相关证据材料，逐级上报省级社区矫正机构审核同意后，由省级社区矫正机构提请执行地高级人民法院裁定。

社区矫正机构向人民法院提请减刑时，应当将减刑建议书同时抄送执行地同级人民检察院、公安机关及罪犯原服刑或者接收其档案的监狱。

4. 裁定。人民法院应当自收到减刑建议书和相关证据材料之日起 30 日内依法裁定。根据《刑法》第 79 条的规定，人民法院在收到社区矫正机构的减刑建议书后，应当组成合议庭审理社区矫正对象减刑案件，可以根据案件情况决定采取书面审理或公开审理的方式进行审理。人民法院审理期限为 30 日，该期限为固定期限，不得以案情复杂或者情况特殊为由延长审理期限。

人民法院作出减刑的裁定后，应当将裁定书送达同级社区矫正机构，并将裁定书副本同时抄送社区矫正执行地同级人民检察院、公安机关及罪犯原服刑或者接收其档案的监狱。送达回证及相关送达证明材料扫描上传省级社区矫正综合管理平台。

5. 存档。减刑建议书、原审法院裁判文书、执行通知书、社区矫正期间历次减刑裁定书复印件、证据材料、公示材料、月度考核表、合议、评议审核意见表、审核表、笔录、送达回证以及其他相关案卷材料存入社区矫正档案，减刑建议书同时存入社区矫正对象的司法所工作档案。县级社区矫正机构收到减刑裁定书后，裁定书原件存入社区矫正档案，复印件一份送司法所存入工作档案。

附件 9-5

提请治安管理处罚（撤销缓刑、撤销假释、收监执行、减刑、逮捕）审核表

姓名		性别		身份证号码			
户籍地				执行地			
罪名		原判刑罚			附加刑		
禁止令内容				禁止期限起止日		自　　年　　月　　日 至　　年　　月　　日	
矫正类别		矫正期限		起止日		自　　年　　月　　日 至　　年　　月　　日	
事由及依据							

续表

呈报单位 意见		（公章） 　年　　月　　日
县级社区 矫正机构 意见		（公章） 　年　　月　　日
地市社区 矫正机构 审核意见		（公章） 　年　　月　　日
省级社区 矫正机构 审核意见		（公章） 　年　　月　　日
备注		

注：此表随建议书一并报送人民法院（公安机关、监狱管理机关）

提请治安管理处罚（撤销缓刑、撤销假释、收监执行、减刑、逮捕）审核表

说明：

1. 本文书根据《社区矫正法》第 28 条以及《社区矫正法实施办法》第 36 条、第 42 条、第 46 条、第 47 条、第 49 条的规定制作。

2. 本文书根据提请治安管理处罚、撤销缓刑、撤销假释、收监执行、减刑等不同情况填写相应内容，相关审批意见栏如不使用，可以在打印时删除。对提请治安管理处罚、建议撤销县级人民法院宣告的缓刑或者决定暂予监外执行、建议公安机关、监狱管理局收监执行的，只填到"县级社区矫正机构意见"栏。建议撤销假释、提请减刑或者建议撤销由中级人民法院宣告缓刑、决定暂予监外执行的，应当填写"地市社区矫正机构审核意见"栏。建议依法应由高级人民法院裁定减刑的，应当填写"省级社区矫正机构审核意见"栏。对建议撤销缓刑、撤销假释同时提出逮捕建议的，应单独填写提请逮捕审核表。

3. 文书应当随同卷宗报送人民法院、公安机关或者监狱管理局。

附件 9-6

社区矫正对象减刑建议书

（　　）字第　　号

社区矫正对象_____，男（女），____年____月____日出生，____族，身份证号码_____，户籍地_____，执行地_____。因犯_____罪经_____人民法院于___年__月__日判处_____。___年____月__日经_____人民法院（监狱管理局、公安局）裁定假释（决定、批准暂予监外执行）。在管制（缓刑、假释、暂予监外执行）期间，依法实行社区矫正。社区矫正期限自____年____月____日起至___年____月___日止。

该社区矫正对象接受社区矫正期间有如下表现：_____

_____

_____。

依据《中华人民共和国刑法》第七十八条、《中华人民共和国刑事诉讼法》第二百七十三条、《中华人民共和国社区矫正法》第三十三条之规定，建议对社区矫正对象_____予以减刑。

此致

_____人民法院

（公章）

年　月　日

注：抄送_____人民检察院，_____公安（分）局，_____监狱。

社区矫正对象减刑建议书

说明：

1. 本文书根据《刑法》第 78 条、《刑事诉讼法》第 273 条、《社区矫正法》第 33 条以及《社区矫正法实施办法》第 42 条的规定制作。

2. 文书字号由年度、社区矫正机构代字、类型代字、文书编号组成，使用阿拉伯数字，如"（2020）××矫减建字第 1 号"。文书一式四份，提出减刑建议时，由执行地县级社区矫正机构将一份减刑建议书连同审批表、证明材料等整理组卷，另附一份，逐级上报上级社区矫正机构审核同意后提请执行地同级人民法院，同时抄送执行地同级人民检察院一份、公安机关、罪犯原服刑或者接收其档案的监狱一份。人民法院作出裁定后留存另附的一份，将卷宗退回社区矫正机构。

第四节 处罚措施

一、行政处罚：训诫、警告、治安管理处罚

（一）训诫

1. 适用条件。根据《社区矫正法实施办法》第 34 条的规定，社区矫正对象具有下列情形之一的，执行地县级社区矫正机构应当给予训诫：（一）不按规定时间报到或者接受社区矫正期间脱离监管，未超过十日的；（二）违反关于报告、会客、外出、迁居等规定，情节轻微的；（三）不按规定参加教育学习等活动，经教育仍不改正的；（四）其他违反监督管理规定，情节轻微的。

2. 程序。

（1）建议。根据社区矫正对象的现实表现和考核结果，对符合训诫条件的社区矫正对象，一般由司法所提出建议，制作《社区矫正训诫审批表》附带相应证据材料，呈报县级社区矫正机构审批。

（2）审批。案件事实清楚、证据充分、定性准确、程序合法的，县级社区矫正机构填写训诫审批表，报县级司法行政机关负责人审批。县级社区矫正机构审批后作出给予训诫的书面决定，制作《社区矫正训诫决定书》。

（3）送达。县级社区矫正机构或司法所应当在三日内向社区矫正对象或其家庭成员、监护人或者保证人送达训诫决定书。县级社区矫正机构应当将训诫决定书抄送同级人民检察院。

（4）教育。县级社区矫正机构或司法所应对受到处罚的社区矫正对象进行教育，制作教育谈话笔录。

（5）存档。训诫决定书与合议、评议审核意见表、审批表、笔录、送达回证以及其他相关案卷材料存入社区矫正档案，训诫决定书同时存入被训诫社区矫正对象的司法所工作档案。

（二）警告

1. 适用条件。根据《社区矫正法实施办法》第 35 条的规定，社区矫正对象具有下列情形之一的，执行地县级社区矫正机构应当给予警告：（一）违反人民法院禁止令，情节轻微的；（二）不按规定时间报到或者接受社区矫正期间脱离监管，超过十日的；（三）违反关于报告、会客、外出、迁居等规定，情节较重的；（四）保外就医的社区矫正对象无正当理由不按时提交病情复查情况，经教育仍不改正的；（五）受到社区矫正机构两次训诫，仍不改正的；（六）其他违反监督管理规定，情节较重的。

2. 程序。

（1）建议。根据社区矫正对象的现实表现和考核结果，对符合警告条件的社区矫正对象，一般由司法所提出建议，制作《社区矫正警告审批表》并附带相应证据材料，呈报县级社区矫正机构审批。

（2）审批。案件事实清楚、证据充分、定性准确、程序合法的，县级社区矫正机构填写警告审批表，报县级司法行政机关负责人审批。县级社区矫正机构审批后作出给予警告的书面决定，制作《社区矫正警告决定书》。

（3）送达。县级社区矫正机构或司法所应当在三日内向社区矫正对象或其家庭成员、监护人或者保证人送达警告决定书。同时，县级社区矫正机构应当将警告决定书抄送同级人民检察院。送达回证及相关送达证明材料，扫描上传省社区矫正综合管理平台。

（4）教育。县级社区矫正机构或司法所应对受到处罚的社区矫正对象进行教育，制作教育谈话笔录。

（5）存档。警告决定书与合议、评议审核意见表、审批表、笔录、送达回证以及其他相关案卷材料存入社区矫正档案，警告决定书同时存入被警告社区矫正对象的司法所工作档案。

需要注意的是，训诫和警告是县级社区矫正机构作出的针对社区矫正对象的行政性惩罚措施，但训诫和警告不属于行政处罚。社区矫正对象对训诫、警告不服，不能提起行政复议和行政诉讼，但可以向作出决定的机关申请复核，也可以向人民检察院申诉。

（三）治安管理处罚

1. 适用情形。《社区矫正法实施办法》第36条规定："社区矫正对象违反监督管理规定或者人民法院禁止令，依法应予治安管理处罚的……"《治安管理处罚法》第60条规定："有下列行为之一的，处五日以上十日以下拘留，并处二百元以上五百元以下罚款：……（四）被依法执行管制、剥夺政治权利或者在缓刑、暂予监外执行中的罪犯或者被依法采取刑事强制措施的人，有违反法律、行政法规或者国务院有关部门的监督管理规定的行为。"《关于对判处管制、宣告缓刑的犯罪分子适用禁止令有关问题的规定（试行）》第11条规定："判处管制的犯罪分子违反禁止令，或者被宣告缓刑的犯罪分子违反禁止令尚不属情节严重的，由负责执行禁止令的社区矫正机构所在地的公安机关依照《中华人民共和国治安管理处罚法》第六十条的规定处罚。"因此，对社区矫正对象提请给予治安管理处罚适用于下列情形：

（1）判处管制的社区矫正对象违反禁止令的。该类社区矫正对象只要有违反禁止令的行为就应当给予治安管理处罚，不论违规情节是否严重。

（2）宣告缓刑的社区矫正对象违反禁止令，尚不属情节严重的。对于该类人员，如果构成"情节严重"，则应当撤销缓刑，执行原判刑罚。违反禁止令，具有下列情形之一的，应当认定为"情节严重"：①三次以上违反禁止令的；②因违反禁止令被治安管理处罚后，再次违反禁止令的；③违反禁止令，发生较为严重危害后果的；④其他情节严重的情形。

（3）判处管制、宣告缓刑、决定暂予监外执行的社区矫正对象其他违反法律、行政法规或者国务院有关部门的监督管理规定的行为。

应当注意的是，给予治安管理处罚的情形不包括裁定假释的社区矫正对象，因为该类对象的违法违规行为一旦达到了应当给予治安管理处罚的程度，那么就应当依法撤销假释，执行原判刑罚。

2. 程序。

（1）审核。社区矫正对象违反监督管理规定或者人民法院禁止令，依法应予治安管理处罚的，一般由司法所制作《提请治安管理处罚审核表》，并附证据材料，上报县级社区矫正机构审核。案件事实清楚、证据充分、定性准确、程序合法的，由县级社区矫正机构审核批准。

（2）提请。县级社区矫正机构审核通过后，向同级公安机关提出《治安管理处罚建议书》并附证据材料，提请同级公安机关依法给予处罚，同时向执行地同级人民检察院抄送治安管理处罚建议书副本。公安机关作出治安管理处罚决定的，应当及时将处理结果通知县级社区矫正机构和同级人民检察院。送达回证及相关送达证明材料扫描上传省社区矫正综合管理平台。

（3）存档。治安管理处罚建议书与合议、评议审核意见表、审核表、笔录、送达回证以及其他相关案卷材料存入社区矫正档案，提请治安管理处罚建议书同时存入社区矫正对象的司法所工作档案。县级社区矫正机构收到公安机关处罚决定后，处罚决定原件存入社区矫正档案，复印件一份送司法所存入工作档案。

需要注意的是，治安管理处罚不同于训诫、警告。对于治安管理处罚，社区矫正机构只有建议权，向公安机关提出处罚建议，而公安机关行使治安管理处罚的决定权。另外，治安管理处罚是一种行政处罚，社区矫正对象对治安管理处罚不服的，可以依法提起行政复议和行政诉讼。

附件 9-7

治安管理处罚（撤销缓刑、撤销假释、收监执行）建议书

（　　）字第　　　号

社区矫正对象_____，男（女），____年____月____日出生，____族，身份证号码_____，户籍地_____，执行地_____。因犯_____罪经_____人民法院于____年____月____日判处_____。____年____月____日经_____人民法院（监狱管理局、公安局）裁定假释（决定、批准暂予监外执行）。在管制（缓刑、假释、暂予监外执行）期间，依法实行社区矫正。社区矫正期限自_____年____月____日起至____年____月____日止。

该社区矫正对象有违反法律（行政法规、社区矫正监督管理规定、人民法院禁止令）的行为，具体事实如下：_____

_____。

依据＿＿＿＿＿＿＿＿＿＿＿＿＿＿＿＿之规定，建议对该社区矫正对象给予治安管理处罚（撤销缓刑、撤销假释、收监执行）。

　　此致

　　　＿＿＿＿＿＿＿人民法院（公安局、监狱管理局）

　　　　　　　　　　　　　　　　　　　　　　　　（公章）

　　　　　　　　　　　　　　　　　　　　　　年　月　日

注：抄送＿＿＿＿＿人民法院（公安局、监狱管理局），＿＿＿＿＿＿人民检察院，＿＿＿＿＿＿＿公安（分）局，＿＿＿＿＿＿＿＿监狱。

治安管理处罚（撤销缓刑、撤销假释、收监执行）建议书

说明：

1. 本文书根据《刑法》第 77 条、第 86 条，《刑事诉讼法》第 268 条，《社区矫正法》第 28 条，《治安管理处罚法》第 60 条，《社区矫正法实施办法》第 36 条、第 46 条、第 47 条、第 49 条的规定制作，用于提出治安管理处罚、撤销缓刑、撤销假释和暂予监外执行收监执行的建议时使用。

2. 文书字号由年度、社区矫正机构代字、类型代字、文书编号组成，使用阿拉伯数字，如"（2020）××矫治处/撤缓/撤假/收执建字第 1 号"。"根据＿＿＿＿＿之规定"需要列明应适用的法律规定。

3. 治安管理处罚建议书一式三份，一份连同审批表等其他证明材料组卷，并另附一份向同级公安机关提出，同时抄送同级人民检察院。

4. 撤销缓刑、暂予监外执行收监执行建议书一式三份，一份连同审批表、训诫、警告决定书、调查核实笔录等其他证明材料组卷，并另附一份向原社区矫正决定机关或者执行地社区矫正决定机关提出，一份抄送执行地同级人民检察院；撤销假释建议书一式四份，除以上三份外，还应同时抄送公安机关、罪犯原服刑或者接收其档案的监狱一份。公安机关、人民法院、执行地或者原社区矫正决定机关作出处理结果、作出裁定或者决定后，留存另附的一份，将卷宗退回社区矫正机构。

二、刑事处罚：撤销缓刑、撤销假释、暂予监外执行收监执行

（一）撤销缓刑

根据《刑法》第 77 条的规定，撤销缓刑的情形主要有以下两种：一是被宣告缓刑的犯罪分子，在缓刑考验期限内犯新罪或者发现判决宣告以前还有其他罪没有判决的；二是被宣告缓刑的犯罪分子，在缓刑考验期限内，违反法律、行政法规或者国务院有关部门关于缓刑的监督管理规定，或者违反人民法院判决中的禁止令，情节严重的。此处仅从社区矫正执法管理的角度，对第二种情形进行介绍。

1. 适用条件。根据《社区矫正法实施办法》第46条第1款的规定，社区矫正对象在缓刑考验期内，有下列情形之一的，由执行地同级社区矫正机构提出撤销缓刑建议：（一）违反禁止令，情节严重的；（二）无正当理由不按规定时间报到或者接受社区矫正期间脱离监管，超过一个月的；（三）因违反监督管理规定受到治安管理处罚，仍不改正的；（四）受到社区矫正机构两次警告，仍不改正的；（五）其他违反有关法律、行政法规和监督管理规定，情节严重的情形。

第（一）种情形所指的违反禁止令情节严重，是指具有下列情形之一：①三次以上违反禁止令的；②因违反禁止令被治安管理处罚后，再次违反禁止令的；③违反禁止令，发生较为严重危害后果的；④其他情节严重的情形。

第（五）种情形所称的其他违反有关法律、行政法规和监督管理规定，是指根据《刑法》第75条的规定，被宣告缓刑的犯罪分子，应当遵守下列规定：（一）遵守法律、行政法规，服从监督；（二）按照考察机关的规定报告自己的活动情况；（三）遵守考察机关关于会客的规定；（四）离开所居住的市、县或者迁居，应当报经考察机关批准。

2. 程序。

（1）审核。对于社区矫正对象应当撤销缓刑的，一般由司法所制作《提请撤销缓刑审核表》并附证据材料，上报县级社区矫正机构审核。案件事实清楚、证据充分、定性准确、程序合法的，由县级社区矫正机构审核批准。

（2）提请。县级社区矫正机构审核批准后，向原审人民法院提出《撤销缓刑建议书》并附证据材料。县级社区矫正机构应当将《撤销缓刑建议书》副本同时抄送执行地同级人民检察院。

原决定机关为中级人民法院的，由执行地县级社区矫正机构提出撤销缓刑建议书并附相关证明材料，报经执行地市级社区矫正机构审核同意后，由执行地市级社区矫正机构提请执行地中级人民法院裁定；原决定机关为高级人民法院的，应当逐级上报至省级社区矫正机构审核同意后，由省级社区矫正机构提请执行地高级人民法院裁定。原审人民法院不在本省、自治区、直辖市的，可以由执行地同级社区矫正机构提请与原审人民法院同级的本省、自治区、直辖市执行地人民法院裁定，裁定书同时抄送原审人民法院。

送达回证及相关送达证明材料扫描上传省社区矫正综合管理平台。

（3）裁定。人民法院应当自收到撤销缓刑建议书之日起一个月内作出裁定。人民法院的撤销缓刑裁定书副本同时抄送执行地同级人民检察院。人民检察院认为人民法院应当裁定撤销缓刑未予裁定的，应当依法提出纠正意见。

（4）存档。撤销缓刑建议书或者提请撤销缓刑报告、原审法院裁判文书、执行通知书、社区矫正期间历次减刑裁定书复印件、证据材料、月度考核表、合议、评议审核意见表、审核表、笔录、送达回证以及其他相关案卷材料存入社区矫正档案，撤销缓刑建议书或提请撤销缓刑报告同时存入社区矫正对象的司法所工作档案。县级社区矫正机构收到撤销缓刑裁定书后，裁定书原件存入社区矫正档案，复印件一份送司法所存入工作档案。

（5）收监。人民法院裁定撤销缓刑执行收监执行的，由执行地县级公安机关本着就近、便利、安全的原则，送交社区矫正对象执行地所属的省、自治区、直辖市管辖范围内的看守所或者监狱执行刑罚。

执行以前被逮捕的，羁押一日折抵刑期一日。人民法院裁定不予撤销缓刑的，对被逮捕的社区矫正对象，公安机关应当立即予以释放。

（6）逮捕。对已被提请收监执行的社区矫正对象，县级社区矫正机构应当加强监管。被提请撤销缓刑、假释的社区矫正对象可能逃跑或者可能发生社会危险的，社区矫正机构可以在提出撤销缓刑建议的同时，提请人民法院决定对其予以逮捕。

人民法院应当在四十八小时内作出是否逮捕的决定。决定逮捕的，由公安机关执行。逮捕后的羁押期限不得超过三十日。

根据《社区矫正法实施办法》第48条的规定，被提请撤销缓刑、撤销假释的社区矫正对象具备下列情形之一的，社区矫正机构在提出撤销缓刑、撤销假释建议书的同时，提请人民法院决定对其予以逮捕：（一）可能逃跑的；（二）具有危害国家安全、公共安全、社会秩序或者他人人身安全现实危险的；（三）可能对被害人、举报人、控告人或者社区矫正机构工作人员等实施报复行为的；（四）可能实施新的犯罪的。社区矫正机构提请人民法院决定逮捕社区矫正对象时，应当提供相应证据，移送人民法院审查决定。社区矫正机构提请逮捕、人民法院作出是否逮捕决定的法律文书，应当同时抄送执行地县级人民检察院。

附件9-8

社区矫正对象逮捕建议书

（　）字第　　号

社区矫正对象_____，男（女），____年____月____日出生，__族，身份证号码_____，户籍地_____，执行地_____。因犯_____罪经_____人民法院于____年____月____日判处_____。____年____月____日经_____人民法院裁定假释。在缓刑（假释）期间，依法实行社区矫正。社区矫正期限自____年____月____日起至____年____月____日止。

在社区矫正期间，该社区矫正对象有违反法律（行政法规、社区矫正监督管理规定、人民法院禁止令）的行为，被提请撤销缓刑（假释），并具有应予逮捕的情形，具体事实如下：_____

_____。

依据《中华人民共和国社区矫正法》第四十七条之规定，建议对社区矫正对象＿＿_____予以逮捕。

此致

_____人民法院（公安局、监狱管理局）

（公章）

年　月　日

注：抄送_____人民检察院。

社区矫正对象逮捕建议书

说明：

1. 本文书根据《社区矫正法》第 47 条、《社区矫正法实施办法》第 48 条的规定制作。用于在提出撤销缓刑、假释建议的同时，提请人民法院决定对其予以逮捕时使用。

2. 文书字号由年度、社区矫正机构代字、类型代字、文书编号组成，使用阿拉伯数字，如"（2020）××矫捕建字第 1 号"。该建议书一式三份，一份随同撤销缓刑、假释建议及相应证据材料等组卷，一份送原社区矫正决定机关或者执行地社区矫正机关，一份抄送执行地县级人民检察院。

（二）撤销假释

根据《刑法》第 86 条的规定，撤销假释的情形主要有以下两种：一是被假释的犯罪分子，在假释考验期限内犯新罪，或者发现被假释的犯罪分子在判决宣告以前还有其他罪没有判决的；二是被假释的犯罪分子，在假释考验期限内，有违反法律、行政法规或者国务院有关部门关于假释的监督管理规定的行为，尚未构成新的犯罪的。此处仅从社区矫正执法管理的角度，对第二种情形进行介绍。

1. 适用条件。根据《社区矫正法实施办法》第 47 条第 1 款的规定，社区矫正对象在假释考验期内，有下列情形之一的，由执行地同级社区矫正机构提出撤销假释建议：（一）无正当理由不按规定时间报到或者接受社区矫正期间脱离监管，超过一个月的；（二）受到社区矫正机构两次警告，仍不改正的；（三）其他违反有关法律、行政法规和监督管理规定，尚未构成新的犯罪的。

第（三）种情形所称的其他违反有关法律、行政法规和监督管理规定是指根据《刑法》第 84 条，被宣告假释的犯罪分子，应当遵守下列规定：（一）遵守法律、行政法规，服从监督；（二）按照监督机关的规定报告自己的活动情况；（三）遵守监督机关关于会客的规定；（四）离开所居住的市、县或者迁居，应当报经监督机关批准。

2. 程序。撤销假释的程序与撤销缓刑的程序大致相同，但略有区别。

（1）审核。对于社区矫正对象应当撤销缓刑的，一般由司法所制作《提请撤销假释审核表》并附证据材料，上报县级社区矫正机构审核。案件事实清楚、证据充分、定性准确、程序合法的，由县级社区矫正机构审核批准。县级社区矫正机构审核批准后，上报地市级社区矫正机构审核。

（2）提请。地市级社区矫正机构审核批准后，向原审（中级）人民法院提出《撤销假释建议书》并附证据材料。地市级社区矫正机构应当将《撤销缓刑建议书》副本同时抄送执行地同级人民检察院、公安机关、罪犯原服刑或者接收其档案的监狱。

原决定机关为高级人民法院的，应当逐级上报至省级社区矫正机构审核同意后，由省级社区矫正机构提请执行地高级人民法院裁定。原审人民法院不在本省、自治区、直辖市的，可以由执行地同级社区矫正机构提请与原审人民法院同级的本省、自治区、直辖市执行地人民法院裁定，裁定书同时抄送原审人民法院。

（3）裁定。人民法院应当自收到撤销假释建议书之日起一个月内作出裁定。人民法院的撤销假释裁定书副本同时抄送执行地同级人民检察院、公安机关、罪犯原服刑或者接收其档案的监狱。人民检察院认为人民法院应当裁定撤销假释未予裁定的，应当依法提出纠正意见。

送达回证及相关送达证明材料扫描上传省社区矫正综合管理平台。

（4）存档。撤销假释建议书以及提请撤销假释报告、原审法院裁判文书、执行通知书、社区矫正期间历次减刑裁定书复印件、证据材料、月度考核表、合议、评议审核意见表、审核表、笔录、送达回证以及其他相关案卷材料存入社区矫正档案，撤销假释建议书以及提请撤销假释报告同时存入社区矫正对象的司法所工作档案。县级社区矫正机构收到撤销假释裁定书后，裁定书原件存入社区矫正档案，复印件一份送司法所存入工作档案。

（5）收监。人民法院裁定撤销假释收监执行的，由执行地县级公安机关本着就近、便利、安全的原则，送交社区矫正对象执行地所属的省、自治区、直辖市管辖范围内的看守所或者监狱执行刑罚。

执行以前被逮捕的，羁押一日折抵刑期一日。人民法院裁定不予撤销假释的，对被逮捕的社区矫正对象，公安机关应当立即予以释放。

（6）逮捕。对已被提请收监执行的社区矫正对象，县级社区矫正机构应当加强监管。被提请撤销假释的社区矫正对象可能逃跑或者可能发生社会危险的，社区矫正机构可以在提出撤销缓刑建议的同时，提请人民法院决定对其予以逮捕。

人民法院应当在四十八小时内作出是否逮捕的决定。决定逮捕的，由公安机关执行。逮捕后的羁押期限不得超过三十日。

根据《社区矫正法实施办法》第48条的规定，被提请撤销缓刑、撤销假释的社区矫正对象具备下列情形之一的，社区矫正机构在提出撤销缓刑、撤销假释建议书的同时，提请人民法院决定对其予以逮捕：（一）可能逃跑的；（二）具有危害国家安全、公共安全、社会秩序或者他人人身安全现实危险的；（三）可能对被害人、举报人、控告人或者社区矫正机构工作人员等实施报复行为的；（四）可能实施新的犯罪的。社区矫正机构提请人民法院决定逮捕社区矫正对象时，应当提供相应证据，移送人民法院审查决定。社区矫正机构提请逮捕、人民法院作出是否逮捕决定的法律文书，应当同时抄送执行地县级人民检察院。

（三）暂予监外执行收监执行

1. 适用条件。根据《刑事诉讼法》《社区矫正法》《社区矫正法实施办法》的相关规定，在暂予监外执行期间，暂予监外执行社区矫正对象具有下列情形之一的，应当及时被收监执行：

（1）不符合暂予监外执行条件的。具体是指被暂予监外执行的社区矫正对象不符合下列条件之一：①有严重疾病需要保外就医的；②怀孕或者正在哺乳自己婴儿的妇女；③生活不能自理，适用暂予监外执行不致危害社会的。

（2）严重违反有关暂予监外执行监督管理规定。具体包括：①未经社区矫正机构批准擅自离开居住的市、县，经警告拒不改正，或者拒不报告行踪，脱离监管的；②因违反监督管理规定受到治安管理处罚，仍不改正的；③受到社区矫正机构两次警告的；④保外就医期间不按规定提交病情复查情况，经警告拒不改正的；⑤保证人丧失保证条件或者因不履行义务被取消保证人资格，不能在规定期限内提出新的保证人的；⑥其他违反有关法律、行政法规和监督管理规定，情节严重的情形。

（3）暂予监外执行的情形消失后，罪犯刑期未满的。具体是指有严重疾病需要保外就医、怀孕或者正在哺乳自己婴儿、生活不能自理的情形消失后，刑期未满。

2. 程序。

（1）审核。对于暂予监外执行的社区矫正对象符合收监执行的情形时，一般由司法所制作《提请收监执行审核表》并附证据材料，上报县级社区矫正机构审核。案件事实清楚、证据充分、定性准确、程序合法的，由县级社区矫正机构审核批准。

（2）提请。县级社区矫正机构审核批准后，由县级社区矫正机构向执行地社区矫正决定机关（人民法院、省级以上监狱管理机关或设区的市一级以上公安机关）提出《收监执行建议书》并附证据材料。如果原社区矫正决定机关与执行地县级社区矫正机构在同一省、自治区、直辖市的，可以向原社区矫正决定机关提出建议。社区矫正机构的收监执行建议书应当同时抄送执行地县级人民检察院。

（3）决定。社区矫正决定机关应在收到《收监执行建议书》后30日内作出决定，将决定书送达执行地县级社区矫正机构，同时抄送执行地县级人民检察院。

送达回证及相关送达证明材料扫描上传省社区矫正综合管理平台。

（4）存档。收监执行建议书、原审法院裁判文书、执行通知书、社区矫正期间历次减刑裁定书复印件、证据材料、月度考核表、合议、评议审核意见表、审核表、笔录、送达回证以及其他相关案卷材料存入社区矫正档案，收监执行建议书同时存入社区矫正对象的司法所工作档案。县级社区矫正机构收到收监执行决定书后，决定书原件存入社区矫正档案，复印件一份送司法所存入工作档案。

（5）收监。人民法院决定暂予监外执行收监执行的，由执行地县级公安机关本着就近、便利、安全的原则，送交社区矫正对象执行地所属的省、自治区、直辖市管辖范围内的看守所或者监狱执行刑罚。公安机关决定暂予监外执行收监执行的，由执行地县级公安机关送交存放或者接收罪犯档案的看守所收监执行。监狱管理机关决定暂予监外执行收监执行的，由存放或者接收罪犯档案的监狱收监执行。

实训步骤

1. 教师布置实训工作任务并说明注意事项。

（1）考核奖惩中关注证据材料的收集。

（2）注意奖惩措施决定作出后的文书送达、警示教育环节。

（3）注意受理提请撤销缓刑、撤销假释的人民法院的地域和级别。

（4）注意撤销假释与撤销缓刑在适用条件上的区别。

（5）注意受理提请收监执行的不同部门的区别。

（6）考核奖惩中涉及对象为未成年人的，应当遵守保密规定。

（7）考核奖惩中涉及的国家秘密、商业秘密、个人隐私等信息，应当保密。

2. 阅读准备好的实训案例。

3. 根据实训需要将学生分成若干小组，进行组内角色和任务分配。

4. 根据案例中所提供资料小组讨论、准备考核奖惩所需的文书材料。

5. 制定周全细密的考核奖惩方案。

6. 小组开展模拟考核奖惩。

7. 指导教师进行点评总结，每组学生根据教师的点评总结找出不足。

实训案例 9-1

张某，女，1984 年 1 月出生，户籍地为 J 省 N 市 R 市，居住地为 J 省 N 市 R 县。2021 年 3 月 8 日，因犯盗窃罪被 R 县人民法院判有期徒刑八个月，缓刑一年，缓刑考验期自 2021 年 3 月 20 日起至 2022 年 3 月 19 日止。2021 年 3 月 23 日，张某到 R 县司法局报到，由执行地司法所负责其社区矫正期间的日常教育管理。

（一）发现、认定行为

2021 年 5 月 3 日，司法所通过信息化核查发现张某定位在 R 市。工作人员立即电话联系张某核实情况，张某承认自己未经批准违规外出的事实，工作人员随即劝其立刻返回，并告知其行为违反了外出的监督管理规定。

（二）给予训诫情况

2021年5月3日，司法所截取张某定位活动轨迹，核对违规行为，制作调查笔录，向县社区矫正机构提交相关调查报告及佐证材料。依据《社区矫正法》第28条、《社区矫正法实施办法》第34条第2项规定，经调查小组人员合议，建议应当给予张某训诫一次，并填报《社区矫正训诫审批表》，提请县社区矫正机构对张某给予训诫处罚。经县社区矫正机构集体审议，认为张某违规行为符合训诫条件，依法作出训诫处罚决定，出具《社区矫正训诫决定书》。

（三）给予训诫教育实施情况

县社区矫正机构工作人员、民警会同张某矫正小组成员，在县社区矫正中心训诫室对张某实施训诫，宣告参与训诫人员、宣布训诫纪律，并向张某宣读《社区矫正训诫决定书》。民警对张某进行了训诫谈话，严肃告知其违反社区矫正相关规定后果及影响，张某表示已认识到所犯错误，会吸取此次教训。县社区矫正机构工作人员向张某发放《社区矫正训诫决定书》，张某在送达回执上签字。训诫结束后，县社区矫正机构和司法所将《社区矫正训诫决定书》予以公示，司法所及时调整了张某的管理等级和矫正方案。

（四）训诫效果情况

通过接受训诫、观看社区矫正对象被收监警示录像，张某认识到错误并进行检讨，接受社区矫正态度明显向好。

请运用本章知识，在理性分析上述案例的基础上，完成以下实训任务：

1. 明确社区矫正对象考核的内容，找出案例中的具体考核内容。

2. 明确社区矫正对象考核的方法，运用定性考核法和计分考核法分别制作《考核表》。

3. 制作考核结果应用方案。

实训案例9-2

2019年1月21日，马某因犯非法持有弹药罪被Q市C区人民法院判处有期徒刑三年，缓刑五年，缓刑考验期限自2019年1月21日起至2024年1月20日止。在社区矫正期间，马某服从管理，自觉遵守《社区矫正法》和各项社区矫正法律法规，按时到司法所报到，积极参加社区志愿活动，被L区H街道L社区授予"抗疫先锋"纪念章；多次无偿献血，被红十字总会、国家卫生健康委员会、中央军委后勤保障部卫生局等部门联合授予"2018~2019年度全国无偿献血奉献奖铜奖""2020~2021年度全国无偿献血奉献奖金奖"。2022年8月，马某无偿捐献造血干细胞，4天打入8针动员剂，分离出380毫升造血干细胞悬液，成功救助一名12岁患白血病儿童，被中国造血干细胞捐献者资料库管理中心授予捐献造血干细胞荣誉证书，同年11月29日被Q市L区委政法委、L区见义勇为协会授予"L区见义勇为先进个人"称号，奖励五千元。

请运用本章知识，在理性分析上述案例的基础上，完成以下实训任务：

1. 应该给予社区矫正对象马某何种奖惩措施？

2. 明确该奖惩措施的适用条件，找出案例中给予奖惩的具体适用条件。

3. 明确该奖惩措施的实施程序，为本案例制作具体的奖惩措施实施方案。

4. 制作相应的审核表、建议书。

5. 根据案例介绍，收集整理相关的证据材料。

实训案例 9-3

社区矫正对象谢某，男，2000 年 2 月出生，无业，户籍地和居住地均为 G 省 M 市 L 县。2022 年 2 月 26 日因盗窃罪被 J 区人民法院判处有期徒刑九个月，缓刑一年。在缓刑期间，依法实行社区矫正。社区矫正期限自 2022 年 3 月 1 日起至 2023 年 2 月 28 日止。

L 县司法局让谢某到电信安装了手机定位软件，并向其宣告了手机监管制度，发放告知书。该社区矫正对象于 2022 年 3 月 4 日到司法所报到接受社区矫正。司法所严格按照相关程序对谢某办理了接收手续，告知其社区矫正的各项规章制度。谢某表示一定要按社区矫正的相关规定去做，绝不再干违法的事。

2022 年 3 月 18 日下午，司法所工作人员在社区矫正管理信息平台上发现，谢某定位手机位置出现在 M 市 J 区，司法所工作人员随即给谢某打电话核实情况。谢某承认其确实在 M 市 J 区，陪表哥接人。司法所工作人员要求其立即返回并来司法所报告。

请运用本章知识，在理性分析上述案例的基础上，完成以下实训任务：

1. 应该给予社区矫正对象谢某何种奖惩措施？

2. 明确该奖惩措施的适用条件，找出案例中给予奖惩的具体适用条件。

3. 明确该奖惩措施的实施程序，为本案例制作具体的奖惩措施实施方案。

4. 制作相应的审核表、建议书。

5. 根据案例介绍，收集整理相关的证据材料。

实训案例 9-4

社区矫正对象刘某，男，1993 年 8 月出生，户籍地为 S 省 L 市，实际居住地为 H 市 B 区。2022 年 4 月，因犯诈骗罪被 H 市 M 区人民法院判处有期徒刑三年，缓刑四年。社区矫正期自 2022 年 6 月 20 日起至 2026 年 6 月 19 日止。

社区矫正对象刘某接受社区矫正后，表面上表现得很遵守法律法规，但却时常表达自己身患疾病、生活压力重的痛苦以及此次矫正期限判决过重的忧虑，希望博得社区矫正工作人员的同情怜悯。鉴于该对象言行浮夸造作及其涉及诈骗犯罪的经历，司法所在对其采取正常管理教育的同时，也保持着一定的警惕和关注。

2022 年 11 月 17 日，刘某自述其因为遭遇车祸而无法及时向司法所履行报到义务。司法所工作人员要求其立即报警就医，并在事后上报 110 出警回执、就医记录等证明材料。事发后数日，刘某向司法所提供了自己身染血迹的照片、上海复旦大学附属华山医院出具的一张临床诊断报告和住院证明，并且在交谈询问中表现出虚弱无力的状态，但却以身体不适、律师诉讼、疫情影响等各种理由迟迟无法提交出警回执、医疗诊费记录等证明。鉴于刘某提供的证明材料不足以说明确实发生车祸事实，以及其诈骗犯罪经历，司法所工作人员将相关情况上报区社区矫正机构后，做进一步调查审核。

区社区矫正机构工作人员前往F医院进行情况核实。经审核，第一，其受伤照片血痕形状和血迹颜色有疑点；第二，医院诊断报告中的专业名词不符；第三，住院证明中医生签名及医院公章模糊，证实材料上的医院公章格式不符，且并未找到刘某相关就诊住院记录、临床诊断报告和住院证明。为此，临床诊断报告和住院证明系伪造。

2022年12月9日，区社区矫正机构约谈社区矫正对象刘某，在铁一般的事实证明下，刘某承认因规避社区矫正日常监管后为了逃逸处罚而谎报车祸并提供相关伪造证明材料的违法违规事实。

请运用本章知识，在理性分析上述案例的基础上，完成以下实训任务：

1. 应该给予社区矫正对象刘某何种奖惩措施？
2. 明确该奖惩措施的适用条件，找出案例中给予奖惩的具体适用条件。
3. 明确该奖惩措施的实施程序，为本案例制作具体的奖惩措施实施方案。
4. 制作相应的审核表、建议书。
5. 根据案例介绍，收集整理相关的证据材料。

实训案例 9-5

秦某，男，1998年8月出生，户籍地、居住地均为D省Y市，2019年5月27日至6月2日，秦某以非法占有为目的，采取秘密窃取手段多次实施盗窃。2020年7月，秦某因犯盗窃罪被Y市人民法院判外拘役五个月，缓刑一年，缓刑考验期自2020年7月20日起至2021年7月19日止。2020年7月20日，秦某到Y市司法局报到，由受委托的司法所负责对其日常管理。

2020年7月20日社区矫正对象秦某办理入矫报到手续，次日到受委托的司法所接受日常管理。自入矫报到以来，多次发生违反监督管理规定行为，Y市司法局于7月29日、8月4日分别对其给予训诫处罚两次，并依据《社区矫正法实施办法》第35条第5项之规定给予警告处罚一次。

2020年10月30日上午，Y市司法局工作人员对秦某进行定位抽查时发现其定位手机关机，随即通知受委托的司法所联系秦某开机并说明情况。自10月30日下午开始，司法所通过电话和微信等多种方式要求秦某前来说明情况，秦某一直拒绝接听和回复。11月2日上午10点12分左右，秦某在微信上给司法所所长自述已经前往J市。经核实，11月1日中午12点左右秦某到达J市，直到5日晚上10点左右才返回居住地Y市。自10月30日下午至11月5日晚上，秦某恶意逃避司法所监管，定位手机一直处于关机状态，致使司法所无法掌握其实时位置，脱离监管近7天，严重违反了社区矫正监管规定。

针对秦某违反监督管理规定的行为，10月31日下午，Y市法局、司法所工作人员一起到秦某居住村庄进行查找，并分别与该村党支部书记、秦某父亲进行座谈，了解秦某去向。期间秦某接听其父亲及村支书电话，但拒绝与工作人员见面并汇报实时位置，且言辞激烈拒不悔改。11 月 3 日下午 3 时许，经使用技术手段发现，秦某定位手机所处位置在 Y 市 A 路与 B 路交叉口路南某小区。Y 市司法局、司法所 6 名工作人员会同派出所 2 名干警立即赶往此处走访居民进行查找，截至晚上 7 点一直未发现秦某。11 月 4 日下午 4 时许，Y 市司法局 2 名工作人员再次前往该小区进行查找，仍未能找到秦某。

请运用本章知识，在理性分析上述案例的基础上，完成以下实训任务：

1. 应该给予以社区矫正对象秦某何种奖惩措施？
2. 明确该奖惩措施的适用条件，找出案例中给予奖惩的具体适用条件。
3. 明确该奖惩措施的实施程序，制作本案例具体奖惩措施实施方案。
4. 制作相应的审核表、建议书。
5. 根据案例介绍，收集整理相关的证据材料。

实训案例 9-6

社区矫正对象麦某，女，1997 年 5 月 22 日出生，户籍地为 G 省 Z 市 W 市，居住地为 G 省 G 市 T 区。因犯故意伤害罪，被 G 市 Y 区人民法院于 2018 年 7 月 20 日判处有期徒刑三年，缓刑三年六个月。缓刑考验期为 2018 年 7 月 31 日至 2022 年 1 月 30 日；社区矫正执行机关为 Z 市 W 市司法局。后麦某申请变更执行地，经 W 市司法局按规定程序审批同意后，2021 年 7 月 13 日，麦某变更到 G 市 T 区司法局接受社区矫正，2021 年 7 月 16 日起由受委托司法所对其进行社区矫正期间的日常监督管理和教育帮扶。

受委托司法所根据智能化数据排查反馈信息，发现麦某在社区矫正期间存在多次违法出境情况，司法所随即通知麦某前来接受调查。经查，麦某于 2018 年 7 月 31 日至 2021 年 7 月 12 日在 W 市司法局接受社区矫正期间，私自违法出境多达 24 次。经工作人员与麦某本人核对，麦某承认上述 24 次违法出境情况属实，多次与男朋友或其他朋友结伴出境旅游。

经核查，2017 年，麦某丢失第一本护照之后，同年补办了第二本护照。因补办的第二本护照证件照与麦某本人长相差异较大（曾多次进行面部整容），出入境时常受到边境工作人员问询，于是麦某继续以遗失第二本护照为由再次补办了第三本护照。2018 年，麦某在 W 市司法局接受社区矫正时，只向当地受委托司法所上交了第二本护照和一张港澳通行证，而第三本补办的护照一直隐瞒未交，在此期间麦某所有出入境均用私藏的第三本护照出行。直至变更到 G 市 T 区司法局接受社区矫正之后，麦某违法出入境情况才被工作人员排查发现，并要求其立即上交隐瞒的第三本护照。

麦某在 W 市司法局接受社区矫正期间，共被处罚 7 次。具体如下：①口头警告 2 次：2018 年 10 月 22 日、2019 年 11 月 28 日，因私自外出分别被口头警告 1 次；②训诫 2 次：2020 年 10 月 19 日和 2020 年 12 月 3 日，未经批准私自外出到 G 市，分别被训诫 1 次；③警告 2 次：2020 年 1 月 9 日，连续两周未向司法所电话报告，被警告 1 次；2021 年 6 月

10 日，未经批准多次私自外出，被警告 1 次；④扣分 1 次：2020 年 5 月 22 日，私自外出到 G 市，被扣 8 分。

受委托司法所针对社区矫正对象麦某违法出入境情况经核实清楚并完成调查笔录，麦某本人签名确认情况属实。为防止麦某出现突发情况，司法所经审批后，为其佩戴电子手环，加强对其日常监督管理，确保不出意外。同时，T 区司法局向 T 区公安分局发函调查确认麦某的出境情况，在收到 T 区公安分局关于麦某违法出境情况核查的反馈情况后，麦某在 W 市司法局接受社区矫正期间存在多次违法出境的行为已被证实。

请运用本章知识，在理性分析上述案例的基础上，完成以下实训任务：

1. 应该给予以社区矫正对象麦某何种奖惩措施？
2. 明确该奖惩措施的适用条件，找出案例中给予奖惩的具体适用条件。
3. 明确该奖惩措施的实施程序，制作本案例具体奖惩措施实施方案。
4. 制作相应的审核表、建议书。
5. 根据案例介绍，收集整理相关的证据材料。

实训案例 9-7

吴某，男，1997 年 10 月出生，户籍地、居住地均为 G 省 Q 市 G 县。2016 年 3 月，因犯盗窃罪被 L 人民法院判处有期徒刑四年六个月。吴某在服刑期间因确有悔改表现，2018 年 6 月，被 G 省 Q 市中级人民法院裁定假释，假释考验期自 2018 年 6 月 29 日起至 2019 年 12 月 29 日止。2018 年 7 月 3 日，吴某到 G 县司法局报到，由居住地司法所负责对其社区矫正期间日常管理。

2019 年 3 月 5 日，吴某在网吧内盗窃他人手机一部，被公安机关决定给予行政拘留 10 日。G 县司法局社区矫正机构工作人员到公安机关查询调取了吴某的盗窃违法事实和处罚情况，依法、及时、全面地收集有关证明材料，认定其违反社区矫正监督管理规定的事实。

请运用本章知识点，在理性分析上述案例的基础上，完成以下实训任务：

1. 应该给予以社区矫正对象吴某何种奖惩措施？
2. 明确该奖惩措施的适用条件，找出案例中给予奖惩的具体适用条件。
3. 明确该奖惩措施的实施程序，制作本案例具体奖惩措施实施方案。
4. 制作相应的审核表、建议书。
5. 根据案例介绍，收集整理相关的证据材料。

实训案例 9-8

闻某，女，1959 年出生，户籍地为 L 省 A 市 T 区，居住地为 L 省 A 市 T 区。2011 年 8 月 24 日，因犯贩卖毒品罪被 L 省 K 市人民法院判处有期徒刑十五年。2015 年 6 月 3 日，因患严重疾病被 L 省监狱管理局决定暂予监外执行。自 2015 年 6 月 5 日起在 A 市 T 区由执行地司法所接受社区矫正。

2021 年 5 月，A 市 T 区司法局社区矫正执法大队工作人员通过信息化核查，发现社区矫正对象闻某存在多次不假外出的行为。根据相关规定，T 区司法局社区矫正执法大队依法向同级公安机关提请对闻某进行治安管理处罚，并向执行地同级人民检察院抄送治安管理处罚建议书副本，主动接受检察机关法律监督。2021 年 5 月 29 日，T 区司法局收到公安机关送达的治安管理处罚决定书，闻某被 A 市公安局 T 分局决定行政拘留五日，同日处罚结果送达检察机关。2022 年 8 月 13 日，闻某因吸食毒品冰毒，被公安机关抓获后，A 市公安局 T 分局决定对其行政拘留十日。

请运用本章知识，在理性分析上述案例的基础上，完成以下实训任务：

1. 应该给予以社区矫正对象闻某何种奖惩措施？
2. 明确该奖惩措施的适用条件，找出案例中给予奖惩的具体适用条件。
3. 明确该奖惩措施的实施程序，制作本案例具体奖惩措施实施方案。
4. 制作相应的审核表、建议书。
5. 根据案例介绍，收集整理相关的证据材料。

思考题 ⫶⫶⫶

1. 什么是考核奖惩？考核奖惩具有哪些作用？
2. 简述社区矫正奖惩措施的种类。
3. 什么是社区矫正考核？社区矫正考核的内容是什么？
4. 社区矫正对象需要具备应当具备哪些条件才可以申请减刑？

拓展学习 ⫶⫶⫶

考核奖惩流程图[1]　　　　《浙江省社区矫正对象考核奖惩办法（试行）》

附：考核奖惩的法律依据

（一）《刑法》的相关规定

第 77 条　【缓刑的撤销及其处理】被宣告缓刑的犯罪分子，在缓刑考验期限内犯新罪或者发现判决宣告以前还有其他罪没有判决的，应当撤销缓刑，对新犯的罪或者新发现

---

〔1〕　资料源于北京市房山区司法局编制的内部资料《房山区社区矫正执法办案流程指南》。

的罪作出判决，把前罪和后罪所判处的刑罚，依照本法第六十九条的规定，决定执行的刑罚。

被宣告缓刑的犯罪分子，在缓刑考验期限内，违反法律、行政法规或者国务院有关部门关于缓刑的监督管理规定，或者违反人民法院判决中的禁止令，情节严重的，应当撤销缓刑，执行原判刑罚。

第78条　【减刑条件与限度】 被判处管制、拘役、有期徒刑、无期徒刑的犯罪分子，在执行期间，如果认真遵守监规，接受教育改造，确有悔改表现的，或者有立功表现的，可以减刑；有下列重大立功表现之一的，应当减刑：

（一）阻止他人重大犯罪活动的；

（二）检举监狱内外重大犯罪活动，经查证属实的；

（三）有发明创造或者重大技术革新的；

（四）在日常生产、生活中舍己救人的；

（五）在抗御自然灾害或者排除重大事故中，有突出表现的；

（六）对国家和社会有其他重大贡献的。

减刑以后实际执行的刑期不能少于下列期限：

（一）判处管制、拘役、有期徒刑的，不能少于原判刑期的二分之一；

（二）判处无期徒刑的，不能少于十三年；

（三）人民法院依照本法第五十条第二款规定限制减刑的死刑缓期执行的犯罪分子，缓期执行期满后依法减为无期徒刑的，不能少于二十五年，缓期执行期满后依法减为二十五年有期徒刑的，不能少于二十年。

第79条　【减刑程序】 对于犯罪分子的减刑，由执行机关向中级以上人民法院提出减刑建议书。人民法院应当组成合议庭进行审理，对确有悔改或者立功事实的，裁定予以减刑。非经法定程序不得减刑。

第86条　【假释的撤销及其处理】 被假释的犯罪分子，在假释考验期限内犯新罪，应当撤销假释，依照本法第七十一条的规定实行数罪并罚。

在假释考验期限内，发现被假释的犯罪分子在判决宣告以前还有其他罪没有判决的，应当撤销假释，依照本法第七十条的规定实行数罪并罚。

被假释的犯罪分子，在假释考验期限内，有违反法律、行政法规或者国务院有关部门关于假释的监督管理规定的行为，尚未构成新的犯罪的，应当依照法定程序撤销假释，收监执行未执行完毕的刑罚。

（二）《刑事诉讼法》的相关规定

**第268条　** 对暂予监外执行的罪犯，有下列情形之一的，应当及时收监：

（一）发现不符合暂予监外执行条件的；

（二）严重违反有关暂予监外执行监督管理规定的；

（三）暂予监外执行的情形消失后，罪犯刑期未满的。

对于人民法院决定暂予监外执行的罪犯应当予以收监的，由人民法院作出决定，将有关的法律文书送达公安机关、监狱或者其他执行机关。

不符合暂予监外执行条件的罪犯通过贿赂等非法手段被暂予监外执行的，在监外执行的期间不计入执行刑期。罪犯在暂予监外执行期间脱逃的，脱逃的期间不计入执行刑期。

罪犯在暂予监外执行期间死亡的，执行机关应当及时通知监狱或者看守所。

（三）《治安管理处罚法》的相关规定

第60条　有下列行为之一的，处五日以上十日以下拘留，并处二百元以上五百元以下罚款：

（一）隐藏、转移、变卖或者损毁行政执法机关依法扣押、查封、冻结的财物的；

（二）伪造、隐匿、毁灭证据或者提供虚假证言、谎报案情，影响行政执法机关依法办案的；

（三）明知是赃物而窝藏、转移或者代为销售的；

（四）被依法执行管制、剥夺政治权利或者在缓刑、暂予监外执行中的罪犯或者被依法采取刑事强制措施的人，有违反法律、行政法规或者国务院有关部门的监督管理规定的行为。

（四）《社区矫正法》的相关规定

第28条　社区矫正机构根据社区矫正对象的表现，依照有关规定对其实施考核奖惩。社区矫正对象认罪悔罪、遵守法律法规、服从监督管理、接受教育表现突出的，应当给予表扬。社区矫正对象违反法律法规或者监督管理规定的，应当视情节依法给予训诫、警告、提请公安机关予以治安管理处罚，或者依法提请撤销缓刑、撤销假释、对暂予监外执行的收监执行。

对社区矫正对象的考核结果，可以作为认定其是否确有悔改表现或者是否严重违反监督管理规定的依据。

第33条　社区矫正对象符合刑法规定的减刑条件的，社区矫正机构应当向社区矫正执行地的中级以上人民法院提出减刑建议，并将减刑建议书抄送同级人民检察院。

人民法院应当在收到社区矫正机构的减刑建议书后三十日内作出裁定，并将裁定书送达社区矫正机构，同时抄送人民检察院、公安机关。

（五）《社区矫正法实施办法》的相关规定

第32条　社区矫正机构应当根据有关法律法规、部门规章和其他规范性文件，建立内容全面、程序合理、易于操作的社区矫正对象考核奖惩制度。

社区矫正机构、受委托的司法所应当根据社区矫正对象认罪悔罪、遵守有关规定、服从监督管理、接受教育等情况，定期对其考核。对于符合表扬条件、具备训诫、警告情形的社区矫正对象，经执行地县级社区矫正机构决定，可以给予其相应奖励或者处罚，作出书面决定。对于涉嫌违反治安管理行为的社区矫正对象，执行地县级社区矫正机构可以向同级公安机关提出建议。社区矫正机构奖励或者处罚的书面决定应当抄送人民检察院。

社区矫正对象的考核结果与奖惩应当书面通知其本人，定期公示，记入档案，做到准确及时、公开公平。社区矫正对象对考核奖惩提出异议的，执行地县级社区矫正机构应当及时处理，并将处理结果告知社区矫正对象。社区矫正对象对处理结果仍有异议的，可以向人民检察院提出。

第33条 社区矫正对象认罪悔罪、遵守法律法规、服从监督管理、接受教育表现突出的，应当给予表扬。

社区矫正对象接受社区矫正六个月以上并且同时符合下列条件的，执行地县级社区矫正机构可以给予表扬：

（一）服从人民法院判决，认罪悔罪；

（二）遵守法律法规；

（三）遵守关于报告、会客、外出、迁居等规定，服从社区矫正机构的管理；

（四）积极参加教育学习等活动，接受教育矫正的。

社区矫正对象接受社区矫正期间，有见义勇为、抢险救灾等突出表现，或者帮助他人、服务社会等突出事迹的，执行地县级社区矫正机构可以给予表扬。对于符合法定减刑条件的，由执行地县级社区矫正机构依照本办法第四十二条的规定，提出减刑建议。

第34条 社区矫正对象具有下列情形之一的，执行地县级社区矫正机构应当给予训诫：

（一）不按规定时间报到或者接受社区矫正期间脱离监管，未超过十日的；

（二）违反关于报告、会客、外出、迁居等规定，情节轻微的；

（三）不按规定参加教育学习等活动，经教育仍不改正的；

（四）其他违反监督管理规定，情节轻微的。

第35条 社区矫正对象具有下列情形之一的，执行地县级社区矫正机构应当给予警告：

（一）违反人民法院禁止令，情节轻微的；

（二）不按规定时间报到或者接受社区矫正期间脱离监管，超过十日的；

（三）违反关于报告、会客、外出、迁居等规定，情节较重的；

（四）保外就医的社区矫正对象无正当理由不按时提交病情复查情况，经教育仍不改正的；

（五）受到社区矫正机构两次训诫，仍不改正的；

（六）其他违反监督管理规定，情节较重的。

第36条 社区矫正对象违反监督管理规定或者人民法院禁止令，依法应予治安管理处罚的，执行地县级社区矫正机构应当及时提请同级公安机关依法给予处罚，并向执行地同级人民检察院抄送治安管理处罚建议书副本，及时通知处理结果。

第46条 社区矫正对象在缓刑考验期内，有下列情形之一的，由执行地同级社区矫正机构提出撤销缓刑建议：

（一）违反禁止令，情节严重的；

（二）无正当理由不按规定时间报到或者接受社区矫正期间脱离监管，超过一个月的；

（三）因违反监督管理规定受到治安管理处罚，仍不改正的；

（四）受到社区矫正机构两次警告，仍不改正的；

（五）其他违反有关法律、行政法规和监督管理规定，情节严重的情形。

社区矫正机构一般向原审人民法院提出撤销缓刑建议。如果原审人民法院与执行地同级社区矫正机构不在同一省、自治区、直辖市的，可以向执行地人民法院提出建议，执行地人民法院作出裁定的，裁定书同时抄送原审人民法院。

社区矫正机构撤销缓刑建议书和人民法院的裁定书副本同时抄送社区矫正执行地同级人民检察院。

第47条 社区矫正对象在假释考验期内，有下列情形之一的，由执行地同级社区矫正机构提出撤销假释建议：

（一）无正当理由不按规定时间报到或者接受社区矫正期间脱离监管，超过一个月的；

（二）受到社区矫正机构两次警告，仍不改正的；

（三）其他违反有关法律、行政法规和监督管理规定，尚未构成新的犯罪的。

社区矫正机构一般向原审人民法院提出撤销假释建议。如果原审人民法院与执行地同级社区矫正机构不在同一省、自治区、直辖市的，可以向执行地人民法院提出建议，执行地人民法院作出裁定的，裁定书同时抄送原审人民法院。

社区矫正机构撤销假释的建议书和人民法院的裁定书副本同时抄送社区矫正执行地同级人民检察院、公安机关、罪犯原服刑或者接收其档案的监狱。

第49条 暂予监外执行的社区矫正对象有下列情形之一的，由执行地县级社区矫正机构提出收监执行建议：

（一）不符合暂予监外执行条件的；

（二）未经社区矫正机构批准擅自离开居住的市、县，经警告拒不改正，或者拒不报告行踪，脱离监管的；

（三）因违反监督管理规定受到治安管理处罚，仍不改正的；

（四）受到社区矫正机构两次警告的；

（五）保外就医期间不按规定提交病情复查情况，经警告拒不改正的；

（六）暂予监外执行的情形消失后，刑期未满的；

（七）保证人丧失保证条件或者因不履行义务被取消保证人资格，不能在规定期限内提出新的保证人的；

（八）其他违反有关法律、行政法规和监督管理规定，情节严重的情形。

社区矫正机构一般向执行地社区矫正决定机关提出收监执行建议。如果原社区矫正决定机关与执行地县级社区矫正机构在同一省、自治区、直辖市的，可以向原社区矫正决定机关提出建议。

社区矫正机构的收监执行建议书和决定机关的决定书，应当同时抄送执行地县级人民检察院。

（六）《最高人民法院关于办理减刑、假释案件具体应用法律的规定》的相关规定

第 18 条 被判处拘役或者三年以下有期徒刑，并宣告缓刑的罪犯，一般不适用减刑。

前款规定的罪犯在缓刑考验期内有重大立功表现的，可以参照刑法第七十八条的规定予以减刑，同时应当依法缩减其缓刑考验期。缩减后，拘役的缓刑考验期限不得少于二个月，有期徒刑的缓刑考验期限不得少于一年。

第十章　社区矫正解除与终止

学习目标

知识目标：了解社区矫正解除与终止的概念及法律依据，掌握社区矫正期满解除的条件和程序，掌握社区矫正终止的条件和程序。

技能目标：具备社区矫正解除与社区矫正终止的执法技能。

素质目标：具有人权保障意识和高度社会责任感，养成爱岗敬业、严格规范、公平公正、文明执法的职业素养。

学习重点

社区矫正期满解除的条件和程序，社区矫正终止的条件和程序。

知识树

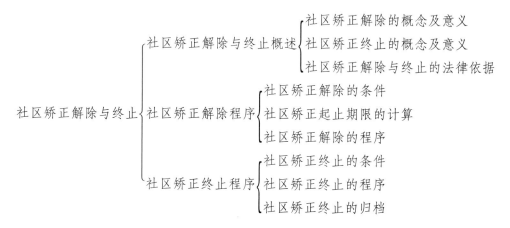

案例 10-1

哈某，男，1971 年 3 月出生，户籍地、居住地均为 X 省 B 市。2021 年 4 月 9 日，因犯盗窃罪被 W 县人民法院判处有期徒刑六个月，缓刑一年，缓刑考验期限自 2021 年 4 月

9 日起至 2022 年 4 月 8 日止。2021 年 4 月 9 日，哈某到 B 市社区矫正机构报到，由执行地受委托司法所负责对其日常管理。

2021 年 4 月 9 日，B 市社区矫正机构在对哈某办理入矫登记时，被告知其 3 日内到执行地司法所报到，但哈某未在时限内报到。司法所工作人员电话告知其不报到所承担的法律后果，并对哈某进行了批评教育。在进行了口头警告后哈某到司法所报到。2021 年 4 月 25 日至 28 日期间，哈某多次电话关机，不参加集体学习和公益活动。经调查，哈某连日酗酒，意识不清。司法所工作人员对其开展批评教育时，哈某拒不承认错误，态度恶劣。

2021 年 4 月 28 日，司法所向 B 市社区矫正机构建议依法给予哈某警告处罚一次。B 市社区矫正机构核实相关情况并对哈某违规行为进行集体评议后，决定给予哈某警告一次。4 月 29 日，B 市司法局向哈某送达了《社区矫正警告决定书》，同时抄送 B 市人民检察院。随后，司法所工作人员对哈某进行谈话批评教育，并根据《新疆维吾尔自治区社区矫正对象分类管理和考核奖惩办法》，将哈某的管理类别确定为严管。

2021 年 6 月 9 日，哈某再次手机关机，酗酒闹事，烧毁家中摩托车和妻子衣物。镇派出所及时出警制止，并对哈某采取了行政强制措施。经调查，哈某经常酗酒滋事，并殴打妻子，情绪极不稳定，存在一定社会安全隐患。当日，司法所再次向 B 市社区矫正机构建议依法给予哈某警告一次。B 市社区矫正机构核实相关情况并进行集体评议后，决定再次给予哈某警告一次。同日，向哈某送达了《社区矫正警告决定书》，同时抄送 B 市人民检察院。

哈某在受到两次警告后仍然多次违反社区矫正监督管理规定，逃避监督管理和教育学习，酗酒滋事、殴打妻子。2021 年 6 月 22 日，司法所填报《提请撤销缓刑审批表》并附相关证明材料报 B 市社区矫正机构。B 市社区矫正机构经调查核实并集体评议，认定哈某违规行为属实。6 月 25 日，B 市社区矫正机构根据《社区矫正法实施办法》第四十六条规定，向 B 市人民检察院、W 县人民检察院和 W 县人民法院送达了撤销缓刑建议书，B 市人民检察院和 W 县人民检察院提出了撤销缓刑检察建议。

2021 年 7 月 14 日，W 县人民法院召开了听证会，社区矫正机构对哈某多次违反监督管理规定的事实进行了举证，人民检察院进行了确认。对哈某违反监督管理规定情节严重的情形，各方一致同意对哈某撤销缓刑，收监执行。7 月 20 日 W 县人民法院向 B 市社区矫正机构和公安机关送达了《撤销缓刑裁定书》并抄送人民检察院，公安机关及时将哈某收监执行。

本案例中，社区矫正对象哈某不遵守社区矫正监督管理规定，逃避教育学习和公益活动，最终被撤销缓刑收监执行。社区矫正工作者应该给被收监的哈某办理社区矫正解除还是社区矫正终止程序？社区矫正解除和社区矫正终止的区别是什么？如何办理社区矫正解除程序？如何处理社区矫正终止工作？本章节通过社区矫正解除的概念、条件和程序和社区矫正终止的概念、条件和程序等知识点予以解决。

第一节　社区矫正解除与终止概述

社区矫正的解除与终止，是社区矫正工作终结的两种不同的方式。对于社区矫正对象而言，社区矫正解除象征着顺利通过非监禁刑的监管考验得以重新回归社会，社区矫正终止则意味着非监禁刑事执行的结束和监禁刑执行的开始。

一、社区矫正解除的概念及意义

社区矫正解除是指社区矫正对象因社区矫正期满或者被赦免的，社区矫正机构依法办理社区矫正解除手续的制度。《社区矫正法》第44条规定："社区矫正对象矫正期满或者被赦免的，社区矫正机构应当向社区矫正对象发放解除社区矫正证明书，并通知社区矫正决定机关、所在地的人民检察院、公安机关。"社区矫正解除主要由于矫正期限届满或者被赦免的，且在社区矫正期间没有出现被裁定撤销缓刑、假释，被决定收监执行等情形，矫正解除标志着针对解矫社区矫正对象的社区矫正工作的结束。

社区矫正解除是社区矫正工作的最后一道程序，具有重要的法律意义。对于社区矫正对象而言，社区矫正解除意味着他们的身份从罪犯变成一位普通公民，他们将依法恢复行使公民的权利不再接受任何限制。

二、社区矫正终止的概念及意义

社区矫正终止，是指因社区矫正对象被收监或者死亡而提前结束社区矫正的制度。《社区矫正法》第45条规定："社区矫正对象被裁定撤销缓刑、假释，被决定收监执行，或者社区矫正对象死亡的，社区矫正终止。"社区矫正终止主要由于出现法定的异常情况而提前结束社区矫正，如重新犯罪、收监执行、死亡等情形。

及时准确地做好社区矫正终止工作具有以下意义：①及时终止社区矫正，是对违法违规社区矫正对象的最严厉的惩处措施，维护了司法权威；②及时终止社区矫正，有利于确保社区安全。接受社区矫正是以是否构成犯罪为前提的，如果社区矫正对象不思悔改，严重违反法律及相关规定，或者继续实施犯罪行为，及时终止社区矫正收监执行刑罚，可以避免其继续危害社会，最大限度保证社区的安全。

三、社区矫正解除与终止的法律依据

关于社区矫正解除与终止的法律条文在《社区矫正法》中的第六章有专章规定，从第44条至第51条，共计8条。《社区矫正法实施办法》中第53条、第54条对于社区矫正解除和终止做了操作性的规定。为了便于学习、查阅和参考，特此把相关条文置于本章节末尾处。

第二节　社区矫正解除程序

一、社区矫正解除的条件

《社区矫正法》第44条规定了社区矫正解除的条件和解除社区矫正时社区矫正机构等部门的职责。根据本条规定，解除社区矫正的情形分为两种：

1. 社区矫正期满。根据裁判内容的不同，又可以分为四种情况：

（1）管制期满，即人民法院对罪犯依法判处的管制刑期届满。《刑法》第40条规定："被判处管制的犯罪分子，管制期满，执行机关应即向本人和其所在单位或者居住地的群众宣布解除管制。"

（2）缓刑考验期满。如果没有《刑法》第77条规定的情形，缓刑考验期满，原判的刑罚就不再执行，并公开予以宣告。

（3）假释考验期满。《刑法》第85条规定："对假释的犯罪分子，在假释考验期限内，依法实行社区矫正，如果没有本法第八十六条规定的情形，假释考验期满，就认为原判刑罚已经执行完毕，并公开予以宣告。"

（4）暂予监外执行期间刑期届满。暂予监外执行是《刑事诉讼法》规定的对符合条件的罪犯，出于人道主义考虑在监外执行刑罚的措施，没有独立的期限。暂予监外执行期间，罪犯被判处的刑期届满的，属于刑罚执行完毕的情形。

2. 社区矫正对象被赦免。赦免是国家对特定罪犯赦免刑罚或者履行的人道主义制度。根据《宪法》第67条第18项规定，全国人民代表大会常务委员会决定特赦。根据《宪法》第80条规定，中华人民共和国主席根据全国人民代表大会的决定和全国人民代表大会常务委员会的决定……发布特赦令。《刑法》《刑事诉讼法》《中华人民共和国引渡法》等法律中也有关于赦免的规定。对于被赦免的社区矫正对象，也应当依法解除社区矫正。

二、社区矫正起止期限的计算

根据法律规定，不同类型的社区矫正对象其矫正期限的计算也不同，管制、缓刑、假释、暂予监外执行四类社区矫正对象的矫正期限如下：

1. 被判处管制的社区矫正对象，其矫正期限与管制的期限相等，矫正期限从判决执行之日起计算，期限届满宣布执行期满，解除管制。

2. 被宣告缓刑的社区矫正对象，其矫正期限与缓刑考验期限相等，矫正期限从判决确定之日起计算，期限届满宣布缓刑考验期满，原判刑罚不再执行。

3. 被裁定假释的社区矫正对象，其矫正期限与假释考验期限相等，矫正期限从假释之日起计算，期限届满宣布考验期满，原判刑罚执行完毕。

4. 被裁定暂予监外执行的社区矫正对象，其矫正期限与暂予监外执行的期限相同，人民法院决定的，其矫正期限从暂予监外执行决定生效之日起计算；公安机关、监狱管理机关决定的，其矫正期限从出监所之日起计算，刑期届满的，由监狱、看守所依法为其办理刑满释放手续。

管制、缓刑、假释、暂予监外执行的社区矫正对象矫正期限届满，社区矫正机构必须依法按期解除矫正。假释或者暂予监外执行的社区矫正对象期限届满且刑期也届满，由原监狱、看守所依法为其办理刑满释放手续。上述情形因为减刑而缩减矫正期限的，缩减后的矫正期限届满，也必须依法解除社区矫正。

三、社区矫正解除的程序

（一）期满解除社区矫正鉴定

《社区矫正法实施办法》第53条第2款规定："社区矫正对象一般应当在社区矫正期满三十日前，作出个人总结，执行地县级社区矫正机构应当根据其在接受社区矫正期间的表现等情况作出书面鉴定，与安置帮教工作部门做好衔接工作。"在此阶段，社区矫正机构需要完成以下工作任务：

1. 个人总结。督促社区矫正对象填写《社区矫正期满个人总结》，作出个人书面总结。社区矫正对象的个人书面总结内容包括社区矫正期间表现，主要是遵纪守法情况，参加教育学习、公益活动情况，获得奖励或受到惩罚情况；思想与心理转变情况，主要是提高道德素质，提升心理健康水平情况以及自身取得的进步与存在的不足等。

2. 书面鉴定。及时组织社区矫正机构工作人员、矫正小组成员及其他相关人员对社区矫正对象进行社区矫正期满的合议，根据其个人总结、现实表现、考核奖惩以及村（居）委会意见等，作出书面鉴定，并对其进行总结性矫正效果评估，提出安置帮教建议。

3. 特殊情形的办理。由公安机关、监狱管理机关决定暂予监外执行的社区矫正对象刑期届满的，社区矫正机构应当在期限届满前1个月以内，书面通知社区矫正对象原服刑或者接收其档案的监狱、看守所按期为其办理刑满释放手续。

（二）解除社区矫正批准

县级社区矫正机构收到司法所上报的《社区矫正期满鉴定表》《社区矫正期满个人总结》等解除社区矫正相关材料后，应当及时确定人员进行审核。经审核应当按时解除社区矫正的，制作《解除社区矫正证明书》《解除社区矫正通知书》，由县级社区矫正机构负责人批准。经批准盖章后，应当向社区矫正对象发放《解除社区矫正证明书》。根据《社区矫正法实施办法》第53条第3款、第4款、第5款的规定，执行地县级社区矫正机构应当向社区矫正对象发放解除社区矫正证明书，并书面通知社区矫正决定机关，同时抄送执行地县级人民检察院和公安机关。公安机关、监狱管理机关决定暂予监外执行的社区矫正对象刑期届满的，由看守所、监狱依法为其办理刑满释放手续。社区矫正对象被赦免的，社区矫正机构应当向社区矫正对象发放解除社区矫正证明书，依法办理解除矫正手续。

办理解除社区矫正手续存在两种特殊情形：

1. 公安机关、监狱管理机关决定暂予监外执行的社区矫正对象刑期届满的，由看守所、监狱依法为其办理刑满释放手续。

2. 社区矫正对象被赦免的，社区矫正机构应当向社区矫正对象发放解除社区矫正证明书，依法办理解除矫正手续。

附件 10-1

社区矫正期满鉴定表

姓名		性别		出生年月	
户籍地		居住地			
罪名		原判刑期			
矫正类别		矫正期限	起止日	自　年　月　日 至　年　月　日	
禁止令内容		禁止期限起止日	自　年　月　日 至　年　月　日		
附加刑判项内容					
社区矫正机构（受委托的司法所）鉴定意见			（公章） 年　月　日		
备注					

社区矫正期满鉴定表

说明：

本文书根据《社区矫正法》第 44 条以及《社区矫正法实施办法》第 53 条的规定制作。由执行地县级社区矫正机构、受委托的司法所根据其在接受社区矫正期间的表现等情况作出书面鉴定并存档。

（三）解除社区矫正宣告

社区矫正对象矫正期满，执行地县级社区矫正机构或者司法所可以组织解除社区矫正宣告。宣告由社区矫正机构或者司法所工作人员主持，矫正小组成员及其他相关人员到场，按照规定程序进行。对未成年社区矫正对象的宣告不公开进行，对未成年社区矫正对象进行宣告时，应通知其监护人到场。解矫宣告流程及要求如下：

1. 宣布参加宣告的相关单位和人员。

2. 社区矫正对象陈述个人总结，包括社区矫正期间遵守法律法规和社区矫正监督管理规定以及思想、学习、工作、生活等情况。

3. 宣读对社区矫正对象的鉴定意见。

4. 宣布社区矫正期限届满，依法解除社区矫正。其中，对判处管制的，宣布执行期满，解除管制；对宣告缓刑的，宣布缓刑考验期满，原判刑罚不再执行；对裁定假释的，宣布考验期满，原判刑罚执行完毕。

5. 社区矫正对象在《解除社区矫正宣告书》上签字，文书由县级社区矫正机构存档。

6. 向社区矫正对象发放由县级社区矫正机构签发的《解除社区矫正证明书》，文书一式两份，一份解矫宣告后发放给社区矫正对象，存根由社区矫正机构存档。

7. 宣告过程及其相关情况，司法所应当记录在案，纳入司法所工作档案。

8. 公安机关、监狱管理机关决定暂予监外执行的社区矫正对象刑期届满的，由看守所、监狱依法为其办理刑满释放手续。

9. 人民法院决定暂予监外执行的社区矫正对象刑期届满的，由县级社区矫正机构依法办理解除社区矫正，发给由县级社区矫正机构签发的《解除社区矫正证明书》。

（四）归档与安置

《社区矫正法实施办法》第53条第3款规定："执行地县级社区矫正机构应当向社区矫正对象发放解除社区矫正证明书，并书面通知社区矫正决定机关，同时抄送执行地县级人民检察院和公安机关。"矫正解除的最后手续包括文书寄送、文书存档、帮教衔接、解除位置信息核查措施。

1. 文书寄送。县级社区矫正机构经社区矫正对象签字确认的《解除社区矫正宣告书》后，应及时将《解除社区矫正通知书》分别寄送社区矫正决定机关、执行地县级人民检察院、公安机关和安置帮教工作部门。

2. 文书存档。《解除社区矫正证明书》（存根）、《解除社区矫正宣告书》、《解除社区矫正通知书》（存根）存入社区矫正档案。

3. 帮教衔接。执行地县级社区矫正机构应当根据其在接受社区矫正期间的表现等情况作出书面鉴定，与安置帮教工作部门做好衔接工作。

4. 解除位置信息核查措施。社区矫正对象期满解除社区矫正，县级社区矫正机构应及时将相关社区矫正对象名单抄送有关公司并在省级社区矫正综合管理平台上完成相应操作，办理解除位置信息核查措施手续。

附件 10-2

解除社区矫正宣告书

（存根）

（　）字第　　　号

社区矫正对象_____：

依据《中华人民共和国刑法》《中华人民共和国刑事诉讼法》及《中华人民共和国社区矫正法》之规定，依据_____人民法院（公安局、监狱管理局）_____号判决书（裁定书、决定书），在管制（缓刑、假释、暂予监外执行）期间，对你依法实行社区矫正。矫正期限自____年____月____日起至____年____月____日止。现矫正期满，依法解除社区矫正。现向你宣告以下事项：

1. 对你接受社区矫正期间表现的鉴定意见：_____

_____

_____

_____

_____。

2. 管制期满，依法解除管制（缓刑考验期满，原判刑罚不再执行；假释考验期满，原判刑罚执行完毕）。

（公章）

年　月　日

社区矫正对象（签名）：

解除社区矫正宣告书

说明：

1. 本文书根据《刑法》第 40 条、第 76 条、第 85 条、《社区矫正法》第 44 条以及《社区矫正法实施办法》第 54 条的规定制作。

2. 文书最后一项，应针对社区矫正对象矫正类别的不同，相应填写①对判处管制的，填写管制期满，依法解除管制。②对宣告缓刑的,填写缓刑考验期满，原判刑罚不再执行。

③对假释的,填写假释考验期满,原判刑罚执行完毕。文书由执行地县级社区矫正机构存档。

附件10-3

解除社区矫正证明书
（存根）

（　　）字第　　　号

　　社区矫正对象_____,男（女）,____年____月____日出生,____族,身份证号码_____,居住地_____,户籍地_____。因犯_____罪于____年____月____日被_____人民法院判处_____。依据_____人民法院（公安局、监狱管理局）_____号判决书（裁定书、决定书）,在管制（缓刑、假释、暂予监外执行）期间,依法实行社区矫正。于____年____月____日矫正期满,依法解除社区矫正。

　　发往_____人民法院（公安局、监狱管理局）。

（公章）

年　月　日

注：抄送_____人民检察院、_____公安（分）局。

附件10-4

解除社区矫正证明书

（　　）字第　　　号

　　社区矫正对象_____,男（女）,____年____月____日出生,____族,身份证号码_____,居住地_____,户籍地_____。因犯_____罪于____年____月____日被_____人民法院判处_____。依据_____人民法院（公安局、监狱管理局）_____号判决书（裁定书、决定书）,在管制（缓刑、假释、暂予监外执行）期间,依法实行社区矫正。于____年____月____日矫正期满,依法解除社区矫正。

　　特此证明。

（公章）

年　月　日

解除社区矫正证明书

说明：

1. 本文书根据《社区矫正法》第 44 条以及《社区矫正法实施办法》第 53 条的规定制作。

2. 文书字号由年度、社区矫正机构代字、类型代字、文书编号组成，使用阿拉伯数字，如"（2020）××矫解证字第 1 号"。该证明书一式两份，一份存档，一份在解除社区矫正宣告后发放给社区矫正对象。

拓展学习

解除社区矫正流程图[1]

第三节　社区矫正终止程序

社区矫正对象矫正终止，主要是指社区矫正对象在社区矫正期间出现法定事由，而使社区矫正机构只能终止对其矫正工作的制度。

一、社区矫正终止的条件

《社区矫正法》第 45 条规定："社区矫正对象被裁定撤销缓刑、假释，被决定收监执行，或者社区矫正对象死亡的，社区矫正终止。"据此说明在"社区矫正依据的裁判被新的裁判所代替，或者社区矫正措施被监禁刑所代替，或者因社区矫正对象死亡"等情形下，无法再执行社区矫正，应当执行"社区矫正终止"制度，即社区矫正停止并不再进行。

（一）被撤销缓刑的

对宣告缓刑的社区矫正对象符合下列条件的，收监执行，社区矫正终止。根据《刑

---

〔1〕　资料源于北京市房山区司法局编制的内部资料《房山区社区矫正执法办案流程指南》。

法》第 77 条，《社区矫正法》第 46 条的相关规定，撤销缓刑的情形有三种：

1. 被宣告缓刑的社区矫正对象，在缓刑考验期限内犯新罪，应当撤销缓刑，对新犯的罪作出判决，把前罪和后罪所判处的刑罚，依照《刑法》第 69 条的规定，决定执行的刑罚。

2. 被宣告缓刑的社区矫正对象，在缓刑考验期限内被发现在判决宣告以前还有其他罪没有判决的，应当撤销缓刑，对新发现的罪作出判决，把前罪和后罪所判处的刑罚，依照《刑法》第 69 条的规定，决定执行的刑罚。

3. 被宣告缓刑的社区矫正对象，在缓刑考验期内，违反法律、行政法规或者国务院有关部门关于缓刑的监督管理规定，或者违反人民法院判决中的禁止令，情节严重的，应当撤销缓刑，执行原判刑罚。

根据上述规定，被宣告缓刑的社区矫正对象被撤销缓刑的情形包括犯新罪、发现漏罪、违反缓刑监督管理规定或者禁止令情节严重三种情形。这些情形下，自人民法院撤销缓刑的裁判生效之日起，社区矫正终止。具体而言，根据《社区矫正法实施办法》第 46 条第 1 款的规定，社区矫正对象在缓刑考验期内，有下列情形之一的，由执行地同级社区矫正机构提出撤销缓刑建议：（一）违反禁止令，情节严重的；（二）无正当理由不按规定时间报到或者接受社区矫正期间脱离监管，超过一个月的；（三）因违反监督管理规定受到治安管理处罚，仍不改正的；（四）受到社区矫正机构两次警告，仍不改正的；（五）其他违反有关法律、行政法规和监督管理规定，情节严重的情形。

（二）被撤销假释的

对裁定假释的社区矫正对象符合下列条件的，收监执行，社区矫正终止。根据《刑法》第 86 条，《社区矫正法》第 46 条的相关规定，撤销假释的情形有三种：

1. 被假释的社区矫正对象，在假释考验期限内犯新罪，应当撤销假释，依照《刑法》第 71 条的规定实行数罪并罚。

2. 被假释的社区矫正对象，在假释考验期限内，被发现在判决宣告以前还有其他罪没有判决的，应当撤销假释，依照《刑法》第 71 条的规定实行数罪并罚。

3. 被假释的社区矫正对象，在假释考验期限内，有违反法律、行政法规或者国务院有关部门关于假释的监督管理规定的行为，尚未构成新的犯罪的，应当依照法定程序撤销假释，收监执行未执行完毕的刑罚。

根据上述规定，被假释的社区矫正对象被撤销假释的情形包括犯新罪、发现漏罪、违反假释监督管理规定三种情形。这些情形下，自人民法院撤销假释的裁判生效之日起，社区矫正终止。具体而言，根据《社区矫正法实施办法》第 47 条第 1 款的规定，社区矫正对象在假释考验期内，有下列情形之一的，由执行地同级社区矫正机构提出撤销假释建议：（一）无正当理由不按规定时间报到或者接受社区矫正期间脱离监管，超过一个月的；（二）受到社区矫正机构两次警告，仍不改正的；（三）其他违反有关法律、行政法规和监督管理规定，尚未构成新的犯罪的。

（三）暂予监外执行被决定收监执行的

《刑事诉讼法》第 268 条第 1 款规定："对暂予监外执行的罪犯，有下列情形之一的，应当及时收监：（一）发现不符合暂予监外执行条件的；（二）严重违反有关暂予监外执行监督管理规定的；（三）暂予监外执行的情形消失后，罪犯刑期未满的。"由此具体分析暂予监外执行被决定收监执行的条件为：

1. 发现不符合暂予监外执行条件的。根据《刑事诉讼法》第 265 条第 1 款的规定，对被判处有期徒刑或者拘役的罪犯，有下列情形之一的，可以暂予监外执行：（一）有严重疾病需要保外就医的；（二）怀孕或者正在哺乳自己婴儿的妇女；（三）生活不能自理，适用暂予监外执行不致危害社会的。如果暂予监外执行犯不存在上述情形的，应被认定为不符合暂予监外执行的条件，由执行地县级社区矫正机构提出收监执行建议。

2. 严重违反有关暂予监外执行监督管理规定的。根据《社区矫正法实施办法》第 49 条第 1 款的规定，暂予监外执行的社区矫正对象有下列情形之一的，由执行地县级社区矫正机构提出收监执行建议：（一）不符合暂予监外执行条件的；（二）未经社区矫正机构批准擅自离开居住的市、县，经警告拒不改正，或者拒不报告行踪，脱离监管的；（三）因违反监督管理规定受到治安管理处罚，仍不改正的；（四）受到社区矫正机构两次警告的；（五）保外就医期间不按规定提交病情复查情况，经警告拒不改正的；（六）暂予监外执行的情形消失后，刑期未满的；（七）保证人丧失保证条件或者因不履行义务被取消保证人资格，不能在规定期限内提出新的保证人的；（八）其他违反有关法律、行政法规和监督管理规定，情节严重的情形。

3. 暂予监外执行的情形消失后，罪犯刑期未满的。暂予监外执行犯的暂予监外执行情形消失，如医疗水平进步，社区矫正对象的疾病得到治疗；生活能够自理或者生育完成、哺乳期结束等情形出现时，由执行地县级社区矫正机构提出收监执行建议。

4. 罪犯在暂予监外执行期间因犯新罪或者发现判决宣告以前还有其他罪没有判决的。罪犯在暂予监外执行期间因犯新罪或者发现判决宣告以前还有其他罪没有判决的，侦查机关应当在对罪犯采取强制措施后 24 小时以内，将有关情况通知罪犯居住地社区矫正机构；人民法院应当在判决、裁定生效后及时将判决、裁定的结果通知罪犯居住地社区矫正机构和罪犯原服刑或者接收其档案的监狱、看守所。

罪犯按上述规定被判处监禁刑罚后，应当由原服刑的监狱、看守所收监执行；原服刑的监狱、看守所与接收其档案的监狱、看守所不一致的，应当由接收其档案的监狱、看守所收监执行。

（四）社区矫正对象死亡的

在社区矫正期间，社区矫正对象死亡的，从死亡之日起计算，社区矫正自动终止。《社区矫正法》第 51 条规定："社区矫正对象在社区矫正期间死亡的，其监护人、家庭成员应当及时向社区矫正机构报告。社区矫正机构应当及时通知社区矫正决定机关、所在地的人民检察院、公安机关。"

二、社区矫正终止的程序

（一）社区矫正对象被收监执行的终止程序

1. 犯新罪或发现余漏罪的终止程序。根据《刑法》《社区矫正法》《社区矫正法实施办法》和《暂予监外执行规定》的相关规定，被宣告缓刑、裁定假释和决定暂予监外执行的社区矫正对象在社区矫正期间犯新罪或发现有余漏罪的，由刑事司法机关依法进行刑事拘留、逮捕、起诉、审判，依法实行数罪并罚。

《刑法》第 77 条第 1 款规定："被宣告缓刑的犯罪分子，在缓刑考验期限内犯新罪或者发现判决宣告以前还有其他罪没有判决的，应当撤销缓刑，对新犯的罪或者新发现的罪作出判决，把前罪和后罪所判处的刑罚，依照本法第六十九条的规定，决定执行的刑罚。"

《刑法》第 86 条第 1 款、第 2 款规定："被假释的犯罪分子，在假释考验期限内犯新罪，应当撤销假释，依照本法第七十一条的规定实行数罪并罚。在假释考验期限内，发现被假释的犯罪分子在判决宣告以前还有其他罪没有判决的，应当撤销假释，依照本法第七十条的规定实行数罪并罚。"

《暂予监外执行规定》第 22 条第 1 款规定："罪犯在暂予监外执行期间因犯新罪或者发现判决宣告以前还有其他罪没有判决的，侦查机关应当在对罪犯采取强制措施后二十四小时以内，将有关情况通知罪犯居住地社区矫正机构；人民法院应当在判决、裁定生效后，及时将判决、裁定的结果通知罪犯居住地社区矫正机构和罪犯原服刑或者接收其档案的监狱、看守所。"

《社区矫正法》第 46 条第 2 款规定："对于在考验期限内犯新罪或者发现判决宣告以前还有其他罪没有判决的，应当由审理该案件的人民法院撤销缓刑、假释，并书面通知原审人民法院和执行地社区矫正机构。"因在考验期限内犯新罪或漏罪而因撤销缓刑、假释的裁定和执行的法定程序：①对于发现被宣告缓刑、假释的社区矫正对象犯新罪或者漏罪的，应当按照《刑事诉讼法》或《中华人民共和国监察法》规定的程序对新罪或漏罪进行侦查或调查、审查起诉，并根据需要对犯罪嫌疑人采取强制措施，由人民检察院向有管辖权的人民法院提起公诉，人民法院依法认定新罪或漏罪的，在对新罪或漏罪作出裁判的同时，撤销原判缓刑、假释，根据《刑法》第 69 条、第 70 条、第 71 条、第 77 条、第 86 条的规定实行数罪并罚。②审判新罪或漏罪的人民法院撤销缓刑、假释的，应当书面通知原审人民法院和执行地社区矫正机构，以便他们及时掌握情况。

2. 撤销缓刑、撤销假释的终止程序。根据《社区矫正法》第 46 条第 3 款的规定，对于有第二款规定以外的其他需要撤销缓刑、假释情形的，社区矫正机构应当向原审人民法院或者执行地人民法院提出撤销缓刑、假释建议，并将建议书抄送人民检察院……因违反监督管理规定而撤销缓刑、假释的裁定和执行的法定程序：①社区矫正机构提出撤销缓刑、假释建议时，应当说明理由，并提供有关证据材料。②人民法院应当在收到社区矫正机构撤销缓刑、假释建议书后三十日内作出裁定，将裁定书送达社区矫正机构和公安机关，并抄送人民检察院。③人民法院拟撤销缓刑、假释的，应当听取社区矫正对象的申辩及其委托的律师的意见。④人民法院裁定撤销缓刑、假释的，公安机关应当及时将社区矫正对象送交监狱或者看守所执行。执行地县级公安机关本着就近、便利、安全的原则，立即将社区矫正对象送交执行地所属的省、自治区、直辖市管辖范围内的监狱或看守所执行刑罚。⑤执行以前被逮捕的，羁押 1 日折抵刑期 1 日。人民法院裁定不予撤销缓刑、假释的，对被逮捕的社区矫正对象，公安机关应当立即予以释放。

3. 暂予监外执行收监执行的终止程序。暂予监外执行收监执行的终止程序包括收监执行的提请程序和决定程序。

（1）暂予监外执行收监执行的提请程序。根据《社区矫正法》第 49 条第 1 款的规定，暂予监外执行的社区矫正对象具有刑事诉讼法规定的应当予以收监情形的，社区矫正机构应当向执行地或者原社区矫正决定机关提出收监执行建议，并将建议书抄送人民检察院。由此明确，一是提请收监建议的主体是社区矫正机构。当出现《刑事诉讼法》规定的暂予监外执行收监执行的情形时，一般由受委托的司法所进行调查和提出建议后，经执行地县级社区矫正机构向有关决定机关提出收监执行建议，送达收监执行建议书，并附相关证据材料。执行地县级社区矫正机构一般向当地社区矫正决定机关提出收监执行建议。如果原社区矫正决定机关与执行地县级社区矫正机构在同一省、自治区、直辖市的，可以向原社区矫正决定机关提出建议。二是接受社区矫正建议的机关是执行地或原社区矫正决定机关。三是社区矫正机构的收监执行建议书应当抄送人民检察院，便于人民检察院及时掌握情况，依法对收监程序进行监督。

（2）暂予监外执行收监执行的决定程序。社区矫正决定机关应当在收到建议书后三十日内作出决定，将决定书送达社区矫正机构和公安机关，并抄送人民检察院。

暂予监外执行的对象可以来自不同的决定机关。根据《刑事诉讼法》第 265 条第 5 款的规定，在交付执行前，暂予监外执行由交付执行的人民法院决定；在交付执行后，暂予监外执行由监狱或者看守所提出书面意见，报省级以上监狱管理机关或者设区的市一级以上公安机关批准。据此，我国暂予监外执行的社区矫正决定机关包括人民法院、省级以上监狱管理机关和设区的市一级公安机关。

暂予监外执行的社区矫正决定机关不同，收监执行的程序也有所不同。根据《社区矫正法实施办法》第 50 条的规定，人民法院裁定撤销缓刑、撤销假释或者决定暂予监外执行收监执行的，由执行地县级公安机关本着就近、便利、安全的原则，送交社区矫正对象执行地所属的省、自治区、直辖市管辖范围内的看守所或者监狱执行刑罚。公安机关决定暂予监外执行收监执行的，由执行地县级公安机关送交存放或者接收罪犯档案的看守所收监执行。监狱管理机关决定暂予监外执行收监执行的，由存放或者接收罪犯档案的监狱收监执行。

（二）社区矫正对象死亡的社区矫正终止程序

根据《社区矫正法》第 51 条、《暂予监外执行规定》第 28 条的规定，因社区矫正对象死亡导致社区矫正终止的程序如下：

1. 社区矫正对象在矫正期间正常死亡的，其监护人、家庭成员应当及时向社区矫正机构报告。社区矫正机构应当及时通知社区矫正决定机关、所在地的人民检察院、公安机关，并会同医院开具相关的死亡证明，办理相关手续。

2. 社区矫正对象在矫正期间非正常死亡的，其监护人、家庭成员也应当及时向社区矫正机构报告。社区矫正机构应当在及时通知所在地公安机关的同时报请所在地检察机关对死亡原因作出鉴定。

3. 假释或者暂予监外执行的社区矫正对象在矫正期间死亡的，社区矫正机构应当自发现之日起 5 日以内，书面通知决定或者批准机关，并将有关死亡证明材料送达社区矫正对象原服刑或者接收其档案的监狱、看守所，同时抄送罪犯居住地同级人民检察院。

社区矫正对象死亡的，社区矫正自然终止，社区矫正机构应及时办理终止社区矫正的登记备案工作，整理档案材料，按照规定归档，把相关情况向原关押社区矫正对象的监狱、看守所，或作出判决、裁定的人民法院进行书面通报，并附上相关证明材料。

三、社区矫正终止的归档

1. 文书存档。撤销缓刑（撤销假释、收监执行）审核表、撤销缓刑（撤销假释、收监执行）建议书、终止社区矫正通知书、刑事拘留证、逮捕证、判决书，裁定书等相关法律文书原件存入社区矫正档案。

2. 文书寄送。社区矫正对象被裁定撤销缓刑、假释，被决定收监执行的，或者社区矫正对象死亡的，应当填写《终止社区矫正通知书》报县级社区矫正机构负责人签发，并抄送社区矫正决定机关、执行地县级人民检察院、公安机关。

3. 解除位置信息核查措施。社区矫正对象矫正终止，县级社区矫正机构应当及时将相关社区矫正对象名单报送有关公司并在社区矫正综合管理平台上完成相应操作，办理解除位置信息核查措施手续。

附件 10-5

解除（终止）社区矫正通知书

（存根）

（　　）字第　　　号

社区矫正对象_____，男（女），____年____月____日出生，____族，身份证号码_____，户籍地_____，执行地_____。因犯_____罪经_____人民法院于____年____月____日以_____判决书判处_____。依据_____号判决书（裁定书、决定书），在管制（缓刑、假释、暂予监外执行）期间，被依法执行社区矫正。社区矫正期限自____年____月____日起至____年____月____日止。____年____月____日矫正期满，依法解除社区矫正。（因_____，社区矫正终止。)

　　　　发往机关_____人民法院（公安局、监狱管理局）、____人民检察院。

　　　　　　　　　　　　　　　　　　　填发人：

　　　　　　　　　　　　　　　　　　　批准人：

　　　　　　　　　　　　　　　　　　　填发日期：　　年　月　日

附件 10-6

解除（终止）社区矫正通知书

　　　　　　　　　　　　　　　　　　　　　　　（　　）字第　　　号

　　社区矫正对象_____，男（女），____年__月__日出生，__族，身份证号码____

_____，户籍地_____，执行地_____。因犯_____罪经_____

人民法院于____年__月__日以_____判决书判处_____。依据_____

号判决书（裁定书、决定书），在管制（缓刑、假释、暂予监外执行）期间，被依法执

行社区矫正。社区矫正期限自____年____月____日起至____年____月____日止。____年

____月____日矫正期满，依法解除社区矫正。（因 _____，社区矫正

终止。)

　　发往机关_____人民法院（公安局、监狱管理局）、____人民检察院。

　　　　　　　　　　　　　　　　　　　　　　（公章）

　　　　　　　　　　　　　　　　　　　　　　年　月　日

解除（终止）社区矫正通知书

说明：

1. 本文书根据《社区矫正法》第 44 条、第 45 条以及《社区矫正法实施办法》第 53 条的规定制作。

2. 文书字号由年度、社区矫正机构代字、类型代字、文书编号组成，使用阿拉伯数字，如"（2020）××矫解/终通字第 1 号"。解除社区矫正通知书一式四份，一份存档，一

份送决定社区矫正的人民法院（公安局、监狱管理局），同时抄送执行地县级人民检察院和公安机关各一份。终止社区矫正通知书用于社区矫正对象被裁定撤销缓刑、假释，被决定收监执行，或者社区矫正对象死亡的情形，一式三份，一份存档，一份送社区矫正决定机关，一份送执行地县级人民检察院。

实训要求

1. 教师讲解（介绍实训步骤、注意事项）。
2. 阅读准备好的实训案例。
3. 根据实训需要将学生分成若干小组，进行组内角色和任务分配。
4. 根据案例中所提供资料小组进行讨论组织解矫宣告仪式、矫正终止程序所需的材料。
5. 明确组织解矫宣告仪式各环节、矫正终止程序的内容。
6. 小组开展模拟组织解矫宣告仪式、矫正终止程序。
7. 指导教师进行点评总结，每组学生根据教师的点评总结找出不足。

实训案例 10-1

叶某，女，1981 年 8 月出生，户籍地为 A 省 L 市 S 县，居住地为 S 市 D 区。2016 年 2 月至 3 月期间，其丈夫张某将自己合同诈骗所得的部分赃款 2850 万元转入叶某开设的 A 银行账户。同年 6 月，公安机关依法将张某涉嫌合同诈骗罪被判刑事拘留一事通知了叶某，此后，叶某在明知上述钱款系张某犯罪所得的情况下，仍通过提现等方式，将其中 1600 万余元予以窝藏、转移、使用，最终叶某因掩饰、隐瞒犯罪所得、犯罪所得收益罪，被 S 市第一中级人民法院判处有期徒刑三年，缓刑五年，缓刑考验期为 2019 年 2 月 11 日起至 2024 年 2 月 10 日止。

叶某的丈夫张某因合同诈骗罪被判处无期徒刑，叶某是外地户籍，因张某被判刑后无法落户 S 市，在 S 市没有稳定的工作，还要抚养两个未成年女儿（大女儿 14 岁，小女儿 5 岁），婆婆年事已高，身体也不大好。执行地司法所考虑到如果她要工作必定要有特殊的时间安排，针对叶某的情况，工作人员积极为其联系周边的企业，帮助叶某寻找合适的兼职工作，方便叶某有时间照顾两个女儿。经过多次、多方的联系，叶某有了自己的第一份兼职工作，在某加工企业做兼职。没想到，曾是全职太太的她面对无路可走的窘境时为了孩子还是能够吃苦努力的。

自叶某纳入社区矫正以来，她每周到执行地司法所报到，汇报自己的活动情况，能积极参加执行地司法所组织的教育学习等各项矫正活动，同时也能主动落实 App 点名制度，在社区矫正期间表现尚可。2024 年 2 月 10 日，叶某的缓刑考验期届满。

根据案例，请同学们运用本章所学知识完成以下实训任务：

1. 制作解矫宣告所需各类文书材料。

2. 设计解矫宣告方案。

3. 组织模拟解矫宣告仪式。

实训案例 10-2

社区矫正对象王某，男，汉族，文盲或半文盲，居住地 Z 省 W 市。因犯放火罪经 Z 省 W 市 Y 县人民法院判处有期徒刑三年，缓刑三年六个月。在缓刑期间依法实施社区矫正。社区矫正期限自 2023 年 11 月 21 日起至 2027 年 05 月 20 日止。

2023 年 11 月 7 日，Y 县人民法院作出刑事判决，判处王某有期徒刑三年，缓刑三年六个月。2023 年 11 月 21 日判决生效，经 Y 县人民法院多次电话联系本人、家属后，王某一直未到法院办理社区矫正手续，直到 12 月 20 日才完成办理。当日，Y 县人民法院将王某执行材料通过政法一体化系统推送至 Y 县司法局。

2023 年 12 月 21 日，社区矫正中心多次试图联系王某本人无果后，通过电话联络王某儿子，告知其尽快联系父亲并协助父亲按期来社区矫正中心办理报到手续。王某儿子表示不愿处理此事。2023 年 12 月 22 日，Y 县司法局开具限期报到通知书。当日下午，社区矫正中心 2 名工作人员、D 乡司法所所长以及 2 名 D 乡村干部一行五人到村中寻找王某，后在村边公路找到王某，对其送达限期报到通知书。王某拒绝签收，对通知内容不予认可。2023 年 12 月 29 日，Y 县司法局再度开具限期报到通知书。当日上午，社区矫正中心 2 名工作人员、D 乡司法所所长以及 1 名 D 乡乡村干部一行四人在王某家中送达限期报到通知书，王某签收后，直至 2024 年 1 月 3 日，仍未前来办理报到入矫手续。其不按规定时间报到，已经超过一个月。Y 县司法局向 Y 县人民法院提请撤销缓刑建议。1 月 10 日，Y 县人民法院依法作出撤销缓刑，收监执行原判有期徒刑三年的裁定，并于 1 月 18 日送达 Y 县看守所执行收监程序。

根据案例，请同学们运用本章所学知识分析讨论，并完成相应的实训任务：为维护刑事执行的权威性和严肃性，对于本案中被裁定收监执行的社区矫正对象王某，社区矫正机构应当为其办理社区矫正解除还是社区矫正终止程序？如何办理该程序？

思考题

1. 什么是社区矫正解除？社区矫正解除具有什么意义？

2. 什么是社区矫正终止？社区矫正终止具有什么意义？

3. 简述社区矫正解除的条件。

4. 简述社区矫正终止的条件。

拓展学习

解矫宣告操作流程

附：社区矫正解除与终止的法律依据

（一）《社区矫正法》的相关规定

第六章　解除和终止

第 44 条　社区矫正对象矫正期满或者被赦免的，社区矫正机构应当向社区矫正对象发放解除社区矫正证明书，并通知社区矫正决定机关、所在地的人民检察院、公安机关。

第 45 条　社区矫正对象被裁定撤销缓刑、假释，被决定收监执行，或者社区矫正对象死亡的，社区矫正终止。

第 46 条　社区矫正对象具有刑法规定的撤销缓刑、假释情形的，应当由人民法院撤销缓刑、假释。

对于在考验期限内犯新罪或者发现判决宣告以前还有其他罪没有判决的，应当由审理该案件的人民法院撤销缓刑、假释，并书面通知原审人民法院和执行地社区矫正机构。

对于有第二款规定以外的其他需要撤销缓刑、假释情形的，社区矫正机构应当向原审人民法院或者执行地人民法院提出撤销缓刑、假释建议，并将建议书抄送人民检察院。社区矫正机构提出撤销缓刑、假释建议时，应当说明理由，并提供有关证据材料。

第 47 条　被提请撤销缓刑、假释的社区矫正对象可能逃跑或者可能发生社会危险的，社区矫正机构可以在提出撤销缓刑、假释建议的同时，提请人民法院决定对其予以逮捕。

人民法院应当在四十八小时内作出是否逮捕的决定。决定逮捕的，由公安机关执行。逮捕后的羁押期限不得超过三十日。

第 48 条　人民法院应当在收到社区矫正机构撤销缓刑、假释建议书后三十日内作出裁定，将裁定书送达社区矫正机构和公安机关，并抄送人民检察院。

人民法院拟撤销缓刑、假释的，应当听取社区矫正对象的申辩及其委托的律师的意见。

人民法院裁定撤销缓刑、假释的，公安机关应当及时将社区矫正对象送交监狱或者看守所执行。执行以前被逮捕的，羁押一日折抵刑期一日。

人民法院裁定不予撤销缓刑、假释的，对被逮捕的社区矫正对象，公安机关应当立即予以释放。

第49条 暂予监外执行的社区矫正对象具有刑事诉讼法规定的应当予以收监情形的，社区矫正机构应当向执行地或者原社区矫正决定机关提出收监执行建议，并将建议书抄送人民检察院。

社区矫正决定机关应当在收到建议书后三十日内作出决定，将决定书送达社区矫正机构和公安机关，并抄送人民检察院。

人民法院、公安机关对暂予监外执行的社区矫正对象决定收监执行的，由公安机关立即将社区矫正对象送交监狱或者看守所收监执行。

监狱管理机关对暂予监外执行的社区矫正对象决定收监执行的，监狱应当立即将社区矫正对象收监执行。

第50条 被裁定撤销缓刑、假释和被决定收监执行的社区矫正对象逃跑的，由公安机关追捕，社区矫正机构、有关单位和个人予以协助。

第51条 社区矫正对象在社区矫正期间死亡的，其监护人、家庭成员应当及时向社区矫正机构报告。社区矫正机构应当及时通知社区矫正决定机关、所在地的人民检察院、公安机关。

(二)《社区矫正法实施办法》的相关规定

第53条 社区矫正对象矫正期限届满，且在社区矫正期间没有应当撤销缓刑、撤销假释或者暂予监外执行收监执行情形的，社区矫正机构依法办理解除矫正手续。

社区矫正对象一般应当在社区矫正期满三十日前，作出个人总结，执行地县级社区矫正机构应当根据其在接受社区矫正期间的表现等情况作出书面鉴定，与安置帮教工作部门做好衔接工作。

执行地县级社区矫正机构应当向社区矫正对象发放解除社区矫正证明书，并书面通知社区矫正决定机关，同时抄送执行地县级人民检察院和公安机关。

公安机关、监狱管理机关决定暂予监外执行的社区矫正对象刑期届满的，由看守所、监狱依法为其办理刑满释放手续。

社区矫正对象被赦免的，社区矫正机构应当向社区矫正对象发放解除社区矫正证明书，依法办理解除矫正手续。

第54条 社区矫正对象矫正期满，执行地县级社区矫正机构或者受委托的司法所可以组织解除矫正宣告。

解矫宣告包括以下内容：

(一) 宣读对社区矫正对象的鉴定意见；

(二) 宣布社区矫正期限届满，依法解除社区矫正；

(三) 对判处管制的，宣布执行期满，解除管制；对宣告缓刑的，宣布缓刑考验期满，原判刑罚不再执行；对裁定假释的，宣布考验期满，原判刑罚执行完毕。

宣告由社区矫正机构或者司法所工作人员主持，矫正小组成员及其他相关人员到场，按照规定程序进行。

参考文献

一、著作类

1. ［意］切萨雷·贝卡里亚：《论犯罪与刑罚》，黄风译，中国法制出版社 2005 年版。

2. ［美］波斯纳：《法律的经济分析》，蒋兆康译，中国大百科全书出版社 1997 年版。

3. 陈瑞华：《刑事证据法学》，北京大学出版社 2014 年版。

4. ［意］恩里科·菲利：《实证派犯罪学》，郭建安译，中国人民公安大学出版社 2004 年版。

5. ［意］恩里科·菲利：《犯罪社会学》，郭建安译，中国人民公安大学出版社 2004 年版。

6. ［法］福柯：《规训与惩罚：监狱的诞生》，刘北成、杨远婴译，生活·读书·新知三联书店 2003 年版。

7. 邱兴隆：《刑罚的哲理与法理》，法律出版社 2003 年版。

8. 葛炳瑶主编：《社区矫正导论》，浙江大学出版社 2009 年版。

9. 但未丽：《社区矫正：立论基础与制度构建》，中国人民公安大学出版社 2008 年版。

10. 孔一：《社区矫正人员再犯风险评估与控制》，法律出版社 2015 年版。

11. 郑杭生主编：《社会学概论新修》，中国人民大学出版社 2019 年版。

12. 张建明、吴艳华主编：《社区矫正实务》，中国政法大学出版社 2021 年版。

13. 刘强编著：《美国社区矫正的理论与实务》，中国人民公安大学出版社 2003 年版。

14. 刘强主编：《社区矫正制度研究》，法律出版社 2007 年版。

15. 吴宗宪主编：《社区矫正导论》，中国人民大学出版社 2020 年版。

16. 吴宗宪：《社区矫正比较研究》，中国人民大学出版社 2011 年版。

17. 吴宗宪：《西方犯罪学史》，警官教育出版社 1997 年版。

18. 吴宗宪：《罪犯改造论：罪犯改造的犯因性差异理论初探》，中国人民公安大学出版社 2007 年版。

19. 吴宗宪编著：《国外罪犯心理矫治》，中国轻工业出版社 2004 年版。

20. 吴宗宪：《中国社区矫正规范化研究》，北京师范大学出版社 2021 年版。

21. 司法部社区矫正管理局编：《2012～2017 年全国社区矫正工作统计分析报告》，法律出版社 2018 年版。

22. 司法部社区矫正管理局编：《全国社区矫正发展情况与数据统计》，法律出版社 2017 年版。

23. 王爱立等主编：《〈中华人民共和国社区矫正法〉释义》，中国民主法制出版社 2020 年版。

24. 王爱立主编：《中华人民共和国社区矫正法解读》，中国法制出版社 2020 年版。

25. 杨宇冠、杨晓春编著：《联合国刑事司法准则》，中国人民公安大学出版社 2003 年版。

26. 杨诚、王平主编：《罪犯风险评估与管理：加拿大刑事司法的视角》，知识产权出版社 2009 年版。

27. 翟中东：《国际视域下的重新犯罪防治政策》，北京大学出版社 2010 年版。

二、期刊论文

1. 姜爱东：《认真学习宣传贯彻〈社区矫正法〉全力推动社区矫正工作高质量发展》，载《中国司法》2020 年第 2 期。

2. 鲍宇科：《社会治理现代化中社会力量参与社区矫正的机制研究》，载《中国监狱学刊》2020 年第 6 期。

3. 鲍宇科：《新时代"枫桥经验"下社区矫正对象再犯预防治理研究》，载《浙江警察学院学报》2023 年第 2 期。

4. 颜九红：《专职专业社区矫正执法官之提倡》，载《北京政法职业学院学报》2019 年第 4 期。

5. 率永利、彭磊：《近三年浙江省社区矫正对象再犯罪情况研究分析报告》，载《中国司法》2021 年第 1 期。

6. 王书剑：《社区矫正调查评估报告研究——兼与未成年人刑事案件社会调查报告比较》，载《预防青少年犯罪研究》2020 年第 6 期。

7. 胡承浩：《中国社区矫正发展的路径选择——基于中外社区矫正实证考察视角》，华中科技大学 2008 年博士学位论文。

8. 金碧华：《社区矫正风险评估机制的分析与思考》，载《南通大学学报（社会科学版）》2009 年第 2 期。

9. 沈东权、沈鑫、何浩斐：《社区矫正法实施背景下的调查评估制度探析》，载《中国司法》2021 年第 7 期。

10. 徐琳、袁光：《区块链：大数据时代破解政府治理数字难题之有效工具》，载《上海大学学报（社会科学版）》2020 年第 2 期。

11. 孔一、黄兴瑞：《刑释人员再犯风险评估量表（RRAI）研究》，载《中国刑事法杂志》2011 年第 10 期。

12. 张凯、张延琦：《〈中华人民共和国社区矫正法〉的实施效果、实践难题及解决思路》，载《社区矫正理论与实践》2022 年第 4 期。

13. 郭健：《我国社区矫正机构论纲》，载《刑法论丛》2011 年第 4 期。

14. 刘强、郭琪：《基层社区矫正机构设置创新研究——以浙江天台县的改革为视角》，载《犯罪与改造研究》2015 年第 2 期。

15. 刘强：《社区矫正执法人员人民警察身份辨析》，载《警学研究》2019 年第 3 期。

16. 翟中东、孙霞：《〈社区矫正法〉实施两年来若干问题的思考》，载《犯罪与改造研究》2022 年第 9 期。

17. 徐祖华：《浅谈社区矫正公益活动措施名称及相关问题》，载《中国司法》2021 年第 3 期。

18. 邢文杰、童海浩：《我国社区矫正对象考核制度探究》，载《犯罪与改造研究》2023 年第 11 期。

19. 金晓流：《社区矫正对象考核制度探究》，载《中国司法》2021 年第 5 期。

20. 吴之欧、方塑：《基于数据挖掘技术的社区矫正人员再犯风险评估》，载《贵州社会科学》2016 年第 7 期。

21. 于阳、刘晓梅：《完善我国社区矫正风险评估体系的思考——基于再犯危险的分析》，载《江苏警官学院学报》2011 年第 2 期。

22. 何川、马皑：《罪犯危险性评估研究综述》，载《河北北方学院学报（社会科学版）》2014 年第 2 期。